# 예수와 붓다가 함께했던 시간들

THE LIFE TIMES
WHEN JESUS AND BUDDHA
KNEW EACH OTHER

함께해서 든든했던
두 길벗의 발자취

예수와 붓다가 함께했던 시간들

개리 레너드 지음 | 강형규 옮김

정신세계사

옮긴이 강형규는 서울교육대학교 졸업 후 2008년부터 서울에서 초등학교 교사로 재직 중이며, 2010년부터 기적수업 한국모임(acimkorea.org)에서 케네쓰 왑닉 박사의《기적수업》강의 자료를 번역하고《기적수업》모임을 진행해오고 있다.《우주가 사라지다》3부작 중 2권과 3권인《그대는 불멸의 존재다》와《사랑은 아무도 잊지 않았으니》를 우리말로 옮겼다.

**THE LIFE TIMES WHEN JESUS AND BUDDHA KNEW EACH OTHER**
by Gary Renard

Copyright ⓒ Gary Renard, 2017
Originally published in 2017 by Hay House Inc. All rights reserved.
Korean translation copyright ⓒ Inner World Publishing, 2018
Korean translation rights are arranged with Hay House UK through Amo Agency Korea.
Tune into Hay House broadcasting at: www.hayhouseradio.com

예수와 붓다가 함께했던 시간들
ⓒ 개리 레너드, 2017

개리 레너드 짓고, 강형규 옮긴 것을 정신세계사 정주득이 2018년 4월 20일 처음 펴내다.
김우종과 서정욱이 다듬고, 변영옥이 꾸미고, 한서지업사에서 종이를, 영신사에서 인쇄와 제본을,
하지혜가 책의 관리를 맡다. 정신세계사의 등록일자는 1978년 4월 25일(제1-100호),
주소는 03785 서울시 서대문구 연희로2길 76 한빛빌딩 A동 2층, 전화는 02-733-3134, 팩스는 02-733-3144,
홈페이지는 www.mindbook.co.kr , 인터넷 카페는 cafe.naver.com/mindbooky 이다.

2021년 5월 25일 펴낸 책(초판 제4쇄)

ISBN        978-89-357-0417-0  03290

이 도서의 국립중앙도서관 출판시도서목록(CIP)은 서지정보유통지원시스템 홈페이지(http://
seoji.nl.go.kr)와 국가자료공동목록시스템(http://www.nl.go.kr/kolisnet)에서 이용하실 수
있습니다.(CIP제어번호: CIP2018010834)

케네쓰 왑닉 박사님께.
제가 당신이 될 수는 없겠지만
당신을 본받을 수는 있습니다.
진리를 고수하겠습니다.

# 차 례

들어가기  **9**

개리의 기적수업 해설  **13**


1부
## 서기 전

**1** 깨달음에 오르는 사다리  **41**

**2** 신도神道에서 노자까지: 초기의 절정 경험  **57**

**3** 힌두인으로 지냈을 때  **91**

**4** 플라톤과 친구들  **111**

**5** 싯다르타와 아들  **131**


2부
## 서기 후

**6** 제이와 붓다의 마지막 생애  **153**

**7** 영지주의  **178**

**8** 1965~1977년에 제이가 전한 진실: 이번에는 진실이 묻히지 않을 것이다  **199**

**9** 마음의 중요성  **261**

**10** 사다리가 사라지다  **316**


저자에 대해  **339**

옮긴이의 글  **341**

# 들 어 가 기

2013년 10월부터 2016년 9월까지 실제로 일어났던 사건들을 옮겨 적은 이 책은 해설 부분을 제외하면 나(개리)와 아턴Arten과 퍼사Pursah(육신의 형태로 나타난 승천한 스승들)가 서로 대화를 나누는 방식으로 전개된다. 나의 해설을 따로 구분해서 표시하지는 않았지만, 대화의 흐름에 방해가 된다 싶을 때는 별도로 '주註'로 표시했고, 한편 굵은 글자로 표시된 부분은 화자가 힘주어 말한 부분이다.*

승천한 스승들이 나타났다고 믿어야만 이 책으로부터 이로움을 얻을 수 있는 것은 물론 아니다. 당신이 어떻게 생각하든 나는 개의치 않는다. 하지만 나 같은 문외한이 승천한 스승들에게서 영감을 받지 않고 이런 글을 쓴다는 것이 불가능하다는 것만큼은 분명히 말할 수 있다. 아무튼, 이 내용의 출처에 대한 판단은 독자에게 맡긴다.

이것이 아턴과 퍼사와 나눈 대화를 바탕으로 펴낸 네 번째 책이기는 하지만, 앞서 펴낸《우주가 사라지다》3부작을 꼭 읽지 않아도 얼마든지 이 책을 이해하고 즐길 수 있다. 이 책에서 다룰 여러 가르침 중 하나인《기적수업》(A Course in Miracles)**을 처음 접하는 경우라 하더라도, 이 글 뒤에 실린 설명을 통해서 기적수업을 이해하는 데 필요한 기본 배경지식을 익힐 수 있다. 이 책을 읽다 보면, 각 장의 대화를 통해 기적수업의 가르침이 무엇인지 알게 되고, 이 가르침이 다른 고전적 가르침들과 어떻게 다른지도 알게 되며, 또한 비非이원성이라는 낯선 개념에도 점차 친숙해질 것이다.

---

* 《기적수업》에서 직접 발췌한 인용문들도 굵은 글씨로 표시하고, 《기적수업》에 대문자로 표기되어 있는 단어들에는 작은따옴표를 붙였다. 역자 주(이 책 하단의 모든 각주는 역자가 덧붙인 것이다)
** 다음 장에 《기적수업》에 관한 상세한 소개와 해설이 실려 있다. 이후로 '책 그 자체'가 강조되는 경우를 제외하고는 괄호를 생략했다. 인용문의 출처 표기에 관해서는 342쪽을 참고하라.

이 책은《우주가 사라지다》시리즈의 일부라 볼 수 없는데, 아턴과 퍼사가 이미《우주가 사라지다》3부작을 통해 자신들의 개인사뿐만 아니라 그들이 거쳐온 과거와 현재와 미래의 생이 어떻게 얽혀 있는지에 대해서도 설명을 훌륭히 마쳤기 때문이다. 물론 우리의 모든 생애들은 전부 연결되어 있지만, 내 스승들은 가르침에 집중하고자 그들이 거쳐온 그 세 가지 생에만 초점을 맞췄다. 또 내 스승들은 깨달음을 얻기 위해 자신들이 얼마나 부단히 노력했는지도 들려주었는데, 여기서 깨달음이란 우리가 삶이라고 부르는 꿈에서 깨어나는 것이라고도 바꿔 말할 수 있다. 이 깨어남에 대한 설명과 이를 성취하는 방법은 이 책에서 심도 있게 다룰 주제이다.

이 네 번째 책이 독자적 가치를 갖는 이유는 아턴과 퍼사가 그들의 친구였던 두 존재에 초점을 맞추고 있으며, 이로 인해 역사의 특정 시점에서 두 존재가 어떻게 구원을 성취해나갔고 어떻게 서로 알고 지냈으며 나아가 어떻게 서로 돕기까지 했는지가 모두 밝혀지기 때문이다. 처음 아턴과 퍼사에게 이 이야기를 들었을 때 내가 받은 충격은 실로 말로 표현할 수 없을 정도였는데, 왜냐하면 그 두 인물이 다름 아닌 예수와 붓다였기 때문이다. 물론 이것이 그들의 진짜 이름은 아니지만 말이다. 생각난 김에 하나 더 말하자면, 흔히들 고타마 싯다르타라고 붙여서 부르기도 하지만 내 스승들이 고타마라는 이름을 따로 언급한 적은 없었다.

이 책에 기술된 여러 영성의 원리와 전통은 다만 위대한 두 스승이 어떻게 깨달음의 상태에 다다를 수 있었는지 그 내력을 살피는 배경일 뿐 따로 심도 있게 다루려는 것이 아님도 알아주기를 바란다.

내 스승들에 의하면, 앞서 언급한 형이상학의 걸작인 기적수업이 깨달음을 얻는 유일한 방법은 아니지만 가장 빠른 방법을 제시해준다고 한다. 기적수업의 가르침을 보면 예수와 붓다가 몸소 실천하며 가르친 가르침과 상당 부분 닮아 있고, 거기서 파생된 결론들에 우리는 종종 허를 찔리곤 한다. 이 책은 기적수업뿐 아니라 다른 영적 문헌도 인용하고 있는데, 하지만 이 가르침들을 이제 곧 설명할 순수 비이원론의 맥락에서 이해한 후에야 우리는 각각의 단계가 다음 단계로 넘어가기 위해 필요한 단계였음을 뒤늦게 알게 된다. (앞으로 이 책에서는 기적수업을 '수업'이라고 간단하게 부르는 경우도 있을 것이고, 예수는 나의 다른 책에서 그랬듯이 '제이'로도 불릴 것이다.) 따라서 이 책은 수업의 본문은 물론 다른 영적 문헌도 인용할 것이다.

모든 영적 행로가 결국 신에게로 이어지며, 이러한 이유로 다른 영적 행로나 수행법을 폄하하거나 무시할 생각은 전혀 없지만 이것 하나만은 확실히 해두고 싶다. 그건 바로 기적수업은 타협을 모른다는 것이다. 타협하지 않는다는 것이 기적수업의 가장 큰 특징 중 하나이며, 만약 기적수업이 타협했다면 다른 길과 다를 바 없어서 애초에 이 책이 필요하지도 않았을 것이다. 따라서 나 또한 수업의 메시지를 놓고 타협하기를 거부하며, 제이와 붓다 역시 그랬을 것이라 믿어 의심치 않는다.

**일체성**(Oneness), **실재**(Reality), **안내자**(Guide), **진리**(Truth), **창조주**(Creator), **영**(Spirit)과 같이 특정 단어가 굵은 글씨로 처리될 경우, 분리의 생각 너머에 있는 **신의 마음**(God Mind) 수준에 해당하는 것임을 알아차리고, 일체성(또는 하나임)*을 포함한 위의 단어들이 굵은 글씨로 처리되지 **않았다면**, 그 단어들은 아직 신을 유일한 **실재**(Reality)로 받아들이지 못한 수준을 가리키는 것임을 알아차리기 바란다. 이제 곧 알게 되겠지만, 바로 이것이 비이원론과 순수 비이원론을 구분 짓는 결정적 차이다.

여기에 실린 내용 중 혹시 오류가 있다면 그것은 내 스승들의 잘못이 아닌 전적으로 **내** 잘못이라는 점을 밝혀두고 싶다. 완벽하지 못한 내가 썼기에 이 책 또한 완벽하지 않겠지만 세부 사항보다는 핵심 메시지에 주목하길 바란다. 사실 가르침을 담아낸 문장 하나하나를 시시콜콜 따지느라 메시지를 **놓치는** 학생들이 허다한데 이는 나무를 보느라 숲을 보지 못하는 격이다.

결국, 깨달음의 고지로 올라가는 사다리와 다름없는 이 책은 제이와 붓다가 딛고 오른 다양한 허상의 사다리 단계들을 설명해주는 동시에 어떻게 해야 우리가 그들의 경험으로부터 배워 수천 년의 세월을 절감할 수 있는지 보여줄 것이다.

내 책의 출판을 총괄하는 헤이 하우스Hay House에 감사를 표하며, 또 수업의 가르침을 모범적으로 즐기며 살아가는 아내이자 동료 교사인 신디 로라 레나드Cindy Lora-Renard와 필요할 때면 언제든 지원을 아끼지 않는 홈페이지 관리자 로베르타 그레이스Roberta Grace에게도 감사를 전한다. 이들이 없었다면, 이번 작업은 훨씬 더 힘들었을 것이다. 또한 이 자리를 빌려 윌리엄 셰익스피어에게도 감사를 표하고 싶다. 또 내 책의 편집 담당인 니콜레트 살라만카 영Nicolette Salamanca Young과 교열 담당인 제프리 루빈Jeffrey Rubin에게도 감사를 전하는데, 둘의 조언은 내게 정말 큰 도움이 되었다.

마지막으로 캘리포니아 주의 밀 밸리Mill Valley에 소재한 '내면의 평화 재단'(the Foundation for Inner Peace)과 같은 주 테메큘라Temecula에 소재한 '기적수업 재단'(the Foundation for A Course in Miracles)에서 일하는 내 친구들에게도 감사를 전한다. 수십 년에 걸친 그들의 수고 덕분에 전 세계 어디서나 기적수업을 접할 수 있게 되었고, 이로 인해 나 말고도 수백만 명이 그들에게 고마움을 느낄 것이라고 확신한다.

'캘리포니아'라는 환영 속 어딘가에 있을 뿐
그 환영에 빠진 것은 아닌
개리 레너드

---

\* Oneness는 문맥에 따라 일체성, 합일, 하나임, 하나 등 다양하게 옮겨서 번역하였고, 해당 단어를 우리말 옆에 나란히 실었다. 또 신과 그리스도처럼 자주 사용되는 말은 굵은 글씨로 처리하지 않았다.

# 개 리 의  기 적 수 업  해 설

### 수업의 내용과 수업이 예수와 붓다와 맺고 있는 연관성

기적수업에 대해 저자의 해설을 따로 실은 이유는 기적수업의 핵심 개념 중 일부를 설명함으로써 그것들이 비이원론과 어떠한 관련이 있는지를 밝혀 예수와 붓다와 같은 위대한 영적 스승의 깨달음과 맞닿아 있음을 보여주기 위해서다. 이 해설을 읽고 나면 독자는 이 주제가 친숙하든 생소하든, 이 책에 실린 대화를 더욱 쉽게 이해하고 음미할 수 있게 될 것이다.

결코 이 책이 수업을 대체할 수는 없지만 수업을 이해하는 데는 도움이 될 것이다. (앞서 '들어가기'에서 말했듯이, 기적수업을 '수업'으로 짧게 칭하는 일이 종종 있을 것이다.) 수업을 비이원적 관점에서 제대로 이해하는 것은 드문 일이다. 또 수업을 이해한다고 해서 곧바로 깨닫는 것도 아니다. 일상에서, 즉 자신이 맺고 있는 관계, 자신의 경험, 심지어는 텔레비전에서 보는 사건들에도 그 가르침을 적용하는 연습을 할 때라야 깨달음은 일어날 것이다. 이를 염두에 두고 이야기를 계속해보자.

기적수업은 예수의 **음성**을 들은 헬렌 슈크만Helen Schucman이란 여성 임상심리학자를 통해 전해졌는데, 그녀가 속기로 받아 적은 예수의 음성을 그녀의 직장 동료인 윌리엄 테트포드 박사Dr. William Thetford(이하 '빌')가 타자기로 옮겨 치는 형태로 작업을 이어나갔다. 하지만 이처럼 긴밀했던 두 사람 사이엔 언제나 긴장감이 흘렀고 헬렌의 표현에 의하면 '침울하기까지 한' 상태가 계속됐는데, 더 이상 이를 견디지 못한 빌이 분명 '다른 길'이 있을 거라며 그 길을 찾자고 제안했다. 이에 헬렌도 빌의 말에 동의해 함께 '다른 길'을 찾기로 결심했고, 그 결과로 나온 것이 지금의 기적수업이다.*

기적수업이 탄생하기까지의 비화는 흥미롭지만 다소 긴 편인데다 다른 책들에도 언급되고 있어 여기서는 짧게 다루려 한다. 헬렌이 기적수업을 받아 적는 데 7년이 걸렸고, 그 후로도 최소 5년간 수업의 **음성**(The Voice)을 듣는 일은 계속되었으며 나중에 추가된 수업의 두 부록도 받아 적었다. 이렇듯 제이(예수)는 헬렌과의 작업을 중단한 적이 없었을 뿐 아니라, 헬렌이 받아 적으며 실수한 부분(교과서 총 31장 가운데 주로 1~5장 사이에서 일어남)까지 바로잡아 주는 등 전적으로 기적수업 편집을 주도했다. 기적수업은 31장의 교과서와 365과의 연습서, 교사용 지침서 등 세 부분으로 구성되어 있으며 여기에 사용된 50만 단어의 일관성에 대한 총책임은 제이가 맡고 있다. 이 책에서 수업의 내용을 직접 인용할 때는 바로 뒤에 출처를 밝혔으니 나중에 필요하면 참고하기 바란다.

기적수업이 세상에 나오기까지 헬렌과 빌 말고도 케네쓰 왑닉 박사Dr. Kenneth Wapnick, 쥬디스 스커치 윗슨Judith Skutch Whitson, 밥 스커치Bob Skutch가 큰 기여를 했는데, 이 다섯 명이 '내면의 평화 재단'을 세워 1976년에 《기적수업》을 출판했다. 이들 중 특히 왑닉 박사는 승천한 나의 스승들이 《우주가 사라지다》에서 밝혔듯이 '가장 위대한 기적수업 교사'로 우뚝 서게 된다.

기적수업의 저자인 헬렌 슈크만 박사가 출판을 허락한 내용 전부를 한데 담고 있는 책은 **오직**《기적수업 합본》제3판밖에 없다.《기적수업 합본》제3판은 1975년에 헬렌이 출판 업무를 위해 선정한 '내면의 평화 재단'에서 독점 출판한다.《기적수업 합본》은 〈심리치료: 목적, 과정, 실행〉과 〈기도의 노래〉라는 부록도 담고 있는데, 이 두 권의 부록은 수업 원리의 확장판이며 헬렌이 기적수업을 다 받아 적은 직후 추가로 받아 적은

---

\* 기적수업의 유래에 대해 더 자세한 정보를 원하는 경우, 《기적수업 합본》에 실린 '기적수업의 유래' 부분을 참고하라. (cafe.naver.com/acimkorea/43)

것이다.

기적수업은 자습 과정이지 종교가 아니다. 비록 사람들이 스터디 그룹에서 만나고 수업에 기반을 둔 교회에 나가더라도, 결국 수업은 영성과 마찬가지로 세상에서는 찾을 수 없지만 세상을 바라보는 특정한 방식에서는 찾을 수 있는 경험을 일으키기 위해 의도된 것이고 그 경험은 결국 각각의 내면에서 온다.

지난 24년간 해온 나의 역할은 기적수업 학생으로서 다른 기적수업 학생들에게 수업을 풀이하고 설명해서 적용할 수 있도록 돕는 것으로 내가 이렇게 할 수 있었던 건 오직 내 스승들 덕분이었고, 그들의 친절한 도움이 없었다면 나는 수업을 이해조차 못했을 것이다.

수업은 기발한 방식으로 반복에 반복을 더해가며 가르치는데, 그렇지 않고서는 수업의 개념을 배우기가 불가능하기 때문이다. 이 책을 읽다 보면 나의 전작들에서 이미 다룬 내용뿐만 아니라 이 책에서 처음 나온 내용까지도 뒤에서 복습한다는 것을 알아차릴 것이다. 이는 결국 반복의 중요성을 강조한 것으로, 사실 기적수업을 가르치고 배우는 데 있어서 복습은 선택사항이 아니라 필수사항이다. 이를 마음에 새기고 읽는다면 수업의 사고체계를 배우는 데 도움이 되고 결국 기적수업식 진정한 용서가 가능해질 것이다. 기적수업은 에고ego라고 칭해지는 '가짜 나'를 지워서 자신의 **신성**(Divinity)을 경험하도록 이끄는 접근 방식으로, 뒤에서 본격적으로 다루겠지만 그래도 여기서 꼭 하나 짚고 넘어가야 할 점은 자기계발 운동 등 지난 수십 년간 영성이라 불리던 것들과 진정한 영성 사이에는 분명한 차이가 있다는 사실이다.

물론 자기계발 운동을 깎아내리려는 것은 아니다. 단지 지난날 자기계발 운동으로 적지 않은 덕을 본 내가 진짜배기를 알게 된 후 그 차이를 알게 됐고, 내 스승들이 내게 준 것이 진짜배기란 사실을 말하고 싶을 뿐이다.

자기계발 운동이란 당신이 원하는 것을 얻고 세상에서 어떤 일이 일어나게 하는 등, 자기 바깥에 있는 것들을 끌어들여 자신의 목적을 이루는 데 관한 것이다. 그런데 이 접근법은 그 전제부터 잘못되었다. 그 전제란 자신이 원하는 것을 얻으면 행복해지리라는 믿음이다. 사실을 말하자면, 설사 당신이 원하는 것을 얻더라도 그 쾌감은 잠시만 유지될 뿐 곧바로 다른 것을 원하게 된다. 이것이 곧 에고가 고안한 당근과 채찍이다. 에고의 사고체계는 분리의 생각에 기초하고 있고, 그 분리의 생각이란 우리가 여하튼 우리의 **근원**(Source)인 신에게서 스스로를 분리해냈고 또 서로에게서 서로를 분리해냈다는 것이다. 이처럼 자신의 행복이나 마음의 평화가 이 세상에서 벌어지는 일에 달려 있다고 믿는다면, 당신은 이미 곤경에 처한 것이다. 왜냐하면 공중누각인 에고의 세상에서 변하지 않는 단 하나는 그 세상이 끊임없이 변하고 바뀐다는 사실뿐으로 기껏해야 일시적인 만족을 선사할 뿐이기 때문이다.

그런데 **만약** 세상에서 어떤 일이 벌어지든 상관없다면 어떻게 될까? 이것은 에고에 맞서는 이단이지만 그래도 정말로 상관없다면 어떻게 될까? 세상에서 무슨 일이 벌어지든 **상관없이** 행복하고 강하고 평화로울 수 있다면? 대답은 간단하다. 그것이야말로 진정한 권능이요 진정한 강함이며, 진정한 자유이자 진정한 영성이다.

지난 14년간 미국 전역과 세계 30여 나라에 강연을 다니면서 수많은 질문을 받고 내가 느낀 점은, 그곳이 어디든 결핍감이 뿌리 깊게 박혀 있다는 것이다. 많은 사람들이 이 결핍을 해소해보겠다며 우리가 인생이라 부르는 형상의 수준에서 헛수고를 한다. 어떤 물질을 얻거나 새로운 관계를 형성하면 결핍감이 해소되리라 생각하는 것이다. 하지만 그렇지 않다. 번지수를 잘못 찾았다. 결핍은 외부가 아니라 내부에 있고, 결핍의 원인도 대부분 사람들이 생각하는 것과는 다르다. 수업에서 말하듯이 **"신\*과 분**

리되어 있다는 느낌이야말로 진실로 바로잡아야 할 유일한 결핍"이다.(T-1. VI.2:1/한국어판에서는 교과서14쪽)

앞서 나는 에고가 가짜 당신이라고 말했다. 그렇다면 진짜 당신은 무엇인가가 궁금할 것이다. 여기 진짜 당신이 있다. 진짜 당신은 이 세상이나 몸과 아무 관련이 없으며, 당신의 몸이라는 것도 분리의 상징 중 하나에 지나지 않는다. 진짜 당신은 불멸하고 상처받을 수 없으며, 지속적이고 변함없으며, 분리될 수 없고 온전한 무엇이다. 이 세상의 그 무엇도 영향을 미칠 수 없고, 어떤 식으로도 위협받을 수 없는 무엇이다.

수업은 **"실재는 위협받을 수 없다"**라며(서문xi) 운을 떼는데, 이 실재가 바로 그것이다. 실재란 진짜 당신을 뜻한다. 이어지는 문장에서 **"비실재는 존재하지 않는다"**고 말하는데, 불멸하고 변함없고 상처받을 수 없는 자아가 아닌 것은 그게 **무엇이든** 비실재에 해당한다. 바로 이 때문에 기적수업은 순수 비이원론에 입각한 영적 사고체계다. 수업은 두 세상, 즉 보이지 않는 신의 세상과 착시로 보이는 인간 세상 중에서 신의 세상만이 참일 뿐 나머지는 그 무엇도 참이 아니라고 가르친다.

이따금 신의 세상이 일시적인 상징으로 반영되는 경우가 있기는 하지만, 몸 자체가 인식의 제한을 나타내는 것이기 때문에 몸의 눈으로 신의 세상을 볼 수는 없다. 그러나 자신이 **근원**과 완벽하게 하나라는 것을 **경험하는** 것은 이곳에서도 가능하다. 당신이 이곳 몸 안에 존재하는 듯이 보이는 동안에도 진짜 당신을 경험하는 것이 가능하다는 뜻이다. 사실 영적 경험이 매우 중요한데, 오직 이 경험만이 당신에게 행복을 줄 수 있기 때문이다. 말은 그것을 줄 수 없다. 내 말도 당신에게 행복을 줄 수는 없다. **"말은 상징을 상징할 뿐이며 따라서 실재에서 두 단계 멀어졌음을 잊지**

---

* 한국어판 《기적수업 합본》에서는 God을 하나님으로 옮겼지만, 이 책에서는 전작들과의 통일성을 위해 '신'으로 옮겼다.

않도록 하자"고(M-21.1:9-10/지침서55쪽) 수업에서 말하듯이, 어찌 상징의 상징이 당신을 행복하게 해줄 수 있고 당신을 충만하고 온전하게 해줄 수 있겠는가? 심지어는 실재인 신의 세상을 묘사하는 말조차 당신에게 행복을 줄 수는 없다. 그 또한 말에 불과하기 때문이다. 하지만 실재에 대한 **경험**(experience)은 다르다. 자신이 진정 무엇인지, 자신이 진정 어디에 있는지를 경험하면 당신은 행복할 수밖에 없는데 이는 충만하고 완전하며 만족스러운 경험이기 때문이다.

영지주의에서 영지靈智(gnosis)는 지식이란 뜻으로, 여기서의 지식은 지성의 지식이나 정보를 뜻하는 것이 아닌 신의 지식, 즉 신과 하나되는 경험을 일컫는다. 이처럼 수업에서의 지식(knowledeg)도 영지와 마찬가지로 신의 지식, 즉 신에 대한 직접적인 경험을 가리킨다.

그렇다면 에고의 세상이 제공하는 전부를 압도하는 이 경험은 어떻게 할 수 있을까? 이는 에고를 해제(undoing)*할 때 가능하다. 수업에서는 "**구원은 해제다**"라고(T-31.VI.2:1/교과서696쪽) 말한다. 이는 매우 기발한 발상으로 이 작업을 해낼 수만 있다면, 즉 가짜 자신인 에고를 완전히 해제하기만 한다면, 결국에는 진짜 당신만이 남게 되고 그것이 바로 신과 하나되는 것이다. 그러므로 진짜 당신에 대해서는 아무것도 할 필요가 없다! 진짜 당신은 이미 완벽하고, 그것은 이미 자신의 **근원**과 완전히 똑같기 때문이다. 다시 한 번 말하지만 이 완벽을 경험하려면 자신의 무의식적 마음에 있는, 완벽을 경험하지 못하게 막고 있는 분리의 장벽인 에고를 제거하기만 하면 된다. 에고는 자신이 신에게서 떨어져나와 분리된 개체성을 누리고 있다고 착각하는 존재로, 수업은 이 가짜 당신을 해제하는 과정으로 당신을 인도한다. 하지만 앞으로 이 책에서도 살펴보겠지만 이것

---

* undo의 기본적인 의미는 이미 행해진 무엇을 되돌린다는 뜻이다. 이 책에서는 '해제하다', '되돌리다', '지우다' 등으로 유연하게 바꿔서 번역하였다.

은 혼자의 힘으로 할 수 있는 작업이 아니다.

그러면 이번에는 "에고를 해제하는 작업에서 내가 해야 할 일은 무엇인가?"가 궁금할 것이다. 그것은 바로 용서다. 하지만 여기서 말하는 용서는, 물론 용서를 떠올리는 사람의 수도 적겠지만, 그들이 흔히 떠올리는 그런 용서와는 다른 특정 방식의 용서다. 기존의 용서가 허상의 세상을 진짜처럼 대함으로써 마음 **속에** 그 세상과 에고를 고스란히 보존한다면, 여기서 말하는 용서는 허상의 세상에 아무런 실재성도 부여하지 않아 세상과 에고를 보존하지 않는 참된 용서다.

"에고를 친구로 삼으라고" 가르치는 사람들도 있다. 하지만 미안하게도 에고는 당신을 친구로 삼는 일에 흥미가 없다. 당신 에고는 당신을 죽이고 싶어한다. 왜냐하면 만약 당신이 상처받거나 죽을 수 있다면 이것은 당신이 몸이라는 증거고, 당신이 몸이라면 에고의 분리의 사고체계도 모두 고스란히 참이기 때문이다. 에고에 대해 당신이 할 수 있는 단 한 가지는 그것을 해제하는 것뿐이다. 기적수업은 에고를, 즉 자신을 몸과 분리와 동일시하는 가짜 당신을 해제하는 일에 관한 수업이다. 하지만 진짜 당신은 몸이나 분리와 아무 관련이 없다. 수업은 **"나는 육체가 아니다. 나는 자유롭다. 나는 여전히 신이 창조하신 그대로이기 때문이다"**라는(W-pI.201-220/연습서407쪽) 것을 거듭해서 가르친다. 그리고 신은 당신을 신의 본성 그대로 똑같이 창조했기에 당신은 영원토록 **근원**과 똑같다. 신은 당신을 단일성 안에서 완전하고 영원하게 창조했다.

그렇다면 생생해 보이는 '분리된 존재 상태'란 무엇인가? 외관상 분리는 사실 꿈일 뿐이다. 세상과 우주가 환상이라는 가르침은 수천 년도 더 된 것이다. 그런데 수업은 한 걸음 더 나아가 이 세상 전체가 당신이 깨어나야 할 꿈이라고 가르친다. 그리고 이 깨어남이 **곧** 깨달음이다. 이것이 "나는 깨어 있다"고 말한 붓다의 진의眞意다. 오늘날 영성 공부를 하는 대부분의 사람들은 붓다의 "나는 깨어 있다"라는 말을 부처가 촉각을 곤두세우고 번개같이 반응했다는 뜻으로 이해하곤 한다. 사실 이런 상태가 오늘날 대부분의 영성에서 깨달음으로 통하곤 한다. 하지만 붓다는 자신이 **꿈 속에서** 좀더 깨어 있다는 뜻이 아니라, **꿈으로부터** 깨어났다는 뜻으로 말한 것이다. 그리고 이것은 결코 사소한 차이가 아니다. 매우 근본적인 차이다. 붓다는 자신이 꿈이 아니라 **꿈꾸는 자**라는 것을 깨달았다. 사실 그는 조금도 꿈속에 있지 않았다. 꿈은 그에게서 비롯하는 것이었고, 그는 꿈의 결과가 아니라 원인이었다.

이것이 기적수업의 가르침이 제이와 붓다와 맞닿는 이유다. 꿈의 결과로부터 꿈의 원인으로, 즉 꿈꾸는 자로 완전히 돌아서지 않는 한 깨달음을 얻기란 불가능하다. 반면 원인의 자리에 도로 선다면 깨어나는 것이 가능해진다. 이 **전환**을 이루고자 한다면, 당신을 분리의 꿈의 상태에 가두고 있는 에고는 떠나야 한다.

하지만 꿈 바깥에서, 즉 이 사고체계 바깥에서 오는 도움이 없다면 이 꿈에서 깨어날 수 없다. 좋아하는 비유를 하나 들자면, 밤에 세 살배기 딸내미가 침대에서 잠자고 있는데 슬쩍 보니 악몽을 꾸고 있는 듯하다. 불쾌한 표정으로 밤잠을 설치고 있다. 자, 부모로서 이때 어떻게 하겠는가? 곧장 달려가서 마구 흔들어 깨우진 않을 것이다. 그러면 더욱 공포에 질릴 수도 있다. 그럴 때는 침대 곁에 살며시 다가가 이렇게 속삭여주는 것이 현명하다. "괜찮아. 그냥 꿈이야. 걱정할 필요 없어. 지금 네가 보고 있는 것들은 사실이 아니야. 사실 그것들은 네가 지어낸 것인데, 단지 이를 까먹어서 그래. 너는 지금 이것을 마음으로 보고 있는 거야." 자, 이때 아이는 분명 눈을 감고 있다. 아이는 대체 **무엇으로** 꿈을 보고 있는 것일지 한번 생각해보라. "괜찮아. 내가 여기 같이 있잖아. 아빠가 돌봐줄게." 그런데 신기한 점은 아이는 꿈속에서도 당신 음성을 실제로 들을 수 있다는 것이다. 진리는 꿈속에서도 들릴 수 있다. 진리가 꿈 **안에** 내재한 것은 물론 아니지만, 꿈속에서도 **들릴** 수는 있는 것이다. 꿈이 현실이라고 말하는 음성 대신 바른 음성에 아이가 귀를 기울일 때, 아이는 안심하기 시작한다. 어쩌면 꿈에서 자기가 그토록 중요하다고 여긴 일들이 사실 대수롭지 않다는 생각이 떠오를 수도 있다. 그런 다음 아이가 두려움 없이 깨어날 준비가 될 때 아이는 곧장 깨어난다. 깨어난 다음 아이는 자기가 침대를 떠난 적이 없음을 깨닫는다. 사실 아이는 꿈꾸는 내내 침대에 있었지만, 이를 **알아차리지** 못했던 것뿐이다.

자, 오늘 아침에도 **우리는** 지난밤 침대에서 꾸던 꿈에서 자신이 깨어났다고 믿을 것이다. 하지만 우리는 다른 형태의 꿈으로 옮겨왔을 뿐이다. 이에 대해 수업에서는 **"너는 신 안의 집에서 망명을 꿈꾸지만 잠에서 완전히 깨어나 실재를 맞이할 수 있다"**고(T-10.I.2:1 / 교과서189쪽) 말한다. 그런데 우리가 밤에 악몽을 꾸고 있는 세 살배기 아이에게 들려주고 싶은 이야기를, 지금 이 순간에도 성령은 실재가 아닌 **이 꿈**을 꾸고 있는 우리에게도 똑같이 들려주고 있다. "괜찮아. 그냥 꿈이야. 걱정할 필요 없어. 지금 네가 보고 있는 것들은 사실이 아니야. 사실 그것들은 네가 지어낸 것인데, 단지 이를 까먹어서 그래. 너는 지금 이것을 마음으로 보고 있는 거야." 수업은 우리가 **"이미 지나가버린 것을 정신적으로 회고하고 있을 뿐"**임을(W-pI.158.4:5 / 연습서310쪽) 일깨워준다. 나아가 수업은 **"너의 모든 시간은 꿈에 허비된다"**고(T-18.II.5:12 / 교과서396쪽) 단호하게 말한다.

현실이라 불리는 이 꿈이 밤에 꾸는 꿈보다 훨씬 더 사실적으로 보이는 이유는 생생한 정도가 달라서다. 천국에는 아무 수준도, 아무 차이도 없고, 완벽한 **합일**(Oneness)만 있을 뿐이다. 반면에 에고의 세상은 수준과 차이로 넘쳐난다. 이것은, 현실이라 믿는 이 꿈이 밤에 꾸는 꿈보다 훨씬 더 생생하다면, 분명 이 꿈은 사실일 수밖에 없다고 믿게 만들려는 속임수일 뿐이다. 그런데 오늘날 물리학자들 중에서도 이 우주는 환상일 수밖에 없다고, 이 우주는 여기에 존재하는 것일 수 없다고 말하는 이들이 많이 있다. 나아가 그중 어떤 이들은 이 우주 전체가 시뮬레이션이라는 확신을 점점 굳히기도 한다. 이것을 뭐라 부르든 상관없이 사실만 말하자면, 당신은 자신이 태어났다고 꿈꾸다가, 자신이 괴팍한 삶을 살고 있다고 꿈꾸다가, 자신이 죽는다고 꿈꾸다가, 사후 세계를 경험한다고 꿈꾸다가, 다시 태어났다고 꿈꾸다가 등등 이런 식의 패턴을 계속 반복하고 있을 뿐이다. 우리의 인생은 정신없이 이어지는 꿈들의 연속이라, 사실 우리는 언제나 실재가 아닌 상태에 있는 것이다. 꿈의 **형태**는 바뀌는 듯이 보이지만, 꿈의 **내용**은 언제나 똑같다. 그 내용이란 바로 분리다. 수업은 이 꿈이 가공의 상태라고 가르치고, 가공과 혼돈의 상태에서는 의식하든 의식하지 못하든 그 기저에 불안이 항상 깔려 있다고 말한다. 하지만 꿈이 실재라고 말하는 에고의 음성 대신 **영**이 실재라고 말하는 바른 음성을 듣겠다는 용의를 낼 때, 안도감이 들기 시작한다. 어쩌면 이 꿈에서 우리가 그토록 중요하다고 여겼던 그 모든 일이 결국에는 그다지 대수롭지 않을지도 모른다. 어쩌면 이 꿈보다 위대한 실재가 이 꿈 너머에, 실은 모든 곳에 있을지도 모른다. 실재가 존재하기를 그친 것이 아니라, 단지 우리가 이를 알아차리지 못할 뿐이다. 그래서 수업에서는 **"너의 본래 유산인 사랑의 현존을 의식하지 못하게 가로막는 장벽을 치우는 것"**을(Introduction/교과서1쪽) 목표로 밝히고 있는 것이다. 당신의 타고난 유산이란 **천국** 그 자체다. 이를 얻기 위해 수고할 필요는 없다. 그것은 이미 신이 당신에게 선사한 선물이기 때문이다. 이미 받은 선물을 위해 수고할 필요는 없지 않겠는가. 하지만 자신이 이 세상에 있다고 믿고 있다면, 그 꿈에서 깨어날 필요는 분명히 있다. 이와 관련해 내가 좋아하는 수업의 질문 하나를 소개해보겠다. **"기쁨의 불모지에서 네가 그곳에 있지 않다는 것을 깨닫는 것 외에 기**

뿜을 찾을 길이 있겠는가?"(T-6.II.6:1 / 교과서99쪽)

수업은 매우 **거대한** 가르침이다. 대부분의 기적수업 교사들이 묘사하는 그런 자잘한 가르침이 아니다. 성령은 우리를 더 나은 개인이 되라고 인도하는 것이 아니라 신과의 완벽한 **합일**로 **인도**하여 **전체**가 되게 한다. 하지만 이 일이 하룻밤 사이에 일어나지는 않는다. 이 일은 과정으로 진행된다. 영은 몸보다 높은 단계의 생명이며, 이 단계를 맞이하려면 준비가 되어 있어야 한다. 준비되어 있지 않다면 깨어남은 참으로 섬뜩할 것이다. 그래서 나비가 되기 전에 고치의 단계를 거치듯이, 당신도 진짜 자신으로 깨어나기 전에 고치 단계를 거쳐야 한다. 그리고 성령이 가르치는 용서를 따를 때 탈바꿈이 부드럽게 이뤄진다. 이에 대해 수업은 **"용서는 구원 전체의 중심 주제이며, 용서의 각 부분들을 의미 있는 관계로 묶어주고, 그 과정을 이끌어나가며, 그 결과는 확실하다"**고(W-pI.169.12:1 / 연습서338쪽) 말한다.

성령의 용서는 크게 세 단계로 구성된다. 이를 꿋꿋하게 실천하노라면 수업에서 말하는 비전을 결국에는 얻게 되고, 이 비전에 힘입어 마침내 우리는 이원성과 대립 쌍의 꿈에서 깨어나게 될 것이다.

우리는 기적수업에서 "성자단(the Sonship)"의 구원을 위해 필요하다고 말하는 일을 시작할 수 있다. "성자단"이란 여기에 존재하는 듯 보이는 모든 이와 모든 것을 가리키는 말로 이해하면 된다. 제이는 **"그리하여 세상의 모든 생각은 완전히 역전된다"**고(M-28.2:2 / 지침서70쪽) 말한다. 당신은 수업에서 가르치는 독특한 방식의 용서를 실천하는 것으로 구원 계획 중 자기가 맡은 역할만 하면 된다. 그것만이 우리가 처해 있는 듯이 보이는 이 거대한 난장판에서 당신이 해야 할 유일한 일이다. 당신은 세상을 구원할 필요가 없다. 그것은 성령의 몫이다. 당신은 리더로 자처하는 대신 성령을 **따르기만** 하면 된다. 그렇다고 당신이 자기 사업을 하고 있는데 직원들에게 내가 사장이 아니라고 **떠들고** 다닐 필요는 물론 없다. 단지 마음속으로 진정한 리더가 누구인지 알고 있으면 된다. 사람들은 흔히 예수를 궁극의 지도자로 떠올리곤 하지만, 사실 예수는 궁극의 추종자였다. 수업에서 예수는 자신이 오직 한 **음성**에만 귀를 기울였을 뿐이라고 밝힌다. 수업에서는 성령을 뜻하는 이 **음성**을, 지혜롭게도, 신의 **음성**(the Voice of God)으로 칭하기보다 **"신을 대변하는 음성"**(The Voice for God)으로(T-5.II.h/교과서77쪽) 묘사한다. 신은 세상과 상호작용하지 않는다. 신은 완벽한 **하나**(perfect Oneness)이기 때문이며, 우리는 신이 이 세상에 대해 아무런 책임이 없다는 것에 기뻐해야 한다. 만약 신이 세상에 책임이 있다면 신은 우리 못지않게 미쳤다는 뜻이니까. 하지만 성서와 수업 둘 다 말하듯이 신은 여전히 **완벽한 사랑**이며, 이것은 곧 우리에게 **돌아갈** 완벽한 집이 있다는 뜻이다.

이 꿈속에서 성령은 우리의 환상을 볼 능력이 있고 과연 보기도 하지만, 이를 믿지는 않는다. 우리는 용서에 관한 성령의 조언을 따르면서 성령처럼 생각하는 법을 배워나가고, 이렇게 해서 **영**(Spirit)이라는 본모습으로 깨어난다. 하지만 용서 작업의 첫 단계를 밟기 위해서는 훈련을 해야 하는데, 속이 확 뒤집히는 상황이 벌어질 때 평소와 다른 방식으로 반응하기로 선택하려면 이런 훈련이 필요하다.

나의 개인적 사례를 들어보자. 현재 나는 로스앤젤레스에 살고 있는데, 로스앤젤레스 고속도로를 운전하는 중에 누군가 확 끼어든다고 상상해보자. 다들 알다시피 운전은 남자의 진면목을 유감없이 발휘하는 일로 그 순간 나에게는 **선택권**이 있다. 내가 보고 있는 장면에 대한 두 해석 중 하나를 의식적으로 고를 수 있다. 먼저, 대부분의 사람이 에고와 함께 생각하고 행동하는 방식대로, 즉 판단하고 반응하기까지(큰 실수) 하기로 선택할 수 있다. 만약 일수가 사납고 특히나 까칠한 날이라면 내 차에 확 끼어든 사람에게 중지를 날릴 수도 있는데 그러면 문제가 많이 복잡해진다.

그 사람이 총이라도 갖고 있다면 난 죽을 수도 있다. 물론 죽는다는 것이 뭐 큰 대수는 아니지만 말이다. 몸이 멈추고 죽는 것처럼 보일 때라도 마음은 여전히 지속하기 때문에 그때조차도 사실 당신이 **정말로** "죽는" 것은 아니다. 하지만 아직 여기 남아서 하고 싶은 일이 있다면, 이것 말고 다른 선택도 **있다.**

에고와 반응하는 대신, 자신을 멈춰 세우는 것이다. 이것은 우리가 기억하고 있는 한 우리가 배운 모든 것과 역행하기 때문에 결코 쉽지 않고, 특히 남자들에게는 자신을 멈추는 것이 더 어렵다. 왜냐하면 남자들에게는 테스토스테론이라는 문제가 있기 때문이다. 누가 밀면, 곧바로 상대를 밀곤 한다. 이것은 에고의 사고체계에 내재된 것이다. 전쟁을 일으키는 것도 남자들로, 이 인류의 절반은 건설적인 행동을 하나도 할 줄 모르는 것처럼 보인다. 그렇다 하더라도 다른 선택을 내리는 것은 얼마든지 **가능하다.** 에고와 더불어 생각하는 자신을 알아차리고는 자신을 멈추면 되는데 이것이 참된 용서의 첫 단계이고, 이 첫 단계가 가장 어렵다. 첫 단계를 일관되게 밟기 위해서는 변하고야 말겠다는 굳은 결심과 에고 대신 성령과 생각하는 습관을 형성하기 위한 단호한 노력이 필요하다.

에고와 반응하는 자신을 멈추는 법을 배우기 위해서는 기적수업 연습서에서 체계적으로 제시하는 마음의 훈련을 거쳐야 하고, 그렇게 자신을 멈추는 법을 배우고 나면 용서의 다음 단계로 넘어갈 수 있다. 훈련에 힘쓴다면 크게 세 단계로 구성된 수업의 용서는 결국에는 하나로 녹아들고, 당신은 각 단계별로 크게 생각하지 않고도 습관처럼 그저 하게 될 것이다. 진실을 그저 **알고** 그에 따라 생각하게 되는데, 이는 불교 선종에서 진리를 통째로 **안다고** 말할 때와 매우 흡사하다. 하지만 초반에는 각 단계를 따로 배우고 연습하는 것이 필수적이다. 그래야 자신이 무슨 작업을 하고 있는지, 무엇과 무엇을 놓고 선택하는지 알 것이기 때문이다. 그렇게 하다 보면 어느새 용서의 단계는 당신의 일부로 녹아 용서하지 **않을 때** 왠지 용서가 아쉬워지면서 당신은 용서가 자신의 일부가 되었음을 알 것이다. 당신이 용서를 먼저 찾게 되는 여러 이유 중 하나를 들자면, 용서함으로써 이익을 보는 자는 다름 아닌 **자기 자신**이라는 것을 알았기 때문이다.

에고와 반응하기를 멈출 수 있다면, 당신은 그다음 단계인 성령과 함께 생각하기로 넘어갈 수 있다. 이 단계에는 수업에서 "거룩한 순간"(Holy Instant)이라고 일컫는 순간이 포함된다. 거룩한 순간이란 에고와 생각하다가 성령과 생각하기로 갈아타는 순간이다. 이제 당신은 바른 선택을 내린 것이다. 당신은 좋든 싫든 항상 선택을 내리고 있다. 성령과 에고, 동시에 둘 모두와 생각할 수는 없다. 성령과 에고는 그 자체로 각각의 완성된 사고체계를 대표하지만, 두 사고체계는 상호배타적이다. 현명한 선택을 내린다면 그 선택은 당신을 완전히 다른 삶의 경험으로 인도할 것이다. 때로는 좋은 결과까지도 낳도록 인도하는데, 사실 이것은 부산물일 뿐이다. 우리는 그저 원인에만 관심을 둔다. 원인을 다룬다면, 결과는 알아서 굴러간다. 에고는 이제껏 당신에게, 당신이 보는 것은 진짜라고, 몸도 진짜고, 진짜 세상에서 진짜 사람들과 다뤄야 할 진짜 문제가 있다고 세뇌해왔다. 하지만 성령은 전혀 다른 이야기를 들려준다. 당신이 보고 있는 것은 진짜가 아니라고 말이다.

수업은 세상을 꿈으로 묘사할 뿐만 아니라, 에고의 허상적 세상이 당신의 무의식적 마음에서 나오는 투사물에 지나지 않는다고도 기술한다. 당신은 자신의 무의식을 볼 수 없고, 투사가 나오는 곳이 바로 자신이라는 것도 알지 못한다. 당신은 분리를 수천수만 가지 형태로 투사하고, 온갖 육체를 투사해냈다. 하지만 사람들은 육신이 아니다. 그들은 여전히 신의 품에 안긴 완벽한 영이다. 단지 이를 잊었을 뿐이다. 수업은 당신에게 묻는다. "만약 네가 이 세상이 환각임을 인식하면 어떻게 될까? 만약 네가 이 모든 것을 네가 만들었음을 진정으로 이해하면 어떻게 될까? 세상을 걸어 다니고, 죄를 짓고 죽으며, 공격하고 살해하며, 자신을 파괴하는 듯이 보이는 그들이 전혀 실재가 아님을 네가 알아차린다면 어떻게 되겠는가?"(T-20. VIII.7:3-5/교과서465쪽) 결국에는 이전에 익숙해진 방식대로 반응하는 것이 도리어 불가능해지고, 성령을 선택함으로써 당신은 용서의 세 단계 중 자신 안에서 영을 깨우는 두 번째 단계를 밟게 된다. "**마음은 영을 활성화하는 매체를 나타내는 용어로, 영의 창조적인 에너지를 공급한다**"고(C-1.1:1/용어해설81쪽) 수업에서 가르치는 것처럼, 영을 선택함으로써 당신은 자신의 마음 안에서 영을 활성화한다. 또한 수업은 "**기적은 육체와의 동일시를 부인하고 영과의 동일시를 확언하기에 치유한다**"고도(T-1.I.29:3/교과서5쪽) 가르친다.

　수업에서 말하는 "기적"이란 지금 내가 설명하고 있는 방식의 용서를 가리킨다. 결과가 아니라 원인의 자리에서 비롯하는 용서이고, 희생양으로 남기를 포기하고 자신의 투사물에 대해 책임을 지기 시작하는 방식의 용서다. 북미 원주민들은 종종 "저 엄청난 신비를 보라"고 말해왔다. 그런데 기적수업에서는 "**저 엄청난 투사를 보라**"고(T-22.II.10:1/교과서497쪽) 말한다. 이것이 시공간의 우주의 실체이기 때문이다. 다른 몇몇 가르침에서도 수천 년 동안 가르쳐왔듯이, 시공간의 우주는 전부 하나의 환상, 하나의 투사물일 뿐이다. 이 투사물이 어디서 나오는 것인지는 인식할 수 없다 하더라도, 투사물을 진짜라고 믿음으로써 그것이 당신을 지배할 힘을 얻게 되었으므로, 이제 당신은 그 믿음을 거둬들이는 방식으로 그것이 당신에게 미치는 영향력을 해제할 수 있다.

　이 꿈은 다른 누군가가 대신 꾸는 꿈이 아니다. 투사물만 있을 뿐 다른 누군가란 없다. 만약 이 세상에서 그 누구든 그 무엇이든 당신을 해칠 힘을 지녔다면, 당신이 그것들에 그럴 권한을 준 것이다. 이제 그 힘을 되찾아와 믿음의 힘을 합당한 곳에다, 바로 신에게 두어야 한다. 시간이 경과함에 따라 이것이 모든 것을 바꿔놓는다. 수업에서는 **"기적은 습관"**이라고(T-1.I.5:1/교과서3쪽) 가르친다. 이제 당신의 마음은 판단의 훈련 대신 용서의 훈련을 다시 받는 것이다.

그러면 당신은 세상이 당신을 해칠 수 없는 지점까지 도달할 수 있다. **"신의 평화는 신께 속하지 않는 것이 너에게 영향을 미칠 수 있음을 부인한다. 이것이 부인을 적합하게 사용하는 것이다"**라고(T-2.II.1:11-12/교과서20쪽) 수업이 성령의 용서에 대해 말하듯이, 결과의 자리 대신 원인의 자리에 설 때 당신은 세상의 사고를 뒤집는 것이고 용서는 마땅한 것으로 보인다. 세상의 이 모든 것이 진짜라면, 용서는 마땅하지 않다. 하지만 당신이 세상을 투사해낸 것이라면, 용서는 참으로 마땅하다. 세상이 당신에게 오는 것이 아니라 당신에게서 나오는 것으로 세상을 바라보게 될수록, 예전 방식대로 반응하는 것이 점차 불가능해지고 당신이 꿈을 꾸고 있다는 인식이 강해질 것이다.

2003년에 내 첫 번째 책인 《우주가 사라지다》가 출간된 직후, 나는 야후 사이트에서 내 책과 기적수업을 공부하는 온라인 스터디 모임을 시작했고, 이 모임은 기적수업 모임 중 가장 큰 모임으로 성장했다. 거기서 우리는 각각의 용서의 상황을 '그또용기(JAFO)'라고 부르기 시작했는데, 이는 '그저 또 다른 용서의 기회'(Just Another Forgiveness Opportunity)를 줄인 말이다. 이 표현은 우리가 여기에 있는 듯이 보이는 한, 용서의 기회는 항상 제시될 것이라는 인식에서 나왔다. 이런 용서의 기회들이 더 이상 자신에게 영향을 미칠 수 없는 지점까지 다다르는 것은 충분히 가능한 일로, 마침내 이 영적 행로에 때가 찾아오면 이런 '그또용기'들은 점차 당신을 도발하지 않게 되고, 당신의 용서는 점점 더 자동적으로 일어나 당신을 전혀 다른 경험으로 인도할 것이다.

워크숍 때 나는 수업이 뜻하는 의미에 대해서 다양한 질문을 받곤 하는데, 그럴 때마다 수업을 이해하는 최고의 방법은 수업의 안내를 충실히 따르는 것이라고 말한다. 뻔한 말처럼 들릴 수도 있지만 이렇게 말하는 이유는, 수업이 사람들이 듣고 싶어하지 않는 내용들을 많이 다루고 있고 이를 이해하는 것에 대해 엄청난 심리적 저항이 일어나기 때문이다. 예컨대 수업은 **"세상은 존재하지 않는다! 이 수업이 가르치려는 핵심 사고는 그것이다"**라고(W-pI.132.6:2-3/연습서253쪽) 말한다. 대부분의 사람에게 이 말은 달갑게 들리지 않는다. 사람들은 세상을 원하고, 세상 안에서 자신이 끌리는 것들을 욕망하는 동시에 나쁜 일들이 자신에게 닥치지 않기를, 최소한 너무 나쁜 상황만큼은 피할 수 있기를 희망한다. 하지만 수업은 이런 말도 전한다. (다음 본문의 일인칭 화자는 이 수업을 불러준 음성인 예수다.) **"나는 예전에 너의 모든 소유물을 팔아 가난한 자들에게 주고 나를 따르라고 말했다. 내 말의 의미는 네가 이 세상 그 무엇에도 투자하지 않는다면 너는 가난한 자에게 그들의 보물이 어디에 있는지 가르칠 수 있다는 것이다. 가난한 자는 다만 잘못 투자한 자로, 그들은 참으로 가난하다!"**(T-12.III.1:1-3/교과서232쪽) 여기서 투자란 심리적인 투자를 말한다. 수업의 가르침은 언제나 육체의 수준이 아니라 마음의 수준에 초점을 맞추고 있다. 당신이 집으로 돌아갈 채비를 하는 법은 에고를 해제하여, 점차 성령이 당신 마음을 지배하는 힘이 되게 하고 결국에는 마음의 유일한 힘이 되게 하는 것이다.

한때 우리가 존재한다고 믿었던 세상은 한낱 꿈일 뿐, 그 이상은 아니다. 윌리엄 셰익스피어가 그의 작품 〈폭풍우(The Tempest)〉에서 돈에 관해 표현한 아래 문구는 참으로 옳은 말이다. 참고로 승천한 내 스승들은 그가 깨달았다고 알려주었다.

당황했나 보군.

기운 내시게.

이제 우리의 잔치도 끝났다.

자네에게 말했듯이, 우리네 배우들은 다 허깨비였고

아지랑이처럼 공기 속으로 흩어진다.

이 공중누각처럼

하늘을 찌르는 탑도, 호화로운 궁전도,

엄숙한 사원도, 거대한 지구 자체도,

그리고 그 안에 있는 모든 것도, 다 사라진다.

실속 없는 행렬 후 아무것도 남아 있지 않듯이.

우리는 꿈과 다를 것 하나 없고

우리네 하찮은 인생은 잠으로 둘러싸여 있구나.


위 시는 마치 기적수업의 교과서 일부인 양 딱 들어맞는다. 수업은 자각몽(lucid dreaming)*을 완전히 새로운 차원으로 끌어올린다. 결국 당신은 자신이 꿈꾸고 있음을 자각하게 된다. 이제 각각의 '그또용기'는 똑같이 용서받아 마땅하다. 그러면 긴장이 풀리고 이완되어 진정한 마음의 평화가 당신 안에 자리한다. 여기에 역설이 하나 있는데, 당신은 꿈속 자기 역할을 전보다 잘 수행하게 된다는 것이다. 왜냐하면 이제 당신은 전보다 명확하게 생각할 수 있고, 당신을 이끌어줄 성령의 **안내**와 영감이 함께하기 때문이다.

용서의 단계를 되짚어보면, 1단계는 에고와 함께 생각하는 자신을 알아차리고 멈추는 것이다! 이 일을 해내기 위해서는 훈련이 필요하다. 에고는 매우 교활해서 당신과 다른 이들이 육체라고 설득하기 위해 수천 가지 전략을 펼치고, 우리가 거기에 넘어가면 에고의 체계 전부를 사실로 만들어버리기 때문이다. 그러나 반복해서 말하자면 성령은 당신이 기억해야 할 전혀 다른 정체성을 제시한다. **"나는 육체가 아니다. 나는 자유롭다. 나는 여전히 신이 창조하신 그대로이기 때문이다."**(W-pl.201.h./연습서407쪽) 이것은 나뿐 아니라 모든 이들에게 해당하는 말로, 이처럼 용서의 2단계에는 당신이 보고 있는 것이 사실이 아님을 이해하는 것이 포함된다. 그리고 마음을 돌이켜 에고 대신 성령과 생각하는 것이다.

2단계까지 잘 밟았다면, 성령은 수업에 제시된 바른 마음의 생각을 현재 당신이 처해 있는 상황이나 사건에 적용할 수 있는 적합한 형태로 제공할 것이다. 때로는 아무 생각도 할 필요 없이 당신은 그저 평화의 품에 안겨 있을 수도 있다.

에고가 해제되고 성령이 당신 마음을 점차 차지함에 따라, 그 결과로 당신은 성령에게서 나오는 메시지와 영감을 더 분명하게 들을 수 있게 된다. 심지어 이 꿈속 생활을 어떻게 풀어나가야 할지에 관한 실용적인 답도 들을 수 있게 된다. 성령과 함께 사는 삶은 에고와 함께 사는 삶과는 전적으로 다른 경험으로서, 당신은 방에 혼자 있을 때조차도 결코 혼자가 아니다.

당신의 무의식적 마음은 모든 것을 알고 있다. 그럴 수밖에 없는 것이, 거기가 바로 시공간의 우주가 투사되어 나오는 곳이기 때문이다. 그것이 모든 것을 알고 있다면, 우리가 실은 집단적으로 하나라는 것도 안다. 그리고 그것 또한 알고 있다면, 당신의 무의식적 마음은 당신이 세상이나 다른 사람에 대해 생각하는 내용을 **당신 자신**에 관한 내용으로 해석해버릴 것이다. 이는 정신을 번쩍 들게 하는 생각이다. 사람들은 자신이 왜 우울한지 의아해하는데, 한평생 다른 사람들에 대해 품어왔던 쓰레기 같은 생각들을 돌아본다면 쉽게 그 이유를 알 수 있다. 우리는 이런 생각들이

---

\* 자고 있는 사람이 스스로 꿈이라는 것을 자각하면서 꾸는 꿈을 말한다.

실은 곧장 우리 자신에게로 향하고 있음을 깨닫지 못했다. 이런 생각들은 우리 자신에 대한 느낌을 결정하고, 결국에는 우리의 정체성마저 결정해서 자신이 정말로 그렇다고 믿어버리게 한다! 그러므로 용서의 2단계에서 중요한 요소를 또 하나 들자면, 당신이 누군가를 용서할 때 그들이 정말로 무슨 일을 해서가 아니라 그들이 아무것도 하지 않았기 때문에 그들을 용서하는 것임을 이해하는 것이다. 애초에 그들을 지어낸 자가 바로 당신이기 때문이다. 따라서 당신은 사람들이 정말로 아무 일도 하지 않았기 때문에 그들을 용서하는 것이고, 이것이 그들이 결백한 이유다. 이 방식의 용서는 당신의 자아상을 재정립한다. 그들이 유죄라면 당신도 유죄고, 그들이 결백하다면 당신도 결백하다. 이 법칙에서 벗어날 방법은 없다. 수업은 마음의 지극히 중요한 이 법칙을 분명하게 밝히고 있다. **"너는 그를 보듯 너 자신을 볼 것이다."**(T-8.III.4:2/교과서147쪽)

하지만 대부분의 학생이 범하는 실수처럼 **거기서 멈추지 않는 것도** 매우 중요하다. 이 모든 용서의 과정에는 대부분의 학생은 일말의 고려조차 하지 않는 매우 중요한 요소가 있기 때문이다. 그를 보는 대로 자신을 보게 된다는 것이 사실이라 할 때, 인생을 헤쳐나가면서 만나는 세상과 사람들을 한낱 환상으로 치부한다면, 마음은 **당신** 역시 환상이라는 뜻으로 해석할 것이다. 그러면 당신은 공허하고 무의미한 상태에 빠지게 되는데, 이것이 곧 우울증이 아니겠는가? 이것이 바로 기적수업이 대부분의 사람이 파악하고 있는 것보다 훨씬 더 선제적으로 대처한다고 말할 수 있는 이유다. 수업은 에고의 사고체계, 즉 세상 대부분의 사고체계를 묘사하는 데서 그치지 않는다. 수업은 에고의 사고체계를 성령의 사고체계로 완전히 **대체한다.** 그러므로 용서의 1단계와 2단계를 3단계와 꼭 결부시켜야 한다.

다른 영성을 공부하는 학생들은 물론이고 기적수업 학생들도 흔히 범하는 가장 큰 실수는, 용서를 공부하고 실천하면서 모든 단계를 끝까지

밟지 않는다는 것이다. 그들의 용서는 너무 제한되어 있다. 그러므로 3단계를 소개하자면, 3단계는 불안정하고 외관상 분리된 세상의 혼돈이 아니라 **영의 일체성**을 기반으로 한 영적인 시각이다. 당신은 성령이 보는 방식대로 보는 법을 배워서 진정한 자신의 본모습에 가닿는다. 성령은 모든 곳에서 **영**의 사랑과 결백함을 본다. 사실 수업은 "**성령은 어디를 보더라도 자신을 본다**"고(T-6.II.12:5/교과서101쪽) 말한다.

내 스승들은 이 3단계를 **영적인 시각**이라고 부르는데, 수업은 이를 비전 또는 참된 지각으로 칭하기도 한다. 당신은 다른 사람들에 대해 생각하는 방식과 그들의 정체라고 여기는 방식을 바꿈으로써 자기 자신의 경험을 바꾸게 되고, 결국에는 자신의 정체라고 믿고 있는 것까지도 바꾸게 된다. 교과서 마지막 부분에 다음과 같은 말이 있다. "**네가 내리는 모든 선택이 너의 정체를 확립하고, 너는 그것을 보고 너라고 믿게 된다는 점을 기억하면서, 그가 무엇이기를 원하는지 다시 선택하라.**"(T-31.VIII.6:5/교과서704쪽) 이것이 성령은 분리의 관점에서 생각하지 않음을 기억하는 것이 중요한 이유다. 성령은 전체의 관점, **영의 단일성**이라는 관점에서 생각한다. 따라서 영적인 시각은 당신이 생각하는 방식도 포함한다. 영적인 시각에 힘입어 당신은 개체성의 관념은 물론 몸도 **넘겨보게** 되고, 기존의 사고방식을 완전히 벗어나게 된다. 이제 당신은 상대를 단지 전체의 **일부**로 여기는 것이 아니라 **전체** 그 자체로 여기게 된다.

누군가와 일상 대화를 나눌 때라도 대화를 멈추지 않고 마음속으로 그가 진정 누구인지, 그가 진정 어디에 있는지 인정해주는 것이 가능하다. 즉 그가 여전히 신과 완벽히 **하나**이고, 천국의 완벽한 합일에 머물고 있음을 일깨워주는 것이다. 이런 방식으로 사람들에 대해 충분히 자주, 충분히 오래 생각하다 보면, 결국에 당신 역시 자신이 진정 누구이고 어디에 머물고 있는지를 경험할 수밖에 없다. 이것이 마음이 작동하는 방식이다. 이것이 예수가 자신의 **신성**에 다다른 방식이다. 이것이 붓다가 꿈에서 깨어난 방식이다. 이것이 이 책에서 소개할 여러 스승 중 몇몇이, 형태는 다르지만 똑같은 내용으로 생각했던 방식이다. 즉 분리의 베일 바로 그 너머에 **단일한 실재**가 존재하고 오직 이것만이 유일한 실재라는 생각이 그것이다. 이것이 비이원성이다. 그들은 원인의 자리에 섰기에 꿈의 희생양이 아니라 꿈의 저자였다. 그렇게 자신의 용서 과제를 모두 마쳐 에고를 해제하는 과정이 끝나고 나면, 마음에 아무런 죄책감도 남지 않게 되고, 몸을 최종적으로 내려놓고 완전히 깨어나 신의 품에서 시간 너머에 있는 영원의 실재를 누리게 된다.

바르게 적용한 용서는 자동적으로 사랑으로 이어지기 마련이니, 사랑이 당신의 본모습이기 때문이다. 그리고 사랑은 평화로 이어진다. 충분히 많은 수의 사람들이 이 생각을 실제로 적용한다면, 자신의 깨달음은 물론이고 세계 평화로까지 이어질 수밖에 없다. 그리고 당신은 모든 존재의 집단적인 마음을 치유하는 일에서 자신의 역할을 행할 수 있게 될 것이다.

이제껏 세상은 엉뚱한 곳에서, 즉 저 바깥 스크린에서 세계 평화를 달성하려고 애써왔다. 하지만 올바른 곳에 초점을 맞출 때 마침내 세계 평화가 이루어질 것이다. 그 일이 이번 생 동안 일어나지는 않겠지만, 그래도 괜찮다. 당신은 자기 역할을 **지금** 할 수 있고, 그러면 당신은 깨어나 집으로 갈 수 있다.

《우주가 사라지다》에서 승천한 내 스승들과 세계 평화에 대해 얘기하던 중, 스승들은 내면에서 평화를 얻지 못한다면 세상 사람들은 결코 평화롭게 살 수 없을 거라고 말했다. 수업에서 가르치듯이, 우리가 삶이라고 부르는 스크린에서 보고 있는 것들은 "**내면 상태가 외부로 드러난 그림**"에(T-21.in.1:5/교과서467쪽) 불과하며 사실 이 허상의 세상은, 칼 융이 '집단 무의식'이라고 불렀던, 숨겨져 있는 하나의 거대한 마음 안에 있는 것들이 상징적으로 드러난 현상에 불과하기 때문이다. 이렇듯 우리가 보고 있는 것들이 내부에 있는 뭔가의 반영이라 한다면, 마음속에 갈등이 남아 있는 한, 전쟁이나 살인, 범죄, 테러, 난리, 단순한 의견의 불일치 등 세상 속의 갈등도 언제나 남아 있을 것이다. 하지만 충분히 많은 사람들이 에고를 해제하는 방식의 용서를 통해 내적 평화를 얻게 되는 날이 찾아온다면, 그것이 모든 것을 바꿔놓을 것이고, 그 일은 반드시 일어날 것이다.

나는 《기적수업》을 출판한 '내면의 평화 재단'이 그들 재단 이름을 매우 적절히 잘 지었다고 생각한다. 역사의 현재 주기만 놓고 보더라도, 수천 년 동안 세계 평화를 위해 노력해왔다. 외교나 협상이 실패해 전쟁을 하게 되어도 국제연맹을 결성해 평화를 시도했고, 그것이 통하지 않아 또 다른 전쟁을 치러야 했을 때도 국제연합을 만들어 또다시 세계 평화를 위해 노력했다. 그 결과 이따금 평화를 누리는 듯 보일 때도 있었다. 하지만 이것은 **진정한** 평화가 아니다. 수업은 **"휴전을 평화로 … 착각하지 말라"**고(T-23.III.6:1 / 교과서522쪽) 말한다. 사람들이 무기고를 걸어 잠그기는 해도 무기고가 있다는 사실까지 잊는 것은 아니다. 왜냐하면 우리가 원인을 다룬 적이 없기 때문이다. 하지만 충분한 수의 사람들이 내면의 평화를 달성해 임계질량*에 다다르게 되면, 외부의 평화도 문자 그대로 따라올 수밖에 없다. 셰익스피어가 "밤이 낮을 뒤따르듯, 어김없이 따라온다"고 말했듯이 말이다.

당신에게는 자신의 용서를 통해 내면의 평화를 드러냄으로써 무의식적 마음을 치유하고, 이로써 세상까지 치유하는 일에 진정으로 기여할 수 있는 기회가 있다. 역사에 기록되지 않는다고 그게 무슨 대수인가? 역사에 기록된 사람들 대부분은 전쟁을 일으킨 자들이 아니던가? 이에 비해 우리는 평화를 일으키는 자들이다. 불멸의 간디는 "세상에서 보고 싶은

---

* 핵분열 물질이 연쇄반응을 할 수 있는 최소의 질량.

변화가 있다면, 당신부터 그렇게 변해야 한다"고 말했다. 아마도 이 말을 간디가 처음 한 것은 아닐 수도 있다. 붓다의 시대까지 거슬러 올라갈 수도 있고, 어쩌면 그 전에도 있었을지 모르겠다. 어쨌든 간디는 그 원리를 이해했고, 그 원리대로 살았다. 당신도 깨달음을 얻고 신의 평화를 누리겠다는 결심이 충분히 섰다면 똑같이 해낼 수 있다. 우리보다 앞서 살았던 스승들 앞에서 주눅 들 필요가 없다. 예수도 수업에서 **"내게서 네가 얻지 못할 것은 없다"**고(T-1.II.3:10/교과서7쪽) 말하지 않는가.

메리 베이커 에디Mary Baker Eddy*와 기적수업은 하나같이 **"모든 이가 청함을 받았지만, 듣기로 택한 자는 거의 없다"**고(T-3.IV.7:12/교과서45쪽) 말한다. 당신에게는 듣겠다는 용의가 있는가? 내가 수업에서 가장 좋아하는 구절 중 하나는 교과서 마지막 섹션 '다시 선택하라'에 실려 있는데, 여기서 수업의 음성은 이렇게 타이른다. **"다시 선택하라. 세상 구원자의 일원이 될 것인가, 아니면 지옥에 남아 형제를 그곳에 계속 붙잡아둘 것인가."**(T-31. VIII.1:5/교과서702쪽) 지옥에 가게 될까봐 두려워하는 사람들이 많이 있는데, 그들은 자신들이 이미 지옥에 있다는 것은 깨닫지 못한다. 수업의 엄격한 형이상학에 따르자면, 천국에서 조금이라도 떨어진 상태는 모두가 지옥이다. 하지만 당신은 자신의 경험을 변화시켜 수준 높은 형태의 생명으로, 아니 아무런 형태도 없는 생명으로 옮아가는 것이 물론 가능하며 몸의 경험을 졸업하고 **영과의 합일**로 녹아들 수 있다.

기꺼이 활용할 용의만 낸다면, 세상은 용서의 기회로 가득 차 있다. 신뢰와 인내를 품고 꾸준히 하다 보면, 우리도 제이의 태도를 체화할 수 있다. **"세상을 걸으며, 다시 한 번 신의 선물이 우리의 것임을 알아보는 또 다른 상황을 지각할 수많은 기회를 발견할 수 있음에 기뻐하자! 그리하여 지**

---

\* 미국의 여성 종교가. 크리스천 사이언스의 교조. 오랜 와병 중 돌연 모든 것이 마음에 달렸음을 깨닫고 성경을 연구하여 1879년 크리스천 사이언스 교회를 조직했다.

옥의 모든 흔적, 은밀한 죄와 감춰진 증오가 모두 사라지리라. 그것들이 감추었던 모든 사랑스러움이 천국의 초원처럼 우리의 시야에 나타나, 그리스도를 보기 전에 걸었던 가시밭길 위로 우리를 높이 들어올리리라."(T-31. VIII.9:1-3 / 교과서704쪽)

　우리는 자기 자신뿐만 아니라 우주라고 부르는 꿈에 진정한 평화를 가져오는 데에도 자신이 맡은 역할을 수행할 수 있다. 여느 꿈과 마찬가지로 당신이 깨고 나면 우주라는 꿈도 결국 그렇게 사라질 것이다. 용서를 실천하고 영적인 시각으로 바라봄으로써 우리는 이 일을 해낼 수 있고 이 역할만 하면 된다. 이것은 사소한 역할일 리 없을 뿐만 아니라 깨달음의 사다리를 오르는 모든 이들의 당연한 직분이다. 이 역할에 합류한 것을 환영한다. 나머지는 성령이 알아서 할 것이다.

1부

# 서기 전

# 1
# 깨달음에 오르는 사다리

삶의 위대한 신비가 세 개 있다.

새에게는 공기가 신비다.

물고기에게는 물이 신비다.

사람에게는 자기 자신이 신비다.

— 불교 전통의 금언

난 내 스승인 아턴과 퍼사에게 물어보지 못한 질문들이 여전히 많았다. 그들이 내 앞에 수도 없이 나타났지만, 그들의 출현은 여전히 내게는 초현실적인 일이어서 너무 놀라 질문 자체를 까먹기 일쑤였기 때문이다. 이제껏 수십 번도 넘게 나타났지만, 아직도 그들의 출현은 매번 초현실적으로 다가온다. 궁금했던 질문을 몇 개 말해보자면, 예수는 어떻게 예수가 되었을까? 예수가 되기 **이전** 생은 어땠을까? 또 붓다는 어떻게 붓다가 되었을까? 그들은 어떤 경험을 했고 어떤 원리를 수행했기에 다른 이들보다 먼저 깨어나 깨달음을 얻은 것일까?

내 스승들의 가르침에 의하면 지나간 생들이란 꿈을 연이어 꾸는 것과 같다고 한다. 사실 우리는 육신을 입고 태어난 적이 단 한 번도 없다. 예전에도 없었고, 앞으로도 결코 없을 것이다. 육신의 생생한 경험은 에고의 속임수로 날렵한 손놀림이요, 기막힌 눈속임과 같다. 아인슈타인이 말했듯이 '의식의 착시현상'일 수도 있다. 우리는 자신이 몸 안에 있고 몸의 눈을 통해 우주를 본다고 믿는다. 하지만 사실 우리는 마음으로 보고 있는 것이다. 또 자신의 몸을 포함해서 우리가 보고 있는 모든 것들은 우주의 꿈 안에 있는 다른 모든 것들과 마찬가지로 투사물의 일부라는 점에서 다 똑같다. 그것들은 마치 영화관 스크린에 투사되는 영상물처럼 전부 실체 없는 투사물일 뿐이다.

2013년 가을, 내 스승들을 못 본 지 9개월쯤 지났을 때, 나는 그들이 곧 나타날 것만 같았고 이런 예감은 갈수록 정확해졌다. 이것은 내가 점점 더 **영** 안에 머무를 수 있게 되었다는 증거이기도 했지만 아턴과 퍼사가 실은 **성령이 소통을 위해서 취한 형태**라는 점도 알고 있었기 때문이다. 우리와 소통하기 위해 성령은 형태를 취할 수밖에 없는데, 그러지 않는다면 우리는 성령의 음성을 들을 수 없고 영원히 환상의 늪에 빠져 있을 수밖에 없기 때문이다. 성령이 스스로를 드러내는 가장 흔한 형태는 마음속에 떠오르는 생각의 형태다. 생각은 마음에 대해 형태를 갖고 있다. 때로 성령은 다른 여러 가지 형태를 취하기도 하는데, 성령이 소통하려는 사람에게 최선이 될 수 있는 방법으로 그 형태가 결정된다. 그러므로 우리는 자신과 다른 이의 경험을 비교할 필요가 없다. 성령은 이미 우리 각자에게 무엇이 최선인지 알고 있다.

내 스승들이 다시 나타나기를 기다리는 동안에도 많은 일들이 일어나서 심심할 틈은 없었다. 스승들과 나눴던 대화를 바탕으로 한 세 번째 책 《사랑은 아무도 잊지 않았으니》가 출간되었고, 아시아에서 수업에 대한 관심이 급증하는 모습을 지켜보는 것도 매우 흥미로운 일 중 하나였다. 그 덕분에 한국과 일본, 대만은 물론 심지어 중국에도 초대받아 다녀왔는데 나는 이 모든 일정을 훌륭한 기적수업 교사로 성장한 신디와 늘 함께

했다. 특히 중국 내 한 교육단체에서는 앞으로 5년 동안 1년에 2주씩 두 번 방문해달라는 요청을 하기도 했다. 아시아가 먼 곳이긴 하지만 그곳에 갈 때마다 기적수업이라는 새로운 가르침이 아시아인들의 마음에 어떻게 파고들고 있는지 지켜보는 일은 언제나 흥미롭다. 대만에서 쓰고 있는 번체자로 기적수업을 번역한 챠오 린 카방Chiao lin Cabanne은 중국에서 사용하는 간체자로도 수업을 번역했는데, 그녀가 수년간 쉼 없이 노력한 덕분에 중국에서도 마침내 수업이 출간되었다. 중국 공산당은 수업이 공산당 체제 전복을 위한 것이 아님을 알고 기적수업 출간을 승인했고, 수업이 출간되자 곧이어 《우주가 사라지다》(줄임말로 '우사') 출간도 승인을 받아 역시 챠오 린이 번체자와 간체자로 번역해 출간했다. 그 결과 중국에서도 우사가 널리 알려져 쉽게 구해볼 수 있게 되었고, 이는 내게 중국 강연의 완벽한 기회로 이어졌으며 덕분에 나는 중국계 미국인인 챠오 린을 제외하고 미국 출신으로는 최초로 중국에서 가장 유명한 기적수업 교사가 될 수 있었다.

여전히 급격한 변화를 겪고 있는 중국은 사회적인 불만을 해소하기 위해 자본주의를 표준 경제체제로 삼았고 그로 인해 지금은 상하이 가는 것이 일본 가는 것만큼이나 쉬워졌다고 한다. 그럼에도 중국에선 몇 가지 **해서는 안 되는** 일이 있는데, 공산당 정권을 비판하거나 그 권위를 의심하거나 하면 생사를 오가는 일을 겪을 수도 있으니 조심해야 한다. 또한 1989년 공산당 군대가 천안문 광장에서 시위 학생들을 학살한 사건이 있었는데, 이 일을 거론하는 것도 절대 해서는 안 되는 일 중 하나다. 하지만 해외에 나와 있는 중국 유학생들 중 일부는 용기를 내어 이 역사적 사건이 묻히지 않도록 공개 발언을 이어가고 있기도 하다.

중국에선 인터넷 사이트를 막아놔 구글, 페이스북, 트위터, 유튜브 같은 사이트의 접속이 불가능하다. 그러나 많은 이들은 자신들이 원하는 정보를 찾아내곤 하는데, 특정 소프트웨어를 사용해서 마치 다른 나라에서 접속하는 것처럼 속여 검열 프로그램을 우회하는 것이다. 사실 기적수업과 내 책들에 관한 많은 정보도 이런 방식으로 알려지게 된 것이고, 특히나 중국 내 불교도나 심리치료사들이 고대의 지혜에 대한 깊은 통찰도 담고 있는 이 새로운 가르침에 열광했다.

중국에서 하지 말아야 할 일을 하나 더 말하자면 달라이 라마를 지지하는 것이다. 달라이 라마에게 무력을 행사할 수 있는 군대가 있는 것은 아니지만, 중국 공산당은 여전히 그의 영향력을 두려워하고 행여나 티베트가 독립할까봐 노심초사한다. 그런데 티베트가 독립할 가능성은 과거에도 매우 희박해 보였다. 서구 세계의 많은 이들이 티베트의 독립을 지지했지만, 이와는 상관없이 과거나 현재나 티베트가 독립할 가능성은 그리 크지 않아 보인다. 아무튼 나는 중국에서 일어난 이국적인 관심으로 인해 그곳에서 수업과 성령이 용서의 기적을 일으키는 모습을 직접 확인할 수 있어서 행복했다.

마지막으로 스승들을 만난 후 내 삶에 일어난 놀라운 변화 중 하나는 내가 새끼 고양이와 사랑에 빠지게 되었다는 것이다. 그동안 개만 좋아한 나는 15년 동안 개 한 마리를 키웠고, 충직한 개와 달리 고양이는 새침해서 가까워지기 어렵다는 편견을 갖고 있었다. 그러던 어느 날 신디가 집 없이 떠도는 3개월 된 새끼 고양이를 인터넷에서 보게 되었고, 우리는 곧장 그 고양이를 입양하기로 결정하고 집으로 데려와 루나라는 이름을 붙여주었다. 사랑스럽기 그지없는 루나는 매우 날렵한 모습 등을 선보이며 우리에게 즐거움을 안겨주었지만 그렇다고 고양이의 품위를 잃는 법은 없었다. 이렇게 개와 고양이 둘 다를 키워보니, 이제는 두 동물의 사고방식 차이도 알 것 같다.

개는 이렇게 생각한다. '와! 이 사람들 진짜 근사하잖아. 사랑해줘, 먹여줘, 돌봐줘, 내게 모든 걸 다 주잖아. 이 사람들은 신인가 보다.'

반면 고양이는 이렇게 생각한다. '와! 이 사람들 진짜 근사하잖아. 사랑해줘, 먹여줘, 돌봐줘, 내게 모든 걸 다 주잖아. 내가 신인가 보다.'

신디와 나는 거의 매해 여름 하와이에서 피정避靜을 진행하고 있는데, 매우 기이한 경험을 한 것도 피정 일정을 마치고 밤에 집으로 돌아오는 길에서였다.

우연히 올려다본 하늘엔 반구형 물체 두 개가 구름 사이로 떠 있었다. 두 물체는 마치 완벽한 구 하나를 반으로 쪼갠 모양이었지만, 붙어 있지 않고 서로 떨어져 있었다. 지상에서 300미터 정도로 그리 높지 않게 떠 있는 두 물체 사이로 여러 빛줄기가 관통하고 있었는데, 이는 마치 빛을 이용해서 우리에게 신호를 보내는 듯했다. 당시 우리는 조금도 두려운 상태가 아니었다. 나는 이것이 광년을 단위로 쓸 정도로 먼 거리에서 온 우주선임을 직감했는데, 혹시 예전에 아턴과 퍼사가 우주 구경을 시켜줬을 때 만났던 플레이아데스인과 같은 종족이 아닐까 하는 생각이 들었다. 두 개의 반구체는 1분 남짓 떠 있다 순식간에 사라졌지만, 너무나도 가까이서 분명하게 목격한 사건이라 경탄을 금할 수 없었다. 나는 그들이 우리를 알기라도 하는 듯 인사를 건넨다는 느낌이 들었고, 그들이 무슨 말을 했는지 알아들을 수는 없었지만 최소한 외계의 존재가 긍정적인 방식으로 우리에게 말을 걸어왔다는 사실만큼은 알 수 있었다. 그래서 나중에 그 정확한 의미가 밝혀질 때까지 당분간 시간을 두고 이 문제를 지켜보기로 마음먹었다.

신디와 나는 신디 언니 부부와 자주 어울리며 영성, 외계인, 소리 치유,

음모론, 세상을 움직이는 배후의 비밀세력들과 같은 형이상학적 주제들로 파격적인 대화를 나누곤 하는데, 우리에겐 일상적인 대화지만 낯선 사람이 듣는다면 "대체 저 사람들은 무슨 이야기를 하고 있는 거야?"라고 수군댈 것만 같다는 생각도 든다. 물론 우리가 수업에 대해 이야기를 할 때에도 반응이 똑같을 것 같기는 하지만 말이다. 이쪽을 아예 모르는 사람들에게 우리의 대화가 너무나 급진적인 것으로 들릴 수는 있어도, 충분히 공부한 학생들에게는 수긍할 만한 내용일 것이다.

어느 날 나는 모닝커피를 홀짝이며 과거의 나를 돌아봤다. 예전에 나는 하루 여섯 잔의 커피를 마시고, 30개비나 되는 담배를 피워댔었다. 그때를 회상하니 절로 한숨이 나왔다. **다른 단점은 살펴볼 것도 없이, 시간만 놓고 봐도 얼마나 허비했던가!** 이제 나는 하루 한 잔의 커피만을 마시고, 담배는 아예 끊었는데도 내가 하고 싶은 일들을 하는 데 시간이 부족하다고 느낀다. 그래서 '참 기묘한 환상이라니까' 하고 생각하던 순간에, 난데없이 내 스승들이 나타나 그들이 즐겨 앉던 검은색 가죽 소파에 앉아 있는 게 보였다.

아턴: 어이, 개리! 잘 지냈어요? 바쁜 한 해였죠? 새 책이 나온 것도 축하해요.

개리: 고마워요. 그런데 오히려 축하는 내가 해야 하는 거 아닌가요? 그 책에서 좋은 부분은 다 당신들이 말한 내용이잖아요.

아턴: 글쎄요. 독자 중 한 명이 당신에게 보낸 편지에서 밝혔듯이, 당신도 이제는 잔심부름꾼이 아니에요.

개리: 나의 이룰 수 없는 사랑의 여인도 잘 지냈나요?

퍼사: 여전히 이룰 수 없는 사랑이죠. 자, 그럼 본론으로 들어가보실까요?

개리: 사뭇 진지하네요. 급한 일이라도 있나요?

퍼사: 딱히 그렇지는 않아요. 우리가 계속 당신을 찾아오는 이유는 사람들이 자기 에고를 해제하는 과정을 꾸준히 해나가는 것을 돕고, 이 작업에 박차를 가하는 것을 돕기 위해서라는 점을 강조하고 싶어요. 에고를 해제하는 작업에는 많은 시간이 필요한데, 그런 이유로 사람들은 수많은 방법으로 주의를 빼앗기곤 하죠. 이번 방문 동안 그런 사례를 몇 가지 좀 짚어볼까 해요.

아턴: 이 일을 위해서는 그동안 배운 것을 복습하는 동시에 새로운 개념도 적절히 도입해야 한다는 것을 잊지 마세요. 앞으로도 이 기조는 유지할 겁니다. 자, 당신을 비평하는 사람들을 용서하는 작업은 잘 돼가나요?

개리: 꽤 잘 돼가요. 혹시 세간에서 비평가들에 대해 하는 말을 들어본 적 있나요?

아턴: 아뇨, 개리. 뭐라고 하던가요?

개리: 비평가들은 궁궐에서 지내는 내시와 같다고요. 밤마다 섹스하는 모습을 지켜볼 수는 있지만, 정작 본인들은 할 수 없다는 거죠.

퍼사: 아턴이 뜻한 용서와는 다르지만, 재밌는 농담이긴 하네요.

개리: 한번은 신디와 그녀의 대학친구 존과 함께 식사를 한 적이 있었는데, 대화 도중 온라인에는 분노로 가득 찬 부정적인 사람들이 너무도 많다는 이야기가 나왔어요. 그때 존이 이렇게 말하더군요. "개리, 당신에게는 당신 편이거나 당신 편이 아닌 두 부류의 사람이 있을 거예요. 그런데 왜 당신은 항상 당신 편이 아닌 사람들에 대해 생각하고 반응하느라 시간과 에너지를 낭비하나요? 개의치 마세요. 그 사람들은 스스로가 준비되기 전까지는, 절대로 자기 마음을 바꾸지 않을 거예요. 그러니 그보다는 이미 **당신 편인** 사람들에게 시간과 에너지를 쏟으세요. 그러면 언제

나 보람찰 겁니다"라고요. 듣고 보니 참으로 맞는 말이더군요. 그 얘기를 듣고 정신이 번쩍 들면서 용서도 훨씬 더 깊어졌어요.

퍼사: 형제여, 이번 방문 기간에 우리는 아주 깊게 파고들 거랍니다. 이번에는 당신이 바라왔던 방식대로 이 작업을 해나갈 거예요.

개리: 그럴 줄 알았어요! 그동안 내가 예수가 어떻게 예수가 될 수 있었는지 궁금해한다는 걸 알고 계셨군요. 물론 나는 예수를 제이라고 부르지만요. 그리고 이왕 하는 김에, 붓다는 어떻게 붓다가 될 수 있었는지도 다뤄주실 거죠? 깨닫기 전에 그들의 꿈속 생들은 어땠나요? 그들은 뭘 배웠고, 어떻게 실천했나요? 우리 모두 알다시피, 한 번의 실천은 한 권의 책과 맞먹잖아요.

퍼사: 정말 그렇죠. 그리고 방금 한 질문도 적절했어요. 제이 같은 스승이 마지막 생을 보내러 돌아올 경우, 그건 딱히 배울 게 많이 남아서가 아니에요. 그런 스승은 이미 깨닫기 위해 필요한 모든 것을 알고 있죠. 제이가 열두 살에 회당에서 랍비들을 가르쳤다는 이야기가 있죠? 그 이야기는 사실이에요. 그들은 심지어 제이를 랍비라고 부르기까지 했는데, 랍비란 교사라는 뜻입니다. 제이는 이미 모든 것을 알고 있었죠. 제이가 마지막 생 동안 가르치고 배워야 할 큰 과제는 몇 가지밖에 없었어요. 물론 십자가형을 포함해서요.

아턴: 그런 위대한 스승이 마지막 생을 살기 위해 돌아오는 또 다른 이유는 다른 이들을 위해서랍니다. 대부분의 사람들에게는 그저 바른 방향을 제시해주기만 하면 되지요. 스승이 학생들의 정신 작업을 대신해줄 수는 없어요. 학생들 스스로 해야 한답니다. 스승과 같이 지냈다는 것만으로는 깨달을 수 없어요. 그렇게 믿고 싶은 학생들이 일부 있다 하더라도 말이죠. 하지만 스승이 길을 제시해줄 수는 있어요.

이것이 바로 2천 년 전에 이 세상에 진정으로 존재하는 듯 보였던 지혜의 스승 제이가 하던 일이랍니다. 사람들에게 올바른 방향을 제시했던 거죠. 종교를 창시한 것이 아니라 다만 길을 알려줬을 뿐입니다. 기억을 잘 살려보면 한때 우리가 제이를, 아이들을 천국 본향으로 인도하는 빛으로 묘사했던 게 기억날 거예요.

퍼사: 그런데 사실 제이는 기적수업에서도 똑같은 일을 하고 있어요. 이를테면, "자, 이 방법이 나에게는 통했는데 말이야, 너도 한 번 해보는 게 어때? 나쁘지 않을 거 같은데. 어쩌면 수천 년의 수고를 덜 수 있을지도 몰라"라고 말하면서 방향을 제시하죠. 또한 당신도 알다시피, 제이는 수업을 가르칠 때 종종 매우 단호한 태도를 취하죠. 절대 타협하지 않고요.

개리: 맞아요. 하지만 사람들은 언제나 수업을 놓고 계속 타협을 시도하죠.

아턴: 그 일로 당신이 영향을 받도록 내버려두지 마세요. 이건 꿈이잖아요, 그렇죠? 게다가 이건 다른 사람의 꿈이 아니라 **당신** 꿈이랍니다. 다른 사람이란 존재하지 않아요.

퍼사: 그동안 당신이 제이와 붓다에 관해 궁금해했다는 점이 흥미롭군요. 실은 당신이 생각하는 것보다 그들의 삶은 훨씬 더 흥미로워요.

개리: 좋아요. 속는 셈 치고 물어보죠. 뭐가 그렇게 흥미롭죠?

퍼사: 만약 제이와 붓다가 여러 생에 걸쳐 서로 알고 지냈고, 그 여정에서 서로의 삶에 도움을 주고받았다면 어때요?

개리: 말도 안 돼! 둘의 문화가 완전히 다른데 그게 가능해요? 그들은 완전히 동떨어진 존재라고요.

아턴: 당신도 곧 알게 될 테지만 그 둘의 차이점은 **문화 하나**밖에 없었어요. 결국에 우리는 모두 하나죠. 이번에 우리는 당신을 위해 깜짝 선물

몇 개를 준비했답니다.

개리: 그동안 봤을 때 당신들이 깜짝 선물을 준비하지 않았다는 쪽이 더 깜짝 놀랄 일이겠죠. 그나저나 그 둘이 어떻게 서로를 도왔다는 거죠?

아턴: 그건 앞으로 천천히 설명해줄게요. 환상 속에서는 깨달음도 점진적으로 오기 때문에 제이와 붓다조차도 사다리의 맨 아래 단계부터 시작해야 했어요. 하지만 그들에게는 다른 이들에게는 없는 강점이 하나 있어서 집으로 더 빨리 갈 수 있었죠.

개리: 그게 뭔데요? 빨리 말해줘요, 제발.

아턴: 그들은 다른 이들처럼 꿈을 강하게 믿지는 않았어요. 네, 물론 그들도 처음에는 믿었죠. 하지만 **그렇게 굳게** 믿지는 않았다는 겁니다. 처음부터 그들은 이 꿈에 과연 실체가 있을까 의심을 품었고, 미친 신만이 미친 세상을 만들어낼 수 있다고 생각했죠. 또한 그들은 신이 미치지 **않았고**, 뭔가 빠져 있다는 것도 알아챘어요.

퍼사: 이것은 단순하지만 매우 큰 강점이었답니다. 그렇다고 이걸 배우겠다고 당신이 그들이 될 필요는 없어요. 하지만 그들은 이것을 진작에 알아차렸기 때문에, 다른 이들보다 앞서 배우기는 했죠.

아턴: 물론 그들 역시 깨달음의 고지를 향해 사다리를 올라가야 했지만요.

개리: 수업에 사다리에 관한 언급이 많이 있었나요? 잘 기억이 나지 않는데요.

아턴: 사실 수업에 여러 차례 등장합니다. 예를 들어볼게요. **"구원 너머에서 완벽하게 확신하며 기다리고 있는 것은 우리가 관여할 바가 아니다. 너는 분리를 따라 내려갔던 사다리를 다시 올라가는 불안한 첫걸음을 간신히 내디뎠을 뿐이다."**(T-28.III.1:1-2/교과서628쪽)

자신이 여기에 존재한다고 믿는 사람들은 하나같이 분리의 사다리를 타고 내려온 것입니다. 사실 이 사다리란 당신이 당신의 근원인 신과 분리된 경험을 가리키고, 바로 이것이 문제죠. 예전 방문 때 우리에게 어떻게 외관상 분리가 일어나게 되었는지에 대해 여러 차례 다뤘기 때문에, 여기서는 반복하지 않을 겁니다. 다만 아무리 진지하게 영적인 추구를 하는 사람들이라도 사다리의 맨 아래 단계부터 밟게 된다는 건 말해두죠. 사다리 맨 아래 단계는 이원성이라는 상태에 흠뻑 빠져 있는 단계로, 이원성이란 당신 바깥에 세상이 있다고 믿는 상태입니다. 그래서 당신은 주체와 객체, 즉 당신과 세상이 있다고 믿는 것이죠. 이 사다리를 타고 내려오기 전에는 오직 완벽하게 하나인 신으로만 존재했는데, 사다리를 타고 내려온 당신은 이원성의 상태에 처박히게 되었고, 신을 믿는 사람들은 자신과 신으로, 신을 믿지 않는 사람들은 자신과 세상이라는 틀로 이원성을 경험하고 있습니다. 물론 그게 어느 쪽이든 양쪽 다 분리를 진짜라고 믿고 있다는 점에서는 똑같습니다. 여기서 '믿는다'는 표현이 아주 의미심장한데, 지난번 방문 때도 강조했듯이, 세상이 존재한다는 당신의 믿음으로 인해 세상이 당신을 지배할 힘을 갖게 되었기 때문입니다. 당신의 그 믿음이 당신을 세상의 영향하에 놓이게 한 것이죠. 그리고 당신이 세상의 영향하에 놓이게 되면, 세상은 당신에게 영향을 미치게 됩니다. 그런데 제이와 붓다는 당신들만큼 세상이 존재한다는 믿음이 강하지 않았기에 세상의 영향을 덜 받았던 거죠.

퍼사: 누구나 첫발을 내딛어야 하는데, 세계 인구의 99퍼센트는 이원성에서 출발합니다. 영적인 길을 걷는 사람들을 포함해서 말이죠. 하지만 알다시피, 기적수업은 이원적인 사고체계가 아닙니다. 이제 곧 다루겠지만 수업은 그냥 비이원론도 아니고, 순수 비이원론입니다. 수업에서는

**"오직 신과 그 나라를 지키기 위해 경계하라"**라고(T-6:V.C.2:8/교과서112쪽) 말하고 있죠. 하지만 이 길은 결코 쉽지 않아서 수업을 공부하는 학생들 중 대부분이 결국 이원성의 늪에 빠지고 수업을 끝까지 완주하지 못하곤 하죠. 수업에 관한 자신의 견해가 옳다고 주장하면서, 실제로는 오직 신밖에 존재하지 않는데 신 말고 다른 존재를 만들어버리곤 하죠.

심지어는 제이와 붓다조차도 그들의 강점에도 불구하고 다른 사람들과 마찬가지로 이 세상을 경험하는 듯이 보이긴 했죠. 그때 그들이 어땠는지도 나중에 애기할게요. 그래도 그들이 가진 강점 때문에 그 둘은 대부분의 사람들이 범하는 실수 중 일부는 피할 수 있었답니다.

개리: 이를테면요?

퍼사: 지난 역사를 돌이켜보면 스승의 가르침을 이해하지도 못했으면서 이해했다고 **착각한** 제자들이 많았어요. 예를 들면 노자老子와 함께 지낸 어떤 제자가, 더 이상 노자가 외관상 몸 안에 머물지 않는 듯이 보이게 되면 노자의 말을 인용해 "이 구절을 통해서 노자는 이런 뜻을 전하려고 했다"고 나서는 거죠. 그럴 때 그는 어김없이 이원성의 관점에서 말하고 있답니다. 분명 스승은 비이원론적 관점을 취했는데 말이죠. 물론 다 이런 것은 아닙니다. 이보다 높은 상태, 그러니까 사다리의 높은 단계에 오른 이도 있긴 해요. 그건 앞으로 살펴보기로 하고, 여기서 내가 말하고 싶은 건 대부분의 학생들이 학생의 자리보다는 교사의 자리를 좋아한다는 거예요. 그냥 따를 때보다는 앞장설 때 자신이 특별한 것 같거든요.

이렇게 해서 종교가 생겨나는 거랍니다. 사람들은 자기가 붓다를 이해했다 생각하고, 어느새 불교라는 종교를 만들어버렸어요. 하지만 붓다는 종교를 원치 않았죠. "당신은 누구입니까?"라고 물으면 붓다는 항상 "나는 깨어 있다"라고 답하곤 했는데, 붓다가 그들이 알기 원한 건 바로 이거

하나였어요. 수백 개의 종교의식이 아니라요. 붓다는 분명 지혜의 교사였습니다.

이런 일은 물론 제이 때도 있었어요. 제이를 따르는 형제들과 당시 사람들은 자신들이 제이의 말을 이해했다고 생각하기도 했고, 반대로 제이와 대립각을 세우는 발언을 하면서 사람들의 이목을 집중시켰죠. 그러고는 어느새 제이와 관련되었다고 알려지게 된 종교가 등장하게 됩니다. 하지만 붓다와 마찬가지로 제이도 종교에는 아무 관심이 없었어요. 제이도 지혜의 교사였거든요.

아턴: 종교의 영향으로 서구세계 사람들 대부분이 제이를 궁극의 지도자로 여기지만 사실은 정반대입니다! 제이는 궁극의 지도자가 아니라 궁극의 추종자였거든요. 왜냐고요? 제이는 **오직** 성령에게만 귀를 기울였기 때문입니다. 결국 지도자는 제이가 아니라 성령이었던 거죠. 이처럼 제이는 오직 신과 그분의 왕국을 위해서만 깨어 있었고, 그래서 제이는 이 일을 수업을 통해 당신도 하자고 손을 내미는 것입니다.

개리: 가만 보니 이원성은 대개 종교나, 아니면 최소한 무슨 단체로 이어지곤 하는군요. 애초에 창설자가 되기를 원한 적도 없는 자를 창설자로 추대해 이것이 진정 그가 뜻한 바라고 주장하면서 제멋대로 세워버렸네요.

퍼사: 바로 그거예요. 거의 정확해요.

아턴: 이 점을 기억하세요. 누구나 분리를 실재화하고 있다는 것을 말이죠. 자기 바깥에 있다고 여기는 신에게 기도하는 것만으로도 이원성을 이미 실재화한 것입니다. 사람들은 심지어 알아채지도 못한 채 분리의 생각을 영속시키고 있습니다. 그래서 깨달음은 과정으로 진행되는 것이지요.

사다리의 여러 단계 혹은 여러 수준에 대해서는 앞으로도 계속 다룰 예정입니다. 지금 당장에는 사다리의 맨 아래 단계에서는 모두 다 주체와 객체의 상태이고, 이원성이 실재라는 점만 기억하세요.

퍼사: 우리는 제이와 붓다에 관한 이야기와, 둘이 어떻게 알고 지냈는지 들려주기 위해 조만간 다시 방문할 거예요. 둘이 함께 알고 지낸 생들이 **그렇게 많지는** 않았지만, 둘의 영적 성장에 있어서는 매우 중대한 의미가 있었죠. 예전에 우리가, 마음들이 서로의 궤도를 따라 여행하고 있다고 말했던 내용을 기억하나요? 서로 헤어지는 것처럼 보일 수는 있지만, 각자의 궤도에 놓여 있기 때문에 다시 만날 수밖에 없는 운명이라고 했었죠.

개리: 랄프 왈도 에머슨Ralph Waldo Emerson도 비슷한 얘기를 했어요. "인연이 있으면 만나게 될 거예요"라고요.

퍼사: 맞는 말이에요. 이 주제의 연장선상에서, 이번 생에서 당신에게 제시되는 용서 과제들은 다른 생들에서 제시된 과제들과 똑같은 과제랍니다. 이것이 수업에서 **"몸이 겪는 일련의 모험"**을(T-27.VIII.3:1 / 교과서617쪽) 언급하는 이유 중 하나에요. **겉보기에는** 그 과제들이 같아 보이지 않아요. 5백 년 전의 용서 과제와 지금의 용서 과제는 달라 보입니다. 하지만 **의미** 만큼은 똑같아요. 이 말을 잘 생각해본다면, 정신이 번쩍 들 겁니다. 이번 생에서 자신의 용서 과제를 마칠 수 있다면, 다른 모든 생에서도 자신의 용서 과제를 동시에 마치게 된다는 뜻이니까요.

개리: 와우! 기적이 시간을 절약하는 특성을 지녔다는 내용이 자연히 떠오르네요. 이런 내용을 수업 말고는 다른 데서는 한 번도 들어본 적이 없어요.

아턴: 맞아요. 이번 생에서 당신이 마주한 용서 과제를 할 때 성령은 그 용서의 빛을, 당장에는 당신이 인지하지 못하고 있을 다른 모든 생에도 비춰줍니다. **"시련이란 미처 배우지 못한 교훈들이 다시 한 번 주어지는 것**

일 뿐, 그리하여 이제 너는 이전에 그릇된 선택을 내렸던 자리에서 더 나은 선택을 내릴 수 있고, 그러므로 이전의 선택이 가져다준 모든 고통에서 벗어날 수 있는 것이다"라고(T-31.VIII.3:1/교과서703쪽) 수업이 정확히 가르치고 있듯이, 용서는 한 생의 범위 내에서만 통용되는 데서 그치지 않고 모든 생에 두루 통용된다는 걸 꼭 기억하세요.

그건 그렇고, 하와이에서 유에프오UFO를 보고 많이 놀랐던 것 같던데, 어땠어요?

개리: 진짜 놀랐어요! 마치 우리와 소통하는 듯한 느낌도 분명히 받았는데 정말 그랬나요?

아턴: 네. 맞아요. 그랬어요.

개리: 어쩐지. 플레이아데스인들 맞죠?

아턴: 그것도 맞고요. 그들이 당신을 알아보고 인사했던 거예요. 작은 비행체를 이용해 당신 근처에 있었죠. 당신이 전에 그들의 우주선에 탑승했을 때* 당신의 평화로움이 전해져서 그들은 당신을 친구로 여긴답니다.

개리: 이제 나도 무리의 일원인가요? 그렇다면 그들과 내가 서로의 궤도에 있다는 뜻인가요? 말장난하려는 건 아니고요.

아턴: 네. 하지만 지금은 언어의 장벽으로 크게 교류할 수는 없을 겁니다. 그들이 영어를 이해하기는 하지만, 영어로 말하는 것은 별로 안 좋아하거든요. 그러니 지금은 그냥 먼 친척 정도로만 여기세요. 말장난하려는 건 아니고요.

퍼사: 나중에 다시 올게요.

그렇게 그들은 사라졌고, 벌써부터 나는 스승들의 다음 방문이 기다려

---

* 《사랑은 아무도 잊지 않았으니》 2장을 참고하라.

졌다. 그럴 수밖에 없는 것이 제이와 붓다가 함께 생을 보냈다지 않는가. 그 얘기를 해주겠다니 실로 엄청난 내용이 아닐 수 없다.

오늘 대화에서 기적이 시간을 절약하는 특징이 있다는 점이 언급됐었는데, 그러다 보니 자연스럽게 수업의 한 구절이 떠올랐다. **"정신 나간 작은 관념 하나"**라는 유명한 문구를 수업에서 인용하는 사람은 많지만, 전후 문장까지 인용하는 사람은 거의 없다. 나는 마음을 편히 내려놓고 다음 본문을 떠올렸다.

꿈을 줘버려, 자신과 분리된 꿈이 자신에게 일어난다고 지각하는 꿈꾸는 자에게 꿈을 돌려주자. 모든 것이 하나인 영원 속으로 정신 나간 작은 관념 하나가 슬며시 들어왔다. 신의 아들은 그 생각에 웃어넘기기를 기억하지 못했다. 이 망각으로 그것은 심각한 관념이 되었고, 성취될 수 있고 실재적인 결과도 가질 수 있게 되었다. 우리는 함께 그것들을 웃어넘기며, 시간이 영원을 침범할 수 없음을 이해할 수 있다. 시간의 부재를 '의미하는' 영원을 시간이 뒤덮을 수 있다는 생각은 황당한 농담이다.(T-27.VIII.6:1-5/교과서618쪽)

# 2
# 신도神道에서 노자까지: 초기의 절정 경험

갈망과 불만은 불행으로 이끈다. 세상의 것을 추구하는 것은 어리석다.
진실로 풍요로운 자는 자신이 소유한 것에 만족하는 자다.

— 도덕경

 나는 고대 전통이나 비교종교학을 공부한 적이 없었고 관심을 둔 적도, 앞으로 관심을 둘 생각도 별로 없었는데, 내 스승들이 제이와 붓다가 서로 알고 지냈던 생들을 다룬다고 하니 미리 예습을 해야만 할 것 같았다. 하지만 하지 않았다. 사람들은 내가 독서를 별로 좋아하지 않는다는 사실에 놀라곤 하는데, 이제껏 내가 읽은 책 중 나에게 이렇다 할 영향을 준 책은 스무 권 남짓밖에 안 된다는 걸 알면 내가 왜 그러는지 이해할 것이다. 지금도 나는 시간적 여유가 생기면 책을 읽는 대신 영화를 보러 간다.

 그래도 내가 영성 분야에 관심이 생긴 것은 한 권의 책 덕분으로 스물한 살 때였는데, 제대로 된 영적 행로에 들어서기 7년 전이다. 친구 하나가 꼭 한 번 읽어 보라며 책 한 권을 빌려줬는데 그 책을 읽고는 놀랍다는 말밖에 나오지 않았다. 그 책은 바로 헤르만 헤세가 쓴《싯다르타》였는데 이 책을 계기로 영성 분야에 관심을 갖기 시작했던 것이다. 이 책을 접하기 전에 나는 삶을 증오했고, 사람들을 증오했고, 신도 증오했다. 물론 이 책을 접한 후로도 나는 여전히 우울했고 심지어는 삶의 흥미마저 잃어버렸다. 책을 읽기 전에 조금이나마 남아 있었던 삶에 대한 흥미마저 잃어버렸던 것이다. 그런 내가 본격적으로 변하기 시작해서 진심으로 신을 사랑하고 있음을 고백할 수 있게 된 것은 좀더 세월이 흐른 뒤의 일이다.

《싯다르타》에는 수많은 힌두교 용어가 등장해 책을 읽는 데 어려움을 겪었지만 대강의 줄거리만은 이해할 수 있었다. 자유를 갈망하던 청년이 자신의 타고난 부가 무의미하다는 것을 깨닫고 구원에 이르는 여정에 착수한 것이 이야기의 골자다. 그런데 한 가지 재밌는 사실은,《싯다르타》를 다 읽고 나서도 한동안은 '싯다르타'가 붓다인 줄 몰랐다는 거다. 그만큼 나는 영성 분야에 있어서는 초짜 중의 초짜였다.

사실 20대 때 나는 성령에 대해 전혀 관심이 없었다. 하지만 돌이켜보면 성령이 항상 나와 함께했고, 광기로 가득 찼던 20대의 나를 수렁에서 건져주었다는 것을 알 수 있다. 이것은 비단 나만의 이야기가 아니다. 자신이 알든 모르든 성령은 항상 모든 이와 함께한다. 다시 내 얘기를 하자면, 내가 스물일곱 살이었을 때 성령은 내 옆구리를 찔러 바른 방향으로 가도록 인도했다. 무슨 말이냐면, 에르하르트 세미나 훈련(est: Erhard Seminar Training)에 참가해보라는 내 친구 댄Dan의 말에 귀를 기울이도록 성령이 나를 설득했다는 것이다. 여기서 est에 대해 다루지는 않겠지만, est가 당시 내게 꼭 필요했던 프로그램이었던 것만은 밝혀두고 싶다. 이제 est 프로그램은 없어졌지만, 당시 est 과정을 밟았던 백만여 명 중에 최소 십만 명 정도는 기적수업으로 넘어왔다고 해도 과언이 아닐 정도로 est는 선구자 역할을 훌륭히 해냈다.

우리 모두에게는 성령이 머무르는 바른 마음도 있고, 에고와 분리의 생각의 지배를 받는 그른 마음도 있다. 그리고 두 마음 중 어느 것이 우리를 지배할 것인지는 마음의 세 번째 부분이 결정한다. 이것은 관찰하고 선택하는 마음의 부분이고, 바로 여기가 우리의 진정한 힘, 즉 결정권이 있는 곳이다. 그리고 당신은 주로 상대를 어떻게 여길 것인지 선택함으로써 이 결정을 내리게 된다.

누가 수업을 잘 공부하고 적용하고 있는지 아닌지 쉽게 알아볼 수 있는 방법이 있다. 수업을 이해하는 학생들은 다른 이들을 판단하고 단죄하지 않는다. 설령 판단과 단죄가 일어났다 하더라도, 이를 알아차리고, 자신을 멈춰 세우고, 마음을 바꾼다. 반면에 수업의 메시지를 이해하고 실천하는 데 저항하는 학생들은 **다른 누군가의** 에고를 지적하는 데 아주, 아주 능숙하다. 이 방면에는 가히 전문가다. 그들은 놓치지 않고 "에헤, 저 사람 또 에고가 발동했구만"이라고 잘 관찰한다. 하지만 그것은 용서가 아니다. 기적수업은 다른 누구 안의 에고를 까발리는 수업이 아니다. 이 수업은 도리어 다른 누구란 **아무도 없음**을 인식하는 수업이다. 당신이 다른 이들에 대해서 좋아하지 않는 부분들은 사실 수업에서 **"은밀한 죄와 감춰진 증오"**라고(T-31.VIII.9:2/교과서704쪽) 부르는 것들이고, 이것들은 실은 당신 자신에 관해 품고 있는 생각들인데 투사를 이용해 다른 사람들 안에서 보기로 결정한 것뿐이다. 그러므로 저 바깥에 있는 듯이 보이는 상대를 용서하는 것은 사실 자신을 용서하는 것이다. 나는 문득 제이와 붓다도 영적 행로의 초기에 이런 생각에 열려 있었는지가 궁금해졌다.

이를 알아내는 데 오래 걸리지는 않았다. 캘리포니아 1월의 여느 화창한 날, 잡일을 마치고 집에 돌아와 문을 여는데 이미 내 스승들이 떡하니 소파에 앉아 있는 것이 아닌가. 놀란 마음에 "아, 쫌! 그러지 마요!"라 말했으나, 내 스승들은 그런 나를 보며 빙그레 웃기만 했다.

퍼사: 혹시 이런 완벽한 날씨에 싫증이 나본 적 있나요?

개리: 아뇨. 그런데 앞으로도 이렇게 비가 오지 않으면 우린 다 작살나고 새까맣게 타들어갈 거예요. 듣기로는 이 지역이 지난 2년 동안 가뭄이었다고 했는데, 여기서 6년째(주註: 이 대화는 2014년 1월에 나눴다) 살고 있는 내가 본 바로는 딱 2주 정도만 빼고 나머지 기간에는 가뭄이 내내 심했거든요. 이거 혹시 지구 온난화 때문인가요?

퍼사: 그것도 한 가지 이유이긴 하죠. 하지만 역사가 시작된 이래로 가뭄은 세계 어느 곳에서나 쭉 있어왔던 현상이라는 점을 기억하세요. 때로는 문명을 끝내버릴 정도로 지독한 가뭄도 있었죠. 살기 위해서는 물과 음식을 찾아서 어쩔 수 없이 이동해야 하니까요. 이것이 바로 마야 문명과 카호키아Cahokia 지역에서 일어났던 일이에요.

개리: 우리는 자연이 돌아서서 반격하기 전까지는 자연을 당연하게 여기곤 하죠. 그래도 지구 온난화가 **진행 중**인 것은 맞죠?

퍼사: 맞아요. 그리고 이곳에서의 가뭄 현상이 발생한 지도 꽤 오래됐죠. 이런 것은 한두 해 만에 해결될 수 있는 문제가 아니지요. 하지만 오늘 우리가 다룰 주제는 가뭄이 아니랍니다.

아턴: 오늘은 제이(예수)와 붓다가 서로 만나서 알게 되고, 서로를 도와주었던 두 번의 생에 대해서 얘기할 겁니다. 둘이 함께 보냈던 다른 생들은 나중에 또 들려줄 거고요. 그들은 자신들의 지혜와 통찰력으로 서로를 도왔고, 때로는 용서의 기회를 제공하는 방식으로도 서로를 도왔습니다.

개리: 용서의 기회라니까 너무 좋은데요. 용서의 기회가 내 이마에 작은 핏방울을 수놓을 때의 쾌감이란 정말 짜릿하거든요.

아턴: 서로의 궤도에 놓인 사람들은 계속해서 만나게 됩니다. 이 환영의 계획 전반에서 당신은 대략 백 년에 한 번꼴로 몸 안에 태어나는 듯이 보이게 되지요. 물론 수명이 짧은 꿈에서는 좀더 자주 나타나는 듯이 보

일 수 있는데, 수명이 짧으면 시간이 남으니 다른 인생을 꿈꿀 여유가 생기기 때문이죠.

우리는 당신들의 지난 5천 년 역사를 역사의 근대기라고 부를 거예요. 지금 이 시대도 역사의 한 주기일 뿐이고, 당신네들은 이 시대 전에 있었던 일에 대해서는 정말 무지하다시피 하죠. 그렇다고 지난 5천 년 동안 일어났던 일들에 대해서는 잘 알고 있다는 뜻은 아닙니다. 이 또한 **그다지** 많이 알고 있지 못하거든요. 어쨌든, 오늘 우리가 처음 말하려는 시간과 장소는 서기 전 700년경 일본입니다. 그 이유는 곧바로 설명해줄게요.

자, 하지만 제이나 붓다나 노자가 존재했다는 것을 입증해줄 물리적 증거는 하나도 없다는 것이 사실이에요. 그래서 어떤 사람들은 그들을 가공의 인물 혹은 짜깁기한 인물이라고 철석같이 믿고 있죠. 하지만 사실은 그렇지 않아요. 제이와 붓다와 노자는 꿈속의 다른 사람들이 존재하는 듯이 보였던 만큼이나 생생하게 존재했습니다. 역사가들은 그들이 정확히 **언제** 존재했는가를 놓고 갑론을박하는데, 재미난 것이 역사가들은 정작 그들이 생존했다는 **사실조차도** 증명하지 못한다는 거예요. 하지만 우리는 그들이 언제 존재했었는지 알고 있죠.

물론 그들이 이때 정말로 처음 만났던 것은 아니에요. 하지만 우리가 제이와 붓다라고 부르는 두 존재 사이에서 깨어남과 관련하여 중요한 관계가 처음 맺어진 때는 앞서 말했듯이, 서기 전 700년경입니다. 신도*는 세계에서 가장 오래된 종교 중 하나입니다. 사실 종교라기보다는 전통에 가깝죠. 신도는 특히 일본에서 성행했고 심지어는 오늘날에도 일본 인구의 80퍼센트 정도는 스스로 신도를 믿는다고 여깁니다. 물론 다른 종교에

---

* 神道: 일본의 고유 민족신앙으로, 선조나 자연을 숭배하는 토착신앙이다. 하지만 종교라기보다는 조상의 유풍을 따라 가미(神 : 신앙의 대상)를 받들어 모시는 국민 신앙이라 할 수 있으며, 그것을 기초로 하여 전개되는 문화현상을 포함해서 말할 수도 있다. 출처: 시사상식사전

서와 마찬가지로, 신도 중에도 더 진지한 사람도 있고 덜 진지한 사람이 있기도 하지만요.

개리: 그러니까 당시 제이와 붓다는 신도에 속했다는 거죠?

퍼사: 맞아요. 당시 제이의 이름은 사카<sup>Saka</sup>였고, 붓다의 이름은 히로지<sup>Hiroji</sup>였어요. 물론 이건 약칭으로 줄여 부른 것입니다. 그리고 신도교에서 경전으로 간주되는 고사기\*는 지금 우리가 다루는 시점보다 훨씬 뒤인 서기 후 8세기 즈음에야 경전의 형태를 갖추게 되는데 서기 전 700년경에는 구전되었을 뿐이죠. 당시 친구로 지냈던 사카와 히로지는 신도의 규율뿐만 아니라 천황도 충실히 따랐습니다. 일본 문화에서 천황은 신과 같은 절대적 존재로 모두를 소유하고 있었고, 이런 천황에게 복종하는 것은 당연한 것으로 여겨졌으며 일본인들에게 이 믿음은 제2차 세계대전 후까지 쭉 이어집니다.

개리: 아하! 그래서 그렇게 천황궁의 규모가 막대했던 거군요. 당신들도 알겠지만, 내가 6년 전 일본에 갔을 때, 차를 타고 구경하는 데도 궁을 한 바퀴 도는 데 20분이나 걸렸다니까요.

퍼사: 그리고 당신은 신사\*\*도 많이 들렀잖아요.

개리: 그랬죠. 불교 사원도 많이 들렀고요. 개인적으로는 불교 사원의 적갈색보다 신사의 오렌지색이 맘에 들었어요. 어떤 신사는 금빛으로 칠해져 있었는데, 참 아름답더군요. 그렇다고 내가 불교에 무슨 감정이 있다거나 불교 사원이 인상적이지 않았다는 뜻은 아니에요. 또 말이 샜군요. 사카와 히로지 이야기를 계속 들려주세요.

---

\* 古事記(こじき): 일본에서 가장 오래된 역사책이다. 그 서문에 따르면 와도和銅 5년(712년)에 겐메이 천황의 부름을 받아 오호노야소미 야스마로가 바친 것으로 되어 있다. 고지키(こじき)라는 제목은 음독이며, 훈독으로는 후루코토후미(ふること㊹)라고도 읽지만 일반적으로 음독으로 불린다. 출처: 위키피디아

\*\* 神社: 일본에서 왕실의 조상이나 고유의 신앙 대상인 신 또는 국가에 공로가 큰 사람을 신으로 모신 사당. 출처: 네이버 국어사전

아턴: 과거의 이런 생들에 대한 이야기를 꺼낸 이유 중 하나는, 사카와 히로지조차도 때때로 이원성에 사로잡힐 때가 있었다는 것을 알려주려는 겁니다. 이제 당신은 이원성을 전적으로는 믿지 않지만, 아직도 관점이 휙휙 바뀌곤 하죠. 때로는 사실 같고 때로는 아닌 것 같고. 그러다가 또 반복되고.

개리: 좀 찔리는데요.

아턴: 예나 지금이나 신도의 특징 중 하나는 의식儀式에다 큰 비중을 두고 있고, 세상에서 하는 일은 매우 중요하다고 여긴다는 점입니다. 그 당시 사람들에게, 당신들이 하는 일이 중요하지 않다고 말할 수는 없는 노릇이었겠죠. 아마 그랬다면 사람들은 그냥 미친 소리라고 들었을 겁니다. 이런 일들이 진짜라면 그것이야말로 광기인 걸 모르고요.

퍼사: 고사기에는 선조들의 이야기나 그들이 행했던 의식들이 시와 노래 형태로 많이 실려 있어서 후손들을 과거와 연결해주는 역할을 하는데, 신도에서는 조상들을 모시는 일을 가장 신성시했답니다.

개리: 텔레비전에서 본 기억이 나요. 일본 사람들이 하와이 달빛 아래에서 종이배같이 빛나는 물체를 띄워 보내며 조상을 기리는 의식을 하는데 정말 근사하더라고요.

아턴: 그것이 그들에게는 더없이 뜻깊은 일이죠.

개리: 아까 구전을 통해 기원이나 예식 등이 전해왔다고 했는데 그 얘기를 듣다 보니 폴리네시아인들의 구전 전통이 생각나더군요. 하와이에서 많이 봤거든요. 그들의 역사는 책이 아니라 가슴으로 전해지는 것 같아요.

퍼사: 제대로 봤군요. 자연과의 교감도 마찬가집니다. 신도가 자연을 하나로 여겼다고 보기는 어렵지만, 분명 자연과 교감은 했어요. 하와이도

그렇죠. 하와이의 자연 신들과 하와이 섬들의 기원에 얽힌 전설도 가만 보면 비슷한 점이 많아요. 샤머니즘에서도 이러한 공통점이 보이고요.

당시 신도에는 일체성이라는 관점이 없었지만, 우리의 친구 사카와 히로지는 이따금 합일을 실제로 경험하곤 했어요. 대부분의 환시가 그렇듯이 이런 신비한 경험도 오래가지는 못했지만, 그들은 분명 당시 신도의 관점과 별다른 연관성이 없는 이런 절정 경험*을 했죠. 그리고 사카는 자연과 하나되는 경험도 했는데, 이것은 당신이 전에 열대우림에서 겪었던 경험과 매우 닮아 있어요.

주註: 몇 해 전 6월 신디와 나는 빅 아일랜드**에서 워크숍을 진행한 적이 있었다. 당시 피정 장소였던 칼라니 리조트<sup>Kalani Resort</sup>는 해안가 근처의 힐로<sup>Hilo</sup> 지역에 있고 열대우림으로 둘러싸여 있어, 우리가 묵었던 장소가 사방으로 막혀 있기는 했지만 매우 넓다 보니 마치 숲에서 자는 느낌이었다. 어느 날 자정 즈음, 잠결에 나는 열대우림과 섬이 나에게 말을 걸고 있다는 느낌을 받았다. 개골개골 청개구리 소리, 근처 해안가의 파도 소리, 나뭇잎이 바스락대는 소리, 무역풍이 불어오는 소리, 정체를 알 수는 없지만 이 모두를 하나로 연결해주는 소리가 한꺼번에 내게로 훅 들어왔고, 그러자 나는 그 모든 것들과 하나가 되면서 그것들 속으로 사라지는 듯한 느낌이 들었다. 숲 전체가 미지의 언어로 내게 뭔가를 전하고 있었고 아주 조금만 더 집중하면 그 말을 이해할 것만 같았다. 앞서 플레이아데스인들을 만났을 때 그들을 이해하고 싶었던 것처럼, 이번에도 숲이 전하는 말을 꼭 이해하고 싶었다. 뭐라고 딱 꼬집어

---

* peak experience: 예술이나 운동 경기 따위의 영역에서 높은 목표를 이룬 순간에 일어나는 최고의 충족과 행복의 경험. 개인의 성장에 큰 영향을 미친다. 출처: 네이버 사전
** the Big Island: 하와이 제도에서 가장 큰 섬. '하와이 섬'이 정식 명칭이나 원주민은 '빅 아일랜드'로 부른다.

말할 수는 없었지만 분명 어떤 메시지가 있었다. 각각의 소리를 듣는 대신 그 모두를 하나로 들으며 이해하려 애쓰기를 멈추자 뭔가 분명해졌고 그냥 이해가 되어버렸다. 지구의 유기체와 이토록 깊이 교감한 것은 난생처음이었는데 사실 이것은 지구 너머에서 오는 경험이었다.

아턴: 좀 있다 우리는 노자 시대 때 제이와 붓다가 겪었던 초기의 절정 경험 두 가지에 대해서도 들려줄 예정인데 여기서 한 가지 분명히 짚고 넘어가야 할 점이, 신도와는 다르게 도교道敎에서 말하는 **도道에는 형상이 없다**는 것입니다. 그래서 사카와 히로지가, 물론 노자 시대 때의 이름은 달랐지만, 도교 수행자로서 신비 체험을 하고 꿈이라는 현실로 돌아왔을 때, 그들이 신도 신자였던 때와는 달리 이 꿈에 대해 또 다르게 생각하게 되었습니다. 다른 수준의 의식(awareness)으로 들어선 것이죠.

의식에 대해 말이 나온 김에, 당신이 좋아하든 싫어하든 모든 사람에 대해 꼭 기억해야 할 것이 하나 있어요. 그건 바로 **모든 이는 자기 의식 수준 내에서 최선을 다하고 있다**는 것이죠.

개리: 이야기를 더 나누기 전에 질문 하나만 짧게 할게요. 당신들이 방문한 이래로 조로아스터는 딱 한 번 언급했고, 마호메트는 아예 언급을 안 했는데, 혹시 제이와 붓다가 그들을 만난 적은 없었나요?

아턴: 네, 없었어요. 그런데 다 그럴 만한 이유가 있어서지 그들에게 어떤 반감을 가지고 있어서가 아닙니다. 마호메트는 예수와 붓다 마지막 생을 기준으로 6백여 년 후 사람입니다. 물론 도마와 다대오를 기준으로도 그렇고요. 형상의 차원에서 우리는 개인적인 인연이 없었습니다. 물론 결국에는 우리 모두 다 연결되어 있지만요. 조로아스터에 대해서도 말하자면, 그는 우리가 지금 다루는 일본의 그 역사적 시점보다 천여 년 전의 사

람이었고, 그때는 제이와 붓다가 서로를 몰랐을 때에요. 그건 그렇고, 예전에 우리가 당신이 한때 이슬람교도 수피였다고 말해준 적이 있었죠.

개리: 네. 근데 그 생은 마호메트 이후 시대였죠. 그나저나 조로아스터는 이란에 있었나요?

아턴: 네. 당시에는 이란이 아니라 페르시아라고 부르긴 했지만요.

퍼사: 다시 본 주제로 돌아가서, 사카와 히로지는 공교롭게도 한 여자를 좋아했어요. 그녀의 이름은 메구미Megumi였죠.

개리: 캬~ 좋다! 이제야 좀 이야기가 통하는군요. 자세히 좀 털어보시죠.

퍼사: 이야기에 앞서 알아둘 것이 있는데, 겉으로 드러나든 그렇지 않든 사람들의 가슴 밑바닥엔 감정이 살아 있다는 거예요. 차분하게 보이는 사람일지라도 저 밑바닥 어딘가에선 감정이 요동치고 있죠. 물론 철저히 감정을 억누르면 이를 의식조차 못하고 아무런 감정도 못 느끼는 경우가 있기는 한데 이는 드문 경우고, 대부분의 사람들은 그렇지 않아요. 아무리 고요해 보이는 사람들조차도요.

개리: 잔잔한 물이 본래 깊게 흐르고 있거든요.

퍼사: 그렇죠. 그리고 우리 친구 사카와 히로지를 제대로 이해하기 위해서는 그들이 무엇에 주목했는지 알아야 하는데, 그들이 주목한 건 감정이었어요. 자신의 생각을 잘 살펴봐야 한다는 말은 다양한 가르침을 통해 많이 접해봤을 거예요. 갈등이나 판단이나 단죄나 부정적인 성향이 올라오지 않는지 자신의 생각을 자세히 살펴봐야 한다는 것이죠. 물론 맞는 말이죠. 하지만 생각만큼 자신의 감정도 살펴봐야 해요. 왜 그래야 하냐고요? 감정만큼 곧장 행동으로 옮기는 것도 없기 때문이죠! 그런데 대부분의 교사들이 이걸 놓치고 있어요.

또 대부분의 사람들이 간과하는 것 중 하나가 이런 감정들이 장기간 반복해서 품어온 생각의 결과로 일어난다는 점입니다. 생각이 먼저 오고, 그 뒤로 감정이 따라오는 것이죠. 사카와 히로지는 이것을 쉽게 간파했어요. 친구였던 두 사람은 다양한 주제에 대해 깊이 있는 토론을 하면서 많은 것들을 깨달아 나갔습니다.

영적인 길에 헌신하는 사람들이 대부분 그렇듯이 두 사람 또한 관찰력이 뛰어났어요. 많은 이들이 대수롭지 않게 지나치는 문제에 대해서도 날카로운 질문들을 던지곤 했죠. 이를테면 "대체 무슨 신이 세상을 이 모양이 꼴로 지어낼 수 있단 말인가?" 하는 것들 말이죠.

이뿐 아니라 사카와 히로지는 호흡법 등 시간에 속한 가르침도 많이 익혔습니다. 제2의 천성으로 굳어질 때까지 항시 깊게 호흡하는 법을 배웠죠.

개리: 네, 나도 호흡을 깊게 하면 기분이 항상 나아진다는 것을 알죠. 비록 시간이 많이 걸렸지만요. 내가 나이트클럽에서 기타 연주를 할 때만 하더라도 공공건물에서 흡연을 할 수 있었거든요. 그러니 제대로 숨이나 쉴 수 있었겠어요? 깊게 들이마시는 건 꿈도 못 꿨죠. 그러다 메인<sup>Maine</sup> 주<sup>州</sup>로 이사 오고 나서 명상을 할 때나 안 할 때나 항상 깊게 호흡하기 시작했죠.

퍼사: 명상 얘기가 나와서 말이지만 사카와 히로지도 명상에 매우 능숙했어요. 이것이 그들의 나중 생들에서 큰 도움이 되었답니다.

개리: 그러니까 당시 그 둘은, 당신 표현대로 하자면, 여전히 이원적이기는 하지만 참 많은 것들을 익혔군요.

아턴: 맞아요. 하지만 그들은 이원적인 행로를 따를 때조차도 사람들이 삶이라 부르는 것이 과연 맞는 것인지 항상 의문을 던졌고, 이미 이 모든 것이 거대한 환영이라는 것을 직감하고 있었어요. 이에 대한 본격적인 공동의 탐구는 다음 생에서 진행되었지만요.

이것 말고도 그들은 동물과 소통하는 방법도 알고 있었어요.

개리: 둘이 동물과 대화를 했다고요?

아턴: 대화란 표현이 적절치 않은 것이 동물들은 언어로 생각을 하지 않습니다. 물론 특정 단어를 반복해서 들려주면 몇 단어야 이해할 수 있겠지만, 그렇다고 동물들이 언어로 생각을 하는 것은 아니에요. 동물들은 영상(pictures)을 매개로 생각한답니다. 그러니까 동물과 소통하고 싶으면 자기 마음을 써서 그 동물에게 영상을 보내는 연습을 하면 됩니다. 그렇게 하다가 그 방법에 익숙해지면 아마 놀라운 결과를 보게 될 거예요. 수업에서 말하길 마음은 결합해 있다고 하죠. 이 말은 동물들 사이에서도 맞는 말이고, 사람과 동물 사이에서도 맞는 말입니다. 실은 단 하나의 마음만이 존재하기 때문이죠. 그래서 동물들의 언어인 영상을 통해 메시지를 전할 수도 있는 거고요.

신디가 외출할 때마다 고양이 루나가 어떻게 뾰로통해지는지 잘 알죠?

개리: 맞아요. **내가** 나갈 땐 아무렇지 않은데 신디가 나갈라치면 성질을 부려요.

퍼사: 다음번에 신디가 혼자 외출할 때 루나가 뾰로통해지거든 루나에게 마음으로 영상을 보내보세요. 신디가 현관문을 열고 들어와서 루나를 끌어안고 뽀뽀해주는 장면을요. 그러면 루나는 신디가 어김없이 집으로 돌아와 자신을 사랑해준다는 걸 기억할 거예요. 명확하게 전하려고 연습하면 루나도 분명 알아들을 겁니다.

주註: 신디가 집을 비워 루나가 칭얼거리려고 할 때 이 방법을 시도해보니 그 즉시 루나가 잠잠해졌다.

아턴: 혹시나 루나가 당신보다 신디를 더 좋아한다고 해서 기분 나빠하진 마세요. 당신들이 루나를 구해준 날부터 루나에게 신디는 분명히 엄마예요. 그리고 사람이든 고양이든 아기나 새끼에게 엄마는 전부랍니다. 신과 같죠. 그래서 루나에게 신디는 이 세상의 모든 사랑을 상징합니다.

개리: 그럼 난 뭐예요? 루나에게 난 무용지물인가요?

퍼사: 그럴 리가요. 동물들의 사고방식을 하나 더 말하자면 동물들은 무리에 소속감을 느낍니다. 야생동물이든 반려동물이든 마찬가지죠. 당신은 집에서 남성 에너지를 맡고 있고, 루나도 이를 직감하고 있어요. 그래서 보호가 필요할 때는 당신에게 의지하고, 무슨 일이 생기면 당신에게 달려가는 거죠.

개리: 무슨 말인지 알 거 같아요. 지난번 집 전체가 위아래로 요동칠 정도로 진도 5.6의 강진이 발생했거든요. 20초 정도긴 했지만 엄청났는데 진동이 멈추자마자 루나가 내 품에 달려와 안기더라고요.

퍼사: 거봐요. 루나에게 당신은 절대 무용지물이 아니라니까요. 자, 이제는 고양이가 어떻게 생각하는지에 그렇게 관심을 쏟을 필요가 있는지에 대해서도 한 번 생각해봐요.

개리: 이런, 내가 또 실재화했군요. 인생 참 개 같군요. 그건 그렇고, 사카와 히로지가 이 방법을 써서 동물들과 소통하는 데 능통했다고 했죠?

퍼사: 네, 맞아요. 이걸 시도하라고 권하는 것은 아닙니다. 혹시나 시도할 의도가 있다면 야생동물에게는 특히 더 이 방법에 잘 단련된 후 시도해야 한다는 걸 명심하세요. 사카와 히로지처럼요. 앞으로 점점 더 동물과 소통하는 사람들의 이야기가 알려질 거고, 동물과 소통하는 게 평범한 일상이 되는 날이 올 겁니다. 반려동물뿐 아니라 야생동물들과도요. 물론 진행 속도가 빠르진 않겠지만요.

개리: 사카와 히로지가 야생동물과 어떻게 소통했는지 예를 좀 들어주실 수 있나요?

퍼사: 그건 곤란해요. 우리는 그 누구에게도 그들이 했던 방식을 하라고 부추기고 싶진 않거든요. 그걸 말해주면 그대로 따라 하는 사람이 분명히 생길 거라는 사실을 당신도 잘 알잖아요. 당시 일본에서 있었던 일을 들려주는 목적은 단지 영적 학생들이라면 누구나 한 번쯤은 다 똑같은 단계들을 거친다는 점과 그 모든 단계를 완벽히 마쳐야만 한다는 점을 일깨워주기 위해서예요. 그 단계들은 예외 없이 가장 높은 단계에 이르게 되고, 모든 이는 자신이 그러기로 되어 있을 때 그 단계에 다다르게 될 것입니다.

우리의 두 친구는 마음을 좀더 강력하게 사용할 수 있도록 모든 노력을 기울였어요. 당신은 이원성에 들어맞는 영성의 초기 단계를 포함해서 사다리의 각 단계를 전부 다 완벽하게 밟아야 해요. 한 번에 한 발걸음씩요. 그런데 대부분의 사람들은 모든 단계를 하나하나 철저히 완성하는 걸 원하지 않고 곧장 맨 위로 오르기를 바라죠. 그냥 "난 깨달았어"라고 말하면 다 된 거라 생각하는데, 그렇게 쉬운 일이라면 얼마나 좋겠어요. 근데 그게 그렇게 간단하지가 않답니다. 당신은 에고를 지우는 작업을 해야만 해요.

아턴: 사람들이 흔히 저지르는 실수 중 또 하나는, 자신들이 뭔가를 개념적으로 알고 나서 자신이 이해했다고 만족하는 것입니다. 하지만 뭔가에 대한 개념을 단편적으로 이해하는 것만으로는 충분치 않습니다. 그걸 **실천해야만** 하죠.

개리: 그 말을 들으니 재키<sup>Jackie</sup>가 했던 말이 생각나네요. (주註: 재키는 내 아내 신디의 언니다.) 많은 기적수업 학생들이 "또 한 번의 용서의 기회가 있었지"라고 말하는데, 그럴 때마다 재키는 이렇게 반문하곤 한대

요. "그래서 용서는 **하셨나요?**"라고요.

아튼: 맞습니다. 용서에 관해 뭘 좀 알게 되었거나 설령 용서를 이해했다고 하더라도, 그것만으로는 절대로 충분치 않습니다. 일단 용서를 제대로 이해하고 나면, 용서를 꾸준히 실천하는 습관을 반드시 들여야 합니다. 실천은 사다리의 다른 모든 단계에도 적용되는 말입니다. 각 단계를 배우면서 거기서 요구되는 것들을 실천해야 해요. 그렇게 하지 않는다면 당신은 사실 배운 것이 아닙니다!

우리의 두 친구만 보더라도 비록 이원성의 틀 안에 있었지만 상당히 진보한 성과들이 있었습니다. 사카와 히로지의 영적 성장에 가속도가 붙었고, 그 생의 마지막 즈음에는 훨씬 더 많은 것들을 위한 준비가 갖춰지게 되었죠.

개리: 참, 그런데 그 아가씨는 어떻게 됐나요? 이름이 메구미라고 했죠?

퍼사: 네. 메구미는 사카와 히로지와 같은 지역에서 태어났고 어려서부터 셋이 친구였어요. 그러다 10대가 되면서 사카와 히로지 둘 다 메구미를 좋아하게 된 거죠. 하지만 당시 문화에선 메구미와 가까워지기는 어려웠어요.

개리: 아, 흔하디흔한 일이로군요. 저도 옆집 소녀 바바라를 바라만 봤죠. 짝사랑이란 죽을 맛이에요. 짝사랑도 큰 용서의 기회죠.

퍼사: 맞아요. 그래서 용서는 **했나요?**

개리: 물론이죠. 30년 뒤에요.

퍼사: 사카와 히로지 둘 다 메구미와의 결혼을 꿈꿨어요. 하지만 애석하게도 그 꿈을 가로막는 장애물이 있었죠. 그 당시에는 천황이 모든 이를 소유하고 있었다고 말했죠? 그 탓에 천황 가문에서 결혼을 주선하는 일도 드물지 않았는데, 마침 천황 가문에 메구미 가족을 알고 있는 사람

이 있었고 그 사람이 메구미의 정혼자를 정해줬어요. 사실 메구미가 사랑한 사람은 사카였답니다. 사카는 몰랐지만요. 어쨌든 메구미는 천황의 뜻을 거역할 수 없었고 결혼식도 그대로 진행돼 이후로 셋은 다시 볼 수 없었답니다. 그 일로 셋 다 낙담할 수밖에 없었던 것도 사실이구요.

개리: 셋은 그 일을 극복했나요?

퍼사: 메구미는 그 생에서 결코 행복하지 못했어요. 그래도 자기 의무를 다했죠. 아이를 낳고 키우면서 어른들에겐 칭찬받는 딸이자 며느리였어요. 당시에는 약속과 명예를 지키는 것이 무엇보다 중요한 덕목이었거든요.

예나 지금이나 신도는 환생을 매우 **진지하게** 받아들여요. 몸이 진짜로 존재한다는 믿음 때문이죠. 당신은 기적수업 학생으로서 환생이 꿈에 불과하다는 것을 알고 있죠. 당신은 몸 안에 있었던 적이 결코 없습니다. 착시 현상에 불과해요. 하지만 신도 신자들 대부분은 지금도 그 점을 모르고 있고, 당시 메구미 역시 몰랐어요. 그래서 메구미는 업보(karma)를 잘 쌓아 더 좋은 모습으로 환생하기를 바랐죠. 사실 업보에 관한 믿음은 도교와 불교보다 훨씬 더 오래된 힌두교와 연관이 있답니다.

어쨌든 사카와 히로지는 메구미가 다른 남자와 결혼하자 실의에 빠졌고 둘 다 메구미와 함께할 수 없었음에도 불구하고, 서로를 시기하게 되었답니다. 단지 메구미에게 똑같은 감정을 품었다는 이유만으로 말이죠! 아이러니하지만 이처럼 에고는 아주 교활해질 수 있어요. 결국 둘의 우정은 거의 파괴되다시피 했고 실제로 몇 년 동안 만나지 않았어요.

아턴: 하지만 다행히 둘은 양측 다 직관력이 매우 뛰어났고, 그 사건을 전체적으로 바라보면서 자신들의 인생까지도 영적인 과제로 받아들이기 시작했어요. 서로를 용서해야 할 필요가 있음을 직감했죠. 아직 용서의

기술을 배우지 않았는데도 말이죠. 두 사람은 최선을 다해 용서했고 또 상당히 잘했어요. 그때 이후로 그들은, 그 생이든 이후 생이든, 서로를 용서해야 할 때 **항상** 용서했습니다. 그것도 아주 신속하게요. 재빨리 용서한다는 것은 영적으로 성숙했음을 보여주는 표지입니다. 당시 둘은 여전히 이원성에 갇힌 상태임에도 용서가 영적 성장의 핵심 요인이라는 것을 깨달았습니다. 또한 그들은 생사의 쳇바퀴와 이 모든 체계에 대해 의문을 제기하기 시작했습니다. 물론 이에 대해 제대로 배운 것은 나중의 일이지만요.

퍼사: 이 사건을 포함해서 둘이 함께 신도 신자로서 겪었던 모든 경험은 다음 생에서 매우 유용하게 작용했는데, 그들은 다음 생에서 도덕경 일부를 쓰고 득도의 경지에 오른 노자와 인연을 맺게 됩니다.

아턴: 미래의 제이와 붓다가 노자의 제자로 보낸 생은 서기 전 600년경의 일입니다. 붓다의 생존 연대보다는 200년 정도를 앞섰고, 공자의 생존 연대보다는 50년 정도 앞선 일이지요. 다시 말하지만, 역사가들이 우리가 언급하는 연대에 동의할 거라고 기대하지는 마세요. 어쨌든 그때 벌어진 일입니다. 그나저나 공자는 철학자였어요. 공자는 훈련체계나 종교를 세우지 않았었죠. 반면에 노자로 대표되는 도교는 훈련체계입니다.

개리: 노자도 비이원론을 믿었나요?

아턴: 네, 물론이죠. 노자는 형태를 지닌 듯 보이는 것은 **죄다** 환영이며, 도道는 형태가 없다는 점을 이해했어요. 이 말이 나왔으니, 뒤이을 방문에서도 계속 강조할 사항을 하나 알려줄게요. 앞으로 우리가 언급할 영적 스승들은 **모두 다** 비이원론을 믿었습니다. 일체의 합일만이 참이고 나머지는 그 무엇도 참이 아니라는 것! 그들은 그것을 이해했습니다. 그런데 그다음에 **예외 없이** 벌어지는 일이 뭐냐면, 그들 제자 중 일부가 그 가르

침을 가져다 이원성의 가르침으로 전락시켜버린다는 것입니다. 그렇게 진리가 뒤바뀌고 나면, 원래 진리가 꿈의 세상에서는 진리가 아닌 게 됩니다. 이런 일은 지난 수천 년 동안 벌어져왔고 지금도 벌어지고 있는데, 이렇게 끝없이 반복되는 건 그만큼 진리가 에고의 생존을 극도로 위협하기 때문이죠.

에고의 전공은 진리를 바꿔버리는 것입니다. 그게 베단타Vedanta든 노자든 붓다든 기적수업의 가르침이든 마찬가지죠. 이에 대한 유일한 해결책은 우리가 1990년 이후로 줄곧 이야기했던 방법밖에 없습니다. 즉 당신이 에고를 지워야만 합니다. 그러지 않으면 에고가 계속해서 진실을 지우려 들 것이기 때문이죠. 그럴 수밖에 없어요. 그게 에고가 하는 일이니까요. 생존 기계라 할 수 있습니다. 또 이런 가르침을 가르치는 교사든 배우는 학생이든 자신들이 진실을 바꾸고 있다는 것을 당연히 모릅니다. 그들은 그냥 투사하고 있을 뿐이지만, 이 역시도 놓치고 있죠. 그냥 자신들이 옳다고만 여기죠.

개리: 무의식적 저항 때문에 그렇게 하는 것인가요?

아턴: 맞아요. 그건 그렇고, 대부분의 사람들이 도를 자신이 걸을 '길'로만 생각하는데 노자는 도를 두 가지 의미로 사용했어요. 일반적으로는 각자가 걸어야 할 '길'이라는 뜻으로 썼지만, 궁극적으로는 환영 너머에 있는 일체의 진리를 일컬어 '도'라고 했죠.

개리: 노자가 도를 신이라고 칭하는 데 동의할까요?

아턴: 아뇨. 당신도 중국에 가봐서 알겠지만, 중국인들은 신이라는 존재에 별 관심이 없어요. 따라서 도교 수행자에게는 단지 형상을 넘어선 진리만이 진리입니다. 기적수업과 순수 비이원론이 등장하기 전까지는 신의 완벽한 일체성만을 유일한 실재로, 궁극의 진리로 받아들이는 사상이

없었습니다. 물론 궁극의 진실을 알고 있는 뛰어난 스승이 역사에 항상 존재하기는 했지만, 그들은 유명하지 않았고, 그들 대부분은 유명해지는 일 따위에 관심도 없었어요.

개리: 사실 제 생각도 그래요. 세상이 진정 자신이 꾸는 꿈에 불과하다는 것을 정말로 경험하고 있다면, 자신이 깨달았다는 것을 다른 사람들이 알든 모르든 그게 뭐가 중요하겠어요?

퍼사: 좋은 지적이에요. 그래도 때로는 가르침을 전하기 위해 자신의 경험을 선언하는 것이 적절할 때도 있답니다.

개리: "나는 깨어 있다"라고 말한 붓다의 경우처럼요?

퍼사: 그렇죠. 붓다에 대해 잠깐 얘기하자면, 붓다와 노자의 가르침은 매우 비슷해요. 노자가 먼저 한 말인데 붓다의 말로 잘못 알려진 경우도 종종 있고, 반대로 붓다가 나중에 한 말인데 노자가 한 말로 잘못 알려진 경우도 있어. 어쨌든, 결국에 붓다는 노자의 수행법을 뛰어넘었습니다.

개리: 어떻게요?

퍼사: 붓다에 관한 얘기는 나중에 하기로 하고, 일단 지금은 붓다와 노자의 차이점 하나만 짚어줄게요. 그러면 뒤에서 제이와 붓다가 노자와 함께 지낼 때의 경험을 이해할 때 도움이 될 거예요. 노자는 비이원론非二元論*을 이해했음에도 불구하고 금욕주의자였고, 또 제자들도 금욕 수행을 할 것을 요구했다는 점에서 독특합니다. 그런데 그 결과로 노자의 제자들이 실제로 경험한 것은 비이원론이 아니라 반이원론半二元論*이었어요. 자신이 세상의 쾌락을 부인해야 한다고 믿고 있다면, 자신의 저항으로 인해 도리어 그것을 실재화하는 것이기 때문이죠.

---

개리: 뭔가를 포기해야 한다고 생각하는 것은 갈망하는 것만큼이나 그 것을 실재화하는 일이죠.

퍼사: 바로 그거죠. 그런데 욕망이 고통을 낳는다고 처음 가르친 것은 바로 노자였어요. 그리고 노자는 제자들이 세상을 포기하는 것이 욕망을 포기하는 데도 도움이 될 거라고 생각했죠. 노자는 세상일에 참여하는 것을 반대하는 내용의 발언을 많이 했답니다. 예컨대 "현자는 아무것도 하지 않기에 아무것도 망치지 않는다"는 말처럼 말이죠.

개리: 오~예! 마침내 게으름을 피울 명분이 생겼군요.

퍼사: 글쎄요. 그로부터 2백 년 뒤에 노자와 베단타의 영향을 받은 붓다도 처음에는 똑같이 믿었어요. 그런데 그 믿음대로 살다 보니 중요한 사실 하나를 깨닫게 되었죠. 욕망을 포기하는 방식으로 고통에서 벗어나기를 원한다고는 하지만 — 그리고 이것은 도교와 불교의 주요 목표 중 하나라고 할 수 있죠 — 삶을 극단으로 몰고 가는 것이 도리어 명료한 사고를 종종 방해한다는 점을요. 게다가 아무리 극단으로 치달아도 만족할 수도 없고요. 결국 붓다는 '중도中道'를 설파하기에 이릅니다. 붓다는 그의 추종자들과 수년간 지켜온 금욕주의를 포기하면서 이렇게 말합니다. 세상이 실재가 아니라면 포기해야 할 필요도 없고, 세상을 재밌게 바꿔보겠다고 온갖 쾌락을 쫓아다니면서 흥청망청할 필요도 없다고요. 간단히 말해서, 평범하게 살라는 겁니다! 평범한 환경이 자신이 목격하고 있는 환영에 실제적으로 진실을 적용하기 가장 쉬운 상태예요. 평범한 환경에 놓일 때 당신은 좀더 명료하게 사고할 수 있고, 가르침을 적용하기에도 적합하죠. 방금 제가 **평범한** 환경이라고 말했지 **쉬운** 환경이라고 말하지 않았다는 점에 주목하세요. 사노라면 정말 힘든 상황들이 닥치기도 하죠. 사랑하는 사람이 죽는 것처럼 말이죠. 하지만 그럴 때조차도 평범해지세요. 슬픔에 잠

길 시간이 필요하거든 슬퍼하라는 겁니다. 배가 고프면 먹어야죠. 아프거든 약을 먹거나 자신에게 잘 맞는 방법이라면 무엇이든 쓰세요.

마음의 수준과 꿈의 수준을 잘 구분하세요. 둘은 별개의 것입니다. 당신은 꿈의 세상을 바꿀 필요가 없어요. 그 세상을 바라보는 방식만 바꾸면 되죠. 이것이 **원인**의 자리에 설 때와 **결과**의 자리에 설 때의 차이에요. 당신이 할 일은 원인을 다루는 것입니다. 그러면 결과는 알아서 따라와요.

아턴: 노자가 가르침을 전하는 데 있어서 항상 완벽했던 것은 아니었지만, 그래도 본인은 가르침을 완벽히 숙달한 상태였습니다. 그래서 에고의 속임수도 잘 간파했죠. 예를 들어, 우리는 태어나면서 모든 것을 처음 접하는 양 신기하게 보고, 또 그것을 기정사실로 받아들이죠. 망각의 베일은 너무나도 두터워서 모든 것을 새롭게 만들어버리고, 그중 어떤 것들은 당신의 관심을 끌어 홀딱 반하게 만들기도 합니다. 하지만 이것은 뭔가를 중요한 듯 보이게 만들어 당신을 끌어들이려는 에고의 속임수입니다. 하지만 수업 뒷부분에 나와 있듯이, 각본은 이미 쓰여 있습니다. 물론 당시에는 이 점을 모르지만요. 당신은 그저 그것을 사실로 여기면서 놀라워할 뿐입니다.

개리: 네, 그 말을 들으니 세 살 때 일이 기억나네요. 사촌 집에 놀러갔는데 창문 너머 선반에 팔랑대는 파란 풍선이 놓여 있는 거예요. 그 풍선이 너무나 갖고 싶어서 달라고 계속 애걸복걸했어요.

아턴: 그토록 단순한 것을 그토록 소중히 여긴다는 것이 놀랍지 않나요? 그런데 그거 알아요? 앞으로도 계속 그럴 겁니다. 단순한 취미 생활조차 매우 중대한 의미가 있는 것처럼 보이죠. 그냥 좀더 복잡해질 뿐입니다.

개리: 맞아요. 그리고 보니 일곱 살 때 일도 생각나네요. 뉴햄프셔New Hampshire 주에 살고 있을 때였는데 아버지를 따라 친형제 폴Paul과 함께 보

스턴 레드삭스Red Sox 홈경기장인 펜웨이 파크Fenway Park를 처음 갔었거든요. 여러 해 동안 흑백 TV로만 보던 구장을 실제로 보니 벌어진 입이 다 물어지지 않을 정도로 감동적이더라고요. 활주로를 걷다 마주친 펜웨이 파크는 새파란 잔디며 푸른색 벽이며 모든 게 오색찬란해서 내 눈을 사로잡더라고요. 몇 년 동안 백 번은 갔을 거예요. 거의 중독 수준이었죠. 보스턴Boston에 살았으면 훨씬 더 많이 갔을 거예요.

아턴: 평생 이어지는 유혹들은 이미 각본에 쓰여 있는 것들이에요, 개리. 인생길에 우연이란 없어요. 중요한 것은, 그것들의 목적이 무엇인지를 묻는 겁니다.

개리: 제가 레드삭스를 용서하기 전까지는 레드삭스가 1918년 이후로 단 한 번도 월드시리즈에서 우승하지 못했다는 점은 잘 알죠.

아턴: 거시적 차원을 제외하고 이곳에서 레드삭스가 월드시리즈에서 우승한 것을 당신의 공으로 돌릴 수 있을지는 모르겠지만, 당신이 레드삭스를 용서해서 유익을 누릴 수 있다는 점만큼은 확실하죠.

퍼사: 망각의 힘 때문에 나이가 들더라도 새로운 경험은 언제나 불쑥불쑥 찾아오곤 한답니다. 자신의 아이가 태어나면 아이를 처음 가져본 것처럼 행동하는 것도 그래서죠. 하지만 첫째라 하더라도 그 아이가 처음은 아닌데, 그걸 깨닫지 못하는 이유는 오직 망각으로 인해 수천 번 꿈의 생 동안 만났던 다른 모든 식구들에 대한 기억이 차단돼서 그런 겁니다.

개리: 그런 줄도 모르고 우리는 에고의 바람대로 특별한 관계를 필수적으로 생각하고, 특별한 관계는 가족을 시작으로 그 범위를 새로운 관계들로 계속 넓혀가죠.

퍼사: 정말 그래요. 우리가 지금 다루고 있는 생에서 제이와 붓다 역시 어릴 적부터 관계를 맺어왔어요. 하지만 둘은 여느 아이들과 달랐습니다.

둘이 신도 교도로 지내던 동안 열심히 수행한 덕에 이미 그들의 마음은, 보이지 않는 것에 특별히 관심이 없는 오늘날 평범한 성인보다 훨씬 앞선 상태였어요. 사실 그들은 오늘날의 영매나 천리안에 해당했죠.

개리: 나도 어릴 때부터 천리안(clairvoyant)까지는 아니더라도 다만 위기를 미리 감지하고 피하는 능력(clairavoidance)은 있다고 생각했어요.

퍼사: 그렇다고 그들이 독특하다는 거지 특별하다는 뜻은 아닙니다. 그래도 이 능력으로 인해 그들은 적시에 적소에 있을 수 있었고 그만큼 시간을 절약하는 데 유용했던 건 사실입니다.

개리: 잠깐만요. 질문 하나만 빨리 할게요. 이 두 양반은 몇 생이나 서로 알고 지냈던 거예요?

퍼사: 둘이 항상 남자였던 것은 아니고, 마흔 생 정도 알고 지냈습니다. 우리는 그중에서 연관성이 높은 일곱 생만 다룰 거고요.

개리: 마흔 생요? 꽤 많은 거 아닌가요?

아턴: 사실 조금도 높은 수치가 아니랍니다. 당신은 수천 생 동안 수백 번 만났던 사람도 있는걸요. 하지만 제이와 붓다는 그렇게 많은 생을 만나지는 않았어요. 그럴 필요가 없었거든요. 그들이 당시 유명한 영적인 스승들을 알고 지냈기 때문에 둘의 관계가 매우 중요한 것처럼 보일 텐데, 그들이 그런 데에는 다 이유가 있어요. 기억하세요. 두 사람은 다른 이들만큼 꿈이 진짜라고 굳게 믿지는 않았다는 걸요. 그만큼 그들은 자신들을 가르칠 사람들을 만날 준비가 되어 있었던 겁니다.

개리: 제자가 준비되면 스승이 나타난다는 말이로군요.

아턴: 맞아요. 반대의 경우도 그렇고요.

퍼사: 그 당시 중국에서의 삶은 당신이 생각하는 것보다 훨씬 다채로웠는데, 땅덩이가 매우 넓다는 것도 그중 한 이유죠. 당신들이 역사책에서

접하는 내용은 전체 역사의 작디작은 조각에 지나지 않고, 눈에 불을 켜고 이를 파헤치는 것은 별 의미가 없어요. 지금 우리에게 중요한 것은 오직 진리고 또 이 진리를 이용해 꿈에서 깨어나는 것뿐입니다.

지금부터는 붓다를 언급할 때 간단히 '비ᴮ'라고 부를 때도 있을 거예요. 당시 제이는 샤오 리Shao Li란 여자였고 비는 워산Wosan이란 남자였어요. 그들은 이웃이었고 둘 다 어릴 때부터 심령 능력을 드러냈죠. 가족들은 행여나 아이들이 사람들 눈에 다르게 비쳐 놀림을 당하거나 안 좋은 일을 당할까봐 노심초사했었죠. 그런데 아이들에 대한 소문이 퍼져서 사람들이 조언을 듣겠다며 찾아오자 부모들의 태도도 바뀌었어요. 보통 찾아오는 사람들은 사례를 할 만큼 부자였고, 가난했던 두 아이의 부모들은 이런 기회를 마다할 수 없었죠. 사람들은 아이들이 자신들의 비밀마저 족집게처럼 맞히자 신기해했고, 아이들은 그들이 소원 성취를 위해 어떻게 해야 하는지를 알려주곤 했답니다.

개리: 샤오 리가 나중에 제이가 되고, 워산이 나중에 비가 되는 거죠?

퍼사: 네. 2,600년이란 세월의 간극이 있음에도 불구하고 예나 지금이나 사람들은 한결같아서 당시 사람들도 돈이나 명예, 성공 아니면 특별한 사랑을 원했답니다. 배경만 바뀌었을 뿐 사람의 속성은 그대로죠. 어쨌든 아이들은 사람들이 원하는 것을 얻도록 꽤나 잘 안내했고, 샤오 리와 워산은 그럴 마음만 품었다면, 흔히들 말하듯이, 남은 생 동안 '원하는 대로 모든 것을 누릴' 수도 있었어요.

하지만 그러지 않았고 그래서 이야기의 끝은 거기가 아니죠. 이웃사촌이었던 샤오 리와 워산은 10대에 접어들면서 사랑에 빠지게 되었고, 지금까지와는 다른 그 이상의 삶을 원한다는 것도 알게 되었어요. 그들의 부모는 행복했을지 모르지만 그들은 그렇지 않았습니다. 훨씬 더 많은 배움과 경험이 자신들을 기다리고 있다는 걸 알았고 물질 세상이 제공할 수 있는 그 무엇보다 더 중요한 뭔가가 있다는 것도 알았어요. 그들은 결국 도망칠 계획을 세웠고 몇 개월의 준비 끝에 도망치는 데 성공했죠.

그렇게 도망친 두 사람은 결혼을 했고 어느 동네에 정착했어요. 처음엔 모든 게 낯설어 물 밖에 나온 고기처럼 서툴렀지만 조심조심 한 발 한 발 내디디면서 이내 낯선 마을에 적응하기 시작했습니다. 그렇게 1년가량 지났을까, 두 사람은 우연히 구원으로 인도해줄 '삶의 비밀'을 알고 있다는 한 스승의 얘기를 듣게 되었어요. 가슴이 뛰기 시작한 두 사람은 직감적으로 그 스승을 찾아가 배워야 한다는 걸 알았죠.

그 스승이 바로 노자였어요. 당시는 전통적으로도 그렇고 스승들이 여자를 제자로 받아들이지 않는 것이 보통이었는데 노자는 달랐습니다. 노자는 두 새내기를 따로 불러 자신을 따르려거든 세상의 소유를 포기하고 해묵은 믿음에 대한 집착도 포기해야 하며, 결국에는 욕망 자체도 포기해야 한다고 말했어요. 당시 둘은 이런 삶을 받아들일 준비가 되어 있었을까요?

네, 그들은 준비되어 있었어요. 노자를 만나기 전 둘은 자신들의 타고난 지혜를 믿고는 있었지만 그걸 평생의 생활양식으로 삼아야 할지에 대해선 확신이 없었죠. 그러다 노자를 만나 헌신할 것을 요구받자 이것이 진정 자신들이 찾던 것인지 확인하고 싶었어요. 이미 만족스럽지 못한 삶을 여러 해 보냈기 때문에 이를 되풀이하고 싶지는 않았거든요. 물론 이들에겐 노자의 가르침이 안 통하면 다시 떠날 생각도 있었습니다. 그렇게 노자의 제자가 된 두 사람은 도망칠 때 가지고 온 금을 구걸하는 사람들에게 나눠주는 방식으로 가르침을 실천하기 시작했고, 혹시나 있을지도 모를 불상사를 피하기 위해 걸인들을 따로 불러 몰래 나눠주는 방식을 택했습니다.

아턴: 하지만 금욕 생활에 익숙해지는 데는 시간이 좀 걸립니다. 규칙적인 식사를 해왔던 사람은 금욕 생활로 생기는 허기는 견디기 힘들죠. 샤오 리와 워산도 처음엔 그랬습니다. 차고 넘쳤던 맛난 음식과 돈으로 쉽게 해결되는 편리한 생활이 그리웠죠. 하지만 노자는 그들에게 세상의 본성이 철저히 허상이라는 점에 대해 충분히 가르쳤어요. 노자는 이들에게 이 세상이 **몽땅** 에고의 속임수의 결과라는 걸 숨김없이 까발렸답니다.

가끔 노자는 이들을 따로 한 명씩 불러내서 이야기를 나누곤 했어요. 당시 이런 기회를 얻는 건 제자들에겐 더없는 영광이었죠. 이 대목에서 노자가 샤오 리와 나눴던 대화를 잠깐 들려줄게요. 이 대화 중 일부는 도덕경에 실려 있는 내용이기도 한데 도덕경도 다른 전통이나 가르침처럼 계속해서 재해석되고 변화에 변화를 거쳐오긴 했답니다.

노자: 우리가 보고 있는 것은 자아에서 나오고 자아란 곧 마음이다. 세상은 대부분의 사람들이 경험하는 것처럼 자신에게 가해지는 무엇이 아니다. 거의 대부분의 존재들은 스스로를 자기 바깥에 있는 세상의 희생자로 여긴다. 세상이 진정 그들 바깥에 있는 것이라면 그들은 **과연** 희생자겠지만, 다중성의 세상이라는 생각은 실은 외부가 아니라 내부에 있고, 단지 외부에 있는 것처럼 보일 뿐이다. 생각은 마음을 떠나는 일 없이 언제나 마음에 남아 있다. 마음만이 생각이 변화될 수 있는 유일한 곳이요, 문제를 제대로 다룰 수 있는 유일한 곳이다.

도가 곧 진리이며, 도는 하나다. 도에 부분이란 없다. 도는 다른 것들과 충돌하거나 다투는 법이 없다. 도는 그저 있을 뿐이요, 그것만 필요할 뿐이다. 그리고 너도 그저 있기만 하면 된다.

샤오 리: 스승님, 환영이 실재가 아니라면 왜 그리 사실처럼 보이는 것입니까?

노자: 정말 생생해 보이기는 하지. 그런데 밤에 꾸는 꿈도 생생하지 않더냐. 생생해 보인다고 해서 그것이 곧 실재라고 할 수 있을까? 아니지. 네가 거기에 충성하기 때문에 사실처럼 보일 뿐이다. 에고의 속임수에 대한 너의 확고한 믿음으로 인해 상영되는 생명에 대한 조롱인 것이지. **하나**(Oneness)에게로 돌아올 때가 모든 이에게 오기 마련이지만, **하나**를 인지할 상태를 몸소 획득하기 전까지는 **하나**에 머무를 수 없다.

도는 비어 있으면서도 모든 것을 담고 있다. 말로는 이를 묘사할 수 없다. 도를 찾으려거든 밖이 아니라 안을 봐야 한다. 해답은 아무런 욕구가 없는 자들을 기다리고 있다.

샤오 리: 하지만 스승님, 어떻게 해야 아무런 욕구가 없을 수 있죠?

노자: "하지만"이란 단서를 달지 마라. 네가 믿음을 두지 않는 한, 세상은 너를 욕망으로 유혹할 수 없다. 단념의 길을 연습하라. 그러면 네 믿음이 바뀌는 것을 보게 될 것이다.

샤오 리: 이 모든 것이 마음 안에 있다면, 마음만 바꾸면 될 것을 왜 행동까지 바꾸라고 하시는 것입니까?

노자: 총명한지고. 훌륭한 질문이다. 하지만 지나친 영리함은 경계해야지. 너는 마음을 단번에 **바꿀 수** 있겠느냐? 훈련되어 있지 않다면 그럴 수 없다. 그리고 행위의 훈련을 겸할 때 마음의 훈련도 쉬워지는 법이다. 세상 속 행동은 습관을 통해 기틀이 잡히지 않더냐. 정신 또한 그러하다. 너는 바른 습관들을 형성해야만 한다. 세상을 포기하는 행위는 세상에 대한 믿음을 포기하는 데 도움을 줄 테니까. 그러면 욕구와 괴로움에서 자유로워지는 데에도 도움이 되지. 괴로움에서 자유롭게 될 때 평화에 들게 된

다. **하나**란 평화이며, 너는 **하나**와 다시 결합하는 일에 더욱 준비될 것이야. 그리되면 세상과 세상 속 갈등의 환상은 더 이상 너를 추호도 지배하지 못할 것이다.

아턴: 방금 대화에서 노자의 논리를 볼 수 있는데, 노자는 제자들이 세상에서 자유로워지기 위해서는 그것들을 포기해야 하는 앞선 단계를 밟아야 한다고 말하고 있죠. 그런데 앞에서도 말했지만 뭔가를 포기해야 한다고 여기는 것이 도리어 그것을 마음속에 실재화하고 그에 대한 믿음을 끊는 것을 방해하게 됩니다.

개리: 그래서 결국 붓다가 중도를 설파하게 되는 거죠? 세상에 너무 빠지지도 말고 세상과 등지지도 말라고요?

아턴: 정확해요. 게다가 세상을 완전히 포기하기가 쉽지 않다는 건 당신도 잘 알고 있잖아요.

개리: 그럼요. 그래도 세상을 완전히 포기하는 것이 더 싸게 먹히죠.

아턴: 어쨌든, 결국에 노자의 목표는 세상에 대한 심리적인 애착을 놓게 하는 것이었습니다. 노자에게 있어서 세상을 물리적으로 포기하는 것은 그 너머로 가기 위한 디딤돌이었을 뿐이에요. 그러니 노자의 공로를 제대로 인정해야 합니다. 노자는 도교 이후로 등장한 모든 것에 지대한 영향을 미쳤어요. 워산일 때부터 시작해서 붓다, 불교, 플라톤 사상, 제이, 영지주의뿐 아니라 심지어는 그리스도교에도 어느 정도 영향을 미쳤어요. 그리스도교가 로마식 광대놀이로 바뀌기 전까지는 말이죠. 노자는 비이원론을 이해했고, 가르쳤습니다. 가르침을 받은 모든 이들이 그것을 이해한 것은 아니었지만요.

퍼사: 노자가 윤리를 강조했고, 도덕경에서 실려 있는 노자의 일부 말

중에도 윤리를 강조한 내용이 있는데, 그 목적은 윤리 자체를 강조하기 위함이 아니라 에고를 길들이기 위함이었음을 이해해야 해요. 이 목적의 관점에서, 겸손은 노자에게 참된 윤리의 주춧돌이었습니다.

이와 관련해서 노자와 워산이 나눈 대화를 좀 들려줄게요.

노자: 어린아이 앞에서도 고개 숙일 줄 아는 겸손을 지녀야 한다. 존경 받기를 단념해라. 너에게 존경은 필요하지 않다. 그 무엇도 너에게 필요하다고 생각하지 마라. 뭔가를 필요로 한다는 것은 그것의 노예가 되는 길이다. 아무것도 필요하지 않다는 것은 풍요롭다는 것이니, 이미 너는 너에게 필요한 모든 것을 가졌기 때문이다.

워산: 그러면 어떻게 해야 제가 뭘 해야 할지를 알 수 있겠습니까?

노자: 너는 아무것도 할 필요가 없다. 도는 비어 있음이다. 환영의 삶을 사는 동안, 비어 있다는 것은 문제를 갖지 않는다는 것이다. 환영은 무의미하다. 이럴진대 무의미한 무엇에 대해 왜 문제를 만들려고 하느냐?

워산: 그렇다면 거기서 해방되겠다고 애쓸 필요도 없는 것 아닙니까?

노자: 맞는 말이다.

개리: 선문답 느낌도 좀 나는데요?

아턴: 맞아요. 하지만 이것은 선禪이라 칭할 수 있는 것들보다 앞서 나눈 대화예요. 노자는 모든 영적인 학생들이 수많은 단계를 거친다는 것을 알고 있었고, 또 그 단계들이 모두 일시적이라는 것까지도 알고 있었어요. 이번 꿈의 생만 놓고 봐도 당신 역시 많은 국면을 거쳐왔죠. 그중 계속 지속되던 단계가 있던가요?

개리: 아뇨. 내 경험을 놓고 보자면, 새로운 국면에 접어들기까지 6개월

에서 9개월 정도 유지되었던 거 같아요. 1년 반을 넘은 경우도 간혹 있었지만 2년을 넘은 적은 없었죠. 돌이켜보면 재밌고 좋은 때도 있었지만 정말로 힘든 때도 있었네요.

아턴: 그렇죠. 이 생에서 샤오 리와 워산도 여러 단계를 거쳤고, 절정 경험이라 말할 수 있는 것도 몇 번 경험했죠. 당신도 이런 경험이 좀 있죠?

개리: 네, 하지만 저는 너무 이른 시기에 겪었던 것 같아요.

퍼사: 노자의 제자라면 명상도 일과 중 빼놓을 수 없는 훈련이었어요. 이 일의 핵심은 마음의 절대 고요 상태를 획득하는 것이었죠. 결국에는 그 어떤 방해되는 생각도 끼어들지 않는 상태에 다다라 마음의 평화를 유지하는 것이었죠.

개리: 내가 이해하기로는 명상만으로는 깨달을 수 없는 것 같은데, 맞나요?

아턴: 맞아요. 하지만 너무 앞서 나가지는 않도록 하죠. 마음을 고요히 하는 것은 분명 **도움이 됩니다.** 마음을 준비시켜 훈련을 받을 수 있게 하거든요. 하지만 가장 중요한 훈련은 사고체계를 통해서 이뤄집니다. 노자의 사고체계가 좋은 사고체계이기는 하지만, 대부분의 사고체계와 마찬가지로 본향 집으로 돌아가는 모든 단계를 다루지는 않습니다. 사고체계를 갖춰야 할 중요성에 대해서는 나중에 좀더 자세히 살펴볼게요.

퍼사: 하루는 워산이 언덕에서 명상을 하고 있었어요. 알다시피, 중국은 산지가 많지 미국처럼 농토가 풍부하진 않잖아요.

개리: 그래서 그런가요? 중국인들은 뭐든지 음식으로 만들더군요. 나도 닭발이랑 오리 혀랑 돼지 선지를 먹어봤어요. 새로운 음식을 한 번씩은 꼭 먹어보는데 원숭이 뇌는 안 되겠더라고요. 아시다시피, 내 나름의 윤리 의식이 있으니까요.

퍼사: 본론으로 돌아가죠. 당시 명상 중에 워산은 자기 몸에 대한 인식이 사라지기 시작했어요. 동시에 몸도 사라지기 시작했고요. 그가 다른 사람 눈엔 보이지 않게 된 거죠. 그의 의식은 확장되기 시작했고, 그러자 더 이상 자신이 전에 차지하던 공간에 제한되지 않았어요. 워산은 여전히 세상을 볼 수는 있었지만, 세상이 자기보다 더 큰 무엇으로 보이지는 않았어요. 세상이 그에게 오는 것이 아니라 그에게서 나오는 것이었습니다. 그는 더 이상 몸이 아니라 마음이었고, 몸의 눈이 아니라 마음으로 보고 있었어요. 아무런 무게도 느낄 수 없었고 이 경험은 황홀했습니다. 의식이 계속 확장되면서 그는 도리어 이 상태가 자신의 본모습에 가깝다는 것을 알았어요. 그가 스스로를 그토록 왜소하다고 느꼈던 이유는 몸이 곧 자신이라고 믿었기 때문인데, 이제 그는 그 믿음을 고수할 수 없다는 것을 알았죠.

개리: 대단한 경험이군요. 워산이 그 경험을 말로 옮기는 데 어려움은 없었나요?

아턴: 물론 있었죠. 진리를 말로 담아낼 수 없듯이, 이런 절정 경험들도 말로 담아낼 수 없습니다. 방금 저는 진리와 절정 경험을 구분해서 말했는데, 앞으로 살펴볼 것처럼, 참된 진리는 워산의 경험마저도 넘어선 총체적 차원이기 때문입니다. 그래도 워산의 그 경험은 바른 방향으로 나아가는 또 한 걸음이기는 했어요.

퍼사: 워산은 최선을 다해 자신의 경험을 샤오 리와 노자에게 설명했고, 워산의 진심을 느낀 두 사람은 진심으로 함께 기뻐했어요. 샤오 리와 워산의 사랑은 더욱 깊어졌고 두 사람은 기회가 있을 때마다 서로를 격려해주곤 했답니다.

개리: 둘이 섹스도 했나요?

퍼사: 네, 평범한 연인이었으니까요. 그렇다고 그들이 섹스에 몰입한 건 아니에요. 둘에게 섹스는 사랑을 표현하는 방법 중 하나일 뿐이었죠. 하지만 노자에게는 숨길 수밖에 없었는데, 알다시피 노자가 제자들에게 금욕을 실천할 것을 요구했기 때문이죠.

아턴: 이 경험 말고도 워산은 또 다른 절정을 경험했고 샤오 리도 절정 경험을 했답니다. 이번엔 샤오 리가 경험한 절정 경험인데 둘이 야외 취침을 할 때 겪었던 일이에요. 야외에서 자고 있다 얼핏 잠에서 깬 샤오 리는 밤하늘을 올려다보고 달과 별들과 어둠 속에서 들리는 모든 소리를 끌어안기 시작했어요. 그러면서 샤오 리는 우주 안에 있는 그 무엇과도 떨어져 있다고 느끼지 않았죠. **자신**이 곧 우주인 것처럼 느껴졌고 샤오 리는 모든 곳에 있었어요. 시간과 공간의 제약을 뛰어넘어 존재하는 모든 것과 **합일**을 이뤘죠. 홀로 고정된 것은 아무것도 없었고, 모든 것은 서로에게 녹아들어 있었어요. 물론 그 경험은 어느 정도 시간이 흐른 후에 사그라졌지만, 절정을 경험한 샤오 리는 우주를 다시는 예전처럼 생각할 수 없었답니다.

퍼사: 하지만 이런 종류의 경험은 비단 두 사람뿐 아니라 구도자라면 누구나 어느 생에서 어느 때든 겪기 마련이에요. 물론 지금 그 길을 걷고 있는데 경험하지 못할 수도 있어요. 그건 이미 다른 생에서 그런 경험들을 했고, 이번 생에서는 이미 해본 경험을 되풀이할 필요 없이 훈련에 좀 더 초점을 맞추기로 되어 있는 것일 수도 있어요. 그래서 다른 이의 경험과 자신의 경험을 비교하지 말라는 겁니다. 여정의 그 어떤 단계에도 우연이란 없어요. 여정 중 당신이 겪는 듯 보이는 것이든 겪지 않는 듯 보이는 것이든, 그 어디에도 우연이란 결코 없습니다.

개리: 그럼 우리 친구들은 남은 생을 계속 노자 옆에서 보냈나요?

아턴: 아뇨, 그렇지는 않았어요. 그들은 대부분의 시간을 길에서 보내며 6년가량 노자를 따랐죠. 그러다 고심 끝에 노자를 떠나기로 결심했어요. 단기간에 많은 것을 배우기는 했지만 이제는 스스로의 힘으로도 성장할 수 있다는 걸 알았거든요. 그래서 용기를 내 말을 꺼냈죠. 스승에게 감사함이 너무 큰데 그 마음을 표하지 않고 몰래 떠나고 싶지는 않았거든요. 그렇게 노자를 떠난 두 사람은 노자에게 소개받은 비이원론 관점을 받아들이고 그 관점대로 살아낼 준비가 되어 있었어요. 그런 한편 자신들의 아이를 갖길 원했고 낳기로 결심했죠.

개리: 그래서 아이를 낳았나요?

아턴: 네, 넷이나 낳았어요. 그중 한 명은 아기 때 죽었지만요.

퍼사: 우리의 두 친구는 신도교의 반半이원론에서 도교의 비非이원론으로 건너갔어요. 하지만 바늘귀를 통과하는 것은 쉽지 않죠. 모든 것을 용서해야 합니다. 인간으로 겪는 경험 중 상당수는 반복되는데, 그건 자꾸 자꾸 만나는 상대를 반복되는 기회를 통해 완전히 용서하는 교실로 기능하기 위해서지 다른 이유는 없어요.

나중에 제이는 용서를 완벽하게 가르치게 되었지만 그 당시 사람들은 대부분 그의 말을 이해하지 못했어요. 하지만 오늘날에는 좀더 많은 사람들이 제이의 가르침을 한층 깊게 이해하고 있죠.

아턴: 다음 방문 땐 순수 비이원론을 다루기에 앞서 비이원론을 좀더 살펴볼 겁니다. 그때까지 마음속으로 제이에게 이야기하고 배우는 작업을 계속 해나가리라 믿어요. 당신은 제이와 정말로 가까운 관계를 형성한 것 같은데 그렇지 않나요?

개리: 물론이죠. 제이가 없었다면 난 우러러볼 사람이 하나도 없었을 거예요.

퍼사: 다음번엔 제이와 붓다가 힌두교도로서 서로 알고 지내던 생에 대해 말해줄게요. 힌두교는 비이원론이 이원론으로 전락한 전형적인 예입니다. 하지만 그럼에도 집으로 돌아가는 길을 찾아내는 사람들이 있었어요. 그 와중에도 제대로 배우고, 더 나아가 배운 것을 실천한 사람들 말이에요. 그럼 잘 지내고요. 루나도 그동안 착하게 잘 지냈으니까, 잊지 말고 잘 챙겨주고, 많이 예뻐해주세요.

이 말을 남기고 그들은 떠났다. 정말로 가버렸다는 뜻은 물론 아니지만.

# 3
# 힌두인으로 지냈을 때

영원한 길이 두 가지 있다. 하나는 빛이고, 하나는 어둠이다.

빛은 그대를 생사의 쳇바퀴에서 벗어나도록 이끈다.

어둠은 그대를 다시 이곳으로 데려온다.

**실재**는 있지 않았던 적이 없다. 비실재는 있던 적이 없다.

— 바가바드 기타

오래전 한 영성 컨퍼런스에서 바가바드 기타의 위 인용문을 처음 들었을 때, 선택할 수 있는 길이 여러 개가 아니라 딱 둘밖에 없다는 것이 내 맘을 확 끌어당겼다. 딱 두 개의 길밖에 없고, 각각의 길은 매우 구체적인 결과로 이어진다니 이 얼마나 단순명쾌한가. 또한 이 고대 힌두의 사상에 아드바이타 베단타<sup>Advaita Vedanta</sup>라는 이름이 붙은 이유가 '지식의 종말'을 뜻하기 때문이라는 것을 알게 되었을 때도 참으로 근사하다는 생각이 들었다. 대부분의 서구식 접근법들은 많은 지식을 자랑으로 내세우는데, 도리어 지식의 종말을 좋은 것으로 여기는 영성도 있다니 자연스레 구미가 당겼던 것이다.

세월이 한참 지나서야 이런 사상이 비이원론과 관련이 있다는 것을 알게 되었지 영적 여정의 초기에는 그 말이 무슨 뜻인지도 몰랐다.

노자 사상을 생각하니 신디가 전에 "나는 아무것도 할 것이 없다. 다만 되어야 할 모든 것이 있을 뿐"이라고 말했던 게 떠올랐다. 참으로 놀라운 통찰이 아닐 수 없는데, 신디는 이 말에 덧붙여 그렇다고 우리에게 아무것도 하지 말라는 뜻은 아니라는 것도 밝혀주었다.

수업에도 **"나는 아무것도 할 필요가 없다"**는(T-18.VII.5:7/교과서409쪽) 말이 있는데, 수업을 공부하는 많은 학생들은 이 말을 아무것도 하지 말라는 뜻으로 잘못 해석하고 있다. 수업에서는 이런 오해를 수준 혼동(level confusion)이라고 부른다. 하지만 여기서 강조점은 아무것도 할 필요가 없다는 것이다. 당신은 뭔가를 꼭 해야 할 필요가 없다. 뭔가를 반드시 해야 한다고 여길 때, 당신은 자신을 몸과 동일시하고 있는 것이다. 그래서 이 구절을 인용할 때는 맥락을 고려해서 앞뒤 내용도 같이 인용해야 하고, 시간을 절약하는 용서의 특성도 함께 제시해야 한다.

유혹과 씨름하고 죄에 굴복하지 않으려고 싸우는 사람들에게 마침내 평화가 올 때, 묵상에 전념하는 마음으로 빛이 들어올 때, 혹은 누구라도 마침내 목표를 달성했을 때, 그것은 언제나 "나는 아무것도 할 필요가 없다"는 단 하나의 행복한 깨달음과 함께 온다.

여기에 모든 이가 언젠가는 자기 고유의 방식으로 자기가 정한 때에 발견하게 될 궁극적인 해방이 있다. 너는 그런 시간이 필요 없다. 너와 네 형제는 함께 있으므로 너희는 시간을 절약하였다. 이것이 너의 시간을 절약하는 이 수업의 독특한 방법이다. '너'를 위해 만든 것을 무시하고 다른 사람들에게 유용했던 방법을 고집한다면 너는 이 수업을 활용하지 않는 것이다. 오직 이 한 가지를 준비하여 나를 위해 시간을 절약하고, 그것 외에는 아무것도 하지 않기를 연습하라. "나는 아무것도 할 필요가 없다"는 말은 진실로 완전한 충절과 충성의 선언이다. 단 한 순간만 이것을 믿는다면, 한 세기 동안의 묵상이나 유혹에 맞서 싸워 얻는 것보다 더 많은 것을 이룰 것이다.

무엇을 행하든 행함은 몸과 관련된다. 그러므로 아무것도 할 필요가 없음을 인식한다면 너는 마음에서 육체의 가치를 걷어낸 것이다. 여기에 수세기의 수고를 재빨리 벗어나고 시간에서 탈출하는 지름길로 열린 문이 있다.(T-18.VII.5:7-7:3 / 교과서409쪽)

이어지는 내용까지 소개하자면,

아무것도 하지 않는 것이 곧 안식이며, 너의 내면에 몸의 활동이 주의를 끌지 않는 자리를 마련하는 것이다. 그 자리에 성령이 와서 머문다. 네가 잊게 되어 몸의 활동이 너의 의식적인 마음을 차지하기 위해 돌아와도 성령은 여전히 거기에 머무를 것이다.

네가 돌아올 수 있는 안식처는 항상 그곳에 있을 것이며, 너는 맹렬하게 휘몰아치는 폭풍보다 그 고요한 중심을 점점 더 의식하게 될 것이다. 네가 아무것도 하지 않는 이 고요한 중심은 너에게 주어진 분주한 일과 속에서도 너에게 안식을 줄 것이다.(T-18.VII.7:7-8:3 / 교과서409쪽)

노자가 이해했던 비이원성의 상태에서는 환영의 그 어떤 조각에도 실재성이 부여되지 않았고, 또 진리에도 그 어떤 환영이 포함되어 있지 않았다. 노자는 진리와 환영이 상호 배타적이라는 것을 이해했으나, 거의 모든 이는 이 사실을 놓치고 있다. 그 대신 사람들은 내 스승들이 말했듯이 환영 전체를, 아니면 환영의 일부라도 참으로 만들기 위해 계속 시도한다. 사람들이 보기에 우주를 창조했다고 여겨지는 존재 혹은 존재들에게 우주에 대해 책임을 전가하는 방식으로써 그 존재들을 환영으로 끌어들이는 것도 그런 시도 중 하나다.

뉴에이지의 가장 흔한 믿음 중 하나는 신이 이원적인 우주를 창조한 것은 스스로를 경험하기 위해서라는 것이다. 그런데 이것이 얼마나 미친 생각인지에 대해서는 좀처럼 의문을 품지 않는다. 섹스의 오르가슴을 제대로 경험하고 그 즐거움을 평가하기 위해서는 배에다 총을 정통으로 맞아봐야 한다는 주장과 다를 바 없다. 그래야 상반된 경험을 통해 제대로 비교할 수 있다면서 말이다. 하지만 신은 미치지 않았다. 진리는 일정불변一定不變하고, 수업과 성서가 입을 모아 말하듯이, 신은 여전히 완벽한 사랑이시다. 이 꿈의 세상은 완벽의 정반대이나, 신의 실재는 우리가 귀향할 완벽한 본향 집을 제공한다. 하지만 그 실재 세상으로 귀향하려면, 이 세상으로부터 깨어나야만 한다. 실재 세상은 둘이 아니다. 비이원론의 수학은 매우 간단하다. 언제나 결론은 하나다.

2013년 가을에 나의 세 번째 책《사랑은 아무도 잊지 않았으니》가 출간된 후로, 나와 신디는 더 많은 나라를 방문해 수업을 가르치게 됐는데 그러면서 하나 재밌는 현상을 발견했다. 밤에 꾸는 꿈과 관련된 것으로 당시 나는 모든 마음들이 결합해 있다고 말하는 기적수업의 가르침을 알고 있었고, 이것이 사실일 수밖에 없는 건 결국 단 하나의 마음만이 존재하기 때문이다. 다수의 우리로서 경험되더라도 자신이 여기에 있다고 생각하는 것은 실로 하나의 마음밖에 없고 이런 이유로 심령현상이 가능한 것이다. 훌륭한 영매나 심령술사는 마음의 외관상 분리된 조각들에 '접속해서'(tap in) 메시지와 정보를 받을 수 있는 능력이 있다.

다시 꿈 얘기로 돌아가서, 여러 나라를 여행하며 꿈과 관련해 알아챈 재미난 현상 중 하나는 내가 꾸는 꿈이 그 지역에 있는 사람들의 수에 영향을 받을 수도 있다는 점이다. 아이오와Iowa 주의 시더 래피즈Cedar Rapids

같이 고요한 곳에 있을 때는 예외적인 경우를 제외하고 밤에 꾸는 꿈도 대개는 매우 평화롭고 고요했다. 여기서 예외적인 경우란 심한 갈등을 겪는 사람이 가까이 있을 때다. 반면 1,300만 명이 살고 있는 중국의 광저우 같은 대도시에 가 있을 때는 밤에 꾸는 꿈 역시 역동적이고 혼란스럽고 때로는 폭력적이기까지 했다. 결국 자고 있는 동안 내 마음은 그 지역에 속한 다른 마음들에 실제로 동조同調하고 있었던 것이다.

그런데 이 말은 또 잘 생각해보면, 마음들은 서로 결합되어 있기 때문에 만약 당신 마음이 점점 더 평화로워지고 성령과 함께 바른 생각을 품을수록, 당신 주위 사람들에게 자연스럽게 긍정적인 영향을 끼치게 된다는 뜻도 된다. 수업은 신의 교사가 그 존재만으로도 일깨워주는 역할을 한다고 가르친다. 어느 차원에선가, 당신이 알고 있든 모르고 있든 당신은 사람들의 마음과 닿아 있다. 그렇다고 당신이 다른 이들의 용서 과제를 대신해줄 수 있다는 뜻은 아니다. 그것은 여전히 그들이 해내야 할 몫이지만, 당신이 그들에게 올바른 방향을 **제시해줄 수는** 있다는 것이다.

역사적으로 많은 학생들은 깨달은 스승과 같은 공간에서 지내는 것만으로도 자신 역시 깨달을 수 있다고 생각해왔다. 마치 감기 같은 것이 옮는 것처럼 스승의 깨달음이 자신들에게 옮을 수 있다고 여겼던 것인데 그렇다면 얼마나 좋겠는가. 하지만 불행히도 2,600년 전이나 지금이나 그런 식으로 일이 풀리지는 않는다. 에고를 해제하는 작업이 필수적이며, 여기에는 훈련이 필요하다.

어느 날 나는 CNN과 MSNBC의 뉴스를 보면서 용서 작업을 하고 있었다. 우리가 인생이라 부르는 환영의 영화에 엄청난 비극이 있는 것은 사실이지만 이를 실재화하지 않는 한 고통은 없다는 생각에 기반해 뉴스를 보니, 뉴스는 점점 더 우스꽝스러워졌고 마치 만화영화 같기도 하여 용서가 한결 수월하게 느껴졌다. 바로 그때 나의 승천한 스승들이 나타났고 아턴이 먼저 말문을 열었다.


아턴: 뉴스를 보면서 즐기고 있었군요. 뉴스의 목적이 무엇인지만 기억한다면 괜찮아요. 누구든 서커스는 좋아하니까요.

개리: 맞아요. 도널드 트럼프가 잘 나가고 있다는 것이 도무지 믿기지 않아요.

아턴: 그러면 안 믿으면 되죠.

개리: 아, 그러게요.

퍼사: 오늘 우리는 제이와 비가 함께한 역사 중에서 매우 흥미로운 부분을 살짝 소개할까 해요. 둘이 힌두인으로 보냈던 생인데 이때가 그들에겐 도약의 시기였어요. 그 후 두 사람은 불교의 초창기 시기에도 불교 수행자로서 서로 알고 지냈답니다. 사실 불교는 힌두교에서 온갖 신들을 다 빼버린 힌두교의 일종입니다. 신은 하나밖에 없다는 일신론은 유대교와 그리스도교와 이슬람교가 등장하기 전까지는 대중에게 그리 널리 알려지지 않았죠. 그런데 방금 언급한 세 종교는 실은 모두 같은 신을 모시고 있어요. 아브라함의 하느님이죠. 어쨌든 세 종교가 등장하기 전에는 갖가지 목적에 따라 최소한 몇몇 신을 섬기곤 했죠.

개리: 그리스 신들처럼 말이죠.

퍼사: 맞아요. 힌두인들과 그리스인들이 가장 많은 신을 섬겼다고 볼 수 있어요. 반면 불교는 마음에 초점을 맞췄죠. 지금은 힌두교에 대해 다룰 거라 불교는 나중에 다시 얘기할게요. 그런데 한 가지 알아두어야 할 것이, 불교가 초기에는 힌두교의 한 분파로 여겨졌다는 점이에요. 그리스도교도 원래는 스스로를 유대교와 분리된 무엇이 아니라 여전히 유대교

에 속해 있는 한 부분으로 여겼던 것처럼 말이죠. 또한 불교는 인도에서 제대로 성행했던 적이 없었어요. 중국으로 전파된 후에야 소위 꽃길을 걷게 되었죠.

개리: 맞아요. 히트를 치는 것이 쉬운 일은 아니죠.

아턴: 힌두교와 그 역사에 대해 자신 있게 말할 수 있는 한 가지 정확한 사실은 힌두교 사상이 매우 복잡하다는 것입니다. 그래서 우리는 힌두교의 모든 경전이나 학파를 다루지는 않을 겁니다. 힌두인들은 크리슈나Krishna를 포함해서 힌두교의 많은 신들이 최소 3,200년 이전까지도 소급될 수 있다고 믿습니다. 이것을 확증할 수는 없지만, 어쨌든 그렇게 믿고 있습니다. 아드바이타 베단타에 있는 일부 철학도 유사 시대 이전까지 소급되고요. 예전에 우리가 힌두교에 대해 들려준 이야기를 기억할지 모르겠네요. 베단타의 기저에 깔린 원 생각은 비이원적이었는데, 샹카라Shankara의 일부 추종자들이 이원적인 것으로 잘못 해석했고 이를 힌두교의 거대 분파에서도 받아들였다는 얘기요. 사실 어디서나 늘 그렇긴 하죠. 그건 그렇고, 당신은 샹카라가 그 사상을 잘못 해석했다고 했는데, 그건 실수예요. 그 사상을 잘못 이해하고 그 상태로 전한 것은 샹카라가 아니라 그 제자들 중 일부가 한 일이거든요.

지금부터 우리는 제이와 비가 서기 전 500년경에 함께 보낸 생에 대해서 좀 들려줄 겁니다. 이때는 그들이 노자와 함께한 생에서 백 년 정도 지난 시점이었죠. 이 생에서 그들의 이름은 하리쉬Harish와 파드마즈Padmaj였어요. 이름은 이 정도로만 간단하게 알려줄게요. 하리쉬와 파드마즈는 상당히 큰 마을에서 사촌이자 이웃으로 지냈어요. 둘은 독실한 힌두인이 되도록 양육되었지만, 하리쉬는 세속적인 경험을 하고픈 충동을 끊임없이 느꼈죠.

이와 관련해서 당신은, 사람들이 특정한 방식으로 행동하게끔 **예고에 의해 내몰린다는** 점을 이해해야 해요. 사람들이 저마다 나타내는 갖가지 양상은 그들에게 설정된 경험을 겪게 하기 위해서 그런 식으로 행동하게끔 설정되었기 때문이에요. 그것이 모두 무의식에서 이뤄지기 때문에 본인들은 정작 이를 인지하지 못할 뿐이죠.

자, 당신이 오늘날 캐나다에서 태어난다고 가정해보죠. 여섯 살이 되면 하키를 하기 시작합니다. 이때 이유는 모르지만 당신은 하키가 마냥 즐겁습니다. 하키를 여러 해 계속하다 보면 점점 더 능숙해지고 기량이 최고조에 달해서 하키 선수로까지 활동하게 됩니다. 하키 경기만큼 당신을 몰두하게 만드는 것은 세상에 아무것도 없어요. 물론 다른 사생활도 있지만, 가장 가슴을 뛰게 하는 것은 하키죠. 이런 일이 일어나는 이유는 그렇게 예정되어 있기 때문입니다. 이것은 모든 사람에게 해당하는 이야기이고, 그들의 직업과 그들이 가장 관심을 두는 것들에도 그대로 적용되는 이야기입니다. 그들은 각본대로 살아내도록 내몰리고, 이를 막을 수 있는 것은 아무것도 없습니다.

퍼사: 혹시 열두 살 때 일이 기억나나요? 친구 집에 놀러 갔는데 친구가 자기 아버지 방으로 데려가서 상자 안에 든 총을 보여준 거요.

개리: 어머나. 생각해보니 그런 일이 있었네요.

퍼사: 그날 총을 보았을 때 어땠어요?

개리: 진짜로 겁났어요. 총 같은 거엔 어떤 식으로든 엮이고 싶지 않았는데 친구는 내가 자기처럼 총을 보면 좋아할 거라 생각했나 봐요. 여기서 친구 이름은 밝히지 않을게요. 어쨌든 난 너무 놀라 그 자리에서 도망쳤죠.

퍼사: 그때 왜 그렇게 느꼈는지 알겠어요?

개리: 글쎄요. 무의식에서 그랬던 것 같아요.

퍼사: 정확해요. 이 일에 관해 당신이 알아야 할 두 가지 일이 있는데 첫 번째는 당신이 이 꿈속의 직전 생에서 제2차 세계대전 중에 전사했다는 거예요. 그래서 전쟁의 공포가 당신 무의식에 깊이 각인되었고, 총기 같은 건 절대로 보고 싶지 않게 되었죠. 그리고 두 번째는 당신이 직전 생에서 전쟁을 겪었기 때문에 이번 생에서는 전쟁을 겪을 필요가 없다는 거예요. 지금 당장 전쟁을 또다시 경험할 필요는 없다는 거죠.

개리: 그 말은 제가 열아홉 살 때 징병제도가 추첨방식으로 바뀌었는데 징병 순서가 거의 맨 뒤에 걸려서 베트남 파병을 피했다는 이야기죠?

퍼사: 맞아요. 당신은 지금까지 총을 쏴본 적이 있나요?

개리: 아뇨. 단 한 번도 없었어요.

퍼사: 앞으로도 그럴 거예요. 총기를 다루는 건 이번 생에서 당신에게 예정된 일이 아니에요. 반면에 당신에게 아버지 총을 보여줬던 그 친구는 계속해서 총에 매력을 느꼈고, 기회가 닿을 때마다 사격 연습을 했죠. 결국 직업군인이 되었고, 베트남전에서 사망했어요.

개리: 그건 몰랐네요. 그때 이후로 따로 연락하진 않았거든요.

퍼사: 그것도 연락하기로 되어 있지 않아 그래요. 당신이 선택한 용서의 길을 계속 걷다 보면, 제2차 세계대전에서 전사한 일도 나중에 기억이 날 거고 결국에는 그 일도 용서하게 될 겁니다. 그러면 당신은 거기서 자유로워지게 되죠.

개리: 그러니까 지금 말씀은, 현재 벌어지고 있는 일들이 실은 이미 결정된 것이기는 하지만 여전히 나에게는 마음의 차원에서 용서를 실천할 수 있는 힘이 있다는 것이고, 용서를 하게 되면 무슨 일이 벌어지든 그로 인해 느끼는 불편한 감정에서도 자유로워질 수 있다는 뜻이로군요.

퍼사: 훌륭해요. 물론 용서의 목적이 각본을 바꾸는 것이 아니라 그 결과에서 자유로워지는 것이기는 하지만, 각본의 고정된 범위 안에서 성령이 당신을 위해 시간과 공간을 조정하는 것도 가능해요. 성령은 그것을 조정하는 것이 당신에게 적절한지 아닌지 잘 알고 있어요. 그러면 원래 겪을 경험 대신 다른 경험을 겪게 되기도 하죠. 하지만 이것은 성령에게 달린 일이고, 당신이 해야 할 일은 오직 용서의 작업을 하는 것뿐입니다.

아턴: 우리는 하리쉬가 왜 그런 성향을 갖게 되었고 또 잠재적으로 위험에 처할 수 있는 상황에 끌렸는지를 이해시키기 위해 이 내용을 먼저 다뤘습니다. 그건 그렇고 사촌인 파드마즈는 하리쉬와 달랐어요. 파드마즈는 하리쉬처럼 세상의 덧없는 경험들에 마음이 끌리지 않았고 그보다는 깨달음을 얻기를 원했죠.

그들이 이렇게 다른 기질을 갖고 태어난 것은 둘 사이를 갈라놓기 위한 에고의 계획 때문입니다. 다른 생들에서 둘은 함께 이미 상당히 많이 배웠기에 무의식의 차원에서 상당한 위협을 느낀 에고는 둘이 각자 다른 방향으로 가도록 계획을 한 것입니다. 어느 정도 나이가 들자 하리쉬는 마을에서 한 시간 정도 떨어진 읍내를 드나들며 음주와 도박으로 시간을 보냈고 여자들에게 추파를 던지기도 했죠. 그때마다 하리쉬는 파드마즈에게 함께 어울리자고 꼬셨고, 유흥이나 도박에 별 흥미가 없는 파드마즈였지만 하리쉬가 사촌이자 유일한 친구였기 때문에 외로움도 달랠 겸 함께 어울렸죠. 자, 이 환영 속에서, 거룩함을 추구하는 파드마즈도 있고, 세속의 쾌락을 추구하는 하리쉬도 있고, 이렇게 이원성이 펼쳐집니다. 하지만 두 사람은 전생에 노자와 함께 지내기도 했고 이번 생에선 어릴 때부터 힌두사상을 공부해 이미 기본적인 진리를 알고 있었기 때문에 상황이 그리 간단치는 않았죠.

아드바이타 베단타를 믿는 힌두교도로서 그들은 절대적인 **실재**를 이해했고 이 **실재**를 **브라흐만**Brahman이라고 불렀는데, 이것은 현상 세계와는 무관했습니다. 따라서 그들은 영혼을 뜻하는 **아트만**Atman을 환영과 **실재** 두 가지로 이해했습니다. 개별 영혼으로서 모든 이와 모든 허상적인 것들과 분리되어 있는 듯이 보이는 것이 환영의 아트만이라면, **브라흐만**이라 불리는 **아트만**은 **실재**였고 이 절대적인 **실재**만이 유일한 **일체**(Oneness)였습니다. 하지만 대다수 동양 사상가들은 현상 세계를 허상으로 여기면서도 그것을 신들의 반영으로 바라보는 우를 범해, 신 또는 신들이 이 환영을 지어냈다는 만연한 혼동이 영속하는 데 일조했죠. 완벽한 **존재**는 정녕 이 환영과는 아무런 관련이 없고, 다중성의 우주라는 투사물은 에고의 작품으로 개체성과 분리의 생각에 기반을 두고 있는데도 말이죠.

개리: 나는 영화 〈매트릭스〉에 나온 표현이 마음에 들어요. 네가 보고 있는 세상은 진짜 세상을 보는 것을 막기 위해 씌워 놓은 환영의 눈가리개라고요.

아턴: 맞아요. 하지만 영화에서 말하는 진짜 세상하고 우리가 다루는 신과는 아무 관련이 없죠. 그래도 영화가 큰 방향은 잘 잡았어요.

개리: 그건 그렇고, 샹카라에 대해 잘못 말해서 미안해요.

아턴: 형제여, 괜찮아요. 우리가 전해준 정보의 양에 비하면 당신의 실수는 정말 미미해요. 소소한 실수 두어 개만 있을 뿐이죠. 예를 들면 미키가 지적한 것처럼 같은 농담을 두 책에 실었다든가 하는 것 정도죠.

주註: "이랴! 미키"(Giddyup Mikey)라는 별칭으로도 알려진 마이크 레뮤유 Mike Lemieux는 어쩌면 나보다 내 책에 대해 더 잘 알고 있는 소중한 내 친구다. 또 미키는 《Dude, Where's My Jesus Fish?》라는 책의 저자이기도 한데 페이스북에서 내 팬들을 위한 계정을 열어 운영하면서 통찰이 어린 글들을 많이 게시한다.

개리: 내가 한 다른 실수는 또 뭐가 있나요?

아턴: 우사에서 당신은 중국 지진으로 50만 명이 사망한 연대를 1960년대라 했는데, 사실 그 지진은 1970년대에 일어났어요. 대수롭지 않은 실수죠. 당시 녹음 상태가 그다지 좋지 못한데다 그땐 우리가 방문을 안 하면 당신이 우리와 소통할 수도 없어 물어볼 수도 없었죠. 하나 더 말하자면 우사에서는 제이와 막달라 마리아의 결혼 기간을 15년으로 맞게 기록한 반면《사랑은 아무도 있지 않았으니》에서는 당신이 우리 이야기를 듣고 메모하는 과정에서 둘이 20대에 결혼한 것으로 잘못 기록했어요. 두 사람은 10대에 결혼했거든요. 당시 제이는 열여덟 살, 마리아는 열다섯 살 때 결혼해서 십자가 사건이 있을 때까지 15년을 같이 보냈죠. 대충 그래요. 치명적인 실수는 없었어요.

퍼사: 다시 우리의 두 친구 하리쉬와 파드마즈의 이야기로 돌아가보죠. 둘은 세대를 걸쳐 전승된 힌두교의 고대 문헌에 관한 공부는 다 끝냈어요. 하지만 그때까지만 해도 지적으로 이해하고 있을 뿐 이를 경험하지는 못했죠. 아직 둘은 마음을 훈련하는 방법을 개발하지는 못한 상태였거든요.

어느 날 밤 두 사람은 여느 때와 같이 도박장에 갔는데, 그날따라 하리쉬가 큰돈을 따게 됐어요. 그랬더니 취객 한 명이 하리쉬가 사기를 쳤다며 시비를 걸어왔죠. 정당하게 돈을 딴 하리쉬는 억울한 맘에 취객과 언쟁을 하게 됐고 몸싸움으로까지 번지자 파드마즈가 말리고 나섰죠. 그런데 불행하게도 말리는 과정에서 파드마즈가 칼에 찔리고 맙니다. 그제야 자신의 어리석음을 깨달은 하리쉬는 자기 때문에 사촌이자 절친인 파드마즈가 죽을 수도 있다는 공포에 휩싸였죠.

다른 사람들의 만류로 싸움은 중단됐고 파드마즈는 곧장 의사에게 보내졌어요. 다행히 상처는 깊지 않았고 아유르베다 치료법*을 사용하던 의사는 어떻게 치료해야 할지 알고 있었죠. 덕분에 파드마즈는 목숨을 건졌고 얼마 지나지 않아 건강을 회복했습니다.

이 사건은 하리쉬의 마음을 강하게 뒤흔들어 놓았어요. 하리쉬는 자신이 사는 방식을 죄악이라 여기지 않았고 사건 후에도 이 생각에는 변함이 없었지만, 이것은 분명 시간 낭비고 자칫했으면 훨씬 더 안 좋은 상황이 될 수도 있었겠다는 생각에 정신이 번쩍 들었던 거죠. 자, 여기서 우연이란 결코 없다는 말을 다시 한 번 기억해야 해요. 그 의사의 이름은 사발Sabal이었는데, 그는 파드마즈의 상처를 치료하기 위해 둘이 살던 마을을 몇 주 동안 드나들면서 두 사람과 이야기를 나누게 됩니다. 사발은 그때 둘에게 꼭 한 번 찾아가봐야 할 **성자**(Holy Man)가 있다고 말했고, 둘은 그 성자에게 배울 것이 있는지 확인하기 위해 파드마즈의 상처가 다 낫기도 전에 이 성자를 찾아 나서기로 결심했죠.

사실 이들이 성자에게 흥미를 느낀 건 성자에게 이름이 없어서이기도 했어요. 성자는 사발에게 이름을 갖는다는 것은 곧 자신을 인간으로 제한한다는 것이니 자신에게 이름 따위는 없노라고 이 얘기에 하리쉬와 파드마즈는 더욱 흥미가 생겨 그 성자가 있을 거라고 알려준 곳으로 가게 된 거죠.

가는 길에 두 사람은 한 무리의 사람들과 마주치게 됩니다. 자신들이 거룩하다고 여기는 누군가를 추종하는 무리였죠. 오늘날로 치면 컬트cult라 부를 수 있는 집단이었는데 그들의 초대로 하리쉬와 파드마즈는 그들

---

* Ayurvedic medicine: 식이요법, 약재, 호흡요법 등을 조합한 힌두 전통의술

과 밖에서 하룻밤을 보내게 됩니다. 그들은 음식을 나눠주며 자신들이 하는 여러 의식 중 하나에 참여해볼 것을 권했고 두 사람은 딱히 마다할 이유도 없어 그러겠노라 했죠.

두 사람이 참여한 의식은 모임의 리더가 그릇에 담긴 액체를 건네주면 돌려 마시면 되는 거였어요. 오늘날 아야와스카^ayahuasca라고 부르는 액체와 비슷했는데, 의식에 처음 참여한 두 사람은 그걸 마시는 것이 의식의 일부이며 친교를 맺는 행위 정도로만 여겼죠. 하지만 그걸 마신 사람들이 독특한 경험을 한다는 걸 곧 알게 됐어요. 그들 말로는 속을 정화하는 거라지만, 아무튼 토를 하고는 환각을 느끼게 되는 거였죠.

개리: 지난 몇 년 동안 나는 아야와스카를 접하고 흥미로운 경험을 한 몇몇 사람들과 이야기를 나눠봤어요. 그들 중 일부는 그걸 단순히 "식물(the plant)"이라고 부르더군요. 당신들은 내가 뭘 하는지 늘 알고 있기 때문에, 내가 그걸 단 한 번도 해본 적이 없다는 걸 알 거예요. 그런데 아야와스카를 경험해본 사람들 중 일부는 자신들의 어린 시절에 대해 깊은 통찰을 얻었다고도 하고, 그들 수준이기는 하지만 영적인 깨달음을 얻었다고도 하는데 이런 현상에 대해서는 어떻게 생각하세요?

아턴: 개리, 결론적으로 말하자면, 아야와스카를 마셔서 도움이 되었다는 사람들이 있다 하더라도, 이것이 일종의 마약이고 환각제라는 것을 기억해야 해요. 환각이 일어날 때 사람들이 어떻게 행동할지는 결코 예측할 수 없답니다. 누군가에게는 불쾌한 반응이 일어나서 크게 상처를 입을 수도 있어요. 이렇듯 에고의 마음과 두뇌는 저마다 다르고 그게 에고의 방식입니다. 그러니 당신이 아야와스카에 대해 좋은 이야기를 아무리 많이 들었다고 해도, 우리가 사람들에게 마약을 하라고 권할 수는 없습니다.

퍼사: 그리고 환각의 영향하에서 경험하는 것은 사실이 아니라는 것도

기억해야 해요. 네, 그러면 또 그 무엇도 실재가 아니지 않냐고 반박할 수도 있는데, 그것도 논리적으로는 맞는 말이에요. 하지만 아야와스카의 효과만을 두고 봤을 때 그것을 마시지 **않고서도** 그 약에 취해서 얻는 깨달음을 똑같이 얻을 수 있어요. 그건 얼마든지 가능하고 그게 바로 우리가 권하는 방법이지요.

아턴: 어쨌든 그날 저녁, 의식에 참여한 두 친구는 그동안 의식의 수면 아래 가라앉아 있던 일들이 떠올랐어요. 하리쉬는 오랫동안 잊고 지냈던 부모님에 대한 사랑을 떠올렸고 파드마즈는 노자가 생각나면서 노자에게서 배운 모든 것들이 홀연히 떠올랐어요. 다음 날 아침 두 사람은 다음 단계로 넘어가고 싶은 마음이 솟구쳤고, 자신들이 추구하던 완성을 찾아내고 싶었어요. 그 식물의 씁쓸한 수액을 마신 경험이 좋기는 했지만 그걸 삶의 길로 삼아야겠다는 결심으로까진 이어지지는 않았죠.

하지만 무리의 리더는 둘이 남기를 원했어요. 명상도 같이 하고 자신의 가르침도 배우라면서 수액을 마시면 온갖 경험을 다 할 수 있다며 이보다 더 좋은 길은 없다고 설득하기 시작했죠. 하지만 그럴수록 둘은 그곳이 자신들이 머물 곳이 아님을 감지했고, 설득이 통하지 않자 위협까지 하는 그곳을 떠났어요.

몇 주 정도 걷고 나서 그들은 마침내 그들이 찾던 성자를 만났습니다. 둘은 이름 없는 그에게 다가가 자신들을 소개했죠.

개리: 그랬군요. 여기서 잠깐 이야기의 흐름을 놓치기 전에 한 번 정리해볼게요. 비와 제이가 신도 교도일 때는 이원성의 상태에 있었죠. 물론 그 상태를 반≢이원론이라고, 한층 발전한 이원론이라고 칭할 수도 있는 것이 그때 둘은 다른 이들만큼 이 꿈을 진지하게 믿지는 않아서죠. 그래도 그 상태가 여전히 이원론일 수밖에 없는 게 그 꿈이 둘에게는 실재였

기 때문이구요. 당시 문화에서 특히 강조되었던 환생에 대한 믿음이나 조상들에 대한 존경심은 더욱 그렇구요. 뭔가가 실재라면, 그 뭔가가 당신 바깥에 있다는 뜻이고, 그 말은 곧 주체가 있고 의식의 대상인 객체가 있다는 뜻으로 비이원론의 일체성과는 거리가 멀죠.

노자와 지낸 생을 살펴보면, 노자가 비非이원론을 가르치기는 했지만, 실제로 그 생에서 제이와 비가 경험한 것은 반半이원론이라고 칭할 수 있는 상태였어요. 금욕주의자로 세상에 맞서라는 가르침은 세상을 그들 마음속에 여전히 실재화했고, 따라서 둘은 그렇게 경험했지요.

자, 이제 이름이 없는 한 스승에 대해 말하고 있는 걸 보니, 우리 두 친구는 환영 속의 그 무엇도 실재가 아니라는 단순한 이론을 넘어서 이를 실제로 느낄 수 있는 상태로 나아가려는 것 같네요.

퍼사: 아주 간결하군요. 그렇다고 하리쉬와 파드마즈가 그 생에서 항상 비이원성을 경험했다고 말할 수는 없어요. 배움의 여러 수준을 거칠 때, 처음에는 학생들이 배움을 잘 따라가다가 이탈하기도 하고, 진보와 후퇴를 반복하는 듯한 경험도 한답니다. 그래서 일체성을 경험하면 그 체험에 압도당했다가도 다시 이원성에 빠지곤 합니다. 당신은 새로운 수준에 익숙해져야 하고, 익숙해진 뒤에도 그 수준에 항구하게 머무를 유일한 길은 에고를 해제하는 과정을 거치는 것밖에 없어요. 우리의 두 친구가 곧 만나볼 이 스승은 그들에게 처음으로 에고를 해제하는 방법과 결국에는 이 과정을 가속하는 방법을 가르쳤답니다.

아턴: 하리쉬와 파드마즈가 이름 없는 성자(the one)에게 자신들을 소개하자 — 앞으로 그를 오ᵒ라고 부를게요 — 오는 둘에게 우선은 무리의 뒤편에 앉아 자기 말을 들어보라고 했습니다. 오는 자신이 가르치는 내용에 그들이 정말로 관심이 있는지 숙고해서 결정하라고 하면서 언제라도 자

유롭게 여길 떠날 수 있지만, 언제 그에게 와서 말할지는 그가 정해서 알려주겠다고 했습니다.

3개월이 지나자 오는 사람을 시켜 두 사람을 따로 불렀어요. 그동안 그들은 무리에 섞여 오의 가르침을 많이 배운 상태였죠. 그는 그들이 삶에서 중요하다고 여긴 육신들마저 철저히 허구라는 점을 상세히 설명해주었어요. 그들의 부모도 결코 존재한 적이 없었고, 부모란 에고가 그들을 다중성의 환영 속으로 끌어들이기 위해 지어낸 거짓 이미지란 거였죠. 또 그들의 부모뿐만 아니라 그들 역시 결코 태어난 적이 없었다고도 했죠. 오의 가르침에 의하면 그들은 존재하지 않았습니다. 모두 날조된 것이죠. 육체는 실재가 아닌 거짓이고 육신의 삶도 거짓입니다. 자식을 낳았다 하더라도 그 또한 거짓인데, 그들이 보고 있는 형상이 있는 모든 것들은 참이 아니기 때문이란 게 오가 가르친 핵심이었죠.

그는 그들에게 지구에서 높이 떠올라 전체 인류를 바라보는 심상을 품어보라고 했어요. 그들은 지시에 따라 하루에도 수만 명씩 죽어나가고, 또 그 이상으로 자신이 태어나고 있다고 꿈꾸는 육신들로 채워지는 모습을 그려봤죠. 그러고는 그중 그 무엇도 실재가 아니고 육신이란 단지 베일에 불과할 뿐 소중히 여길 무엇이 아닌 걸 알게 됐습니다.

개리: 그 말을 들으니 수업에서 죽음에 관해 다룬 구절이 생각나네요. **"죽는 것처럼 보이는 것은 다만 잘못 지각된 것이며 허상으로 가져갔던 것에 지나지 않는다."**(M-27.7:3/지침서69쪽)

아턴: 맞아요. 이렇게 우리의 두 친구는 비이원성을 조금은 경험한 상태였어요. 그들을 따로 만난 오는 이제는 때가 됐다며, 그가 가르친 내용을 일관되게 사고하기 위해 일종의 마음 훈련을 실시하라며 그 방법을 알려줬어요. 사람들에 대해 생각할 때, 그들을 거짓 이미지에 불과한 몸으

로 보지 말고 베일 너머에 있는 일체성으로 여기는 훈련을 매일같이 하라고 했죠. 세상의 어느 것 하나라도 마음속에서 실재화하는 자신을 알아차리거든 그걸 멈추고, 그 대신 모든 것을, 인간의 몸뿐만 아니라 다른 모든 것까지도 **브라흐만**의 일체성을 가리고 있는 얇은 베일로 여기라고 강력하게 권고했답니다.

퍼사: 또한 그는 두 사람에게 사람들이 맘에 들지 않는 행동을 하거든 마음속으로 그들을 용서하라고 일러주었어요. 그들이 정말로 뭔가를 잘못해서 용서하는 것이 아니라, 실제로는 아무것도 하지 않았기 때문에 용서하라고요.

아턴: 보다시피, 이것은 그들이 새로운 개념의 용서를 할 수 있는 계기가 되었고, 이 용서에는 그들이 나중에 배우게 될 좀더 진보한 방식의 용서의 중요한 요소가 포함되어 있었어요. 이 용서에 핵심 요소가 하나 빠져 있긴 한데 그게 뭔지는 나중에 다룰게요. 그래도 둘이 그때 오와 했던 작업은 둘의 영적 성장에서 매우 중요한 단계였답니다.

퍼사: 오의 제자가 된 두 사람은 매우 헌신적이어서 혹시나 마음에 상념이 떠올라 베일 뒤에 존재하던 일체성의 진리 대신 다중성의 세상이 존재한다고 믿게 만들 때마다 그것들을 모두 해제하겠다는 결심도 매우 확고했습니다. 그렇게 여러 해 동안 자신들이 겪은 것은 물론이고 그들의 생에서 기억나는 것들까지도 모두 재해석하며 결국 큰 성장을 이뤄냈죠.

그런데 하리쉬와 파드마즈가 그리 오래 살지는 못했어요. 세상과 육신을 실재화하지 않겠다는 단호한 결심 때문에 몸을 돌보는 일을 소홀히 했거든요. 영성을 공부하는 학생들이 저지르는 전형적인 실수죠. 이것은 수준을 혼동한 거예요. 세상이 실재하지 않는다고 해서, 자신이 세상에 없는 것처럼 살라는 뜻은 아니거든요. 또 몸이 실재하지 않는다고 해서, 몸을 건강하게 유지하기 위해 몸에 필요한 조치를 취하지 말라는 뜻도 아니고요. 차에 기름을 넣는 것은 당연해요. 기름을 안 넣으면 차는 멈출 수밖에 없죠. 제이와 비같이 마스터의 경지에 올라서 세상을 완전히 넘어서기 위해 마음의 힘을 사용하는 법을 배우기 전까지는, 몸에 필요한 것들을 공급해주지 않으면 몸은 고장이 나고 맙니다. 우리의 두 친구는 제대로 먹지 못했을 뿐 아니라 마실 만한 물도 변변히 없었어요. 근데 이것 역시 에고의 각본 중 일부였죠. 그렇게 둘 다 스물일곱 살 정도까지만 살다 그 생을 마감했습니다. 훗날 셰익스피어가 희극 〈뜻대로 하세요〉(As You Like It)에서 말했듯이요.

온 세상은 하나의 무대이며,
모든 남녀는 단지 배우일 뿐.
그들은 등장했다가 퇴장하고,
어떤 이는 여러 가지 역할을 맡기도 한다.

아턴: 좋은 소식은 그 생에서 하리쉬와 파드마즈는 굉장히 많이 배웠을 뿐만 아니라, 상당히 많이 실천하기도 했다는 겁니다. 그들의 마음속에서 많은 치유가 일어났고, 다른 이들이 아직 준비되기에 앞서 에고를 해제하는 작업을 마칠 가능성이 그들에게 열린 거죠.

퍼사: 다음 방문 때는 철학을 아는 것과 철학을 정신적으로 실천하는 것의 차이에 대해 훨씬 더 자세히 알려줄게요. 철학 그 자체가 좋을 수도 있지만, 그걸 실천하는 것은 꼭 필요한 일이랍니다. 계속 용서해나가세요. 그러면 금세 우리가 돌아와 있을 겁니다.

나는 하리쉬와 파드마즈의 이야기를 듣게 돼서 행복했다. 그들의 짧지만 중요했던 생에 대해 들으면서 마치 내 인생인 것처럼 몰입되었고, 하루라도 빨리 제이와 비의 또 다른 이야기가 듣고 싶어졌다. 둘이 몸소 보여준 본보기가 그들의 인도를 따르는 모든 이들에게 도움이 될 수 있다는 것을 알기에 고무될 수밖에 없었던 것 같다.

# 4
# 플라톤과 친구들

내 생각에 우리는 먼저 다음 것들을 구분해야 할 것 같다.
언제나 존재하지만 생성되지 않는 것은 무엇이며,
언제나 생성되지만 결코 존재하지 않는 것은 무엇인가?

— 플라톤

지난 방문 후 몇 주 동안 나는 승천한 친구들이 제이와 비에 대해 들려준 내용을 바탕으로 둘이 거쳐온 학습의 여정을 곱씹었다. 힌두교에 대해 아는 것이 전무한 나는, 아턴과 퍼사가 말한 비이원론을 이해하는 데는 어려움이 없었지만, 힌두교의 용어를 알아듣긴 힘들었음을 고백한다. 내 스승들은 세상이 환영이라는 생각에 사로잡히는 것이 그리 바람직하지 않다고도 했다. 거기서 멈춰버리면 마음이 작동하는 방식으로 인해 자신도 환영이라는 생각에 공허함과 무의미함을 느낄 것이기 때문이다. 그러므로 그 생각을 대체할 다른 생각도 있어야 하는데, 힌두교의 영성은 세상이 환영이라는 점에 골몰한 나머지 그걸 대체할 실재에 대해서는 충분히 고려하지 않은 듯했다. 이런 생각을 하면서 혹시 내가 힌두교에 문외한이어서 잘못 판단하거나 지나친 판단을 한 것은 아닌지 돌아보기도 했다.

내 주변엔 힌두교 스승들의 가르침을 열성적으로 공부하는 사람들이 몇 명 있는데 그중 한 명이 척추지압사 브루스[Bruce]다. 이미 앞서 펴낸 책에서도 소개한 바 있듯이 1980년대 내 건강이 좋지 않았을 때 내게 큰 도움을 준 사람으로 바바지Babaji에 대한 그의 믿음은 대단했다. 바바지는 크리야 요가Kriya Yoga를 세상에 새로운 형태로 소개한 인도의 불멸의 화신으로, 브루스는 이 요가를 배우고 수행하기 위해 해마다 아들과 함께 인도를 방문한다.

힌두교와 관련된 또 한 명의 스승은 파라마한사 요가난다Paramahansa Yogananda로, 그가 설립한 자아각성 공동체(Self-Realization Fellowship)가 내가 사는 곳에서 불과 15분 거리인 레이크 슈라인Lake Shrine에 있다. 전에 신디와 함께 그곳을 방문한 적이 있는데, 연못에서 평화롭게 노니는 백조와 오리를 보며 산책을 한다거나 명상하기에 딱 좋아 짧게 휴가를 보내고 싶을 땐 안성맞춤인 곳이다. 그곳을 방문할 때면 요가난다의 또 다른 아지트인 엔시니타스Encinitas 시에 있는 자아각성 공동체에도 들리곤 하는데, 그곳은 사방이 인도에서만 자생하는 아름다운 꽃과 나무들로 가득 차 있어 마치 남아시아에 와 있는 듯한 착각마저 든다. 또 이곳들을 거닐다 보면 힌두인이 된 듯한 느낌을 받는데, 내 무의식 속 오랜 기억들이 꿈틀대는 것이 아닌가 하는 생각도 들지만 명확한 건 아니다. 전에 한 번 요가난다가 쓴 《요가난다 자서전》(Autobiography of a Yogi)을 읽어보려다 너무 두꺼워 포기한 적이 있었는데 언젠가는 꼭 한 번 제대로 읽어봐야지 생각 중이다.

요가난다와 관련해 이런 일도 있었다. 신디와 로스앤젤레스에 있는 대형 쇼핑몰을 구경하고 있을 때 내 책의 독자라며 인사를 건네온 신사가 요가난다의 손자였던 것이다. 직감적으로 그와 친구가 되겠구나 싶었는데, 이렇게 영적 여정에서 만나는 수많은 인연들은 언제 만나도 반갑기 그지없다(요가난다가 자식을 둔 적이 없다는 것이 세간의 일반적인 믿음이지만, 이것은 논쟁의 여지가 있는 부분이다).

힌두교와 몇 안 되는 인연 중 마지막은 람 다스<sup>Ram Dass</sup>가 쓴 《지금 여기에》(Be Here Now)란 제목의 책이다. 1970년대 매사추세츠<sup>Massachusetts</sup> 주에 살던 사촌 바비<sup>Bobby</sup>가 선물해준 책으로, 영적 여정에 들어서기 전이었음에도 그 책에 담긴 철학은 물론이고 건방진 문체까지 맘에 들어 《싯다르타》와 함께 내 흥미를 한껏 끌어당겼던 것으로 기억한다.

사실 하리쉬와 파드마즈의 초창기 삶이 에고의 지배를 받았다는 것도 놀라웠고 그럼에도 좌충우돌 영적 여정을 이어나가 짧은 생이었지만 많은 걸 배웠다는 것도 놀라웠는데, 그들 얘기를 들으면서 내가 살아온 굴곡진 인생과 그와 함께 변화를 거듭해온 사회를 반추해보는 계기가 되었다.

내가 열여덟 살이 되던 해, 젊은 음악가였던 나는 우드스탁<sup>Woodstock</sup> 페스티벌에 가보고 싶었으나 우리 밴드 공연이 잡혀 있어 갈 수가 없었다. 당시 슬로건이 "여자는 바뀌어도 밴드는 영원하다"였을 만큼 우리에게 밴드는 여자친구보다도 **언제나** 우선순위였다. 물론 시간이 흘러 멤버들이 하나둘씩 결혼을 하면서 그 우선순위를 유지할 수 없게 됐지만 말이다.

그때 내가 또렷이 기억하는 건 1969년 여름부터 1971년 봄까지 거의 2년 동안 활활 타올랐던 우드스탁 정신이다. 우드스탁 정신이란 오직 평화와 사랑과 음악, 그것이 전부였다. 나와 내 친구, 당시 음악인들에게도 그것이 전부였으며 우리는 모두 형제자매였다. 우리에겐 돈도 중요하지 않았고 오직 사랑과 수동적인 저항으로 권력에 맞서 세상을 바꾸는 것만이 중요했다.

그런데 1971년 봄이 되자 상황이 예전 같지 않다는 느낌이 들었다. 그해 5월 세일럼 주립대학에서 열린 스피릿<sup>Spirit</sup> 밴드와 샤나나<sup>Sha Na Na</sup> 밴드의 공연을 보러 갔는데 만여 명이나 운집해 있었다. 공연이 시작되자 분위기는 달아올랐고, 술에 취한 일부가 다 마신 빈 포도주병을 허공으로 던져올리자 점점 더 많은 사람들이 그들을 따라 포도주병을 던지기 시작했다. 그들은 빈 병이 누구 머리에 맞든 말든 아무 상관 없었고 그저 제기분에 취해 짐승처럼 행동할 뿐이었다. 그걸 지켜보던 한 친구가 "우드스탁 정신은 죽었다"고 했는데, 참으로 맞는 말이었다.

사실 우드스탁에서 시작된 평화 정신은 3개월도 지나지 않아 이미 빛이 바래기 시작했다. 캘리포니아 주 알타몬트Altamont 시에서 열린 롤링 스톤즈Rolling Stones의 요란한 공연이 도화선 역할을 했다. 수만 명이 운집한 공연에서 당시 경비를 담당했던 '지옥의 천사들'(The Hell's Angels)이라는 폭주족이 관객 중 한 명을 실제로 죽였던 것이다. 칼로 찌르는 모습이 카메라에 잡혔고 나중에 〈김미 쉘터Gimme Shelter〉라는 다큐멘터리를 통해 그 모습이 공개되었는데, 살해당한 관객이 죽기 전 롤링 스톤즈의 멤버인 믹 재거Mick Jagger를 향해 총을 겨눈 모습도 함께 공개돼 충격을 주었다. 에고는 뭐 하나 쉽게 가는 법이 없다.

그럼에도 1970년 여름의 우드스탁 정신은 파급력이 대단했는데, 공연 실황을 담은 영화와 이내 명반의 지위에 오른 〈우드스탁〉 앨범 출시가 견인차 역할을 했다. 하지만 우드스탁 정신이 에고에게 길을 내주는 것은 결국 시간문제였다.

롤링 스톤즈에 관한 이야기를 좀더 하자면, 영국 그룹인 롤링 스톤즈는 1960년대 중반에 첫 미국 공연을 하게 되었는데 나도 그들의 공연을 본 적이 있다. 매사추세츠 주 린Lynn 시에 있는 풋볼 경기장 매닝 보울Manning Bowl에서 한 공연으로, 결국 그날 공연은 폭동으로 끝이 났고 이런 소동은 롤링 스톤즈의 초기 역사에서 일종의 관례와도 같은 것이었다. 그날 풋볼 경기가 없었음에도 경기장에 있던 풋볼 골대가 뽑혔고 군중의 일부가 뽑힌 골대 기둥으로 롤링 스톤즈 멤버들이 타고 있는 리무진을 때려 부수기도 했다. 사람들은 한 번 미쳐 날뛰기 시작하면, 제대로 미쳐 날뛴다.

그걸로 롤링 스톤즈와의 인연은 끝인 줄 알았는데 웬걸, 그때로부터 거의 반세기나 지난 2013년에 로스앤젤레스 스테이플스 센터Staples Center에서 또 그들의 공연을 보게 될 줄이야. 만약 1960년대 중반에 삐쩍 말랐던 어린 시절의 내가 이런 미래를 미리 알았다면 놀라 자빠졌을 것이다. 그때의 나는 내가 62세까지 산다는 게 가능하다고도 바람직하다고도 생각하지 않았고, 캘리포니아라는 곳도 화성처럼 머나먼 외계 공간으로 느꼈기 때문이다. 어쨌든 그런 일이 일어났고, 수업을 공부하기 시작한 이후 23년 동안 나이를 먹지 않은 기분으로 살고 있었는데 롤링 스톤즈가 건재한 모습을 보니 제대로 축하를 받는 기분이었다. 믹 재거도 세월을 거스른 듯 예전 그대로였다.

우드스탁 정신은 성령이 불어넣은 것이지만 늘 그렇듯 에고가 곧바로 자기 깃발을 꽂았다. 1971년 봄이 되자 이제 음악은 돈벌이의 수단으로 돌변했고, 록 공연 기획자였던 빌 그레이엄Bill Graham은(빌리 그레이엄 Billy Graham 목사와 혼동하지 말라) 샌프란시스코와 뉴욕 시 동부에 있던 필모어 Fillmore 공연장 문을 닫아야만 했다. 밴드들의 지나친 공연비 청구로 도저히 운영을 할 수 없게 된 것이다. 돈을 위해서라면 다들 뭐라도 할 기세였다. 이기심이 승리했고, 평화는 지하로 모습을 감췄다. 하지만 더욱 숭고한 목적을 지향하는 새로운 운동이 다음 주자로 대기하고 있었는데, 이 운동은 '종교가 아니라 영성을 지향하는' 생각에 근거한 것이었다. 당시 내 앞날을 내다보지는 못했지만, 70년대 후반이 되자 나는 수백만 명의 다른 구도자들처럼 나만의 영성의 길에 발을 내딛고 있었다.

승천한 나의 스승들이 다시 나타난 때는 주말 동안 신디와 함께 리우데 자네이루Rio de Janeiro에서 기적수업 워크숍을 마치고 돌아온 직후였다. 그곳에서의 워크숍 역시 만족스러웠는데, 도시 곳곳을 소개해준 나자<sup>Nadja</sup> 처럼 따뜻하고 친절한 친구들로 인해 마음이 풍요로워져서도 그랬고 그 유명한 리우의 '구세주 그리스도상'(Christ the Redeemer)까지 올라가서 내려다 본 풍경이 숨이 멎을 정도로 아름다워서도 그랬다. 집에 돌아와 여행의 기억을 즐겁게 회상하고 있는데 어느새 아턴과 퍼사가 내 앞에 앉아 있었다.

아턴: 안녕, 개리. 바로 시작할까 하는데 어때요? 이제껏 당신은 우리로부터 제이와 비의 과거 경험을 듣고 그들이 그 경험을 통해 이원성과 반<sup>华</sup> 이원성을 개인적으로 어떻게 경험했는지 더 많이 알게 되었어요. 물론 당신도 나름 경험한 바가 있고요. 게다가 우리가 첫 번째 책을 위해 방문했던 기간에 설명했던 배움의 네 가지 관점과 같이 여러 번의 대화를 통해 가르쳤던 내용도 있지요. 자, 복습의 차원에서 1990년대에 우리가 설명해주었던 네 가지 관점 중 첫 번째와 두 번째 관점을 설명해주시면 어떨까요?

개리: 곰이 숲에서* … 아니에요. 이 농담은 자제할게요. 어쨌든 우리가 계속 살펴봤듯이, 첫 번째 태도 혹은 첫 번째 수준은 이원론이에요. 인류의 99.9퍼센트가 생각하는 방식이죠. 이 관점에 있는 사람들은 세상이 존재하는 것을 당연하게 여기고 의식이라는 상태도 경험하는데, 사실 의식은 에고의 영역입니다. 의식을 갖기 위해서는 의식의 **대상으로** 삼을 뭔가가 있어야 합니다. 그러므로 이것은 영의 일체성이 아니에요. 이때 세상은 당신 바깥에 있는 진짜 세상으로 더 이상 왈가왈부할 게 없어요. 뉴에이지를 따르는 사람들은 의식을 매우 중요한 것으로 여겨 의식에 영성을 부여하려고 하는데 의식은 영이 아니에요. 진짜 영은 완벽한 일체거든요. 그리고 우리는 마음을 훈련하고 의식을 **사용해서** 에고 대신 성령과 함께

---

* "물론이죠", "당연하죠"라는 말 대신에 쓰이는 "곰이 볼일을 숲에서 볼까요?"라는 말장난을 하려다 만 것이다.

선택하는 법을 배울 수 있습니다.

다음 단계는 반半이원론입니다. 이원성에서 조금씩 멀어지면서 영을 향해 나아가는 단계죠. 생각난 김에 말할 것이 있는데, 이원성에서의 사람들은 현재 자신이 일시적인 단계에 있다는 것조차 깨닫지 못하고 있어요. 그들은 그냥 만사가 본래 그런 것이라고 생각하면서, 만사에 대한 자신의 관점이 옳다고 생각할 뿐이죠. 그러다 반이원론의 관점이 조금씩 생기면 온화한 믿음이 찾아옵니다. 이를테면 신은 사랑이라는 거죠. 이 생각은, 사카와 히로지가 이원론에서 반이원론으로 관점이 옮아갈 때 품었던 의문을 우리도 품는 걸로 시작되기도 합니다. '신이 진정 사랑이라면, 신이 동시에 증오를 품을 수도 있는 걸까?' 그럴 수 없다는 생각이 안에서 조금씩 꿈틀대고, 그러면 그 마음은 신에 대해 품고 있던 무의식적 두려움을, 자기가 갖고 있는 줄도 몰랐던 두려움의 일부를 놓아버리기 시작합니다.

퍼사: 맞아요. 그런데 사람들이 다양한 영적 행로를 밟고 있다고 하더라도, 더 이상 후퇴하지 않으면서 전진만 할 수 있기까지는 수 세기가 걸릴 수도 있어요.

개리: 왜 그런 걸까요, 나의 신비로운 꽃사슴님?

퍼사: 개리, 당신도 잘 알잖아요. 진리에 대한 무의식적 저항이 엄청나기 때문이에요. 당신을 진리에서 떼어놓기 위해서라면 에고는 자기의 발단에서부터 종말에 이르는 순간까지도 뭐든 닥치는 대로 할 거예요. 하지만 일체의 상태, 오직 이것만이 진실이고 에고가 애지중지하는 분리는 참이 아닙니다. 그러므로 일체의 상태를 인식하는 것은 에고에게는 종말의 시작이고, 에고도 이 점을 잘 알고 있기 때문에 엄청난 저항을 하는 거죠.

아턴: 이제 플라톤과 그의 몇몇 지인들에 대한 이야기를 해볼까 해요.

개리: 오, 이제 드디어 제이와 비가 샤오 리와 워산, 하리쉬와 파드마즈

였을 때 일시적으로 경험한 비이원성을 항구한 방식으로 경험하게 되는 때인가봐요?

아턴: 아, 아뇨. 이번 역시 중요한 배움의 시기였을 뿐이에요. 이 생도 일체성으로 나아가는 데 필요한 단계였거든요. 그리고 이제 곧 알게 되겠지만, 둘은 이 생에서 중요한 결론에 도달하게 됩니다.

우리가 들려줄 이번 환영의 생애에서 제이와 비는 아테네에 있던 아카데미아에서 플라톤의 제자로 지냈습니다.

개리: 그렇지! 낌새를 보고 진작에 알아차렸어야 하는 건데. 내가 아리스토텔레스와 자주 어울렸다는 거 알았어요?

아턴: 그 말이 그저 농담만은 아닐 수도 있지 않을까요? 개리, 다른 사람들에 비해 당신이 과거를 좀더 잘 기억하기는 하지만, 그렇다고 당신이 모든 일을 기억하는 건 아닙니다. 다시 본론으로 돌아가죠. 아카데미아에서 지낼 때, 제이는 타키스Takis, 비는 이카로스Ikaros라는 이름의 학생이었어요. 둘 다 총명해서 나중에 큰 역할을 할 거란 기대를 한 몸에 받았죠. 최초의 고등교육 기관이었던 아카데미아를 세운 배경에는 사람들을 도덕적으로 훈련시키고 아카데미아 학생들의 지성을 계발해서 더 나은 세상을 만들어보겠다는 취지도 있었습니다. 물론 너무 고상한 뜻 같지만, 플라톤은 진지하게 그런 뜻을 품었어요. 단언컨대, 플라톤은 역사상 가장 위대한 철학 저술가입니다. 물론 다른 고대 사상가들에 비해 플라톤의 저작 대부분이 후대까지 전해진 덕분이기도 하죠.

개리: 아주 예전에 우리가 플라톤의 동굴의 비유에 대해 대화했을 때가 기억나요. 끝내주는 대화였죠.

퍼사: 당신이 어렸을 때 당신 어머니는 그 이야기를 들려주며 당신 마음에 씨앗을 심어주시곤 했죠. 동굴의 비유만 놓고 봐도 플라톤이 이 세

상을 실재가 아니라고 이해했다는 점은 아주 명확해요. 다시 한 번 동굴의 비유를 정리해보면, 동굴에 갇힌 죄수들은 쇠사슬에 칭칭 묶여 있어 고개를 돌려 주변도 볼 수가 없었죠. 그 상태로 너무 오래 있다 보니 실제 세상이 어땠는지조차 까먹게 되었고요. 그들은 정면에 보이는 벽에 드리워진 그림자를 실재라고 여기고, 그 모습이 실제로는 바깥에서 걸어다니는 것들의 그림자에 불과하다는 점을 이해하지 못했어요. 그런데 죄수 중 한 명이 동굴을 탈출했고 빛을 다시 제대로 바라볼 수 있게 되자 동굴 벽에서 보던 것이 실재가 아닌 그림자라는 걸 이해하게 됐죠. 진실을 알게 된 그는 동굴로 다시 돌아와 동료들에게 진실을 알렸어요. 하지만 누구도 그의 이야기를 듣고 싶어하지 않았죠. 자신들의 상태에서 벗어나는 것에 별 관심이 없었고, 익숙해진 상태에서 벗어나고 싶지도 않았거든요. 오히려 애써 돌아와 진실을 알려준 죄수를 증오할 뿐이었죠.

아턴: 수업에도 유사한 구절이 등장합니다. 누가 봐도 다음 구절은 플라톤에게 경의를 표한 것임이 틀림없죠. **"무거운 사슬에 묶인 채 여러 해 굶주리고 쇠잔하여 지쳐버린 죄수는 너무 오랜 세월 어둠 속에서 바닥만을 응시하다 보니 빛을 기억하지 못해, 사슬에서 풀려났다고 해서 바로 뛸 듯이 기뻐하지 않는다. 그들이 자유를 이해하는 데는 시간이 걸린다."**(T-20. III.9:1-2/교과서452쪽)

대부분의 사람들은 진리를 받아들일 준비가 되어 있지 않아요. 사람들은 틀 안에서 편안함을 느끼지, 처음부터 진리를 달가워하지는 않습니다. 지금의 생활을 꾸려나가는 데만 정신이 팔려 있다 보니 인간의 육신이란 종국에는 똑같은 결말에 다다른다는 뻔한 사실을 보지 못하고, 에고가 보여주는 생명의 싸구려 모조품 대신 영원한 무엇을 자기 삶의 기반으로 삼는 편이 현명하다는 걸 잊어버려요. 그래도 그런 그들을 비난할 수는 없어요. 그게 그들이 아는 전부니까요. 개리, 진리는 수업과 닮아 있어요. 단순할지는 몰라도 쉽지는 않죠. 플라톤은 "어둠을 두려워하는 아이는 쉬이 용서할 수 있다. 하지만 성인이 되어서 빛을 두려워한다면 그야말로 인생의 비극이다"라는 글을 남겼지요.

개리: 예전에 메인 주에 살았을 때 그곳 기적수업 모임에서 만난 친구가 한 말이 생각나네요. 차이타니아Chaitanya라는 좋은 친구였는데 그 친구가 자주 했던 말이 "진리가 너희를 자유케 하리라. 하지만 우선은 빡치게 하리라"였어요.

아턴: 아주 적절하군요. 혹시 그거 아나요? 동굴의 비유에서 탈출한 죄수가 플라톤의 스승이자 그에게 지대한 영향을 끼친 소크라데스에 기초한 인물이란 걸요. 플라톤의 대화에는 소크라테스가 등장해 주도적인 질문을 던지곤 합니다. 오늘날 '소크라테스의 문답법'(Socratic method)으로 알려진 이 기법은 소크라테스가 플라톤을 제자 삼아 가르쳤을 때 실제로 사용한 방법이기도 해요. 플라톤은 그가 쓴 〈국가(Republic)〉에서도 그렇고 다른 저서에서도 자신의 철학을 문답법의 형태로 제시합니다. 사실상 대화를 이렇게 가르침의 형태로 사용한 것은 플라톤이 처음이었어요.

개리: 플라토닉platonic이라는 표현은 플라톤이 처음 썼나요?

퍼사: 아뇨. 그 표현은 나중에 그의 제자들과 독자들이 만든 거예요. 본래 그 표현은 물질 세상의 실재성을 부인한다는 뜻으로 사용하려고 했는데, 나중에 사람들이 '플라토닉 사랑'이라는 표현을 사용하면서 섹스를 안 한다는 뜻으로 바꾸어버렸죠. 이와 관련해서, 본래 플라톤은 만유의 근원이 아니라면 그 무엇도 실재라고 여기지 않았어요. 그리고 플라톤은 만유의 근원을 간단히 '선善(The Good)'이라고 칭했죠.

개리: 그러면 플라톤은 비이원론자였나요?

퍼사: 그렇지는 않아요. 타키스와 이카로스가 플라톤의 수업을 들은 후 나눈 짧은 대화를 들으면 그 점을 알 수 있을 거예요.

개리: 그 생에서 그들이 제이와 비라고 했죠?

퍼사: 맞아요. 둘이 어떻게 알고 지냈는지 세세한 사항은 더 이상 다루지 않을게요. 바닷속을 무리 지어 이동하는 물고기 떼처럼 사람들도 여러 꿈의 생애를 같이 여행한답니다. 그들은 계속해서 서로를 보게 될 운명이에요. 둘이 나눈 대화를 짧게 소개할게요. 물론 이 대화는 영어로 옮긴 것이에요. 전에도 우리가 이런 식의 과거 대화를 몇 번 소개해준 적이 있는데, 그때에도 대화 속 등장인물들이 영어로 말한 것은 아니었죠.

타키스: 플라톤의 말에는 딜레마가 있어. 그의 철학에 따르면 만물은 선으로부터 나온다고 하잖아. 그리고 물질 우주에 있는 모든 객체는 이데아의 상징이라고 하고. 그러므로 동굴의 비유에서 죄수들이 보고 있는 모습은 다른 무엇의 그림자이고 상징이라서 실재가 아니라고 말이야. 자, 그런데 여기서 딜레마가 등장해. 그것들이 선으로부터 나온다고 하는데, 플라톤은 도대체 선이 무슨 이유로 실재가 아닌 무엇인가를 만들고 싶어하는지 모른 채 끝내 타협해버리고 말아. 플라톤은 자신이 보고 있는 것들은 실재가 **아니지만**, 그 배후에 있는 **이데아들**은 실재라고 결론을 내려버리고 만 거야. 결국 환영들을 만들어내는 근원이 있으므로 플라톤은 여전히 이원론에 갇혀 있는 거야. 그 근원이 다른 무엇과 상호작용한다는 게 바로 이원론이니까.

이카로스: 맞아. 플라톤이 뛰어난 철학자이기는 하지만, 우리가 보고 있는 상징들은 실재가 아니고, 그 상징들 배후에 있는 이데아들 역시 실재가 아니라는 게 진리야. 그것들은 외관상 분리된 허상적 마음에서 나오고 있어. 하

지만 이 마음은 진정한 생명의 근원이 아니라 생명의 모조품에 불과하지.

아턴: 플라톤의 아카데미아는 위대한 지성인들이 찾아와서 토론을 벌이는 것을 환영했어요. 우리 두 친구는 예전부터 쌓아온 경험이 있다 보니 플라톤에게 배우면서도 스스로 생각할 수 있었죠. 수업 중 토론할 땐 항상 플라톤을 존경하는 태도를 취했지만 둘이 따로 이야기를 나누면서 플라톤과는 다른 결론에 다다르게 되고, 이 결론은 다시 떠올라 그들의 마지막 두 생애에 영향을 미치게 됩니다.

이카로스: 이 삶은 치밀한 농간에 불과해. 우리가 진리를 경험하고 진정한 생명을 알지 못하도록 끝없이 주의를 분산시키는 도구일 뿐이지. 철학적인 사색이 좋기야 좋지. 하지만 그걸로는 어디에도 다다르지 못해. 우리는 그 어떤 타협도 허용하지 않는 상태에 도달해야 해. 그러기 위해선 우리는 실재와 비실재를 놓고 확고한 선택을 내려야 하고, 그 결정에 믿음의 힘을 실어야 해.

타키스: 맞아. 둘 다 가질 수는 없지. 진리만이 참이고 나머지는 전부 참이 아냐. 우리는 최종 선택을 내려야만 해. 삶이란 난장판 뒤에 무형의 일체가 있어. 그 일체는 비이원적이고 완벽해. 오직 그 완벽함만이 참인 것이고. 우리 둘 다 그 완벽함을 조금씩 엿보기만 했지 계속 경험하지는 못했어. 그 완벽함을 막고 있는 장애물을 제거해서 항구하게 경험할 수 있는 방법이 분명히 있을 거야.

퍼사: 보다시피, 그들은 자신들의 구도 여정을 통해, 누구는 구원이라 부르고 누구는 깨달음이라고 부르는 그것이 추호의 타협도 거부하는 결

정을 내리는 일에 달려 있다는 것을 알게 되기에 이릅니다. 플라톤은 논리의 힘을 믿었고, 지성을 계발하면 자아를 실현할 수 있다고 생각했어요. 하지만 타키스와 이카로스는 깨달음이 개체성과는 무관하다는 것을 이미 충분히 경험했지요. 사실 깨달음을 진정으로 성취하는 방법은 개체성을 **포기**하는 것입니다. 물리적으로 포기하는 것이 아니라 심리적으로 포기하는 것이죠. 그리고 이런 성취는 오직 일체성 안에서만 가능합니다.

플라톤의 사고체계가 완전한 것은 아니었지만, 그래도 플라톤의 가르침과 저작 덕분에 많은 사람들이 마음을 훈련해서 더 나은 선택을 **내릴 수** 있게 되었어요. 플라톤은 많은 이들의 여정에 훌륭한 디딤돌이 되어주었죠.

개리: 플라톤의 생존 연대가 어떻게 되나요?

퍼사: 사람들은 이걸 놓고 갑론을박하겠지만, 실제로는 대략 서기 전 500년부터 450년경까지 살았어요.

개리: 위키피디아에서는 뭐라고 하는지 잠깐 볼게요.

(잠시 뒤에) 자료 중에 이런 말이 있네요. "플라톤의 정확한 출생 연도와 장소는 알려지지 않았으나 플라톤이 영향력 있는 귀족 가문 출신이었다는 점만큼은 확실하다."

아턴: 간단히 말해서 플라톤은 생계를 위해 일할 필요가 없었다는 거죠.

개리: 아틀란티스에 대해 처음 언급한 것이 플라톤이었나요?

퍼사: 맞아요. 플라톤은 소크라테스에게서 아틀란티스 이야기를 들었고, 그의 저서 〈티마이오스Timaeus〉에서 이 주제를 거론하게 됩니다. 대화록 형식인 이 책은 이집트인 솔론Solon이 크리티아스Critias에게 말하는 형식으로 ─ 물론 그 형식이 중요하진 않지만 ─ 대화 내용만큼은 사실이었어요. 이 꿈의 세상에서 아틀란티스는 정말로 존재했답니다. 그리고 플라톤의 아카데미아에서 공부했던 사람들은 아틀란티스에서도 함께 있었고

요. 그래서 소크라테스가 기억하고 있었던 거예요. 소크라테스도 거기에 살았었고, 그의 제자였던 플라톤과 플라톤의 제자였던 아리스토텔레스, 타키스와 이카로스도 거기에 살았었죠. 아틀란티스 시대 때 다들 알고 지 냈어요. 심지어 수백 년 뒤에 플라톤의 저작을 공부했던 플로티누스 역시 거기에 있었어요. 당신이 기억하고 있는지 모르겠지만, 플로티누스는 플 라톤이 만유의 **근원**이라 칭했던 선이란 곧 **하나**(─者, One)라는 생각을 들고 나왔던 사람입니다.

개리: 네. "선(the Good)은 하나(One)다." 그나저나, 이 양반들이 거쳐온 생 은 참으로 대단하군요.

아턴: 좋을 때도 있었고 나쁠 때도 있었죠. 그게 이원적인 꿈의 본성이 니까요. 아틀란티스는 폭력과 비극으로 막을 내렸어요. 결국에는 그렇게 좋았던 생이라고 할 수 없게 된 거죠.

하와이와 비슷해서 당신도 좋아할 만한 카나리아 제도(the Canary Islands) 가 얼마 남아 있지 않은 아틀란티스 흔적의 일부예요. 하지만 다른 흔적 들을 보면 아틀란티스가 버뮤다 삼각지대까지도 뻗어 있었다는 걸 알 수 있죠. 플라톤은 아틀란티스가 헤라클레스의 기둥(the Pillars of Hercules) 너머 에 있다고 기록했는데, 요즘으로 치면 지브롤터Gibraltar 해협 너머에 있었 다는 뜻이에요.

개리: 아틀란티스에선 대체 무슨 일이 일어났던 겁니까?

아턴: 아틀란티스는 본래 이 행성 출신이 아닌 당신 선조들이 세웠던, 지극히 지적인 사회였어요. 그런데 당시 그들도 오늘날 당신들 문명이 저 지르고 있는 실수를 똑같이 저질렀죠. 매우 영적이고 지적으로 세련된 소 수의 집단이 있기는 했지만, 대다수는 영의 순수 비이원성을 택하는 대신 육신, 즉 물질의 이원성을 택했지요. 잘 기억하세요. 지성이 뛰어나고 기

술이 발달한 존재들이라고 해서 그들이 반드시 영적으로도 앞섰다는 뜻은 아니라는 것을요.

개리: 고도의 지성을 지녔다고 해서 반드시 지혜로운 것도 아니군요. 하긴 내가 아는 박사들 중에도 유식한 말만 할 줄 알았지 실제로는 별로 총명하지 못한 사람들이 몇 명 있죠. 나는 아인슈타인의 이 말이 맘에 들어요. "바보와 천재가 다른 점은, 천재에겐 한계가 있다는 것이다."

아턴: 불행히도 맞는 말이로군요. 적어도 말의 허상적인 의미 안에서는요. 어찌 됐든, 우리는 아틀란티스에 대해 장황하게 늘어놓지는 않을 겁니다. 방문 목적이 그게 아니거든요. 이번 방문 목적은 간단히 말해 이렇습니다. 대부분의 사람들은 자신이 비이원론, 특히 순수 비이원론을 고수하는 것을 불가능하다고 여깁니다. 심지어는 오늘날 수업을 놓고서도 똑같은 일이 벌어지죠. 수업의 메시지를 고수하지 않기 위해서라면 사람들은 **뭐든지** 할 것처럼 보입니다. 메시지를 고수하는 것이 오히려 더 행복한데도요. 그래서 우리는 이번 방문을 통해 그들의 주의를 환기시키고 정신을 차리게 하려고 온 것입니다.

그래도 짧게나마 아틀란티스에 대해 말하자면, 당시 정권을 잡고 있던 자들이 무한한 공짜 에너지를 만들어냈답니다. 선을 위해 사용할 수도 있었겠지만, 광기로 가득 찬 무리는 그걸 무기로 바꾸었는데 그렇게 하면 모든 권력을 장악할 수 있다고 생각했던 거죠.

개리: 우리가 핵에너지를 사용했던 것처럼 말이죠?

퍼사: 맞아요. 당시 사람들은 행성 전체를 파괴할 수도 있는 그 에너지를 선을 위해 사용하는 대신 자신들의 광기를 입증하는 데 열을 올렸죠. 사실 그 에너지는 오늘날까지도 위협으로 남아 있답니다.

개리: 지금 예언을 하시는 건가요?

퍼사: 아니에요. 이 이야기만 하고 당장에는 예언을 하지 않을 거예요. 우리가 1990년대에 당신한테 들려줬던 이야기와 같은 내용일 뿐이에요. 아무리 세월이 흘러도 에고의 레퍼토리는 바뀌지 않을 거예요. 단지 더 거대해지고, 더 빨라지고, 더 끔찍해질 뿐이죠. 각본의 규모가 커져야만 해요. 에고는 그것에 환장하거든요. 전에 겪었던 것보다 더 중요한 것처럼 보여야 그 일을 진짜로 믿도록 당신을 속일 수 있어요. 당신의 믿음이 없으면, 에고는 아무것도 아니에요! 제이나 비가 다른 사람들과 달랐던 점은, 심지어는 둘이 플라톤 시대에 이카로스와 타키스였을 때조차도, 그들은 겉모습에 속지 않았다는 거예요. 그들은 눈에 보이는 것들이 속임수에 불과하다는 걸 꿰뚫어 보았죠.

아틀란티스는 무지와 탐욕으로 빚어진 폭력에 의해 파괴되었어요. 에고의 목적은 언제나 살인이에요. 왜냐고요? 당신이 상처를 입거나 파괴될 수 있어야 당신이 육신이라는 뜻이거든요. 그리고 당신이 육신이라면, 에고의 분리 사고체계 전체가 참이라는 뜻이고요. 그러면 당신이 외관상 다른 육신으로 태어날 때조차 당신은 그 육신을 자신으로 여기게 됩니다! 이 암울한 순환은 되풀이(redoing)가 아니라 **오직** 되돌림(undoing)을 통해서만 끝낼 수 있어요.

개리: 까먹기 전에 짧게 질문 하나만 할게요.《사랑은 아무도 잊지 않았으니》에서 9.11 음모론에 대해 말해줬잖아요. 세계무역센터 빌딩 등에 부딪혔던 비행기들이 실제로 사람들이 타고 있던 비행기가 아니었다는 것과, 빌딩들이 어떤 식으로 폭파되었는지도요. 그런데 그때 이후로 사람들이 저에게 계속하는 질문이, 그러면 부딪혔다고 보도된 비행기에 타고 있던 사람들은 대체 어떻게 되었냐는 거예요.

퍼사: 먼저 그 비행기들에 탑승한 승객의 수는 평소보다 적었어요. 그

리고 그중 한 대는 미니애폴리스Minneapolis에 착륙하는 장면이 목격되기도 했죠. 일부 승객은 음모 이전에 선택된 사람들이기도 했고 승객들에겐 모두 수백만 달러와 증인보호 프로그램에서 제공하는 은신처가 제공되었어요. 이를 기쁘게 받아들인 사람들도 있었고, 그렇지 않은 사람들도 있었죠. 거부하는 경우엔 협박과 구타가 뒤따랐고 결국 순순히 따라야겠다는 쪽으로 생각을 굳히게 했죠. 결국 대부분의 사람들이 제안을 받아들였는데 그래도 20퍼센트 정도는 조용히 끌려가 사라지고 말았습니다. 꽤 점잖게 표현해서 말이죠. 이 일도 벌써 오래됐네요. 제안을 받아들인 사람들 중 몇몇은 사실을 '까발리려고' 시도하다가 제거당했는데, 시간차만 있었을 뿐 나머지 사람들도 천천히 남김 없이 살해당했답니다. 그들은 자신들이 부유하게 오래오래 살 거라고 생각했지만 CIA와 배후 세력은 불안의 불씨를 남겨두고 싶지 않았던 거죠.

개리: 그러면 이제는 다 죽고 없나요?

퍼사: 네. 존 F. 케네디 대통령 암살을 목격한 증인들 대부분이 사건 후 수년 내 변사체로 발견되었다는 거 기억하고 있죠?

개리: 그럼요.

퍼사: 그런 일이 벌어진 거예요.

아턴: 그 이야기는 이 정도로 하고, 우리는 당신이 다음 몇 주 동안 이 점을 깊이 생각해봤으면 해요. 이카로스와 타키스는 플라톤처럼 위대한 철학자 앞에서도 진리에 대해 결코 타협하지 않고 움츠러들지 않았다는 걸요. 그들에게 중요한 것은 오직 진리였습니다. 자신들의 믿음을 눈에 보이는 것들에 두지 않고 믿음을 받아 마땅한 곳에 두기로 결정했죠. 당신도 우리와 수업과 함께 오랜 시간을 보냈으니, 수업이 얼마나 비타협적인지 잘 알 거라고 생각해요.

벗이여, 잘 지내요. 신디에게도 우리의 안부를 전해주고요. 신디가 수업에 헌신하는 모습은 참으로 놀라워요.

개리: 혹시 하나만 더 물어봐도 될까요?

하지만 그들은 사라졌고, 무엇이 내게 최선인지 나는 몰라도 내 스승들은 알고 있다는 걸 다시 한 번 깨닫는 순간이었다. 그들은 나타나야 할 때 다시 나타날 것이며, 그러면 나는 성령이 내가 묻기를 바라는 질문을 그대로 할 것이다. 나 자신만이 아니라 그들의 이야기에 도움받는 다른 모든 이들을 위해서도 말이다.

얼마 후 나는 신디와 함께 캘리포니아 해안가와 인근 도시를 누볐다. 더없이 화창한 일요일로 헌팅턴 비치Huntington Beach까지 내려갔다가 리던던Redondo 비치 — 나는 재미삼아 리던던트Redundant(불필요한, 쓸데없는) 비치라고 부르곤 한다 — 와 허모사Hermosa 비치를 찍고 맨해튼Manhattan 비치로 거슬러 올라왔는데, 그날의 드라이브는 정말이지 환상적이었다. 모든 일이 완벽하게 굴러갔는데 날씨는 물론 만나는 사람들이며 경치며 그날 겪은 일들까지 뭐하나 빠짐없이 모든 게 완벽해 경이롭게까지 느껴질 정도였다.

드라이브를 마치고 돌아오는 길에 마리나 딜 레이Marina del Rey에 들러 저녁을 먹기로 한 우리는 바닷가 위에 자리한 아름다운 식당을 찾았고, 이른 시간 덕분인지 자리가 많이 비어 있어 좋은 자리를 차지할 수 있었다. 음식을 주문하고 느긋하게 석양을 감상하고 있는데 문득 뭔가가 생각났는지 휴대폰 메시지를 확인하던 신디의 표정이 변하기 시작한 건 그때였다.

온화한 미소로 음성 메시지를 듣고 있던 신디의 표정이 어느새 공포에 질렸는데, 어린 시절 함께 자라 매우 가깝게 지냈던 신디의 이복형제 제프Jeff가 사고로 죽었다는 소식을 전해 들었던 것이다. 신디가 아버지와 제프의 생모인 양어머니 앨리스Alice에게 소식을 전하기 위해 연락을 시도하는 동안 삶은 멈춰버린 듯했고, 사랑하는 이의 죽음을 대면한다는 것이 얼마나 비통하고 절망적인지 느낄 수 있었다.

그날을 돌이켜보면 이원성의 양극을 경험한 하루였던 것 같다. 환상적인 하루를 보냈다고 생각하는 순간 에고의 죽음의 꿈에 강타당했으니 말이다. 우리는 그 상황에서 우리가 할 수 있는 일을 다했지만 결코 충분하다는 생각이 들지 않았다. 그래도 그냥 우리는 할 수 있는 한 최선을 다했다.

내 경우는 이제 막 제프를 알아가며 훨씬 더 친해져야겠다는 생각이 강하게 올라오던 때라 일찍 세상을 등진 그를 떠올리면 정말이지 기분이 묘했다. 제프도 나처럼 기타를 연주했고 라스베이거스에서 가장 잘 나가는 기타리스트라 나중에 같이 연주하기를 고대했었는데 말이다.

제프가 나를 만나고 얼마 지나지 않아 모두가 깜짝 놀랄 만한 일이 생겼는데, 그가 내 우사 1권을 읽고 기적수업 공부를 시작한 것이다. 죽은 아들 제프와 하루를 보낸 앨리스는 울먹이는 목소리로 내게 전화를 걸어 정말로 고맙다며 그렇게 평화로운 아들의 모습은 처음이었다고 말해주었다. 무릇 어머니는 자기 아들을 잘 아는 법이다. 앨리스는 제프에게 뭔가 큰 변화가 일어났다는 것을 알아차렸다.

나는 이원성이 극명한 과제를 겪으면서 놀라움을 금치 못했는데, 단지 부정적인 의미에서 그런 건 아니었다. 제프가 죽고 몇 주 뒤 그를 추모하는 행사가 열렸고 나와 신디는 행사에 참석했다. 우리뿐만 아니라 라스베이거스에 있는 연예인 조합원 대부분이 참석해 그들이 가장 잘하는 일, 즉 공연으로 제프의 죽음을 애도했다. 신디도 단상에 올라 제프를 추모하는 노래를 부르는 한편 그와 함께 보낸 어린 시절을 들려주며 미어지는 가슴을 부여잡기도 했다. 아마 그 해에 열린 공연 중 최고가 아니었나 싶다. 무대에 올랐던 사람들 대부분이 라스베이거스 연예인 조합에서도 유례가 없는 날이라고 말했다. 몇 해 동안 말 한마디 걸지 않고 지내던 사람들이 화해를 했고, 이날 처음 알게 되어 친구가 된 사람들이 있는가 하면, 제프의 가족 중에서도 몇 해 동안 등지고 지낸 두 사람이 결국에는 서로를 끌어안았다고 한다. 이 일을 보면서, 비록 제프의 몸은 여기 없지만, 제프가 여전히 친구들과 가족들을 돕고 있다는 생각이 저절로 들었다.

그로부터 1년쯤 흐른 뒤, 내가 부모님과 겪었던 일이 제프와 그의 친구들과 가족에게도 똑같이 반복되고 있음을 깨달았다. 이런 상황에서 우리는 응당 비통해해야 한다. 평범하게 행동해야 할 상황이라면 그렇게 하는 것이 최선이다. 하지만 그것이 전부는 아니다.

사랑하는 이가 떠나버리는 듯 보일 때 당신이 느끼는 고통은 결국에 사라지고 말지만, 사랑은 그렇지 않다. 사랑은 언제까지나 남아 있을 것이다. 사랑은 실재이지만, 고통은 실재가 아니다. 우리 인생에서 가장 실재적인 것이 몸의 눈으로는 볼 수 없다는 것이 흥미롭지 않은가. 사랑을 눈으로 볼 수는 없다. 사랑이 작용하는 모습은 볼 수 있지만, 그 뒤편에 있는 사랑을 보지는 못하는 것이다.

천국도 참으로 그러하다. 몸의 눈으로는 천국을 볼 수 없다. 그럼에도 천국은 가장 실재적인 무엇이다. 우리는, 현재는 우리가 볼 수 없는 어떤 세상으로 돌아갈 것이다. 하지만 우리가 여기에 있는 듯이 보이는 동안에도 그 세상을 일시적으로 경험할 수 있기는 하다. 그런 다음, 오직 실재만이 존재하고 지속되는 일체성만을 느끼는 항구한 경험이 찾아온다. 그러면 유일한 실재인 사랑이 존재하는 모든 것이 될 것이다.

# 5

# 싯다르타와 아들

하늘에는 동東과 서西의 구분이 없다.
사람들은 마음속에서 차이를 지어내고는 사실로 믿어버린다.
— 붓다

1980년대에 어느 유니티 처치Unity church에서 한 스님의 강연을 들은 적이 있는데 그때 내 이목을 집중시킨 말이 있었다. "다른 사람에게 화를 내는 것은 자기가 독을 마시고는 다른 이가 죽기를 바라는 것과 같다"는 말로, 스님은 우리가 하나로 연결되어 있고 자신의 생각이 곧장 자신에게 간다는 걸 이런 식으로 표현했던 것 같다. 나중에 내 스승들도 이 개념을 반복해서 가르쳤고, 덕분에 나는 훨씬 더 깊은 수준에서 이해하게 되어 에고를 지우는 작업 방식까지도 받아들이게 되었다. 그때의 나는 어느 한 영적 과정을 고작 몇 년쯤 경험한 게 전부인 처지였지만, 그래도 다양한 관점들을 건드려보려 애쓴 덕분인지 비이원성에 대해 살짝 감을 잡기 시작하고 있었다. 그렇다고 비이원성을 어떻게 **경험할** 수 있는지에 대한 실마리를 파악한 것은 결코 아니었지만, 어쨌든 비이원성에 구미가 당기기는 했다.

아턴과 퍼사가 첫 번째 책을 위해 방문했을 때 "베단타는 비이원성에 근거한 영적 문헌으로서, **브라흐만**의 진리만이 진정 존재하는 전부이고 나머지는 모두 환영이요 거짓이며 무無라는 진실을 가르친다. 샹카라는 베단타를 아드바이타Advaita, 즉 비이원적으로 지혜롭게 해석했다"고 말했는데, 이는 결국 실재는 현상 세계나 현상 우주와는 **추호도 관련이 없다는** 것이다.

이 얘기를 들은 건 스승들이 두 번째 방문했을 때로 내가 기적수업을 사서 보기 직전이었는데, 그 후로 나는 기적수업에서 말하는 신 역시 에고의 세상이나 우주와는 정말이지 아무런 관련이 없다는 것을 곧 배워나갔다. 나중에 배우게 될 비이원론의 또 다른 형태가 하나 더 남아 있기는 했지만, 이미 나는 실재와 비실재를 구분하는 일이 얼마나 중요한지 진지하게 받아들이고 있었다.

세월이 흘러 2014년이 되었고 그해 6월 어느 푸근한 밤에 나는 신디와 함께 그녀가 가장 좋아하는 가수인 사라 맥라클란Sarah McLachlan의 공연을 보러갔다. 공연 장소는 할리우드 안에 있는 아름다운 그릭 씨어터Greek Theatre였는데, 이곳은 그리피스Griffith 공원 천문대도 근처에 있고 특히 음향시설이 뛰어나 여름에 야외 공연을 하기에는 안성맞춤인 곳이다. 공연 중간, 쉬는 시간을 이용해 잠시 휴식을 취하러 나갔다 돌아오던 우리는 눈앞에 서 있는 마리안느 윌리암슨Marianne Williamson을 보고 깜짝 놀랐다. 그녀가 직접 우리를 보러 찾아왔다는 사실이 더욱 놀라웠는데, 공연이 곧 재개될 참이어서 긴 이야기를 나누진 못했지만 멋진 공연이라는 데 공감을 하면서 서로 포옹을 할 수는 있었다.

그런데 흥미로운 사실은, 3일 전 치러졌던 의원 예비선거(primay election)에서 우리가 마리안느에게 투표를 했다는 거다. 마리안느가 우리 지역구 후보로 나왔는데, 비록 이기지는 못했지만 나는 그녀가 후보로 나온 것만으로도 가치가 있다고 생각한다. 무소속으로 출마하는 대신 민주당 후보로 나왔다면 결과가 좀더 좋지 않았을까 하는 개인적인 생각도 있지만, 마리안느가 내린 결정이니 그 또한 존중한다. 게다가 인생에는 이기는 것보다 더 중요한 것이 있지 않은가.

그날 밤 신디는 먼저 잔다고 들어갔는데 내가 올빼미형인 것과는 다르게 규칙적으로 생활하는 편이어서 그런 일이 종종 있다. 그렇게 신디를 침실로 들여보내고 혼자 텔레비전을 보며 꾸벅꾸벅 졸고 있다 눈을 뜬 나는 어느새 소파에 앉아 있는 아턴과 퍼사를 보고 깜짝 놀랐다. 침실 문은 닫혀 있었고, 나와 대화를 나누려고 기다리던 퍼사가 먼저 말을 꺼냈다.

퍼사: 음악 사랑꾼님, 안녕. 오늘 하루는 즐거웠나요?

개리: 그럼요! 신디도 좋아라 했어요. 그런데 이참에 신디도 깨우면 어때요? 신디가 이리로 오면, 처음으로 당신들을 만나볼 수 있잖아요!

퍼사: 오늘 그럴 일은 없을 거예요. 우리는 마음 차원에서 신디와 결합해서 깊이 잠들고 좋은 꿈을 꾸라고 암시해줬어요. 그러니 자다가 무슨 소리를 듣더라도 그냥 텔레비전 소리라고 여길 거예요.

개리: 와. 당신들과 대화를 나눌 때 다른 사람이 집 안에 있는 건 처음이네요. 색다른 느낌인데요.

퍼사: 적당한 때가 되면 우리는 신디에게도 나타날 거예요. 알다시피, 그건 신디에게 달린 일이기도 하고요. 우리는 대화를 나눌 목적으로 형상을 취한 성령이기 때문에, 누가 신비 경험을 누릴 준비가 되어 있는지 속속들이 알고 있답니다. 당장에 이런 경험이 필요하지 않은 사람들도 있는 반면, 격려의 차원에서 필요한 사람들도 있죠.

아턴: 1980년대 후반과 90년대 초반 당신이 명상하고 있을 때 우리가 종종 나타났는데 혹시 알고 있나요? 우리는 앉아 있다가 당신이 눈을 뜰

때는 그 즉시 사라져서 우리를 보지는 못했을 거예요. 우리는 당신의 준비 상태를 계속 확인하면서 알맞은 때를 기다리고 있었는데, 메인 주에서 그날 마침내 당신은 준비가 갖춰졌죠.

개리: 성 도마 사도 축일*에 말이죠!

퍼사: 맞아요. 우연이란 없어요. 당신이 좀더 일찍 준비가 되었더라면 우리도 좀더 빨리 모습을 드러냈을 거예요. 당신은 몰랐겠지만 당신이 우리를 보기 전에도 여섯 번이나 당신 곁에 있었거든요.

개리: 진짜요? 당신들이 나와 함께 있었다니 기분이 좋은데요. 그렇게까지 시간을 내줘서 고마워요.

퍼사: 딱히 할 일이 없었거든요. 농담이에요.

개리: 아, 그런데 방금 한 말은 이미 각본에 쓰여 있어서 모든 것이 결정되어 있다는 말과 상충하지 않나요?

아턴: 아뇨. 수업의 가르침에서, 당신이 이 세상의 죄수로 남아 있는 동안에도 여전히 갖고 있는 힘이 있다는 말 기억나죠?

개리: 그럼요. 기억나죠. 결정권이요. 내게는 성령과 함께 선택할 힘이 있고, 그래서 모든 것을 바르게 보기로 선택할 수 있는 거죠. 즉 이 말은, 한때 사실이라고 여겼던 이 영화를 보면서 에고 대신 성령의 해석에 귀기울일 수 있다는 뜻이잖아요. 그러면 다른 해석은 다른 경험으로 이어지죠. 음, 그러니까 당신 말은, 당신들은 내가 성장한 모습을 보고 내가 다른 경험을 맞이할 준비가 되었는지 지켜봤다는 거군요. 영화는 바뀐 것이 없지만, 마침내 내가 영화의 바른 해석을 들을 준비가 되었던 것이고요.

아턴: 맞아요. 그리고 그 해석은 당신의 해석이 **아니라** 성령의 **인도**입니다. 사람들은 자신의 교사로 자처하기를 그만두겠다는 용의를 내야 해요.

---

* 성 도마 사도의 축일은 12월 21일이다. 우사 1권 참고.

수업이 말하듯이, 그들이 스스로에게 가르칠 수 있는 것은 빈약했기 때문이죠. 하지만 이런 용의를 내리려면 어느 정도의 겸손함이 필요하답니다.

개리: 그렇다면 최소한 나는 **뭐 하난** 제대로 했네요.

퍼사: 사실 당신이 제대로 한 일은 꽤 많아요. 물론 이런저런 실수를 저지르기도 했지만 우리는 모든 실수를 그저 간과한답니다. 애초부터 우리는 절대로 당신을 심판하지 않을 거라고 얘기했었잖아요. 자, 이제 오늘 밤 우리가 준비한 이야기를 들어볼래요?

개리: 글쎄요. 좀 피곤한데 신디에게 했던 것처럼 그냥 내 마음에도 생각을 심어줄 순 없나요?

퍼사: 자, 자, 오늘은 붓다랑 붓다와 매우 가까웠던 사람의 이야기로 준비했어요.

개리: 가까웠다는 그 사람을 그 생에서의 제이라고 받아들여도 될까요?

퍼사: 주의를 기울이는 모습을 보니 좋네요. 붓다, 혹은 그의 진짜 이름이었던 싯다르타의 이야기는 불교도들한테는 말할 것도 없고, 서양인들을 포함한 많은 영적 학생들에게도 잘 알려져 있죠. 하지만 그건 말 그대로 **이야기예요.** 제이의 이야기와 마찬가지로 일부는 사실이고 일부는 지어낸 것인데다, 종교적인 신화도 부분적으로 섞여 있죠. 하지만 우리가 오늘 들려줄 이야기는 신화가 아니랍니다.

아턴: 제이가 등장하기 약 450년 전, 싯다르타는 동인도 특권 계층의 가문에서 태어났습니다. 아버지 슈도다나Suddhodana는 왕이었고, 이모인 마하Maha 손에서 자랐지요. 싯다르타는 왕자였던 탓에 속세로부터 떨어져 궁 안에서만 지내야 했지만, 궁이 워낙 크고 넓다 보니 갑갑함을 느끼진 않았어요. 마하 이모가 애지중지 키웠고, 왕도 아들이 훌륭한 교육을 받도록 신경을 썼죠. 덕분에 싯다르타는 바깥 세상에 대해 제대로 배웠는

데, 그렇다고 바깥 세상에 나가 실제로 보는 것이 허락되진 않았습니다.

아버지의 바람대로 싯다르타는 열아홉 살 되던 해, 이모에게서 아름다운 여자를 소개받고 1년 뒤 결혼까지 하게 됩니다. 그녀의 이름은 야쇼다라Yasodhara였어요. 다행히 둘은 첫눈에 반했고, 결혼에 대한 거부감이 전혀 없었을 뿐 아니라 오히려 행복해했죠. 그렇게 그들의 결혼 생활은 몇 년 동안 동화 속 이야기처럼 행복하게 진행됩니다. 하지만 손주를 바랐던 아버지의 바람과 달리 둘 사이에는 아이가 생기지 않았어요. 이에 왕은 크게 실망했고 싯다르타와 야쇼다라 역시 상심이 컸죠.

그러나 그것과 별개로 해가 갈수록 싯다르타는 바깥 세상에 대한 궁금증이 커져만 갔어요. 지성과 미모를 겸비한 아내를 여전히 사랑했지만, 그동안 보지 못했던 바깥 세상에 나가고 싶다는 생각이 점점 더 강하게 솟구치는 것은 어쩔 수 없었죠. 물론 그의 아버지는 이를 계속 금했고요. 야쇼다라 역시 싯다르타의 마음을 알았고 그를 사랑했기에 자기 곁에 두기 위해 할 수 있는 모든 방법으로 그를 달래주려고 노력했고요.

하지만 싯다르타는, 앞으로 그가 여행을 다니면서 많은 사람들을 만나고 그의 구원이 궁궐 바깥에서 기다리고 있다는 꿈을 꾸기도 하고 환시도 보기 시작했어요. 그에게는 참으로 힘든 시기였는데, 자기가 떠나면 주위 사람들이 힘들어할 것을 잘 알았거든요. 싯다르타는 친절하고 따뜻한 사람이었기에 누구도 고통받기를 원치 않았어요.

하지만 정작 본인이 고통스러웠어요. 뭔가가 빠진 듯했고 나가서 그걸 찾아야 한다는 생각이 떠나질 않았죠. 꿈과 환시를 통해서 그가 구도의 길을 걸었던 다른 생들을 보게 됐고, 그가 찾고 있는 것을 발견하는 데에 도움을 줄 만한 신비로운 누군가가 있다는 것도 알게 됐죠. 해를 넘기며 거듭된 의문만이 쌓여가던 어느 날, 싯다르타는 이제는 정말로 실행에 옮길 때가 되었다는 생각이 강하게 들었고, 모두가 슬퍼할 걸 알았기에 그의 마음도 찢어지게 아팠지만 그래도 결심을 하고 야밤을 틈타 비밀 문을 통해 궁을 몰래 빠져나갔어요. 비밀 문이 있다는 건 어렸을 때 이미 알았지만 그동안은 그 문을 통과할 용기가 차마 없었던 거죠.

싯다르타가 떠난 걸 안 야쇼다라는 가슴이 철렁 내려앉았지만 애써 마음을 다독였어요. 바깥 세상을 보고 싶은 욕망만 채워지면 금방 다시 올 거라고요. 그리고 제발 그러기를 기도했죠. 하지만 공교롭게도 그 기도 대신 그동안 잊고 지냈던 기도에 대한 응답을 받았는데, 그건 바로 임신 소식이었어요. 오랫동안 바랐던 소원이 이뤄져 너무 기뻤지만 한편으론 싯다르타가 떠난 뒤라 더욱 슬펐던 야쇼다라는 부디 싯다르타가 이 소식을 듣고 돌아와주길 간절히 원했죠.

싯다르타, 즉 붓다에게 아들이 있었다는 사실이 널리 알려지진 않았지만 알 만한 사람들은 다들 알고 있는 사실입니다. 아들의 이름은 라훌라 Rahula였어요. 이것이 공인된 불교의 이야기는 아니지만, 불교가 워낙 다양하다 보니 이 이야기도 다양하게 변형돼 전해집니다. 어쨌든 싯다르타는 당시에 아이의 존재를 몰랐어요. 싯다르타는 처음 2년 동안은 인도 동부를 자유롭게 돌아다녔는데, 어떤 면에서 보자면 이 초기 여행은 우리가 앞에서 들려주었던 그의 전생들을 되풀이하고 복습하는 시간이었어요. 그런데 이번 생에서는 조금 달랐던 것이, 이미 궁에서 풍족한 삶을 누려 봤기 때문에 그 경험을 토대로 다른 경험들을 비교할 수 있었던 거죠. 그래서 그는 금욕주의의 삶을 살기로 결심합니다. 하지만 금욕적인 삶도 몇 년 정도 경험하고 나자, 그가 중국에서 보냈던 생에서 도달했던 결론에 또 한 번 다다르게 됩니다. 즉, 금욕이 꼭 필요한 것은 아니라는 결론에 도달한 거죠. 다시 한 번 말하지만 이번 생에서 풍요롭게 지내보지 않았더라면 이런 점들을 충분히 깨달을 수 없었을 겁니다. 그는 세상 전부를 소유하고 온갖 신체적 쾌락을 누린다고 해도 그것이 자신에게 만족을 주지 못한다는 것을 이미 알았고, 반대로 또 이 모두를 포기하며 금욕적인 생활을 해도 그것 역시 자신에게 만족을 주지 못한다는 것을 드디어 깨달았던 거죠.

개리: 그렇게 해서 그가 중도中道를 택하게 된 건가요?

아턴: 네. 그런데 그 기간에 싯다르타는 그것 말고도 돌파구라고 할 만한 성취도 이뤘는데, 명상에 통달하게 된 게 바로 그겁니다. 물론 그는 명상만 해서는 깨달을 수 없다는 것도 알게 됩니다. 왜냐하면 깨닫기 위해서는 에고를 지우는 일이 필수불가결한데, 명상만으로는 에고를 지우지 못하거든요. 하지만 명상을 부지런히 연습한다면 마음을 가라앉히고 강하게 만들 **수는** 있어요. 그러면 마음을 준비시키고 훈련하는 일이 훨씬 쉬워지고, 하나의 사고체계를 연습할 때 마음이 단련되어 있으면 더욱 효과적이지요. 당신도 메인 주에 살았을 때 이걸 경험했잖아요.

개리: 맞아요. 그땐 명상을 매일 했죠. 오랫동안 명상을 하면서 그 형식이 조금 바뀌었지만 요즘도 하고 있어요. 처음엔 내 직관이 안내하고 있다고 생각했는데 나중엔 그것이 성령의 안내였다는 걸 깨달았죠. 명상을 따로 공부하거나 배운 적은 없고 그저 그 방법을 기억해내는 식으로 했어요. 나중에 기적수업 공부를 시작했을 때, 그동안 명상을 꾸준히 한 덕에 매일의 과제를 하고 종일 마음의 작용을 지켜보는 일이 한결 수월하다는 것을 알게 되었어요. 더불어 연습서에 실린 과제들 중 상당수가 명상과 매우 흡사하다는 것도 알아차렸죠. 물론 전통적인 방식의 명상은 아니에요. 연습서 과제에는 특정한 생각이 포함되어 있잖아요. 고요한 마음을 요구하는 과를 연습할 땐 예외로 해야겠지만요. 또 연습서 후반부 몇몇 과에는 신께

로 직접 다가가는 방법도 포함되어 있기도 하고요. 어쨌든 내 경우는 꾸준한 명상이 수업을 더욱 효과적으로 공부하는 데에 분명히 도움이 되었다고 봐요. 그런데 사람들을 보니 그냥 연습서의 과제를 하는 것만으로도 명상으로 얻을 수 있는 유익함을 어느 정도 누리고 있더라고요.

아턴: 맞는 말이에요. 싯다르타는 명상을 계속하면서 여러 전생의 기억과 당시 배웠던 내용을 떠올리기 시작했어요. 여러 모습으로 함께했던 친구 제이의 존재도 기억이 났고, 제이가 바로 자기의 깨달음에 도움을 줄 수 있는 바로 그 사람, 자기가 찾고 있던 바로 그 사람이라는 것도 알았죠. 하지만 싯다르타는 그 친구가 이번 생에선 누군지 몰랐고 그래서 꼭 알고 싶었습니다.

결국 그는 앞선 꿈의 생들에서 배웠던 모든 것을 떠올렸고 그것과 함께 머물렀습니다. 당신도 알다시피, 이미 배운 것을 결코 상실할 수는 없지만 이를 기억해내야 할 필요는 있죠. 싯다르타의 경우 이 일을 명상이 도운 겁니다.

싯다르타는 극단적인 방식 대신 중도의 도를 실천하고 명상을 하면서 삶을 살았습니다. 그런 이유로 고행할 때 따랐던 제자들 대부분이 떠났고 대신 그의 지혜를 들으려는 사람들이 주변으로 모여들어 싯다르타는 어느새 구루로서 널리 알려졌지만, 그는 그런 것에도 무신경한 채 사람들에 반응할 때에도 여전히 자신이 설파한 중도의 도를 적용했답니다.

개리: 그 말을 들으니 "중도까지도 포함해서, 모든 일에는 중도가 있다"는 말이 생각나네요.

아턴: 그렇죠. 그래서 켄 왑닉Ken Wapnick이 학생들에게 "평범해질 것을 잊지 말라"고 말하곤 했던 겁니다.

주註: 켄 윌닉에 대해서는 7장에서 자세히 다루겠다.


퍼사: 자, 이제 우리 친구는 무엇을 하느냐가 아니라 어떻게 생각하느냐가 관건이라고 믿게 됩니다. 물론 자신이 하는 일은 자신이 생각한 것의 결과겠지만 어쨌든 수레 앞에 말을 제대로 갖다놓은 거죠. 궁에 있을 때 싯다르타는 교육을 통해 베다$^{Veda}$와 우파니샤드$^{Uphanishad}$를 이해했어요. **브라흐만**과 세상의 차이를 똑똑히 알았죠. 바가바드 기타$^{Bhagavad\ Gita}$에서도 "실재는 있지 않았던 적이 없다. 비실재는 있던 적이 없다"라고 말하고 있듯이요. 하지만 싯다르타는 아직 머리로만 이해했을 뿐 실제 경험은 없었기에 그 경험을 할 방법을 찾아 그렇게 살기로 결심합니다. 그는 평생 진실을 실제로 경험하는 걸 목표를 삼았던 거죠. 결코 만만한 목표가 아니었지만 그의 다짐은 확고했습니다.

싯다르타는 그가 노자 시대 때 실험해봤던 자각몽을 연습했습니다. 나중에는 싯다르타의 제자들도 자각몽을 연습하게 되는데, 꿈속에서 결정을 내리는 과정을 통제할 수 있게 되면 죽음의 순간에도 그 능력을 발휘해서 환생하지 않기로 선택할 수 있을 것이라고 여겼기 때문입니다. 하지만 에고가 완전히 지워진 것이 아니라면 그 방식은 통하지 않습니다. 물론 자각몽이 도움이 될 수도 있습니다. 자는 동안 꾸는 꿈을 자각하는 연습을 하면, 자신이 깨어 있는 듯이 보이는 동안에도 자신이 여전히 꿈꾸고 있음을 깨닫는 데에 도움이 되기도 하거든요.

싯다르타가 이번 생에서 큰 고통을 겪은 것은 아니지만 그래도 아내가 그리운 것만은 어쩔 수 없었어요. 그래서 고향에 잠깐 가볼까도 생각했는데 이내 다른 생각이 떠올랐죠. 아내가 그립다고 어떤 행동을 취해야 한다고 생각하는 것 자체가 또 다른 형태의 고통에 지나지 않고 세상에 속박되는 길이란 것을요. 또 세상에 속박된다면 자신은 세상에 의존할 수밖에 없고, 그러면 세상의 노예밖에 될 수 없다는 생각에 도달했죠. 싯다르타는 자유로워지길 원했습니다. 세상으로부터, 모든 형태의 고통으로부터 자유로워지길 원했죠. (참고로 힌두교에서는 이런 고통을 두카dukkha, 즉 고품라고 하는데 나중에 불교에서도 이를 그대로 받아쓴다.) 그리고 싯다르타는 또 다른 중요한 통찰도 하게 되는데 그 통찰은 이렇습니다. ― 고통이 일어나는 것은 바로 **욕망** 때문이다. 만약 나에게 아무것도 필요하지 않다면? 그러면 나에게 뭔가가 없다는 이유로 고통받지 않을 것이다. 또 그것이 실재가 아니라면 무엇하러 그게 필요할까? 그 누구에게서도 그 무엇도 얻을 필요가 없다면 사람들과 진정한 관계를 맺을 수 있을 것이다. 이 일을 해내기 위해서 고행을 할 필요도 없고 세상을 형태적으로 포기할 필요도 없다. 이 일은 마음으로만 할 수 있고 마음으로만 해야 하는 작업이다.

개리: 수업에서는 괴로움과 결핍감을 일으키는 것이 욕망이 아니라 신과의 외관상 분리라고 말하겠지요. 사실 욕망은 결핍의 증상과 다름없고, 이를 해결하는 방법은 자신이 **근원**에서 떨어져 있다는 느낌을 해제하는 거니까요.

아턴: 맞는 말이기는 해요, 개리. 하지만 이를 실재화하는 것은 바로 욕망이에요. 그러니 지금은 싯다르타에 관해서만 이야기할게요. 그의 접근법에 빠져 있는 한 가지는 좀 있다 다루고요. 그가 깨달은 것 중 가장 중요한 것은, 사실 이것은 그가 얻은 다른 모든 깨달음의 결과이기도 한데, 애초에 환영을 일으킨 그것, 즉 에고를 지우는 일이 가능하다는 거였어요. 힌두인들은 에고에 대해 알고 있었을 뿐만 아니라 단 하나의 에고가 있다는 것도 알았고, 이것을 다수로 나타나는 하나라고 부르기도 했죠. 이것이 바로 다중성의 세계, 즉 당신이 보고 있는 모든 것이어서, 에고를

해제하는 방법을 찾아냈다면 환영의 **원인**을 해제하는 방법도 찾아낸 거랍니다!

바로 이 시기에 그는 생각과 믿음이 결합할 때 생기는 시너지 효과에 대해서도 알게 됩니다. 그러니 비록 싯다르타가 힌두교의 여러 신을 믿기는 했지만, 주의가 분산된다는 이유로 힌두교 신들에 대한 믿음을 구체화하지는 않았다는 점은 명확히 짚고 넘어갈게요. 많은 힌두인들은 여러 신들 중에서 시바Shiva나 비슈누Vishnu 같은 신을 하나 골라서 자기가 선택한 신만을 믿고 숭배하는 경향이 있어요. 일신교一神敎가 세계를 장악하는 것은 단지 시간문제에 불과했는데, 싯다르타로 살던 당시 3대 일신교 중 하나인 유대교는 이미 자리를 잡았어요. 하지만 싯다르타는 하나의 신에게 헌신하는 일이 심적으로 끌리지 않았고, 그래서 그가 '상위 자아'라고 일컬었던 실재인 **브라흐만**에 초점을 두기로 선택합니다. 여기가 바로 믿음의 힘이 도입되는 곳이지요. 믿음의 힘에 대해서 어떻게 배웠었죠?

개리: 간단해요. **내가 믿기로 선택한 것은 결국 나에게 영향을 끼친다는 겁니다.**

퍼사: 훌륭해요. 당신이 믿기로 선택한 것을 당신은 실재라고 여기게 되고, 그것을 그런 식으로 경험하게 됩니다. 이것을 이해했던 싯다르타는 세상에 두었던 자신의 믿음을 거둬들였고, 몇 년 동안 연습을 한 덕분에 이제 세상에 아무런 믿음도 두지 않게 되었어요. 대신 싯다르타는 믿음을 두어야 할 마땅한 것, 즉 실재인 **브라흐만**에 두었답니다.

하지만 싯다르타는 여기서 그치지 않습니다. 그가 세상을 실재라고 믿기를 멈춤에 따라 세상이 그에게 미치는 영향력은 점점 더 약화되었고, 그는 자신의 삶이 진정 꿈과도 같다는 것을 점점 더 실제적으로 경험하기 시작합니다. 싯다르타가 괴로움에서 빠져나오는 길을 아직 완전히 찾아낸 건 아니었지만, 엄청난 성장을 이뤄냈죠.

계속해서 인도 동부를 돌아다니며 자신의 지혜를 가르치고 에고를 지워나간 싯다르타는 세상을 물리적으로 부인하지 않고 심리적으로 부인했습니다. 그는 세상이 실재한다는 믿음을 거부하고, 세상을 넘겨다보았으며, 환영의 베일 너머에서 느낄 수 있는 실재에만 믿음을 두었습니다.

27세에 궁을 떠난 싯다르타는 20여 년 지난 어느 날 고<sup>苦</sup>에서 빠져나와 해탈에 이르는 법을 설파하고 있었는데, 제자들 뒤로 앉아 있던 한 남자가 싯다르타를 보고는 깜짝 놀랍니다. 싯다르타가 궁에 있을 때 왕인 아버지가 그와 외부 세상을 단절했기 때문에 궁에 있던 사람이 아니면 싯다르타가 왕자란 사실을 아는 사람은 드물었는데, 그 사람이 왕자를 알아본 거죠. 법회가 끝나고 싯다르타를 찾은 바드머<sup>Vadmer</sup>란 남자는 궁에서 농사를 지었다고 자신을 소개하며 싯다르타가 궁에서 나간 후 그 소식을 들은 모두가 슬퍼했다는 소식도 전했습니다.

바드머를 만난 싯다르타는 놀라움을 금치 못하고 궁의 사정에 대해 이것저것 묻습니다. 궁을 떠난 지 2년 정도 됐다는 바드머는 야쇼다라의 안부를 묻는 싯다르타에게 말하기 힘든 듯 고개를 떨구며 3년 전 열병으로 사망했다는 소식을 전합니다. 그 말을 들은 싯다르타의 눈에선 눈물이 흐르기 시작했죠. 속세에서 자유로워졌다고 생각했는데 아직 완전히 극복한 것은 아니었던 거죠. 하지만 이어진 바드머의 말에 눈물마저 멈출 정도로 깜짝 놀라게 됩니다.

바드머가 싯다르타에게 혹시 아드님은 만나보셨냐고 물어봤던 거죠. 자기 귀를 의심할 만큼 충격을 받은 싯다르타는 자신에게 아들이 있다는 사실에 말할 수 없는 기쁨을 느꼈지만 이내 아내의 죽음이 떠올라 슬프기도 했습니다. 이런 싯다르타에게 바드머는 아드님 이름이 라훌라<sup>Rahula</sup>라 말하며, 야쇼다라가 죽고 1년쯤 뒤 아버지인 싯다르타를 만나기 위해 궁을 떠났다는 소식도 전했습니다.

바드머와의 만남을 계기로 싯다르타의 모든 것이 바뀝니다. 라훌라를 찾아야 한다는 한 가지 생각에 몰두한 싯다르타는 바드머로부터 라훌라의 인상착의를 자세히 전해 듣고 다음 날부터 고향 쪽을 향해 걸으며 기회가 있을 때마다 사람들을 붙잡고 물었습니다. 아버지를 찾는, 검은 머리에 키가 크고 마른 스무 살 청년을 본 적이 없냐고요.

개리: 와. 그러니까 당시 싯다르타는 완전히 깨닫지 못한 상태였군요. 거의 깨달음에 다다를 정도로 배우고 경험한 상태였는데 아들을 찾아나서게 된 거군요.

아턴: 싯다르타가 아들을 찾아다닌 걸 두고 누가 비난할 수 있겠어요? 단지 우리는 당신이, 싯다르타가 외관상 자기 바깥에 있는 무엇을 찾아다닌다는 점에 주목하기를 바랄 뿐이죠. 뭔가가 당신 바깥에 있다고 여긴다면, 당신은 그것을 실재화하고 있다는 뜻이고, 그렇다면 그것은 일체성의 상태가 아니라 분리 상태에 있는 것입니다. 이런 일신상의 변화로 싯다르타의 마음에는 다시 욕망이 타올랐습니다. 아들을 찾고야 말겠다는 욕망이요. 그리고 욕망은 괴로움으로 이어지면서 순환 고리가 생성되지요.

퍼사: 이렇게 해서 극소수만이 실행할 준비가 된 단호한 원리를 소개할 때가 되었군요. **누구 하나라도 진짜 사람이라고 여기는 순간, 당신은 분리를 실행하고 있는 것입니다.**

개리: 좋네요. 강연을 시작할 때 써먹어야겠어요. 농담이고요. 무슨 말인지 알겠어요. 그 말을 들으니, 원래는 제이가 헬렌에게 사적으로 전했지만 나중에 헬렌이 사람들과 공유했던 메시지 중 하나가 생각나네요. 헬렌이 잘 거절하지 못하는 게 고민이라고 하자 예수가 이렇게 말했다죠.

네가 다른 이의 요청을 거절하지 못하는 건 자기 중심성(egocentricity)을 극복하지 못해 그런 거라고요.

퍼사: 맞아요, 개리. "아니오"라고 말할 수 없다면, 당신은 실재화하고 있는 거예요. 심각한 문제를 갖고 있는 사람이 실제로 자기 앞에 있고, 이에 대해 자신이 정말로 뭔가를 해야만 한다고 믿고 있는 거죠. 자, 그렇다고 사람들의 요청에 "네"라고 답하지도 말고 돕지도 말라는 뜻은 아니랍니다. 단지 **반드시 해야 할** 필요가 없다는 뜻이란 거죠.

개리: 이해했어요. 그리고 성령과 함께 작업하는 일에 익숙해지면 필요할 때마다 뭘 해야 할지에 대해서도 **안내**를 받을 수 있게 되죠. 아! 세상에나. 방금 무슨 생각이 떠올랐어요. 아까 싯다르타가 자기를 도울 사람이 있을 거라 생각했다고 하셨잖아요. 싯다르타는 그를 찾고 있었고, 또 어느 시점에서는 만나게 될 거라고도 하셨고요. 그 사람이 혹시 싯다르타의 아들이었던 건가요?

퍼사: 맞아요.

개리: 그러면 싯다르타의 아들이 그 생에서의 제이였고요?

퍼사: 네.

개리: 그러니까 나중에 사람들이 예수라고 부르게 될 그 사람이 붓다의 아들이었다구요?

퍼사: 그렇다니까요.

개리: 말도 안 돼요! 잠깐, 생각해보니 말이 된다고 인정해야겠네요. 이 두 양반은 여러 생 동안 쭉 같이 지내면서 서로의 뒤를 봐줬으니까요.

아턴: 하지만 그 생에선 아직 둘이 서로를 찾아내기 전이라 서로 기억하지는 못했어요. 아무튼 싯다르타는 처음으로 아주 오래 괴로움에 시달리기 시작했지요. 아들이 너무 보고 싶었거든요. 간절한 마음으로 인도

전역을 돌아다녔지만, 1년이 지난 후에도 아들을 찾지는 못했답니다.

그래도 다행인 것이, 밤마다 휴식을 취하면서 성찰을 하다 보니, 전에 쌓아놓은 마음의 훈련이 더디긴 했지만 확실하게 살아나기 시작했다는 겁니다. 고요함이 그의 마음에 다시 자리 잡기 시작한 거죠. 기억하세요. 배운 것은 모두 그대로 남아 있다는 것을요. 일시적으로 잊는다 해도, 결국에는 마음에 도로 떠오르기 마련입니다. 이것이 깨달음의 방식이죠. 진리를 잊었다가도 다시 생각이 나고, 그걸 반복하다 결국에는 절대로 잊지 않게 됩니다.

퍼사: 라훌라도 그동안 쌓아왔던 배움 덕분에 영성의 다양한 형태에 대해 매우 잘 알고 있었어요. 다른 생들에서 배웠던 많은 것들이 그의 마음에도 돌아오고 있었지요.

싯다르타와 라훌라는 둘 다 끈기가 있었어요. 당신도 알다시피, 영성의 길을 걸으려는 사람들에게 가장 중요한 덕목이 바로 끈기예요. 그들은 반드시 서로를 찾아내고야 말겠다는 결심이 대단했죠. 라훌라가 아버지를 찾아나선지 3년쯤 되던 어느 날, 작은 연못을 지나던 라훌라는 불현듯 가슴이 벅차오르는 게 느껴지면서 너무나도 친숙한 누군가가 주변에 있다는 생각이 들었죠. 뒤를 돌아보니 거기에 싯다르타가 서 있었습니다. 둘은 서로를 바로 알아봤어요. 하지만 얼싸안거나 기뻐 날뛰는 행동은 하지 않았어요. 당시엔 품위 없는 행동이었거든요. 대신 둘은 예를 갖춰 맞절을 했고, 싯다르타의 눈에서는 기쁨의 눈물이 흘러나왔습니다.

한적한 곳에 자리 잡고 앉은 두 사람은 시간 가는 줄 모른 채 그동안 살아온 얘기를 주고받았습니다. 그러면서도 이것이 단지 이야기에 불과하다는 걸 잘 알고 있었죠. 몇 주 후 그들은 자신들의 전생과 그때 배웠던 모든 것들을 기억해냈습니다. 그렇게 수 세기에 걸쳐 서로가 서로에게 누구였는지 기억해낸 둘은 다음과 같은 결정을 내립니다. 이번 생에서 남은 시간 동안 함께 지내며 아직 배워야 할 것이 남아 있다면 무엇이든지 다 배우고, 자신들의 꿈에서 어떤 일이 벌어지든지 배운 것을 적용하자고요. 그렇게 두 사람은 함께 구원을 성취하기로 한 것입니다.

이 결심은 배움에 박차를 가했고, 이로써 둘은 깨닫기 위해 알아야 할 모든 것을 다 알게 되었으며, 또 이를 적용할 수도 있게 되었습니다. 자신들의 에고가 완전히 지워져야 한다는 점도 잘 알고 있었기에 그들은 꿈을 실재화하지 않는 연습도 계속했죠. 싯다르타의 고통도 곧 치유되었고요. 깨달음의 퍼즐 조각 중 하나는, 꿈이 실재가 아니라면 그것을 욕망할 필요가 없고, 욕망이 없다면 고통도 없다는 것입니다. 그들은 여기서 한발 더 나아가 불교의 교리를 한층 더 발전시킵니다. 몸이 꿈의 일부에 불과하다면 몸은 실재가 아닌 것이고, 이 말은 자신이 느끼는 고통 역시 실재가 아니라는 것이죠. 정말로 고통을 느끼고 있는 것이 아니라, 고통이라는 **꿈**을 꾸고 있는 것입니다. 그리고 꿈은 마음속에 있는 것이기 때문에, 이에 대해 마음을 바꿀 수 있는 것이고요.

자면서 꿈을 꿀 때 당신의 육체는 없고 오직 당신의 마음만이 있듯이, 인생이라고 부르고 또 소위 '깨어 있는' 시간이라고 부르는 이 꿈에서도 마찬가집니다. 당신의 육체는 여기에 존재하지 않아요. 다른 모든 것들과 마찬가지로 그것 또한 투사의 한 부분일 뿐이죠.

싯다르타와 라훌라는 그들의 인생을 용서했습니다. 궁에서 느꼈던 외로움을 용서했고 야쇼다라에 대한 그리움이 남긴 상처도 떠나보냈습니다. 그렇다고 둘이 야쇼다라를 그리워하지 않았다는 뜻은 아니에요. 많은 사람들이 오해하는 게, 뭔가를 완전히 용서하고 나면 그것이 마음에서 사라져 다시는 생각나지 않게 된다는 건데 그건 사실이 아니에요. 용서를 하고 나면, 과거에는 고통스러웠던 무엇이 생각나더라도 더 이상 자신에게 아무런 **영향**을 미치지 못하게 됩니다. 더 이상 상처로 다가오지 않는 거죠. 고통스럽지 않고 중립적으로 변해버리는 것입니다. 이를 통해 자신이 그 일을 용서했는지 안 했는지를 알 수 있어요. 물론 당시에 그들이 용서라는 관점으로 생각한 것은 아닙니다. 단지 꿈에 불과하므로 실재화하지 않겠다는 식으로 생각했고, 이것이 용서를 할 때 알아야 할 가장 핵심적인 요소 중 하나입니다. 하지만 여전히 그들이 빠트린 단계가 하나 남아 있었는데, 둘의 인식이 확장되다 보니 그것이 무엇인지도 자연스럽게 깨치게 되었고, 그 단계는 그들의 마지막 생에서 가장 중요한 초점 중 하나가 됩니다.

개리: 오래전에 불교에 대해 좀 알아봤을 때, 사성제*에 대해 알게 되었거든요. 그들이 사성제에도 몰두했었나요?

퍼사: 물론 그들은 팔정도**를 포함해서 사성제도 이해하고 있었어요. 하지만 불교가 종교화된 것은 나중의 일이라는 점을 기억하세요. 붓다였던 싯다르타는 불교신자가 아니었어요. 종교로서의 불교는 그를 따르려고 했던 이들에게서 비롯한 것이죠. 네, 싯다르타가 인생 후반부에 다시 몇몇 제자들을 받아들였다는 것은 사실이에요. 하지만 이 제자들도 대다수의 사람들처럼 비이원성을 고수하는 데에는 꽤나 애를 먹었죠. 이런 점까지 다 고려한다고 해도, 불교가 사람들로 하여금 마음 바깥에서 마음의 자

---

\* 四聖諦: 원시불교의 경전에서 핵심적 인생관을 나타내는 사상. '네 가지 성스러운 진리'라는 말로서 ① 인생의 현실은 괴로움으로 충만해 있다(苦聖諦), ② 괴로움의 원인은 번뇌 때문이다(集聖諦), ③ 번뇌를 없애면 괴로움이 없는 열반의 세계에 이르게 된다(滅聖諦), ④ 열반에 이르기 위해서는 팔정도八正道를 실천해야 한다(道聖諦)의 네 가지 언명으로 되어 있다. 출처: 교육학용어사전

\*\* 八正道: 중생이 고통의 원인인 탐貪, 진瞋, 치癡를 없애고 해탈하여 깨달음의 경지인 열반의 세계로 나아가기 위해서 실천수행해야 하는 여덟 가지 길 또는 그 방법. ①정견正見 ②정사正思 ③정어正語 ④정업正業 ⑤정명正命 ⑥정근正勤 ⑦정념正念 ⑧정정正定. 출처: 두산백과

리로 돌아가는 것을 돕는 위대한 진실을 많이 담고 있음을 인정해야 해요.

우리의 두 친구는, 몸이 그들에게 뭘 느낄지 명령하는 대신 마음이 몸에게 뭘 느낄지 명령할 수 있는 경지에 오를 때까지 수행해나갔어요. 둘은 결과의 자리를 벗어나 원인의 자리로 온전히 돌아갔습니다. 이제 세상은 그들에게서 나오는 무엇이었고, 그들은 **브라흐만**의 상태에 도달했으며 비이원적인 존재가 되었습니다.

싯다르타가 82세를 사는 동안 라훌라는 52세까지밖에 못살았는데 그렇다고 그게 문제가 된 건 전혀 아니에요. 둘은 거의 30년을 함께 보냈고 세상을 넘어섰습니다. 딱 한 가지만 빼놓고 말이죠. 하루는 라훌라가 싯다르타에게 이렇게 말합니다. "빠트린 것이 하나 남았는데, 그것이 무엇인지는 이미 알고 계실 것 같아요." 싯다르타가 이렇게 답했습니다. "맞다. 우리가 함께 이렇게나 멀리 왔구나. 나는 우리가 신 안에서, 신과 우리 모두가 서로 **하나**로 녹아 있는 **하나**이신 신 안에서 함께 깨어나기를 원한다." 그러고는 농담조로 이렇게 한 마디 덧붙입니다. "다음번에는 네가 선생 해라."

둘은 자신들에게 한 번의 생이 더 남았다는 것을 알고 있었어요. 둘에게 그 생이 꼭 필요해서가 아니라 다른 이들에게 그들이 필요했기 때문이죠. 둘은 지금 생에서 자신들의 과제를 완전히 마치기로 선택할 수도 있었습니다. 하지만 이미 각본이 쓰여 있다는 것을 알았고, 각자가 해야 할 더 큰 역할이 계획되어 있다는 것도 알았죠. 때때로 완전한 스승은 단지 사람들에게 바른 방향을 제시해주려는 목적으로 이 꿈에 오기도 합니다. 어쩌면 다른 이들에게 모범을 보이기 위해 외관상 한두 개의 묵직한 과제를 가르치려고 오는 것일 수도 있고요. 그들은 자신들이 외관상 지상에서 보낼 마지막 생 동안에 자신들의 운명을 경험하게 될 것임을 알고 있었요. 신이 마지막 발걸음을 옮겨주시어 마침내 그들이 **근원**인 **일체성**으로 돌아오게 할 것임을요.

이후 야쇼다라와 똑같은 병에 걸려 결국 몸을 내려놓게 된 라훌라는 모든 인생에서 가장 흥미진진한 생이 곧 시작될 거란 걸 알고 있었어요. 라훌라는 행복했는데, 이 일을 마무리하기 위해 여행을 계속할 준비가 되어 있었거든요. 수업에선 이를 두고 다음과 같이 말합니다. **"그가 속개할 준비가 되면, 막강한 동무들이 그와 동행한다."**(M-4.I.A.6:11/지침서11쪽)

# 2부

# 서기 후

# 6
# 제이와 붓다의 마지막 생애

나는 그에게 말했다.
"주여, 무엇이 우리로 하여금 비전을 보게 하는 것입니까?
우리는 영혼이나 영으로 비전을 보는 것입니까?"
그는 나에게 답하여 이렇게 말했다.
"사람은 영혼이나 영을 통해 보는 것이 아니라,
둘 사이에 있는 마음을 통해 보는 것이다."
— 막달라 마리아 복음

머지않아 제이와 붓다의 마지막 생에 대한 이야기를 들을 수 있다니 흥분이 가라앉질 않았다. 내 스승들의 말에 따르면, 이제 붓다와 제이는 마지막으로 자신들을 위해서가 아니라 다른 이들을 돕는 데 자기 역할을 하기 위해 한 번 더 온다고 했다. 나는 붓다가 허상적인 마지막 생에서 대체 누구였을까 추측을 거듭하다가, 아턴과 퍼사와 대화를 나눌 때까지 기다리기로 마음을 고쳐먹었다.

싯다르타, 즉 붓다의 이야기는 물론이고 제이가 붓다의 아들 라훌라 역할을 담당했다는 사실도 흥미진진했다. 또 붓다 없이 불교가 뻗어나가게 된 과정도 흥미로웠다. 당시 인도에서는 여전히 힌두교가 성행했기 때문에 사실 불교는 인도에서 유행한 적이 결코 없다. 서기 2세기에 불교는 히 말라야 산맥을 통해 티베트와 중국으로 뻗어나갈 길을 찾아냈다. 그 후 일부 불교도들은 도가 수행자들과 어울렸고, 그 결과로 나온 수행법이 중국의 선禪으로 알려지기 시작했다. 지금으로부터 약 900년 전에 중국의 선종은 일본에 전해지고 고유의 신도 사상과 결합해 일본식 선으로 자리 잡았다. 참고로 제이와 붓다가 함께 의미 있게 보낸 첫 번째 중요한 생에서 그들은 신도 사상으로 훈련을 받았다. 선이 도입될 때 세상이란 오직 마야maya, 즉 환영일 뿐이라는 개념도 같이 도입되었다. 선은 다분히 명상적이었으며, 종교적인 권위을 맹신하기보다는 불손함의 전통을 따르기도 했다. 나는 est 훈련에도 이런 불손함의 요소가 있다는 것을 알아차렸다. est는 동양과 서양의 사상이 혼합된 훈련법인데, 나는 est를 통해 이번 생에서 영성에 첫걸음을 내디뎠다. est는 선종의 명상을 '과정(processes)'이라고 부르던 것으로 대체하였다. est의 '과정'은 처음에는 명상을 이끌어주는 안내로 시작하다가 결국에는 침묵으로 인도한다.

이번 생에서 선불교를 따로 공부한 적이 없는 나는 메인 주에 살고 있을 때인 40대 초반쯤, 문득 어느 생에선가 분명히 선불교를 수행했었겠다는 직감이 들었다. 나는 점점 더 명상에 관심을 쏟기 시작했고, 따로 명상을 훈련받은 적이 없는데도 꽤 잘한다는 것을 알게 되었다. 오래전에 받았던 훈련을 기억하고 있던 것이리라. 머잖아 나는 절대 고요의 상태에 다다를 수 있게 되었고, 그 어떤 생각의 방해도 받지 않고 마음을 이완하면서 평화를 유지할 수 있었다. 기적수업에서 명상을 자체적으로 다루고 있는 것은 아니지만, 연습서 후반부에 실린 과들 중 상당수가 다분히 명상적이고 신께 곧장 다가가는 방법도 포함되어 있는데, 마음을 고요히 할 수 있는 이런 나의 능력이 수업을 공부할 때 꽤나 큰 도움이 되었다.

나는 성서뿐만 아니라 그리스도교가 태동할 당시 살아남은 다른 대안적인 복음들도 어느 정도는 읽어서 예수 또는 제이의 이야기라면 매우 잘 알고 있었다. 물론 이런 대안적인 복음들이 가감 없이 고스란히 전해진 것은 아니었지만 말이다. 그리고 나중에 제이가 기적수업에서 자신에 대해 밝힌 내용도 많이 접하게 되었는데, 나는 성령의 인도와 직감을 통해 기적수업이야말로 가장 진정한 내용일 수밖에 없다고 생각했다.

그래도 아턴과 퍼사가 두 성인에 대해 들려줄 내용을 듣고 싶어 안달이 났다는 것은 부정할 수 없었다. 마침내 성령이 아턴과 퍼사의 모습으로 현현한 내 친구들이 돌아왔고, 그들은 곧바로 이야기를 시작했다.


아턴: 오늘은 어떤 이야기를 들려주려고 해요. 그중 일부는 당신도 익히 알고 있는 내용이지만 일부는 처음 듣는 얘기일 거예요. 이야기의 전체를 들려주진 않을 거예요. 그러려면 따로 책을 한 권 써야 할 정도니까요. 하지만 우리가 들려주는 이야기만으로도 **이** 책의 소기의 목적을 달성하기에는 충분합니다.

퍼사: 지금으로부터 2,000여 년 전 나자렛이라는 마을이 있었습니다. 물론 나자렛은 오늘날에도 있지만 예전 모습은 전혀 찾아볼 수 없죠. 세계 인구가 폭발적으로 증가해 그때의 모습을 상상하기는 힘들겠지만, 당시에는 큰 도시라고 여겨졌던 나자렛의 인구도 5백 명 정도에 불과했어요. 그때 나자렛에서 몇 명의 아이가 태어났고 그들은 나중에 매우 가까운 사이가 됩니다. 또한 비슷한 시기에 예루살렘 안팎에서 태어난 아이도 몇 명 있었는데, 이들 역시 훗날 나자렛에서 태어난 아이들과 깊은 인연을 맺게 됩니다. 사람들은, 사실 사람처럼 보이기만 할 뿐 실제로는 사람이 아니지만, 무리 지어 시공간을 여행한답니다.

개리: 예전에 나에게 어떤 사람들은 서로에 대해 공전한다고 했잖아요.

설령 헤어지는 것처럼 보이더라도 서로의 궤도에 있기 때문에 다시 만날 수밖에 없는 운명이라고요.

퍼사: 네, 맞아요. 그런 사람들을 무리 지어 다니는 물고기 떼처럼 생각해보는 것도 좋아요. 그들은 세상이 삶이라고 부르는 것을 함께 여행하려는 경향이 있지요. 당시 나자렛에는 2년 터울로 태어나서 절친이 된 삼인방이 있었는데 이슈아Y'shua, 마리아Mary, 나답Nadav이 그들이었어요. 서구에는 예수라고 알려진 이슈아를 우리는 앞으로도 '제이'라고 간단히 부를 겁니다. 마리아는 막달라 마리아Mary Magdalene를 가리키니까 제이의 어머니였던 마리아와 혼동하지 말고요. 마지막으로 나답은 우리가 바로 이전 방문에서 다뤘던 싯다르타, 즉 붓다였어요. 나중에 제이와 마리아는 매우 공적인 인물이 되었던 반면 나답은 앞에 나서기를 꺼리는 편이었어요. 그래도 나답은 사도 중 한 명이었고, 뒤에 가서 이야기할 테지만, 복음서도 하나 집필했는데 그것만 빼면 꽤나 조용한 사람이었죠.

나자렛 삼인방은 어릴 때부터 친구였고 죽마고우로서 함께 성장했죠. (참고로 마리아는 사카와 히로지가 신도 교도일 당시 둘 다가 사랑했던 메구미였기도 하다.) 같은 시기 예루살렘에도 사인방이 있었는데 그들의 이름은 도마Thomas, 다대오Thaddaeus, 안드레Andrew, 스데반Stephen입니다. 네 명도 나이 차이가 별로 없었고 평생 친구가 되었고요. 도마와 다대오는 청소년기에 만나게 됩니다. 당신도 알다시피, 나는 그 생에서 도마였고, 당신이 알고 있는 아턴이 다대오였으며 우린 절친이었죠. 다대오와 안드레는 게이였고 둘은 파트너였습니다. 예루살렘 사인방이 평균 나이 스무 살쯤 되었을 때 드디어 나자렛 삼인방을 만나게 됩니다.

개리: 내 기억으로는, 당시에 게이는 유대인의 율법에 어긋나는 것이어서 걸리면 사형을 당할 수도 있지 않았나요?

퍼사: 케케묵은 레위기 말이죠? 나를 향수에 젖게 하는군요. 농담이에요. 당신 말이 맞아요. 그래서 다대오와 안드레는 자신의 성적 취향을 드러낼 수가 없었죠. 물론 그 어리석은 야만인들, 그러니까 로마인들에게 이것은 전혀 문제될 게 없었지만, 우리의 율법에서는 금기사항이었습니다.

아턴: 제이와 마리아와 나답은 일찍이 자신들이 다른 사람들과 다르다는 것을 알고 있었어요. 열 살이 되자 상대의 마음을 읽을 수 있었죠. 그래서 그들은 서로에게 "난 네가 뭘 생각하는지 알지롱! 나도 네가 뭘 생각하는지 알지롱!" 하면서 농담을 던지곤 했어요. 물론 실제로도 알았고요. 그들이 다른 생에서 배우고 실천했던 노력 덕분에 그들의 에고는 완전히 지워졌고, 그들이 외관상 분리된 다른 마음들과 결합하는 것을 제한할 에고의 장애물은 하나도 남아 있지 않았어요. 물론 어느 마음 하나도 정말로 분리된 것은 아니고 마음은 오직 하나죠. 대부분의 사람들은 이것을 아직 경험하고 있지 못하지만요.

10대가 되자 그들은 미래도 볼 수 있었어요. 다른 생에서도 이런 경험을 해본 적은 있지만 이번 생처럼 완전무결하진 않았죠. 삼인방은 자신들이 기억해낼 필요가 있는 것들과 그동안 배운 모든 것들을 기억해냈어요. 사실 한꺼번에 모든 것을 기억하는 사람은 아무도 없어요. 그것은 지나치게 많은 정보라서 시스템에 과부하가 걸리기 때문에 분산될 필요가 있죠. 당신은 현재에 주목해야 하고 현재 자신이 처한 상황을 다룰 수 있어야 해요. 그래서 우리의 두 번째 책《그대는 불멸의 존재다》에서 한 장章의 제목을 '멍청아, 중요한 건 이번 생이야'라고 붙였던 것이고요. 하지만 당신과 다르게 그 당시 우리의 세 주인공에게는 배울 것이 남아 있지 않았어요. 성인들이 마지막으로 세상에 찾아올 때는 그들에게 배울 것이 많이 남아서가 아니에요. 그들은 깨닫기 위해 필요한 모든 것을 이미 알고 있기 때문이죠. 그러면 그들이 왜 세상에 오냐고요? 대부분은 사람들에게 바른 방향을 가리켜주기 위해서예요. 본인이 바른 방향을 **정말로 알고** 있기 때문에, 이것은 드문 경우이기는 하지만, 사람들에게 바른 방향을 가리켜줄 수 있는 누군가가 때때로 등장해야 합니다. 그리고 성령은 자신의 구원 계획에 이러한 요소도 포함시켰습니다.

개리: 그런데 마리아는 어떻게 그렇게 진보한 상태였나요? 또 마리아도 제이와 나답을 다른 생들에서 알고 있었나요?

퍼사: 그렇고말고요. 마리아는 여러 시대에 걸쳐 그들을 가르쳤어요. 하지만 다른 생들에서 제이와 나답이 쌓은 개인적인 친분만큼 그들과 가깝지는 않았죠. 그 경험은 마지막 생에서 제이와 마리아로 만났을 때를 위해 남겨져 있었는데, 이것이 그들이 몸을 실재화하지 않는 방법을 성공적으로 배웠음을 스스로 확인할 수 있는 방법이었어요. 정신적으로뿐만 아니라 육체적으로도 사랑하는 누군가를 용서할 수 있다면, 그리고 이 모든 것이 꿈이라는 것을 깨닫는다면, 마침내 당신은 자신을 세상에 묶고 있던 속박에서 벗어난 것입니다. 마리아는 제이와 나답이 배웠던 것들을 똑같이 배우기도 했고, 이들과 다르게 거쳐왔던 생들에서 남자 또는 여자로 살며 자신만의 경험도 했습니다. 그 결과 마리아는 제이와 나답이 성취한 깨달음에 똑같이 이르게 되었고요. 도마복음 22절의 내용을 기억하나요? 거기에 이런 말이 있죠. "남자와 여자를 하나로 만들어 남자가 남자가 아니고 여자가 여자가 아니게 만들면 … 너는 왕국에 들어서리라."

삼인방에게 모든 사람은 남녀가 아니라 그들의 창조주와 완전히 똑같은 **영**이었어요. 물론 도마복음은 나그 함마디Nag Hammadi에 묻히기 전에 거기다 이원적인 구절을 덧붙인 사람들에 의해 결국에는 원형의 순수성을 잃고 말았죠. 그래서 내가 예전에 당신에게 원본을 들려주었던 거예요. 정확히 말하자면, 당신이 영어로 이해할 때 원본에 가장 가까운 방식으로 말이죠.

주註: 정정된 도마복음을 보려거든《그대는 불멸의 존재다》7장 '퍼사의 도마복음'을 참고하라.

아턴: 제이와 마리아와 나답은 청소년 시절 이집트에 있는 알렉산드리아 도서관에 가곤 했습니다. 그렇다고 그들이 뭘 공부하려고 간 건 아닙니다. 중요한 것은 이미 다 알고 있었으니까요. 그래도 그들은 도서관 곳곳을 누비며 그곳에 비치된 책들을 읽는 걸 진정으로 즐겼어요. 그들은 자기 친구들에게도 글을 읽을 수 있거든 도서관에 가서 다양한 책들을 읽어보라고 했는데, 그들은 각자에게 어떤 책이 최선일지 잘 알고 있었고 사람들에게 그 책들을 권하기도 했죠. 다시 말하지만, 이 모든 것은 성령의 계획이었습니다. 나중에 다시 다루겠지만 성령의 계획은 사실상 시간이 다 끝난 지점에서 되돌아보면서 세워진 것이랍니다.

삼인방은 모두 촬촬 외울 정도로 당시 경전을 잘 알고 있었어요. 하지만 또 그들은 경전에서 어느 부분이 성령에게서 나온 것이고 어느 부분이 에고에게서 나온 것인지도 분간할 수 있었는데, 의식이 확장되다 보면 자연히 그 차이를 알 수 있게 되죠. 그래서 그들은 성령에게서 나온 부분에 초점을 맞춰 사람들과 나누곤 했답니다.

그들이 가장 좋아하는 작품 중 하나가 다윗의 시편이었어요. 재미난 것이, 참으로 많은 사람들이 시편 23편을 장례식장에서 낭독하곤 하는데 정작 그것은 죽음과 관련된 내용이 아닙니다. "나 비록 죽음의 그늘이 드리워진 골짜기를 지날지라도 당신께서 함께하시니 그 어떤 악도 두려워하지 않으리라." 이 구절은 두려움을 모르는 삶의 방식에 관한 것이에요. 성령이 당신과 함께 있고 당신을 돌봐주니 두려워할 것은 아무것도 없다는 뜻이죠.

20대가 가까워진 삼인방은 이제 여행을 떠나 자신들의 지혜를 듣기로 되어 있는 사람들에게 지혜를 나눠줘야 할 때가 왔다는 것을 알았어요. 이후 그들은 예루살렘 성전을 자주 방문하게 되지만 본격적인 여행이 시작되기 전에도 한 번 간 적이 있었죠. 그때 예루살렘 사인방 도마, 다대오, 안드레, 스데반과 장시간 이야기를 나눴고요. 물론 그들도 영적으로 진보한 상태였지만 세 성인과 똑같은 수준은 아니었어요. 그래도 사인방은 세 성인과 매우 잘 어울렸는데, 그 전에 스치듯 만난 적은 있지만 그 생에서 장시간 대화는 처음인데도 마치 고향 친구들이 오랜만에 재회한 것 같았어요. 우리가 들려주었던 다양한 생들 동안 그들이 부모로, 형제로, 자매로, 연인으로, 친구로, 적으로 지낸 적이 있긴 합니다. 어쨌든 이제는 그들이 사명을 완수하러 함께 여행을 떠날 때가 되었습니다.

개리: 멋져요. 블루스 브라더스the Blues Brothers가 영화에서 "우리는 신이 주신 사명을 수행 중입니다"라고 말한 것과 같군요.

퍼사: 뭐 그런 셈이죠.

개리: 그런데 그 전에는 왜 다 같이 이야기를 하지 않았나요?

퍼사: 예루살렘 사인방은 나자렛 삼인방에게 경외심을 갖고 있었고 그래서 살짝 겁을 먹은 상태였거든요. 예루살렘 사인방은 나자렛 삼인방의 높은 의식 상태를 느낄 수 있었어요. 하지만 이제는 일곱 명이 함께할 때가 되었던 거죠.

실제로 있었던 일로 제이가 열두 살 때 회당에서 랍비들을 가르쳤는데, 그때부터 제이가 동료들과 세계 여행을 마치고 예루살렘으로 돌아와서

'공적인' 활동을 시작할 때까지를 놓고 오늘날 사람들은 제이의 '증발된 시간'(The Lost Years)이라고 부르곤 하죠. 우리 일곱이 함께한 시기도 '증발된 시간'의 일부에 해당하는데, 그 시간은 증발된 것이 아니라 단지 대부분의 사람들에게 잘 알려지지 않았던 것뿐이에요. 나는, 그러니까 도마는 그 시기에 대해 상당량의 기록을 남겼어요. 스무 살 무렵 우리가 모두 만났을 때부터 내 나이 서른 살, 제이 나이 서른세 살에 제이가 십자가형을 당했을 때까지 제이가 말했던 많은 내용까지도 포함해서 말이죠. 하지만 내가 썼던 거의 모든 것을 나중에 교회가 없애버리고 말았지요.

개리: 나름 좋은 의도로 그랬을 거예요. 개자식들 같으니.

퍼사: 수동적인 공격성*을 취하지 마요.

개리: 이봐요. 수동적 공격성이 나에게는 통한다고요.

아턴: 우리의 깨달은 세 친구가 가기로 선택한 장소를 전부 돌아다닌 데에는 7년 정도 걸렸어요. 그중 한 곳이 이집트였는데, 우리 넷은 세 친구들과 달리 그곳 도서관에 처음 가봤고 그래서 모든 게 새롭고 신기했답니다. 도서관뿐 아니라 나일강 하류를 따라서 룩소르Luxor 신전에도 갔고, 상류에 있는 여러 피라미드에도 가봤어요. 그리고 우리 예루살렘 사인방은, 우리는 스스로를 그렇게 여겼는데, 어디를 가든 제이가 사람들에게 말할 장소와 시간을 조율하는 한편 가능한 한 많은 사람들이 제이의 강연에 올 수 있도록 열심히 홍보를 하기도 했죠.

개리: 일종의 매니저 역할이었군요.

아턴: 맞아요. 대체로 순조롭게 진행되었어요. 순회강연이 열릴 때, 사람들은 권위 있고 명료한 제이의 가르침에 탄복하곤 했죠. 어떤 사람들은

---

* 겉으로 드러나지 않는 고의적 지연과 같은 소극적인 방식으로 적대감이나 공격심을 표출하는 행동이다. 출처: 위키피디아

자진해서 다음 장소로 먼저 가서 음식과 숙소를 준비해주기도 했을 정도로요. 사실 이 여행을 하는 동안 대부분의 시간을 즐겁게 보냈답니다. 물론 적개심에 맞닥뜨릴 때도 없진 않았지만 치명적이진 않았어요. 가끔은 제이의 강연 후 나답과 마리아가 강연 내용을 놓고 토론을 벌일 때가 있었는데, 우리 넷에겐 공부할 수 있는 더없이 좋은 기회였답니다. 그 셋은 이 세상은 아무것도 아니고 우리의 참 생명은 신과 함께하는 것이라는 점에 대해서 추호도 타협하지 않았어요. 나답은, 제이가 교사 역할을 너무 잘해서 자신과 마리아가 말할 게 없다고 너스레를 떨기도 했는데 마리아도 나중에 고향에 돌아와선 교사 역할을 하기 시작했답니다.

제이는 파라오나 왕들을 일부러 만나려고 하지 않았어요. 모든 이들을 똑같이 여겼고, 똑같이 소중하게 대했죠. 우리는 아프리카 여러 지역을 돌아다녔고, 지금의 터키에 해당하는 지역과 유럽을 가로질러 잉글랜드와 스톤헨지까지도 갔었어요. 인도도 횡단했는데 때때로 무리 지어 다니는 대상隊商에 합류해야 할 때도 있었죠. 가진 게 별로 없어도 그걸 뺏겠다고 칼로 멱을 따는 도적이 많았고 그 시절에는 그렇게 목숨을 잃는 게 흔했죠. 제이는 겁이 없었지만, 나머지 사람들을 안전하게 보호하기 위해서 상식을 따랐답니다. 여행을 하는 과정에서 그 셋은 방문한 지역과 관련된 이전 생의 기억들을 많이 떠올리곤 했어요. 하지만 그 셋은 자신들이 다른 이들의 삶의 방향에 영향을 미침으로써 더욱 많은 이들의 마음과 삶에까지도 그 영향이 퍼져나가게 할 수 있다는 사실에만 초점을 맞췄답니다.

퍼사: 세 성인에 관해 흥미로운 사실을 또 하나 들려주자면, 그 셋은 어딜 가든 그 지역 언어로 말할 수 있었다는 겁니다. 당시에는 대부분의 사람들이 문맹이었기 때문에 읽고 쓸 수 있는 내가 똑똑한 줄 알았는데, 이 양반들이 각종 언어로 거침없이 말하는 덴 기가 죽었죠. 여행하는 동안 나는

제이가 아람어로 말한 내용만 받아 적었을 뿐이지만 제이는 세 대륙을 다니면서 수많은 사람들에게 그들의 언어로 지혜를 나누어주었습니다.

제이의 십자가형이 있고 약 20년 뒤에 사도 바울이 아테네의 파르테논 신전에서 연설을 했다는 것은 상당히 잘 알려져 있죠. 그런데 사실 제이가 바울보다 24년은 족히 앞선 시점에 그곳에서 연설을 했답니다. 잘 알려지지 않은 사실인데, 나자렛으로 돌아오기 직전 그곳에서 연설을 했고 사람들은 제이의 총명함과 권위에 탄복했답니다.

개리: 그때 몇 명이나 모였나요? 당시에 군중의 규모가 얼마까지 모일 수 있었는지 항상 궁금했거든요.

아턴: 약 4천 명 정돕니다. 최대로 많이 모인 건 5천 명 정도였는데, 나중에 예루살렘 바깥에서 연설할 때 일이죠. 그렇게 많이 모인 데는 제이가 메시아라는 소문이 돈 것도 한몫했어요. 물론 제이는 본인이 그렇다고 말한 적이 절대 없었지만, 알다시피 사람들은 극단적인 생각을 좋아하잖아요. 사람들은 영적으로뿐만 아니라 육체적으로도 구원받기를 원하고요. 제이의 주안점은 그게 아니었지만요.

그때 제이를 따르면서 제이의 가르침을 이해하려고 애쓰던 사람들 중 많은 수가 오늘날 기적수업을 공부하고 있어요. 그런 인연으로 그들은 수업의 **음성**에 끌리는 거예요.

개리: 제이는 사람들에게 어떤 식으로 말했나요? 그러니까 맨 뒤에 있던 사람들까지 말을 들을 수 있게 하려면 분명히 무슨 수를 썼어야 할 것 같거든요.

아턴: 좋은 질문이에요. 당신 말대로 강연 때 모든 사람이 제이의 목소리를 들을 수는 없었어요. 대신 강연자가 한 말을 곧바로 받아서 외치는 사람들이 있었죠. 제이가 그 지역에서 사용하는 언어로 한 구절씩 말하

면, 이 말을 되풀이할 사람들이 약 15미터의 간격으로 배치되어 뒤쪽으로 전했고, 그런 식으로 맨 뒤에 있는 사람들에게까지 전달됐죠. 시간이 좀 걸리기는 했고 완벽한 방식은 아니었지만, 이 방식 덕분에 모든 사람들이 제이의 메시지를 들을 수 있었고 상당히 잘 통했답니다.

개리: 정말 흥미로운 사실이네요. 듣다 보니 생각나는 게 있어요. 옛날에 비상한 암기력으로 이야기들을 통째로 외워 이 마을 저 마을 다니면서 돈을 벌던 사람들이 있지 않았나요?

퍼사: 네, 맞아요. 암기할 때 사용하는 기법들이 있어요. 하지만 여기선 하던 이야기를 계속할게요.

아턴: 우리는 그리스 방문을 끝으로 고향으로 돌아가기로 했습니다. 제이에게는 마쳐야 할 직무와 운명이 있었거든요. 여기서 잠깐 나답에 대해 말하자면, 나답도 제이와 마리아 못지않게 훌륭한 태도를 지니고 있었고 깨달은 자의 특징을 지닌 매력적인 인물이었습니다. 제이와 마리아처럼 나답도 두려움이 없었고요. 나답은 우리가 삶이라고 부르는 것이 꿈에 불과하고, 꿈속의 그 무엇도 자신이 먼저 그것을 실재화해서 자신에게 영향을 미치게 하지 않는 한 아무런 힘이 없음을 완전히 인지하고 있었죠. 설령 누가 죽더라도 그들의 마음은 완전히 깨어날 때까지 계속되어 또 다른 꿈을 꾸게 될 것이고 꿈에서 완전히 깨어나야 자신이 이미 집에 있다는 걸 알게 될 것이기에, 나답은 죽음에도 의연한 태도를 보였어요.

나답은 흥이 넘치는 사람이기도 해서 온갖 것들을 소재로 재미난 말을 쏟아냈어요. 특히 로마인들에 대해서 농담을 자주 했는데, 아무런 악의 없이 그저 다른 이들을 정복하는 방식으로 높은 곳에 오를 수 있다고 여기는 인간의 어리석음을 풍자하기 위한 거였죠. 나답은 이런 말을 하곤 했어요. "카이사르<sup>Caesar</sup> 보고 세상을 가지라고 하세요! 왜 아무것도 아닌 것을 위해 생고생을 한답니까? 세상을 떠날 때 가져갈 수 있는 것이 있나요? 결국에 우리는 똑같이 다 파산합니다. 우리는 여기에 왔을 때도 그렇고 떠날 때도 그렇고 땡전 한 푼 챙겨갈 수 없어요. 모두 다 똑같이 파산하는 게임이죠. 중요한 건, 그래서 뭘 좀 배웠습니까? 그 모든 것을 다 용서했습니까?"

우리는 나자렛으로 돌아왔고, 그때부터 제이는 같은 이스라엘 민족을 상대로 해서 가르치기 시작했어요. 당시에 제이를 만날 준비가 된 사람들은 제이를 만났고, 아직 만날 준비는 되지 않았지만 그래도 이런저런 방법으로 도움을 받아야 할 사람들은 도움을 받도록 모든 일이 계획되어 있었습니다.

제이가 나자렛 회당에서 말할 당시 우리도 모두 함께 갔었어요. 대부분의 사람들은 제이가 그냥 인사를 하고 아버지 요셉의 착한 아들이 되겠다고 말하겠구나 예상했었죠. 그런데 단상에 올라선 제이는 "오늘 성서 말씀이 이루어졌도다"라고 말했습니다. 이 말로 제이는 자신이 메시아라고 선포한 것이었는데, 우리 모두가 메시아이며, 우리 모두가 **신의 마음** 안에서 똑같고, 우리 모두가 **하나**라는 뜻에서 그렇게 말한 것이었습니다. 하지만 그 자리에 있던 사람들은 모두 제이가 성서의 말씀을 성취하는 메시아라는 뜻으로 받아들여서 화가 잔뜩 났었어요. 죽지 않고 그 자리를 빠져나온 것이 다행이었어요.

퍼사: 우리는 나자렛에서 그리 오래 머물지 않았어요. 우리에게 고함을 질러대며 돌로 쳐 죽이겠다고 위협하는 사람들을 보고 감을 잡을 수 있었죠. 제이는 자신이 고향에서 예언자(prophet)로 받아들여지기 어렵다는 것을 알고 있었어요.

개리: 그때 제이가 "고향에서는 수익(profit)을 올릴 수 없다니까"라고 말

했던 건가요?

퍼사: 두려움을 모르는 그 셋을 목격하면서 우리가 깨달은 게 있어요. 그 셋은 더 이상 사람이 아니었어요. 자신들이 차지하고 있는 듯이 보이는 몸에 동일시하지 않았죠. 그들은 신을 완전히 기억해냈고 자신들이 신과 완전히 **하나**임을 경험하고 있었어요. 그렇다고 셋이 이에 대해 호들갑을 떨거나 그러진 않았죠. 그들에게는 그게 당연한 사실이었으니까요. 다대오와 안드레와 스데반과 나는 그들에게 경외심을 품었어요. 그들에게 있어 경외심은 동등한 형제나 자매가 아니라 오직 신에게만 품어야 하는 거지만요.

우리 모두는 우리 넷이 그 셋을 처음 만났던 예루살렘으로 향했어요. 예루살렘에는 제이의 형제이자 예루살렘 랍비들의 수장인 야고보가 살고 있었는데, 오랫동안 보진 못했지만 그가 제이와는 전혀 반대로 전통을 중요하게 여기는 보수적인 사람이라는 것을 알았죠. 하지만 야고보는 선량한 사람이었고 사람들을 잘 대우해주었어요. 야고보의 집에 초대받은 우리는 돌아가면서 그동안 겪었던 모험들을 들려주었고, 야고보는 우리들 얘기에 감명을 받기도 했지만 제이가 신과 우리는 **하나**고 우리는 **모두 다** 신의 유일한 아들이라는 점을 설명하려 할 때는 흥미를 잃었습니다. 그래도 끝까지 예의를 갖춰 경청한 후 이제 그만 자러 가자고 이야기했지요.

다음 날 제이는 예루살렘 안에 머무르기보다 이제는 시골 지역을 다닐 때라고 자신의 결정을 밝혔어요. 예루살렘 성전에 들어올 수 없는 사람들이 있기도 했고, 우리 모두가 신 안에서 이루고 있는 **합일**의 소식을 기쁘게 받아들일 사람이 밖에도 있을 수 있었으니까요. 또 물론 이를 달갑게 여기지 않을 사람들이 있다는 것도 잘 알고 있던 제이는 앞으로 닥칠 일들에 대한 만반의 준비가 되어 있었어요. 당시 다대오와 나는, 제이와 마리아와 나답이 앞으로 벌어질 모든 일에 대해 알고 있다는 사실을 아직 모르고 있었어요. 그 셋은 몇 년 후 제이가 십자가형을 당하리라는 것을 이미 알고 있었고, 제이가 이처럼 십자가형의 교훈을 가르치기로 선택한 이유가 몸이 무의미하다는 것을 증명하고, 몸이 진정한 제이의 본성과도, 제이가 정말로 속한 곳과도 무관하다는 것을 가르치기 위함임도 잘 알고 있었습니다.

우리는 몇 주 동안 시골길을 걸어 갈릴리호에 도착하게 되는데 바로 여기서 고기 잡는 일에 허탕을 친 어부 베드로를 만나게 됩니다. 제이가 우리와 베드로와 다른 몇몇 사람에게 고기를 잡으라고 한 이야기를 들어보았을 텐데 이는 실화입니다. 그리고 제이가 폭풍에 명령을 내려 호수가 잠잠해지게 했다는 것도 사실이고요. 제이는 꿈에 대한 지휘권을 갖고 있었죠. 하지만 자신을 위해 사용한 건 아닙니다. 제이는 당시 사람들에게 우리가 보고 있는 것은 우리에게서 나오고 있는 하나의 투사물이기 때문에 우리에게 그것을 지배할 권능이 있다는 걸 최선을 다해 보여주고자 그 힘을 사용했던 거죠. 대부분의 사람들은 이 말을 받아들일 준비가 되지 않았지만, 제이는 자신의 말이 의미 있게 전달되도록 각자의 이해 수준에 맞춰 비유와 이야기의 형식으로 들려주곤 했답니다.

아턴: 베드로와 그의 몇몇 친구들은 무리에 합류해 제이를 따르기로 결심했어요. 베드로는 자기가 세상에서 가장 똑똑한 줄 알았는데 그게 아니었다고 처음으로 인정했을 겁니다. 실제로도 제이의 말을 이해하는 데 어려움을 겪었고요. 나중에 십자가형이 있고 나서 베드로는 야고보와 같이 움직였고 결국에는 바울까지 가세하게 되는데, 이후 바울은 제이가 결코 원치 않았던 종교를 창시하고 말죠. 하지만 제이는 일이 그렇게 흘러갈 것을 알고 있었고 그게 중요하진 않았어요. 제이는 우리 모두를 동등하게

여겼고, 제이의 마음에 분리 따위는 절대 없었습니다.

제이가 세계 여행을 시작할 당시부터 함께했던 우리 여섯이 제이를 가장 잘 이해하고 있었어요. 그렇다고 제이가 우리를 특별 대우하거나 핵심세력으로 대하진 않았지만 우리와 대화 시간을 따로 마련하긴 했죠. 우리가 제이의 말을 제대로 파악할 수 있다는 걸 알고 있었거든요. 그래서 나중에 합류한 사도들이 질투심을 느끼기도 했는데, 특히 마리아에 대해서 그랬습니다. 사람들이 보는 앞에서 제이가 마리아에게 키스를 하곤 했는데 당시 관례와는 맞지 않았죠. 그러면 우리는 재미 삼아 "자기가 몸이 아님을 잘 아시는 분께서 왜 그러십니까?"라고 제이를 놀리며 웃기도 했답니다.

퍼사: 당신도 알다시피, 도마였던 나는 때로는 쌍둥이라는 뜻의 디디무스Didymus라고 불리기도 했었어요. 내가 제이와 **똑같지는** 않았지만 비슷하게는 생겼거든요. 사람들이 종종 혼동할 정도로요. 한번은 내가 제이의 옷을 좀 입고 제이 행세를 한 적이 있었어요. 내가 입을 떼기 전까지는 정말 그럴듯했는데 결코 제이의 맞수가 될 순 없었죠.

제이를 처음 만나고 얼마 뒤 그에게 선물을 주기로 결심했던 때가 생각나네요. 우리는 둘 다 읽고 쓸 줄 알았는데, 앞에서 말했듯이 그 당시에는 흔한 일이 아니었어요. 나는 제이에게 글을 적을 수 있는 깃대와 양피지를 선물했고, 행복한 표정으로 받아든 제이는 곧바로 다시 내게 돌려주며 "이것은 도로 가져가요. 이걸로 내 말을 받아 적어준다면 나에겐 큰 영광일 거예요"라고 말했답니다.

물론 나에게도 큰 영광이었죠. 나는 제이의 기록이 후세에 전해질 수 있도록 내가 기록할 수 있는 내용은 모조리 기록했어요.

개리: 제이는 당신이 기록한 것 대부분이 파괴될 거란 걸 알고 있지 않

았나요?

퍼사: 아, 물론이죠. 내가 말했듯이, 제이는 모든 것을 알고 있었어요. 나는 그러지 못했지만요. 제이가 내게 기록을 부탁한 건 나를 위한 부탁이었다고 생각해요. 내가 제이의 말을 받아 적으면서 더욱 잘 배울 수 있음을 알았던 거죠.

개리: 뭔 말인지 알 것 같아요. 예전에 메인 주에 살았을 때 나는 종종 기적수업 교과서 녹음을 들으면서 동시에 수업을 읽곤 했는데, 그러면 더 깊이 이해된다는 느낌이 들었거든요. 아마도 메시지가 시각과 청각을 통해 동시에 제공되어서 그런 것 같아요.

퍼사: 아주 좋은 방법이네요. 어쩌면 이제 그 방법을 시도하는 사람이 더욱 많아지겠어요. 어쨌든, 나는 달랑 도마복음만 집필하고 그만둔 것이 아니에요. 첫 번째 방문 때 오늘날 학자들 사이에서 'Q복음'으로 알려진 〈스승의 말씀〉(Words of the Master)에 대해 언급한 적이 있었는데, 내가 〈스승의 말씀〉 저자입니다. 교회가 〈스승의 말씀〉을 없애버리기 전까지 마가와 마태와 누가 모두가 〈스승의 말씀〉에서 상당량을 가져다 썼지요. 그래서 그 세 복음의 내용이 비슷한 것이고 공관복음共觀福音*으로 알려지게 된 것이랍니다.

개리: 와우! 그 '말씀'을 쓴 사람이 당신이라는 것을 왜 좀더 일찍 알려주지 않았나요?

퍼사: 형제여, 당시에는 당신이 다룰 정보가 차고 넘쳤거든요. 하지만 도마복음과 Q복음과 마리아복음과 빌립복음이 소위 주류 복음으로 알려진 것들이 나오기 전에 이미 집필되었다는 것 하나만 기억하세요. 오늘날

---

* 신약성경 사복음서 중 마태복음, 마가복음, 누가복음의 세 권을 일괄해서 부르는 명칭. 사복음서 모두가 예수의 생애와 교훈을 전하고 있지만, 특히 처음 세 권이 유사점이 많고 거의 같은 관점에서 쓰였다고 해서 공관복음서라고 부른다. 출처: 라이프성경사전

당신이 성서에서 접하는 마태복음, 마가복음, 누가복음은 내 글에서 좋아했던 부분을 옮겨 쓰거나, 자신들의 신학관에 끼워 맞출 수 있다고 여긴 것은 남겨두고 동의하지 않는 구절은 그냥 무시해버린 결과로 나온 거예요. 그들은 바울의 신학을 믿었고 — 진짜 이름은 사울이지만요 — 바울이 초기 교회들에다 보낸 편지가 나중에는 그들에게 복음이 되어버렸죠. 네, 그가 쓴 편지들에 매우 아름다운 내용이 담겨 있는 것도 사실이고, 그중 일부는 성령에게서 온 것이기도 해요. 하지만 잡탕이죠. 그것은 제이의 것이 아닙니다. 그리스도교가 기반을 두고 있는 것은 제이의 가르침이 아니라 성 바울의 신학이에요. 바울은 자기가 제이에 필적한다고 여겼지요.

사람들은 언제나 자신들이 이 성인들의 가르침을 이해한다고 생각하지만, 이 성인들은 비이원적 태도를 견지하지요. 그들은 환영의 세상을 실재로 만들지 않습니다. 제이와 마리아와 나답에게는 오직 신만이 실재했고 그밖에는 아무것도 실재하지 않았어요. 나답은 종종 이렇게 말하곤 했어요. "외관상 두 개의 세상 중에서, 즉 신의 세상과 인간 세상 중에서 **오직** 신의 세상만이, 완벽한 **일체**인 신의 세상만이 참됩니다. 나머지는 사실 아무것도 존재하지 않습니다." 하지만 사람들은 이 가르침을 가져다 이원적으로 바꿔놓고 말지요. 개리, 단 하나의 세상만이 있어요. 신의 세상만 있지요. 이것은 단지 비이원론으로 그치지 않습니다. 이것은 **순수** 비이원론이에요. 왜냐하면 이것은 오직 신만을 유일한 **근원**이자 단 하나의 **실재**로 인정하기 때문이죠.

제이와 나답이 이전에 배웠던 것을 마리아도 이전에 똑같이 배웠는데, 여기에는 베단타를 제대로 가르친 위대한 스승 샹카라의 가르침도 포함되어 있다는 걸 기억해야 해요. 샹카라는 절대 **실재**인 **브라흐만**이 현상 세계와는 정말이지 아무런 관련이 없다는 것을 힘주어 가르쳤어요! 그리고 세 성인 역시 그 마지막 생에서 신과 그의 왕국이 현상 세계, 즉 이 환영의 꿈 세계와는 참으로 관련이 없다는 것을 알았죠. 행여나 우리가 이 점을 지나치게 강조한다는 생각이 들까봐 하는 이야기인데, 이 사실을 모르고서는 제이와 마리아와 나답이 그들의 마지막 생에서 실천했던 방식의 용서를 실행한다는 것은 **불가능해요.**

나는 도마복음을 마친 후 여행을 다니면서 몇 년간 〈스승의 말씀〉을 기록했어요. 최초의 복음들, 즉 도마복음을 포함해서 마리아복음과 빌립복음은 자세한 이야기는 하나도 없는 어록에 불과했어요. 그러다 〈스승의 말씀〉을 쓸 때에는 이야기를 좀 집어넣었지요. 그랬더니 당시에는 우리와 함께하지 않았던 사람들이 거기 실린 이야기를 가져다 지어낸 이야기들과 섞어버리고 만 겁니다. 서기 400년쯤 교회는 〈스승의 말씀〉은 물론 다른 대안적인 기록들까지 **모두** 없애버렸습니다. 윤색을 거친 버전들 중 일부는 서기 325년경에 땅에 묻혔는데, 1945년까지 살아남아 발굴되었죠. 하지만 〈스승의 말씀〉은 그중에 없었어요. 교회가 〈스승의 말씀〉만큼은 정말로 완전히 없애버리고 싶어했기 때문인데, 거기에 실려 있는 그 가르침에 비이원론적 진실이 담겨 있었다는 이유도 컸지만 내가 막달라 마리아를 제이와 동등한 교사로 제시하는 것만큼은 교회가 도저히 감당할 수 없었기 때문이죠.

325년에 열린 니케아 공의회에서 정경正經으로 삼을 복음을 확립했다는 것은 다들 잘 알지요. 그런데 381년에 열린 공의회에서 다른 복음을 돌려보는 것을 불법으로 규정하고 걸리면 사형에 처한다고 정해버린 사실은 대부분 모르거나 알아도 별 신경을 쓰지 않습니다! 이 공의회는 로마제국을 구하는 일에 필사적으로 매달렸던 황제 테오도시우스Theodosius가 소집한 1차 콘스탄티노플 공의회이었어요. 로마를 살려보겠다며 그가 시도

했던 방법 중 하나가 로마제국을 하나의 종교로 통합하는 것이었죠. 당시에 대부분의 사람들이 지지했던 그리스도교로 말이에요. 하지만 그러기에는 너무 늦어서, 그리스도교는 살아남았지만 로마는 사라지고 맙니다.

이쯤에서 당신이 놀랄 만한 소식을 하나 더 들려줄까 해요. 그동안 나답에 대해 이야기할 때, 우리는 그의 진짜 이름을 사용한 거예요. 하지만 나답은 사실 성서에서 빌립$^{Philip}$이라고 칭하는 인물이기도 해요. 성서의 번역본에는 사도들의 진짜 이름이 실려 있지 않아요. 빌립이 제이와 항상 같이 있었기 때문에 사도 중 하나로 알려지게 되었지만, 사실 빌립은 제이와 같은 수준이었어요. 대부분의 사람들이 이를 몰랐던 것은 빌립이 사람들 앞에서 워낙 조용한 성품이었기 때문입니다. 하지만 실제로 빌립복음을 쓴 사람이 나답이었고, 그는 제이와 마리아를 제외하고 환생하러 돌아오지 않은 유일한 인물입니다. 그 생이 그에게 마지막 정거장이었죠.

개리: 알았어요. 갑자기 정신을 못 차리겠네요. 그래도 질문 하나 할게요. 수업에서는 제이가 최초로 자기 역할을 완수했다고 하잖아요. 그렇다면 제이가 마리아와 빌립, 그러니까 나답보다 앞서 깨달았다는 뜻인가요? 붓다이자 싯다르타였던 다른 모든 생까지도 포함해서?

퍼사: 엄밀히 말하자면, 맞아요. 그 마지막 생에서 셋 모두에게 마지막 큰 용서 과제가 하나 남아 있었어요. 그 과제란 바로 제이의 십자가형입니다. 제이가 그걸 통해 뭘 배워야 했던 것은 아니고, 단지 제이가 다른 이들을 가르치기 위해 선택한 과제였죠.

알다시피, 제이에게는 오직 신의 사랑만이 남았었어요. 그의 에고는 완전히 지워졌고, 그러면 다만 사랑으로서 존재하게 되지요. 자신의 용서 과제를 완전히 마치는 것이 곧 성령이 당신의 마음을 완전히 치유하도록 맡기는 길이에요. 그렇게 하기 전까지 당신은 오직 사랑만을 가르칠 수는

**없습니다.** 오락가락하기 마련이죠. 하지만 일단 에고가 사라지면 이제는 자연스레 당신의 정체인 사랑만이 언제나 남아 있습니다. 제이는 자기 숙제를 끝냈어요. 마리아와 나답의 경우, 그들이 치유되기는 했지만 이 세상에 속한 그 무엇도 자신들에게 영향을 미칠 수 없다는 것을 확실히 알기 위해서 겪어야 할 경험이 하나 남아 있었는데, 그것은 바로 사랑하는 제이의 죽음이었죠.

3년여를 제이와 동행한 우리 여섯과 베드로 그리고 성서에는 별로 기록되지 않은 몇몇은 제이에게 자주 경탄했고, 제이와 마리아와 나답의 사랑과 친절은 그 깊이를 알 수 없을 정도여서 우리와 다른 이들로 하여금 그들처럼 되고 싶다는 마음을 품게 했답니다.

우리가 스데반이라 칭하는 인물은 복음서에도 기록이 좀 남아 있어요. 스데반은 제이와 닮은 점이 많았는데 제이와 다르게 성깔이 좀 있었죠. 그래서 시퍼렇게 날 선 제이라고도 할 수 있었는데 결국 십자가 사건 후 몇 년 뒤 돌에 맞아 죽게 됩니다. 그때는 그런 것이 이런 일에 수반되는 위험 중 하나였지요.

제이의 형제였던 야고보는 베드로와 바울과 함께 그리스도교를 창시했는데, 그렇다고 그리스도교가 유대교에서 떨어져나오기를 정말로 바랐던 것은 아니었어요. 야고보는 두 종교를 결합하려 했지만 잘 되지 않았고, 결국 1차 유대 독립전쟁 중 로마인들이 그를 성전 벽 아래로 던져버려 죽음을 맞이하게 되었죠. 그래도 야고보는 대부분의 우리들과 달리 늙을 기회는 누렸답니다.

인도에서 도마였던 나에게 벌어진 일은 잘 알고 있죠? 내 아내였던 이사아Isaah는 마리아와 다대오와 안드레와 함께 내가 처형당하는 모습을 지켜봤고, 오열하는 이사아를 그들이 최선을 다해 다독여줬죠. 결국 그들은 모두 나자렛으로 돌아갔고 나중에 프랑스로 가서 여생을 보냅니다. 마리아가 마음의 힘으로써 프랑스로 이동한(mind-transport) 반면 나머지 사람들은 걸어서 갔죠. 마리아에게 자녀가 있었다는 추측이 있지만 이는 사실이 아닙니다. 그녀는 몸을 중히 여기지 않았고 다른 몸을 만들 필요도 없었으니까요.

그렇다고 자녀를 갖기로 선택한 사람들을 판단하려는 것은 아니에요. 마리아라면 이렇게 말했을 거예요. "그것이 당신 선택이라면, 단지 모든 일의 목적을 기억하기만 하세요. 용서를 위해서란 걸 말이에요"라고요. 용서를 주고받은 관계는 **거룩한** 관계입니다. 당신이 모든 것을 용서한다면, 용서는 모든 것을 도움의 도구로 바꿔놓게 됩니다.

십자가 사건이 있은 후 나자렛에서 몇 년을 더 보낸 나답은 여행은 충분했다는 결론을 내리고 쿰란Qumran 지역으로 가서 에세네파* 사람들과 함께 지냅니다. 구약의 기록과 해묵은 두루마리를 보존하는 일에 열을 올리는 그들의 가르침에 나답이 수긍한 것은 아니었지만, 그런 그들을 용서하고 그들이 열린 태도를 보일 때는 즐겁게 어울리기도 했죠. 바로 그 시기에 나답이 자기 기억에 의존해 빌립복음서를 집필한 것입니다.

제이와 마리아와 나답에 대해 강조하고 싶은 점이 세 가지 있어요. 첫 번째로는 그들이 실천했던 용서의 방식에는 일절 타협이란 없었다는 점입니다. 그들은 이미 이 용서의 방식을 배운 상태이기도 했지만, 용서가

---

* Essenes: 바리사이파, 사두가이파와 대등한 교파의 하나이다. 유대계 그리스인 A. 필론의 철학적 영향이 강한 신비적인 금욕주의를 부르짖으며, 신과의 좀더 완전한 일치를 추구하여 사해死海 주변에 종교적 공동생활권을 만들고 장로의 지도하에 공동생활을 하였다. 재산은 공유이며, 예배와 독서와 공동식사를 중요한 행사로 삼았다. 그 대부분은 결혼을 사양한 것 같으며, 세례자 요한이 이 파에 속했을 것이라는 설은 확증은 없으나, 금세기 최대의 발견(1945) 중 하나인 《사해문서死海文書》의 소유자였던 쿰란 교단이 이 파라고 하는 설은 매우 유력하다. 이 쿰란동굴에서 발견된 문서들은 구약시대와 신약시대의 중간기의 성서역사 연구에 귀중한 자료가 되었다. 이 파는 1세기 말경 소멸되었다. 출처: 두산백과

그들의 삶 그 자체였다는 점에서 다른 사람들과 달랐습니다. 다른 이들의 에고가 저지른 오류를 지적하는 일에 흥미가 없었을 뿐 아니라, 단지 오류를 지나치고 그 너머를 보면서 상대방이 진정 누구이고 진정 무엇인지를 정확히 알았죠. 그들은 환영의 베일을 지나치고 우리 모두 안에서 빛나고 있고 완벽하게 지속하는 빛과 진리를 꿰뚫어봤습니다.

두 번째로 강조하고 싶은 점은 그들에겐 사랑이 있었다는 것입니다. 그들의 심원한 사랑은 그 깊이를 헤아리기조차 어려울 정도였어요. 우리도 여건이 좋을 때는 그들처럼 되려고 시도를 했지만요. 성서와 수업이 입을 모아 말하듯이, 완벽한 사랑은 두려움을 몰아냅니다. 그들 안에는 아무런 두려움이 없었어요. 그들의 사랑은 완벽했고 그래서 그들에게는 아무런 두려움도 없었던 거죠. 그들에게는 에고가 하나도 없었거든요.

마지막으로 그들이 행복했다는 걸 강조하고 싶습니다. 그들은 가식이 없었고 아무런 불평불만 없이 행복하게 살았어요. 그들에게 기쁨은 평범한 일상이었고, 그런 그들을 지켜보는 것만으로도 즐거웠답니다.

성령을 마음에 둘 때, 성서에서 제이가 실제로 말한 내용과 성서를 집필한 저자들의 에고가 마치 제이가 말한 것처럼 꾸며낸 내용을 구별할 수 있게 됩니다. 제이는 초지일관했어요. 수업의 교사용 지침서를 보면, 수업에서 정직이란 사실 일관성과 다름없지요.

아턴: 로마 군인들이 제이를 십자가에 못 박는 동안 제이가 괴로워하지 않자 군인들은 화도 나고 두렵기까지 했어요. 그중 한 명이 제이에게 "왜! 왜 고통을 느끼지 않는 거냐고?"라고 소리쳤고, 제이는 "마음에 죄책감이 없으면 고통도 없기 때문이죠"라고 답을 했죠. 그러자 그 군인은 창으로 제이의 옆구리를 찔렀고, 그래도 제이가 아무 반응이 없자 더욱 겁에 질린 군인은 결국 도망가 버렸답니다.

제이는 이번을 마지막으로 자기 육신을 완전히 내려놓기로 결심했어요. 육신을 내려놓기 직전에 온화한 미소로 마리아를 바라보았고 마리아도 역시 미소로 화답했습니다. 둘은 서로의 눈을 바라보면서 제이가 죽음을 넘어섰다는 것을 알았고 나답 또한 이 사실을 알았답니다. 그렇게 셋은 서로의 안에 있는 진실을 부드럽게, 서로만 알아볼 수 있는 미묘한 방식으로 인정했어요.

나답과 마리아는 제이의 죽음에 영향을 받지 않았기 때문에 자신들이 또 한 번의 생을 살기 위해 이 세상에 돌아오지 않으리라는 것을 알았어요. 성서와 수업이 똑같이 말하듯이 "맨 나중에 물리칠 것은 죽음"입니다. 마리아와 나답은 제이의 장례식 때 서로를 꼭 끌어안았고, 그 뒤로는 각자의 길을 갔습니다.

제이를 비롯한 삼인방이 자신들의 과업을 완수하고 최초로 깨달은 인물들입니다. 물론 깨닫기 위해서 알아야 할 모든 것을 알았고 샹카라나 노자처럼 심지어는 그 배움을 살아냈던 사람들도 있었죠. 하지만 그들에게는 빠진 것이 하나 있었어요. 신을 완전히 인정하고 또 신을 **유일한** 실재로 인정하기 전까지는 신과의 분리를 완전히 해제할 수 없습니다!

다시 한 번 말하지만, 이것이 기적수업에서 **"오직 신과 그 나라를 지키기 위해 경계하라"**고(T-6.V.C.2:8/교과서112쪽) 가르치는 이유입니다.

개리: 고마워요. 무슨 말인지 잘 알아들었어요.

아턴: 친구여, 부지런히 경계하세요. 우리는 아직 다룰 내용이 많이 남았으니 다시 돌아올게요.

퍼사: 형제여, 잘 지내요.

나는 전에도 2천여 년 전에 일어났던 일에 대해 많이 알고 있었지만, 이번에 아턴과 퍼사의 이야기를 들으면서 제대로 실감했고 훨씬 더 많은 것을 알게 되었다. 그날 밤 잠자리에 들면서 나는 제이와 마리아와 나답에게 모든 것에 대해 감사했고 나의 사랑과 감사를 건넸다. 스승의 스승들*은 이제 더 이상 보이지 않지만, 그들은 나에게 또 한 번 도움을 주었다.

---

\* The teachers of teachers: 제이와 나답, 아턴과 퍼사처럼 윤회처럼 보이는 꿈에서 완전히 깨어난 자들을 가리키는 표현이다. 〈기적수업 합본〉 교사용 지침서 26번 주제를 참고하라.

# 7
# 영지주의

좋은 것도, 나쁜 것도 없다. 그저 생각이 그렇게 만들 뿐.
— 〈햄릿〉, 윌리엄 셰익스피어


이번 책을 위한 첫 대화가 시작되고 몇 개월쯤 지난 어느 겨울밤, 나는 페이스북과 트위터와 내 책과 수업에 대해 이야기하는 야후 토론 그룹에 아래 메시지를 게시했다. 또 내 이메일 목록에 있는 사람들에게도 같은 메시지를 보냈는데, 여기에는 전날 밤에 느낀 내 심정이 잘 담겨 있다.

지난밤 넷플릭스에서 다운받아둔 영화를 보고 있는데 평소엔 밝고 쾌활하던 신디가 심각한 표정으로 들어와 슬픈 소식이 있다고 했다. 그 말을 듣자마자 우리가 사랑하는 누군가가 죽었다는 것을 알 수 있었는데 그가 켄 왑닉이라는 말에 놀라움이 더했다. 내가 놀란 건 그 일이 일어나서가 아니라 생각보다 너무 빨리 일어났기 때문이다. 우리에게 좀 더 함께할 시간이 남아 있다고 생각했는데 말이다.

개인적인 만남을 포함해서 내가 켄을 만난 건 여섯 번 정도 되고, 스무 통가량의 편지도 주고받았는데 지금도 나는 이 편지들을 보관하고 있다. 내 기억 속엔 항상 켄이 있을 것이고 켄에 대해 하고 싶은 얘기가 무궁무진하지만, 그걸 책으로 쓴다면 족히 몇 권은 필요할 테니 지금 여기서는 켄과 처음 만났을 때의 일만 얘기하려 한다. 아턴과 퍼사는 내게 켄을 꼭 만나 그에게서 배울 수 있는 모든 것을 배우라고 안내해 주었다. 스승들의 당부대로 내가 켄에게서 배울 수 있는 모든 것을 배웠다고 자신할 수는 없겠지만, 많이 배운 것만큼은 확실하다. 1998년 6월 뉴욕 로스코Roscoe에서 '시간과 기적수업'이란 주제로 켄의 강연이 열렸고, 나는 그것을 듣기 위해 메인 주에서 열 시간을 운전해 그곳에 갔다. 강연은 주말 동안 열 시간에 걸쳐 진행됐고 강연을 듣는 내내 나는 켄의 심오한 학식에 경탄을 금할 수 없었다. 미리 개인적 만남을 부탁했고 켄도 이를 허락해 우리 둘은 따로 만남을 가졌는데, 나는 그 자리에서 당시 집필하고 있던 책에 대해 말하면서 기적수업 구절들을 색인까지 넣어 제대로 인용하고 싶다고 말하고 싶었다. 하지만 불안했던 난 쉽게 말을 꺼내지 못했고 켄도 이런 내 마음을 잘 알고 있었다.

아무튼 켄은 《우주가 사라지다》의 첫 번째 독자가 되었고, 그때 켄이 내게 보여준 친절을 나는 결코 잊지 못할 것이다. 하지만 더 중요한 점은 시간이 지날수록 "친절하라"는 켄의 말을 자주 듣게 되었다는 것이다. 나는 켄이 친절을 말로만이 아닌 몸소 살아냈다는 걸 경험으로 이미 알고 있었는데, 켄은 내가 만나본 사람 중에 가장 친절한 사람이었고 나 역시 모든 사람에게 친절하도록 고무시켰다. 이것 말고도 아턴과 퍼사가 기적수업의 가장 위대한 교사라고 했던 그에 대해 할 말이 너무 많지만, 지금으로서는 켄이 얼마나 아름다운 사람이었는지 그리고 켄이 굳이 그럴 필요가 없었는데도 나에게 얼마나 많은 노력을 기울여 친절하게 대했는지가 가장 많이 생각난다.

지난밤 나와 신디는 손을 마주 잡고 켄에게 이야기를 건네면서 감사를 전했다. 나는 지금 켄이 좋은 시간을 보내고 있음을 안다. 눈앞에 처리

할 과제가 남은 사람은 켄이 아니라 우리이고, 언제나 우리가 이 일을 해낼 수 있도록 도와줄 켄의 저작물이 있어서 다행이다. 사랑해요, 켄.

아턴과 퍼사는 어느 영적 가르침이든 다양한 학파가 있기 마련이라고 했는데, 진리는 단순하지만 에고는 그렇지 않기 때문이다. 그리고 다양한 학파 중에서는 본래 가르침을 제대로 이해하는 학파와 그렇지 못한 학파도 다반사로 있는데, 예를 들면 비이원적인 베단타의 경우 제대로 이해한 사람은 샹카라였고, 영지주의靈知主義(Gnosticism)의 경우는 발렌티누스 학파 (the Valentinian School)였다. 발렌티누스 학파는 창시자인 발렌티누스Valentinus 의 이름을 딴 것으로, 발렌티누스는 제이가 말한 내용 대부분을 이해했고 영지주의의 본래 의도도 제대로 이해한 사람이었다. 그리고 기적수업의 경우는 왑닉 학파, 즉 '기적수업 재단'이 수업의 뜻을 제대로 이해했다. 아래에 발렌티누스의 작품 중 〈진리의 복음〉(the Gospel of Truth)에서 멋진 구절 두 개를 실었는데, 켄 왑닉도 수업을 가르칠 때 가끔 인용한 이 두 구절을 읽어보면 서기 150년경에 집필된 〈진리의 복음〉과 수업 사이에 놀랄 만한 유사점을 발견할 수 있을 것이다.

각자의 이름은 그분께로 가느니라. 이렇게 지식을 지닐 사람은 자신이 어디에서 오며 어디로 가는지를 아느니라. 그는 술에 취했던 사람이 술에서 깨어나 정신을 차리면 자신에게 속한 것을 되찾는 것처럼 알게 되느니라. 그분은 오류로부터 많은 사람들을 되찾아오셨느니라.*

---

* The Gospel of Truth, 1.22.12-21, The Nag Hammadi Library, 40쪽, James M. Robinson 편집, Harper Collins 출판

이와 같이 그들은 **아버지**에 대해 알지 못했나니, 그분은 그들이 보지 못한 분임이니라. 거기에는 공포와 혼란과 불안정과 의심과 분열이 있었으므로, 이러한 것들로 인해 많은 환상이 작용하고 있었으며, 마치 그들이 잠 속에 빠져, 혼란스런 꿈속에 있는 것처럼 공허한 허상이 있었느니라. 그들이 도피할 곳이 있는 경우도 있고, 다른 이들을 좇다가 힘없이 오는 경우도 있고, 싸움에 휘말리기도 하고, 공격을 받기도 하고…

이 모든 일을 겪는 자들이 깨어나면, 이러한 모든 혼란의 와중에 있던 그들은 아무것도 보지 못하느니라. 왜냐하면 그들은 무無이기 때문이니라. 자신에게서 무지를 잠처럼 내던져버린 자들의 길은 이와 같으니라. 그들은 그것을 현실이라고 여기지 않으며, 그 현상이 실제적인 것이라고 여기지도 않고, 그것을 한밤에 꾼 꿈처럼 놓아버리느니라.**

나는 영지주의에 대해 아는 것은 별로 없었지만 그래도 내 스승들과 그것에 대한 이야기를 나누고 싶었다. 특히 지난번 대화에서 스승들이 막달라 마리아의 복음과 함께 빌립복음도 읽어보라고 권한 이후로 말이다. 아직 그것들을 읽진 않았지만 내가 분명히 알고 있는 건 도마복음이 영지주의 문헌이 아니라 그리스도교 최초의 문헌이라는 거다. 물론 여기서의 그리스도교라는 말은 나중에 그리스도교라 불리게 된 종교와 똑같은 의미로 사용된 것이 아니다. 현대 성서학자들 중 일부는 도마복음의 집필 시점이 그리스도교의 다른 모든 문헌보다 앞서 있고 서기 50년까지도 거슬러 올라갈 수 있다고 믿는다. 아턴과 퍼사는 그보다 훨씬 앞선 것이라고 말할 테지만 말이다.

로스앤젤레스치고는 비교적 선선한 어느 오후에 아턴과 퍼사는 어느

---

** 같은 책, 1.28.30-32, 40쪽

새 나와 함께 있었고 아턴이 먼저 말문을 열었다.

아턴: 형제여, 지난번 우리가 방문했을 때 배운 내용을 종합적으로 잘 생각해봤나요?

개리: 다는 아니고 일부는요. 워낙 내용이 많았잖아요.

아턴: 맞아요. 그리고 세일럼<sup>Salem</sup>에 다녀온 후로 생각할 거리가 훨씬 많아지기도 했고요.

주註: 세일럼은 내가 태어난 곳으로 매사추세츠 주에 속해 있다. 2014년 7월 하순에 나는 신디에게 어린 시절 내가 자주 갔던 곳을 보여주기 위해 함께 그곳을 방문해 매사추세츠 북쪽 해안가와 내가 가장 많은 시간을 보냈던 세일럼과 비벌리<sup>Beverly</sup>를 둘러봤다. 그리고는 호손<sup>Hawthorne</sup> 호텔에 묵었는데, 이곳은 내가 스물두 살 때 솔로로 기타를 치며 노래를 부른 곳이기도 했고 나중에는 허쉬<sup>Hush</sup>라는 유명한 밴드와 함께 공연을 한 곳이기도 했다. 호텔 옆에는 역사적으로 유명한 세일럼 공원이 있었지만 우리는 길 건너편에 있는 세일럼 마녀 박물관을 구경하기로 했다. 박물관에 들어선 우리는 1692년에서 1693년 사이 이 지역에서 벌어진 광기 어린 마녀재판에 대한 설명을 자세하게 들을 수 있었는데, 마녀로 지목된 사람들이 처벌받을 만한 일을 전혀 하지 않았음에도 사람들은 자신들의 무의식적 죄책감을 다른 이들에게 투사해서 그들을 처형하기에 이르렀다는 사실에 나는 마음이 심란해져서 용서를 적용해야 할 지경이었다.

사실 세일럼은 '평화'를 뜻하는데, 이 역설이 내게 콱콱 와 닿았다. 또한 나는 세일럼 방문을 계기로 종횡무진인 투사의 역동성을 더더욱 인식했고, 그 후로 300년도 더 지났지만 사람들이 크게 달라지지 않았다는 것도 뼈저리게 깨달았다.

슬픈 역사 하나만 제외하면 나머지 여행은 상당히 즐거웠다. 오늘날 세일럼이 마녀라는 소재를 최대한 우려먹긴 해도, 세일럼은 내가 1980년대에 거기서 느꼈던 영적인 기운을 그대로 간직하고 있는 멋진 마을이다.

퍼사: 막달라 마리아 복음에서 한 대목을 들려줄게요. 이번 책 작업을 할 때 적절한 곳에 넣어서 소개해주세요. "나는 **그분**에게 말했다. '주여, 무엇이 우리로 하여금 비전을 보게 하는 것입니까? 우리는 비전을 영혼 (the soul)이나 영(the spirit)으로 보는 것입니까?' **그분**께서 답하시며 내게 말씀하셨다. '영혼이나 영을 통해 보는 것이 아니라, 그 둘 사이에 있는 마음을 통해 보는 것이다.'"

이 구절은 우리 모두가 어울릴 당시에 막달라 마리아가 기록한 거예요. 뜻은 이렇습니다. 먼저, 나그 함마디 문헌의 이 구절은 "무엇이 우리로 하여금 비전을 보게 하는 것입니까?"라고 번역이 되었지만, 실은 "무엇이 우리로 하여금 비전을 **가지고** 보게 하는 것입니까?"라고 옮겨야 맞아요. 마리아가 제이에게 던진 이 질문은 자신이 아니라 그 자리에 있는 사람들을 위한 거였죠. 마리아는 이미 답을 알고 있었거든요. 대부분의 사람들은 영혼을 매우 영적인 것으로 여기지만, 실은 그것도 분리의 생각입니다. 영혼은 개체성이라든지 개인의 존재에 기반한 생각이거든요. 모든 이는 저마다 영혼을 갖고 있다고 생각합니다. 개체성이라는 생각에 몸이 연관되느냐 마느냐는 중요한 사항이 아니에요. 분리는 그냥 분리인 것이죠.

그리고 이 인용문에서 "영(the spirit)" 앞에 있는 정관사(the)는 사실 필요하지 않아요. 그냥 "영(spirit)"이라고 하면 돼요. 영은 존재하는 전부이자 일체입니다. 이렇듯 마리아복음에 실린 이 구절만 하더라도 분리의 생각과 일체성의 생각, 이 두 가지 생각이 나타나 있습니다. 그리고 마음의 기능은 **선택하는** 것이기 때문에 제이는 "영혼이나 영을 통해 보는 것이 아니라, 그 둘 사이에 있는 마음을 통해 보는 것이다"라고 말한 거예요. 당신은 마음을 사용해서 완벽한 일체인 **영**이나 분리의 생각을 선택합니다. 분리의 생각은 수업에서 주로 몸으로 제시되곤 하지만 사람의 정신, 즉 개별 영혼도 포함합니다. 둘 중 어느 것을 선택하든 그것을 선택하는 것을 습관으로 들이면 당신은 그것을 진짜라고 여기게 되고, 그러면 그것이 존재한다고 믿을 것이고, 이렇게 해서 그것은 당신에게 영향을 미치게 됩니다. 이것만 보더라도 제이가 오늘날 기적수업을 통해 가르치고 있는 내용을 2천 년 전에도 똑같이 가르쳤다는 것을 알 수 있어요. 제이는 수업에서 이렇게 말하고 있죠. **"마음은 영을 활성하는 매체를 나타내는 용어로, 영의 창조적 에너지를 공급한다."**(C-1.1:1/지침서81쪽) 당신은 마음을 가지고 영을 선택해서 영을 활성화하는 것이랍니다. 아시겠어요?

개리: 알겠어요. 당연히 2천 년 전에는 제이가 오늘날 수업에서 말하는 식으로 표현할 수 없었을 거예요. 그랬다면 아무도 이해하지 못했을 테니까요. 물론 그렇지 않았어도 당시 사람들 대부분이 제이를 이해하지 못했지만요. 어쨌든 그런 이유로 제이가 주로 비유를 써서 말한 것으로 봐도 될까요?

퍼사: 맞아요. 격언과 비유를 사용했죠. 영지주의는 초기 복음인 도마복음, 마리아복음, 빌립복음과 더불어 끊임없이 변화를 겪은 후 오늘날 성서에 실리게 된 후기 복음들이 등장한 이후에야 인기를 끌었어요. 오늘날 도마복음과 마리아복음과 빌립복음이 그리스도교로 인해 영지주의 문헌으로 오해받고 있는데 그렇지 않고, 그중 빌립복음은 발렌티누스 학파에

서 나온 것으로 간주되지만 이 또한 사실이 아닙니다. 빌립복음의 원본은 그리스도교와 영지주의보다 앞서 있습니다. 언젠가 우리가 당신 마음을 통해서 당신에게 들려주었듯이 영지주의자 중에서 제이를 가장 잘 이해한 사람은 발렌티누스였어요. 발렌티누스는 알렉산드리아에서 태어났고 제이와 그의 친구들처럼 그곳 도서관을 드나들었답니다.

개리: 알렉산드리아 도서관은 불에 타서 없어지지 않았나요?

퍼사: 맞아요. 몇 번의 화재로 큰 피해를 입었죠. 그래도 도서관 역할을 한 세라페움Serapeum이 391년경까지는 남아 있었어요. 발렌티누스는 150년경에 알렉산드리아와 로마에 시리아-이집트계 영지주의 학파 일부로 알려진 배움터를 여럿 세웠습니다. 경이로운 〈진리의 복음〉도 바로 거기서 집필되었지요. 그는 바실리데스Basilides라는 교사의 영향을 받았는데 그도 유명한 배움터를 여럿 운영했답니다. 물론 다른 영지주의 교사들도 있었지만 그들은 제이의 진의를 제대로 파악하지 못했어요. 4세기 후반까지 가장 영향력 있는 영지주의 가르침은 발렌티누스의 가르침이었죠. 그 이후로는 그동안 우리가 말했듯이 주류 복음을 제외한 나머지 문헌은 모조리 불법으로 낙인이 찍혀 척결되었지만요.

우리가 이 주제를 꺼낸 까닭은 영지주의와, 제이가 기적수업에서 가르치는 새로운 형태의 가르침 사이에 유사점이 있기 때문이에요. 어떤 사람들은 본래 가르침의 진면목을 알아보는 재능을 갖고 있는데 영지주의의 경우는 말했다시피 발렌티누스가 그랬죠. 발렌티누스의 제자들이 그에게 끌린 건 그의 인성이나 다른 것 때문이 아니라 그가 가르치는 내용이 진리를 담고 있었기 때문이에요. 그리고 기적수업의 경우, 수업의 진면목을 파악하는 재능을 가졌던 사람은 켄 왑닉이었습니다. 그리고 오늘날 켄의 저작물을 공부하는 학생들도 켄의 인성 때문이 아니라 켄이 육신을 내려놓기 전까지 오랜 시간 왕성하게 가르쳤던 내용에 담긴 진리를 알아봤기 때문이고요. 수업은 비이원론에 입각해 있고 켄의 저작물도 비이원론에 입각해 있습니다. 우리가 당신과 처음부터 함께한 덕분에 당신의 저작물도 그렇고요. 게다가 우리가 처음 방문한 이후 당신은 우리의 충고대로 켄에게서 배우기도 했고요.

기적수업이 태동할 당시 켄이 헬렌 슈크만과 빌 테트포드와 쥬디 스커치와 함께 있었던 것은 결코 우연이 아니에요. 켄은 수업을 가르치기로 예정된 사람이었어요. 정말로 현명한 학생들은 켄에게서 배우고 있죠. 자신들이 수업을 더 잘 가르칠 수 있다고 생각하는 사람들이 있지만 실제로는 그렇지 못해요. 그들은 켄이 단지 수업의 의미에 대한 한 가지 가설을, 자신의 해석을 제시했다고 여기지만 켄의 해설은 한 가지 가설이 아니에요. 수업에 대해 유일하게 가능하고 정확한 해석은 **하나밖에 없어요.** 수업은 적힌 바 그대로를 뜻하고 있고, 켄은 수업이 말하는 내용을 누구보다 잘 가르쳤죠.

개리: 전부터 물어보려고 했었는데, 켄은 깨달았나요?

퍼사: 네, 그는 깨달았어요. 그리고 허상을 떠났죠. 이번이 그가 떠날 때였거든요. 모든 이에게는 이곳을 떠나기로 예정된 때와 장소가 각각 있답니다. 깨닫는다고 해서 그 때와 장소가 바뀌지는 않아요. 각본은 이미 쓰여 있으니까요. 당신이 깨닫게 된다면 당신은 최종적으로 몸을 내려놓게 됩니다. 켄이 이 꿈에서 사라진 듯 보이는 게 중요한 것이 아니라 그가 꿈을 어떻게 바라보았는지 그것만이 중요하죠. 켄은 임종 즈음에 "나는 죽고 있지 않아요"라고 말했는데, 자신이 사람들이 켄이라고 여겼던 몸과 인격과는 아무 상관이 없다는 걸 깨닫고 있었기 때문이에요. 제이와 마찬가지로 켄에게 몸은 아무 의미가 없게 되어버린 거죠.

수업을 받아 적는 일을 함께한 빌 테트포드도 마찬가지예요. 쥬디로부터 들어 당신도 알다시피 빌도 깨달았거든요.

주註: 나는 '내면의 평화 재단' 대표인 쥬디 스커치 윗슨과 좋은 친구가 되었다. 퍼사의 말대로 수업이 등장할 초창기에 그 자리에 함께 있었고 수업의 원 발행인이기도 한 그녀는 빌 테트포드를 "기적수업을 처음으로 졸업한 학생"이라고 믿어 의심치 않는다고 말했는데, 1980년대 제작된 빌의 영상을 본 나로서도 쥬디의 의견에 토를 달 생각이 추호도 없다.

개리: 대단하네요. 수업의 원년 멤버 네 명 중 최소 두 명은 깨달았었다는 거잖아요. 그리고 나는 쥬디 역시 깨닫지 못했다는 근거를 전혀 못 찾겠어요. 헬렌 슈크만의 경우, 수업의 내용은 완전히 이해했지만 실제로 **실천하는** 일에 있어서는 어려움을 겪었다고 알고 있어요. 반면에 켄은 나에게 들려주었던 내용 모두를 몸소 실천했고요.

아턴: 네, 켄은 정말 그랬죠. 그리고 우리는 점점 더 능숙하게 수업을 살아내고 있는 당신을 보는 것도 즐겁습니다.

퍼사: 그동안 우리가 비이원론을 무척 강조해왔잖아요. 그래서 말인데 순수 비이원론에 도달하는 사다리의 네 단계를 당신이 간략하게 복습해주면 어떨까요?

개리: 좋지요. 처음에는 이원론二元論의 단계부터 시작할게요. 여기는 뉴턴 물리학에서 제시한 주체와 객체의 영역이지요. 삼라만상이 우리 바깥에 있는 듯이 보입니다. 바로 여기서 의식이 등장하게 됩니다. 우주는 사실 투사물이지만, 우리는 이를 모르는 상태죠. 의식을 갖기 위해서는 의

식의 **대상**이 되어야 할 다른 무엇이 있어야 합니다. 이것이 분리죠. 바로 이런 이유 때문에 수업이 **영**을 묘사할 때는 앎(awareness)이라는 별도의 단어를 쓰는 것이고요. 이것은 의식과 다릅니다. 같은 것이 아니에요. 영은 하나임(oneness)입니다. 주체도 객체도 없는 하나의 전체입니다. 하지만 이원론의 단계에서는, 개인의 관점에서든 영성의 관점에서든, 두 개의 세상이 존재하는 듯이 보입니다. 인간의 세상과 신의 세상 말이죠. 그리고 둘다 진짜인 것처럼 보이죠.

다음으로는 반半이원론이 있습니다. 반이원론은 분리의 생각이 사실이 아닐 수도 있겠다는 것을 마음이 받아들이기 시작하는 상태예요. 반이원론을 이원론의 좀더 친절하고 온화한 형태라고 여길 수도 있어요. 예컨대, 반이원론 상태에 있는 종교적인 사람들 중에서 다른 태도를 보이는 사람들이 있습니다. 그들은 신이 사랑이라는 생각을 받아들이기 시작할 수도 있습니다. 그런데 이와 함께 중요한 질문들이 같이 따라오기 시작합니다. 예를 들면, 신이 사랑이라고 할 때, 신이 동시에 증오일 수도 있을까? 성서에서 말하듯이 신이 완벽한 사랑이라면 신이 불완전한 생각을 갖는 것도 가능할까? 이런 질문들이 제기되면서 영성을 공부하는 학생의 마음 안에서 앎이 서서히 깨어나기 시작합니다. 그 결과로 그 사람은 이원성에 빠진 다른 사람들보다 고립감을 덜 느끼게 될 수도 있지요. 잠시 다른 얘기를 하자면, 순수 비이원론에 오르는 사다리를 오르는 과정 중에 현 단계에서 다른 단계로 갈 때 전진과 퇴보를 종종 경험할 수도 있습니다. 심하게 요동치는 여행이 될 수도 있고 평화로운 순간이 때때로 찾아오기도 합니다.

그다음으로는 비非이원론이 있습니다. 비이원론은 분리 같은 것은 절대 없으며 분리된 듯 보이는 것은 그 무엇도 실재가 아니라고 말합니다.

투사는 당신 마음속에서 해제되고 당신은 결과의 자리에서 원인의 자리로 이동합니다. 이제 당신은 더 이상 꿈이 아니라 꿈꾸는 자이고, 이 꿈은 나 대신 다른 누가 꾸는 게 아닙니다. 그 밖의 다른 사람이란 결코 **없습니다.** 비이원성이란 곧 이원성이 아니라는 뜻입니다. 오직 일원성만 있고, 그것만이 단 하나의 실재입니다. 그러므로 외관상 둘로 보이는 세상, 즉 참이 아닌 환영의 세상과 참인 실재의 세상 중에서 오직 실재 세상만이 참이고, 형태를 취한 듯 보이는 것은 전부 참이 아닙니다.

마지막으로 순수 비이원론으로 넘어갑니다. 이 관점은 신만을 유일한 근원이자 유일한 실재로 인정하기 때문에 '순수' 비이원론이라고 칭합니다. 물론 두 개의 세상이, 즉 신의 세상과 인간 세상으로 분리된 두 세상이 존재하는 **것처럼** 보이지만, **신의 세상만이 참이고 나머지는 전부 참이 아닙니다.** 이를 인정하고 지식으로서 받아들일 수 있는 사람은 극히 드문데, 왜냐하면 그렇게 한다는 것은 몸이든 영혼이든 그 어떤 형태의 개체성도 지금은 물론 영원히 포기한다는 뜻이기 때문입니다. 우리는 곧 신의 품으로 사라져서 **영**의 고차원적 삶을 누린다는 것을 압니다. 우리는 의식을 버리고 완벽한 일체를 자각할 것입니다. 이 상태를 엿볼 수 있는 짧은 경험들을 통해서, 우리는 이 상태의 자각이 의식의 상태를 날려 보낸다는 것을 배우게 됩니다. 그러면 꿈과 환영의 세상은 신의 실재로 돌아가기 위한 수단으로 활용될 경우를 제외하고는 전적으로 무의미해집니다.

퍼사: 고마워요, 개리. 정확하면서도 간략하군요. 막간을 이용해서 농담도 좀 들려주세요.

개리: 좋아요. 내가 아는 가장 짧은 농담이에요. 예수가 호텔에 들어가서 프런트 데스크 앞에 섰어요. 예수는 커다랗고 녹이 슨 못 네 개를 갖고 있었죠. 예수는 못을 프런트 데스크 위에 떨어뜨리며 호텔 직원에게 이렇

게 말했어요. "오늘 밤 나를 저 위로 좀 올려주시겠소?"*

퍼사: 아주 불경스러운 것이 나답이 참 좋아했겠네요.

아턴: 비이원론 이야기로 돌아가서, 영지주의자들은 영지靈知(Gnosis)라는 단어를 수업에서 지식(knowledge)이라는 단어를 사용할 때와 매우 유사한 방식으로 사용했어요. 두 표현 모두 통상적 의미의 지식이나 정보를 뜻하지는 않아요. 당신과 신이 완벽히 하나임을 실제적으로 경험하는 것을 가리키죠. 개리, 당신은 수업에서 계시(revelation)라고 칭하는 경험을 해본 적이 있지요?

개리: 네. 사실 다 같은 것이죠. 수업은 계시를 특정 정보가 누군가에게 드러난다는 의미로 사용하지 않아요. 말로는 도저히 담아낼 수 없는 저너머의 참으로 경이로운 경험을 가리키려는 것이죠. 완벽한 합일을 자각하는 경험은 이 세상이 제공할 수 있는 모든 것을 단번에 날려버려요. 이 경험은 덧없는 꿈이 아니라 지속적인 상태인 진리를 맛보게 하고요. 그러니까 당신 말은 일부 영지주의자들도 환영의 우주라는 베일 너머에 있는 실재를 똑같이 경험했었다는 거죠?

아턴: 네, 바로 그거예요. 그 상태를 경험한 사람들은 언제나 있어왔어요. 이 경험은 언제든지 누구에게라도 일어날 수 있어요. 꼭 영적으로 진보한 상태가 아니어도 그 경험이 갑자기 찾아올 수 있죠. 여기서 '갑자기'라는 표현을 쓴 이유는 계시의 경험이 대개는 기대하지 않을 때 일어나기 때문이에요. 그러니까 이 글을 읽는 사람들은 그 경험을 추구하느라 시간을 낭비하지 말아야 해요. 또 그런 경험을 한다고 해서 자신이 특별해지는 것도 아니니까요. 어떤 경우에는 당신들이 이 여정을 계속해나가는 것

---

* "Can you put me up for the night?": 'put someone up'의 기본 뜻은 '일시적으로 숙박을 제공하다'는 의미인데, 여기서는 예수를 십자가에 올린다는 중의적인 의미로 사용되었다.

을 돕기 위해 성령이 격려 차원에서 이 경험을 하도록 하는 것이기도 해요. 반면 매우 진보했지만 이번 생에서는 그 경험을 하지 않는 학생들도 있고요. 그들이 이미 다른 생에서 그 경험을 했고, 지금은 단지 모르고 있을 수도 있단 거예요. 결국 누구는 경험하고 누구는 경험하지 못하는지 이해하려 애쓰는 것이 부질없단 뜻이에요. 그냥 계시의 경험이 모든 마음들에게 저마다의 때에 일어난다는 점만 이해하면 돼요. 계시는 장차 올 실재를 미리 엿보는 예고편과도 같아요. 결국에는 시간을 넘어서 있는 당신의 실재가 항상 어떨지에 대한 실마리를 잡는 것이죠.

개리: 계시의 경험이 극도로 황홀하다는 점도 말하고 싶어요. 우리는 신과 맺고 있는 관계를 잃어버렸다고 여기고는 그에 대한 대체물로 이 세상 속에서의 관계들을 만들어냈어요. 신과 맺고 있는 경험에 비하자면 이 세상에서 경험하는 섹스는 그 빛이 퇴색되고 말죠. 오직 마음만이 항구한 방식으로 결합할 수 있을 뿐, 육체는 사실 결합할 수 없기 때문에요. 그렇다고 우리가 시도하지 않는다는 뜻은 아닙니다. 그래도 신과의 결합은 마음을 통해 일어나고 당신 말처럼 **영**을 경험하도록 활성화시킵니다.

퍼사: 수업은 당신과 신과의 관계가 지극히 개인적이라고 묘사하고 있는데 실제로도 그렇습니다. 영지주의자들은 이 영지의 경험을 매우 소중하게 여겼지요. 이 경험을 얻기 위해 영지주의자들은 〈진리의 복음〉에서 살펴볼 수 있듯이, 이 세상이 단지 꿈에 불과하다는 것을 기억하려고 애썼어요. 그들에게 있어서 세상은 신이 아니라 데미우르고스demiurge가 만든 무엇이었지요. 데미우르고스는 대략 수업에서 말하는 에고와 비슷하고요. 그들은 세상을 넘어서 일부 영지주의 전통에서 **플레로마**Pleroma라고 칭하는 실재로 돌아가려고 시도했어요. 그러다 영지의 경험이 일어나지 않으면 종종 낙담하기도 했죠. 하지만 그 경험을 우상화하고 그 경험이

일어나지 않는다고 낙담하는 방식으로는 어디에도 이를 수 없어요. 이렇듯 오늘날 대부분의 사람들이 범하는 실수를 많은 영지주의자들도 똑같이 범한 것입니다. 세상을 실재화했던 것이죠. 그들은 자신의 환영을 실재화했고, 그 결과로 너무나도 많은 이들이 오늘날 많은 기적수업 학생들처럼 이원성의 상태에 계속 남게 되었습니다.

그들이 저지른 또 다른 오류는 자신들이 투사해낸 대상과 동일시를 했다는 것이에요. 오늘날 영성을 공부하는 학생들 중 많은 이들이 세상 속에 있는 무엇을 바라보며 "나는 저것이다"라고 말하라고 배우곤 해요. 그런데 사실 그것은 당신이 **아니에요.** 이 우주 안에서 당신이 밖에서 보는 것은 죄다 **상징**에 불과합니다. 그것들은 당신의 무의식적 마음에 묻혀 있는 것을 상징적으로 보여주는 투사물이자 홀로그램입니다. 그런 상징들 중 일부는 전체성을 나타내기도 하지만 대부분의 상징은 분리에 기반한 것이지요. 물론 그것이 당신 마음속에 숨겨진 것을 나타내긴 하지만 그렇다고 그것이 곧 당신은 아니거든요. 당신이 해야 할 일은 그것과 동일시하는 것이 아니라 그것을 용서하는 것입니다. 특히나 그것이 당신에게 부정적인 방식으로 영향을 미치고 있는 경우라면 더욱 그래야겠죠. 우주와 하나되는 것이 고상해 보일 수도 있어요. 우주가 전혀 존재하지 않는다는 사실을 기억할 때까지는 말이죠. 당신이 하나되기를 원하는 대상은 바로 참으로 존재하는 모든 것인 신입니다.

아턴: 영지주의와 그 가르침들은 결국 다른 모든 것들과 마찬가지로 잡탕으로 끝나버렸어요. 일부 영지주의 학생들은 정말로 신에게 몰두하기도 했지만 일부는 신과 관련된 내용이라면 단 하나조차 원치 않기도 했죠. 발렌티누스가 천재이기는 했어도 영지주의 사고체계를 충분히 발달시키지는 못했어요. 노자와 마찬가지로 발렌티누스도 본인은 비이원성

을 살아냈지만 자신의 학생들도 똑같이 살아내게 하는 데에는 어려움을 겪었죠. 그 학생들 중 많은 이들이 그동안 자신의 영적 행로에 있어서 비약적인 진보를 했고, 오늘날 기적수업을 공부하면서 이제 자신의 깨달음을 성취하기 위한 준비가 되어 있죠. 수업은 그들에게 필요한 전체 그림을 제공하고요. 이번 책과 관련해 남은 몇 번의 방문 기간에 우리도 살펴보겠지만, 당신도 잘 들여다보면 수업은 정말이지 사소한 의문 하나도 대답 없이 남겨두는 법이 없음을 알게 될 거예요. 수업은 시간이 시작되기 전부터 존재했던 것에 대해서, 그리고 신께서 당신에게 주셨던 것에 대해서 들려줍니다. 또 어떻게 해서 당신이 여기에 오게 된 것처럼 보이는지, 그리고 이에 대해서 당신이 정확히 뭘 할 수 있는지, 당신이 돌아갈 본향이란 어디인지, 또 어떻게 거기에 가야 할지에 대해서도 말해줍니다. 그렇다고 해서 천국이 어떤 장소란 뜻은 아니고요. 천국이란 당신이 되찾아야 할 인식의 상태와 다름없고, 또 이 일이 모든 이에게 반드시 일어날 것을 보증하는 계획을 성령이 갖고 있다는 인식이기도 해요.

개리: 제 생각에는 성령이 전체 계획을 다 알고 있고 앞으로 어떻게 풀려나갈지도 다 알고 있다는 점 때문에 사람들이 낙담하는 것 같아요. 성령은 이제껏 벌어진 것처럼 보이는 모든 일뿐만 아니라 앞으로 벌어질 것처럼 보이는 모든 일을 볼 수 있죠. 수업은 서로 맞물려 있는 용서의 사슬에 대해 언급하고 있는데 그렇다면 내 용서는 다른 모든 이의 용서와 연결되어 있다는 거잖아요. 나는 이것을 보지 못하지만, 성령은 이것을 볼 수 있고요. 그런데 제이와 마리아와 나답도 이것을 볼 수 있었나요?

퍼사: 네. 그래요. 모든 것을 용서하고 나면 당신의 마음은 성령에 의해 완전히 치유된 것이고, 그러면 말 그대로 완전히 치유되었기 때문에 당신 마음의 힘을 제한했던 모든 장애물이 제거된 것입니다. 그러면 당신은 수

업에서 말하듯이 전체 그림을 볼 수 있을 정도로 충분히 전쟁터 위로 올라와 있게 되지요. 그런데 그 상태에 다다르더라도 당신이 육신 안에 있는 듯이 보이는 동안에는 전체 계획 안에서 자신이 맡은 역할에 집중하게 됩니다. 성령을 완전히 신뢰하는 가운데 말이죠. 기억하세요. 심지어는 우리 친구 제이조차도 성령을 따랐다는 것을요. 성령이 **제이를** 따른 것이 아니라요.

개리: 다른 사람들이 물어봤던 질문 중 몇 가지를 당신들에게 물어보려고 염두에 두고 있었어요. 예전에 핵무기가 주요 도시에서 폭발할 가능성이 있다고 했었잖아요. 어때요? 지금도 그럴 가능성이 있는지 좀더 자세히 해줄 얘긴 없나요? 또 첫 번째 방문 기간에 미국에 대항해서 핵무기를 사용할 수도 있는 이란 대통령에 대해서도 언급한 적이 있는데, 그 사람은 무대에서 아예 사라진 것처럼 보이거든요. 당신들이 틀린 건가요?

퍼사: 아턴이 틀렸지 난 아니에요. 농담이고요. 다음만 잘 기억하세요. 수업에서는 당신이 세상에서 보고 있는 것들은 내적 상태를 보여주는 그림이라고 가르치고 있는데, 그러므로 내적 상태를 바꾼다면 바깥 상태도 바뀌어버립니다. 이것이 수업의 인과관계이지요. 좋은 소식을 들려주자면 수업이 전파된 덕분에, 당신도 이 일에 한몫하고 있고요, 마음에 어느 정도 용서와 치유가 진행되어 이제 그 예전 이란 대통령이 미국인들을 해치지 않을 거예요.

개리: 알겠어요. 그러면 나쁜 소식은 뭐죠?

퍼사: 나쁜 소식이란 세상은 아직도 광범위한 깨어남에 착수하지 않았다는 겁니다. 마음의 현재 상태는 갈등 중이에요. 따라서 마음은 이 갈등을 상징하는 사건들을 꿈에 투사하게 될 거고요. 그러면 어느 시점에선가 핵폭탄이 주요 도시에 터지게 되는 사건이 하나의 가능성을 넘어서 불가

피한 일이 돼버립니다. 기억하세요. 데미우르고스인 에고는 두려움을 끌어들이기 위해 점점 더 큰 규모의 끔찍한 사건들이 일어나기를 원한다는 걸요. 두려움은 당신이 보고 있는 것들을 실재로 만들어버리고, 두려움에서 기인한 판단은 에고가 소중히 여기는 투사물을 그대로 유지시키는 역할을 하죠.

개리: 그 일이 언제 어디서 일어날지 알려주진 않겠죠?

퍼사: 네. 그건 현명하지 못해요. 정부가 당신 말만 듣고 주요 도시 하나를 대피시키지도 않을 테니, 알려준다고 해서 딱히 좋을 것이 없을 뿐만 아니라 온갖 논쟁과 주의 분산거리만 잔뜩 생길 거예요. 그 대신에 당신이 할 일에 집중하세요. 우리가 9.11 사태에 대해 말했던 것처럼요. 기적수업 학생이 용서하지 않는다면 누가 용서하겠어요?

개리: 세 번째 책에서 다룬 건강법*에 관한 질문 하나만 짧게 더 할게요. 35퍼센트 식품등급의 과산화수소에 관한 질문인데, 이걸로 세포에 산소를 공급해서 온갖 질병을 치유하거나 예방하라고 권해줬잖아요. 산소가 풍부할 때 암이 생존할 수 없다고 하면서요. 물론 나는 식용 과산화수소도 마술**에 불과하다는 걸 잘 알고 있지만, 마음이 몸을 치유할 수 있도록 그걸 이용해서 몸을 도와주는 것 역시 괜찮다는 것도 잘 알고 있죠. 그래서 나는 당신들이 권해준 《일분치료법》(The One-Minute Cure)***이라는 작은 책자에 담긴 지침대로 했고 별 무리가 없었는데, 대부분의 사람들은 도무지 못하겠다고 하더라고요. 속에서 식용 과산화수소를 그렇게까지 많이는 받아들이지 못한다고 하면서요. 이에 대해 조언 좀 해줄 수 있나요?

아턴: 그럼요. 식용 과산화수소를 증류수에 희석해서 하루 기준 아홉 내지 열 방울만 섭취해도 충분히 건강을 좋게 만들 수 있어요. 이를테면 180~200밀리리터의 물에 다섯 방울을 떨어뜨려 두 번 마시는 거죠. 반드

시 증류수에 타서 드세요. 대부분의 물에는 불순물이 들어 있는데 과산화수소는 이런 불순물과 잘 어울리지 못하거든요. 또 식용 과산화수소를 냉장고에 보관해야 농도가 옅어져서 못 쓰게 되는 일을 방지할 수 있습니다. 그리고 증류수를 차갑게 해서 마시면 식용 과산화수소 맛도 덜 느껴질 거예요. 과산화수소는 35퍼센트 식품 등급인지 꼭 확인하시고요. 매일 이렇게 한다면 건강상 온갖 이로움을 누릴 수 있어요.《일분치료법》에서 설명한 대로 희석된 물을 마시는 데 시간도 거의 걸리지 않잖아요.

개리: 정말 고마워요. 이건 여담인데 당신들이 전에 이 세상 전체가 치밀한 속임수라고 했잖아요. 내가 좋아하는 영화평론가 중 몇 년 전에 유명을 달리한 로저 에버트Roger Ebert에 관한 기사를 얼마 전에 읽었어요. 패씨오스 프레스Patheos Press의 탐 랍사스Tom Rapsas가 로저의 아내 채즈Chaz를 인터뷰한 내용을 자세히 전했는데, 딱히 영적인 사람이랄 수 없는 로저에 대한 아내의 얘기라 더욱 힘있게 들리더라고요. 그 기사의 일부를 읽어볼게요.

하지만 내게 가장 인상적인 부분은 로저가 죽기 전 며칠 동안 일어난 일들이었다. 로저의 아내 채즈 에버트Chaz Ebert는 우리에게 이런 말을 들려주었다.

---

* 《사랑은 아무도 잊지 않았으니》의 4장을 참고하라.
** 기적수업에서 마술(magic)이란 문제가 없는 곳에서 문제를 해결하려는 시도이다. 다른 말로 하자면, 물리적인 방법 혹은 '정신 나간' 수단을 통해서 문제를 해결하려는 것이다. 그러나 분리를 사실로 받아들이는 믿음이 진짜 문제이며, 이 진짜 문제를 신의 대답으로부터 은폐할 때 에고가 쓰는 전략이 바로 마술이다. 죄책감을 우리 마음 바깥에 있는 다른 이의 몸에다 투사하거나(=공격) 자기 몸에다 투사하고는(=병), 문제를 성령에게 가져와 우리 마음 안에서 치유되게 하는 대신 그 외부에서 바로잡으려고 애쓰는 것이 마술이며, 이는 〈기도의 노래〉 부록에서 '거짓 치유'로 언급된다. 출처: 왑닉 박사의 기적수업 주요 용어해설(cafe.naver.com/acimkorea/48)
*** 일분치료법 한국사이트 참고(oneminutecurekorea.wixsite.com/cure)

"남편은 자기가 신을 믿을 수 있을 것이라고는 생각도 못했어요. 남편은 의심이 많았거든요. 하지만 임종이 가까워지자, 참으로 흥미로운 일이 벌어졌죠.

로저가 임종을 맞이하기 한 주 전에 나는 그를 자주 찾아갔는데, 내가 문병을 갈 때마다 그는 이승 저편에 다녀온 경험에 대해 이야기하곤 했어요. 나는 그저 의료진이 너무 많은 투약을 해서 로저가 헛것을 본 것이라고 생각했죠. 그런데 그가 죽기 하루 전 내게 이런 메모를 남겼어요. **'이 모두가 치밀한 농간**(hoax)**이다.'**

나는 로저에게 '뭐가 농간이라는 거죠?'라고 물어봤어요. 확인해보니, 남편은 이 세상 전체를 두고 한 말이었어요. 이 모두가 환영에 불과한 것이라고요. 나는 남편의 정신이 흐려졌기 때문이라고 생각했지만, 사실 남편의 의식은 또렷한 상태였죠."

그 기사에서 채즈는 계속해서 로저의 말을 전했는데, 로저는 '저편'을 '상상조차 할 수 없을 정도로 광대한 무엇'이라고 묘사했다고 해요. 이것을 놓고 볼 때, 꼭 영성 공부를 치열하게 하지 않더라도, 이 세상의 실체를 깨닫고 저 너머에 훨씬 더 광대한 무엇이 있다는 사실을 얼마든지 알 수 있는 것 같아요.

아턴: 마무리용으로 훌륭한 글귀였어요. 남은 세 번의 방문 동안에 우리는 기적수업 학생들이 비이원론을 이해하고 고수하며 그 막대한 힘을 적용하도록 이끌어주는 내용을 다루려고 해요. 수업에서 진보한 학생에 대해 다음과 같이 말하듯이요.

"이제 그는 자신의 배움이 적용되는 가치를 보기 시작한다. 그 잠재력은 문자 그대로 엄청나며, 신의 교사는 이제 그의 진로 중 그의 탈출구 전체를 조망眺望하는 지점에 도달하였다."(M-4.I.A.6:4-5/지침서10쪽)

퍼사: 형제여, 사랑해요. 우리를 대신해서 신디도 꼭 안아주세요.

이 말을 남기고 그들은 이제까지 그들과 제이의 수업이 내게 가르쳤던 모든 것을 적용할 때 그 결실이 과연 어떠할지를 내가 헤아려보기를 바라는 듯이 그 즉시 사라졌다.

# 8

# 1965~1977년에 제이가 전한 진실: 이번에는 진실이 묻히지 않을 것이다

사슬과 철문밖에 보이지 않던 곳에서 네게 자유가 주어졌다.

그러나 탈출구를 찾으려면 세상의 목적에 대해 너의 마음을 바꿔야만 한다.

— 기적수업(W-pI.200.5:1-2/연습서200과)

나는 승천한 친구들과 다시 만날 날을 진심으로 손꼽아 기다렸다. 그들은 항상 날 지극히 잘 대해줬고 그들에게 들은 내용 또한 지극히 만족스러웠지만, 나는 훨씬 더 깊이 파고들고 싶었다. 내게 주어진 숙제를 끝마치길 원했고, 이번에 숙제를 다 마친다면 설령 다른 이들을 돕기 위해 한번 더 이곳에 돌아오더라도 그때에는 고군분투해야 할 학습과제가 남아있지 않을 것이다. 깨닫기 위해 필요한 모든 것을 이미 다 배운 상태일 테니 말이다.

나는 수업의 가르침을 23년 동안 공부했고 적용하려고 노력해왔으며 덕분에 해가 갈수록 점점 더 그 일에 능숙해졌다. 나는 이 여정을 해나가면서, 뭔가를 이해하는 것만으로는 충분하지 않음을 알게 되었다. 이와 관련해서 켄 왑닉은 누구보다 기적수업을 잘 알고 있던 기적수업 번역자들이 모인 자리에서 이런 말을 했다. "여러분은 자신이 수업을 이해한다고 여기겠지만, 수업을 **실천하지** 않는다면 결코 수업을 이해할 수 없습니다."

평생 음악을 한 사람으로서, 나는 훌륭한 피아노 연주자가 되기 위한 조건을 일깨워주는 비유를 좋아한다. 음악 감상과 이론에 대해 상당히 많은 것들을 배울 수도 있겠지만 훌륭한 피아노 연주자가 되기 위한 조건은 하나밖에 없다. 매일 피아노 앞에 앉아서 **연습하는** 것이다. 이걸 안 한다면 절대로 그 목표를 이룰 수 없다.

영성이라고 해서 다르지 않다. 수업의 가르침을 실천하지 않고 제이와 마리아와 나답처럼 높은 영적 수준에 도달할 방법이 정말로 있다고 생각하는가? 그동안 나는 자신들에게는 연습이 필요 없다고 생각하는 기적 수업 학생들을 많이 만나봤다. 그들은 중간 과정을 쉽게 건너뛸 수 있다고 자신한다. "나는 깨달았다"라고 말하기만 하면 정말로 깨닫게 된다고 진지하게 믿는 것처럼 말이다. 하지만 그렇지 않다. 수업은 구원이 해제 (undoing)라고 가르치며 이것은 문자 그대로의 의미다. 에고는 반드시 지워져야 한다. 에고의 꿈으로부터 반드시 깨어나야 한다. 에고를 지우고 우리를 에고의 꿈에서 깨어나게 할 때 성령이 사용하는 위대한 학습 도구는 바로 용서이다. 훌륭한 피아노 연주자가 되기를 절실히 원하는 것이 아니라면 그 누구도 피아노 연습을 하려 들지 않을 것과 마찬가지로, 아직 깨달음을 절실히 원하는 것이 아니라면 깨달음을 얻기 위해 필요한 용서의 작업을 그 누구도 하려 들지 않을 것이다.

다년간 용서를 연습하면서 삶을 경험하는 방식도 바뀌었다. 그 세월 동안 체중은 9킬로그램 정도 늘었지만 오히려 더 가뿐하게 느껴졌다. 갈수록 내 육체는 내가 들고 다니는 무엇이 아니라 육체의 본래 역할대로 꿈속의 한 등장인물로 느껴졌다. 몸은 점점 더 탄력적으로 느껴졌고, 전보다 다치는 횟수도 줄었다. 경미하지만 사고도 두어 번 당했고 내 잘못으로 다칠 때도 있어 분명 상처를 입었어야 할 상황이었는데도 그러지 않았다.

이것은 내가 겪는 심리적 상황에서도 똑같이 일어났다. 나를 힘들게 하던 상황들, 예컨대 새로운 환경이나 낯선 사람들 앞에서 말을 한다든지 내가 싫어하는 사람이 다가온다든지 하는 상황이 더 이상 나를 힘들게 하지 않는다는 것을 알게 되었다. 나에게 이 결실은 오랜 기간의 과정에 걸쳐서 일어났다. 사람은 저마다 다르다. 그러므로 수업의 결실을 다른 이들보다 빠르게 누리는 것도 가능한 일이다. 이것이 가능한 이유는, 진리는 단순하지만 에고는 그렇지 않기 때문이다. 에고는 매우 복잡해서 각각의 개별적인 수준에서 지워져야 한다. 물론 개체성도 환영에 불과한 것이기는 하지만 말이다. 성령은 우리가 처한 상황에 부응하고 우리와 함께 일하면서 우리가 부드럽게 깨어나는 것을 돕는다. 깨어남에서 중요한 요소 중 하나는 자신이 꿈꾸고 있음을 깨닫는 것이다. 처음에는 이것을 하나의 이론으로서만 생각하게 되지만, 결과가 아니라 원인의 자리에서 조망하는 기적수업식 용서를 연습할수록 이것을 실제로 점점 더 강하게 경험하게 된다.

수업은 우리가 꿈꾸고 있다는 사실에 대해 더할 나위 없이 명확히 밝히고 있다. 수업은 **"언제나 실용적인 지혜를 발휘하는 성령은 꿈을 받아들여 잠을 깨우는 수단으로 활용한다"**고(T-18.II.6:1/교과서396쪽) 말하는가 하면 **"너는 안전한 집에서 다만 꿈속을 여행하고 있다"**고도(T-13.VII.17:7/교과서271쪽) 전한다. 나는 비행기를 탈 때마다 이 내용을 떠올리려고 한다. 또 우리는 아침에 자신이 깨어났다고 여기겠지만 실은 여전히 꿈꾸고 있는 것인데, 이와 관련해선 **"너의 모든 시간은 꿈에 허비된다. 자면서 꾸는 꿈과 깨어나서 꾸는 꿈은 형태만 다를 뿐 내용은 같다"**라는(T-18.II.5:12-14/교과서396쪽) 문장이 있다. 그리고 이 꿈은 다른 누군가가 대신 꾸는 꿈이 아니라는 것과 관련해서는 **"그 누구도 세상이 그를 위해 꾸는 꿈에서 깨어날 수 없다. 그**

는 다른 사람이 꾸는 꿈의 일부가 된다. 그는 자신이 만들지 않은 꿈에서 깨어나기로 **선택할 수 없다**"는(T-27.VII.8:1-3/교과서614쪽) 말로 대신한다. 이렇듯 우리가 꿈을 꾸고 있는 장본인이라면 우리는 정녕 어디에 있는 것인가란 의문이 들 수 있는데, 이에 대해서 수업은 "**너는 신의 안의 집에서 망명을 꿈꾸지만 잠에서 완전히 깨어나 실재를 맞이할 수 있다**"고(T-10.I.2:1/교과서189쪽) 답한다. 우리는 자신의 진정한 역할을 받아들이기로 선택할 수 있고, 자신이 꿈꾸고 있음을 깨달을 수 있고, 집으로 안내하는 성령을 따를 수 있는 것이다. 사랑하는 사람이 우리와 외관상 마지막 순간을 보내야 하는 상황처럼 참으로 힘든 일들이 벌어질 때조차 말이다.

**꿈꾸고 있음을 알아차리는 것이 신의 교사의 진정한 역할이다. 그들은 꿈속의 인물들이 오고 가며, 이동하고 바뀌며, 고통받고 죽는 것을 주시한다. 그러나 그들은 자신이 보는 것에 속지 않는다. 신의 교사는 꿈속의 인물들이 병들고 분리된 것으로 보이는 것이 건강하고 아름답게 보이는 것과 마찬가지로 실재가 아니라는 것을 인식한다.**(M-12.6:6-9/지침서34쪽)

그렇다고 해서 우리에게 모두를 품는 사랑과 연민이 없어진다는 뜻은 아니다. 용서의 기술이 거론될 때 함께 살펴보겠지만, 수업이 의도한 대로 연습을 하기만 한다면 우리는 자연히 사랑하기 마련이다. 제이가 다음의 수업 서문에서부터 밝히고 있듯이 말이다.

**이 수업은 사랑의 의미를 가르치는 것을 목표로 하지 않는다. 사랑의 의미는 가르칠 수 있는 영역이 아니다. 이 수업의 목적은 너의 본래 유산인 사랑의 현존을 의식하지 못하게 가로막는 장벽을 치우는 것이**

**다.**(Introduction.6-7/교과서 서문)

기적수업은 아주 **웅장한** 가르침이다. 수업에서 당신의 본래 유산을 언급할 때 그것은 다름 아닌 신의 왕국을 뜻하는 것이다. 천국은 신이 당신에게 선사한 선물이다. 선물을 받겠다며 수고할 필요가 없다. 누가 당신에게 선물을 주겠다는데 그것을 받기 위해 괴로워하고 희생해야 하던가? 사랑의 현존을 의식한다는 것은 곧 천국이 지금 여기에 있음을 의식하는 것이다. 이를 위해 수고할 필요는 없지만 이 사실에 깨어날 필요는 과연 있다.

2천 년 전에 작성된 도마복음을 보면 이런 내용이 실려 있다. 제자들이 제이에게 다가가서 "왕국이 언제 오겠습니까?"라고 묻자, 제이는 "노심초사 지켜본다고 해서 왕국이 오지는 않을 것이다. '여기를 보라' 또는 '저기를 보라'고 말하게 될 일도 없을 것이다. 아니, 아버지의 왕국은 땅 위에 퍼져 있으나 사람들이 그것을 보지 못한다"고 답했다.

왕국이 여기에 없다는 것이 아니라 단지 사람들이 이를 알아차리지 못할 뿐이다. 왕국의 존재를 알아차리지 못하게 하는 장애물을 제거한다는 것은 곧 에고를 지운다는 것이다. 당신이 용서를 통해 에고를 용서할 때, 이것은 마음의 차원에서 항상 행해지는 작업인데, 이때 장애물이 제거되면서 꿈 대신에 천국이 천천히, 하지만 확실하게 당신의 실재로 확립된다. 이것이 기적수업의 방식이다.

이어지는 두 개의 문단에 나오는 '**음성**'은 성령을 가리킨다. 이를 통해 성령이 당신과 얼마나 깊이 있게 작업할 수 있는지 가늠해볼 수 있다.

**꿈들로 이루어진 세상을 꿈꾸는 자는 바로 '너'다. 세상의 다른 원인은 없고 앞으로도 없을 것이다. 헛된 꿈만큼이나 신의 아들을 두렵게 하며, 그로**

하여금 자신이 결백을 잃었고 아버지를 부인했으며 자신과 전쟁을 일으켰다고 생각하게 만든 것은 없었다. 그 꿈은 너무 끔찍하고 생생하기 때문에, 깨어나기에 앞서, 괴로움이 치유되고 형제가 친구가 되는 온유한 꿈을 통해 자신을 사랑스럽게 깨우는 '음성'을 두려워하지 않고 환영할 수 있도록 마음을 진정시키지 않는다면, 공포로 식은땀을 흘리고 죽을 것 같은 두려움에 비명을 지르며 꿈에서 깰 수밖에 없을 것이다. 신은 그가 기뻐하며 부드럽게 깨어나기를 뜻하셨기에, 그에게 두려움 없이 깨어나는 수단을 주셨다.(T-27.VII.13:1-5/교과서616쪽)

너의 꿈 대신 신께서 주신 꿈을 받아들이라. 일단 꿈꾸는 자를 알아보면 꿈을 바꾸기란 어렵지 않다. 성령 안에서 안식하고, 그의 온유한 꿈이 죽음의 두려움과 공포 속에 꾼 꿈을 대신하도록 하라. 성령은 용서의 꿈을 가져온다. 용서의 꿈에서는 누가 살인자이고 누가 희생자인지 선택하지 않는다. 성령이 가져오는 꿈에는 살해도 죽음도 없다. 비록 너는 눈을 감고 있지만 죄책감의 꿈은 시야에서 사라져간다. 미소가 네 잠든 얼굴을 환히 비추기 위해 왔다. 그것은 행복한 꿈이기에 이제 너는 평화로이 잔다.(T-27.VII.14:1-8/교과서616쪽)

많은 이들은 수업에 사용된 문체를 두고 궁금증을 품곤 했다. 수업은 약강5보격*이라고도 불리는 셰익스피어식 무운시無韻詩의 형태를 취할 때가 자주 있는데, 이 문체가 참으로 아름답고 기적수업 자체가 하나의 예

---

* iambic pentameter: 다섯 개의 음보音步로 이루어진 시행. 16세기 말부터 5보격을 가장 많이 써온 영시에서는 약강5보격을 주로 썼다. 약강5보격으로 구성된 한 행은 총 열 개의 음절로 구성되며, 약강弱强의 패턴이 다섯 번 반복된다. 기적수업 본문에서 예를 들자면, God is / but Love, / and there / fore so / am I (약강/약강/약강/약강/약강) "신은 다만 사랑이시며, 따라서 나도 그렇다."(W.pI.rvV.10:8/연습서344쪽)

술작품이라고 할 수 있는 점을 제외하고라도 나는 수업이 이런 문체를 쓴 또 다른 이유를 발견한 것 같다. 한번은 런던에 갔을 때 박물관을 들른 적이 있었다. 박물관 여기저기를 돌아다니다 유리 뒤편에 전시된 5백 년 된 글들을 우연히 보게 되었는데 분명 영어로 쓰여 있었는데도 나는 그 내용을 도통 이해할 수 없었다. 이처럼 말과 글은 세기를 거치면서 변화하고 앞으로도 그럴 것이다. 오늘날 통상적인 표현으로 쓴 책들을 5백 년 후 사람들이 본다면 따로 손을 보지 않는 한 읽는 데 어려움을 느낄 것이다. 반면에 셰익스피어의 글은 변하지 않는다. 영어의 전형적인 형태를 따르고 있기에 셰익스피어의 문체는 변하지 않고 따라서 작품도 변하지 않는 것이다. 이를 놓고 볼 때 지금으로부터 5백 년 후 심지어는 천 년 후에도 사람들은 수업을 읽고 이해하는 데 문제가 없을 거란 생각이 들었다. 그렇다고 수업이 읽기 쉬울 거란 뜻은 아니다. 지금도 쉽지 않으니까! 그래도 할 만할 것이다. 아마도 제이는 이런 것까지도 다 고려해서 자기 일을 했으리라.

나는 오랜만에 수업에 관련된 다양한 주제로 내 스승들과 대화를 나누고 싶었는데, 수업 자체만 놓고서 깊이 토론한 지 몇 년은 된 것 같았다. 그러던 차에 어느 날 오후 그들은 다시 돌아와 있었다.


아턴: 우리와 수업에 대해 이야기를 나누고 싶은가 보군요. 수업을 가르치느라 당신이 세계 곳곳을 여행한 이야기는 그동안 충분히 많이 했죠. 자, 무슨 이야기를 나누고 싶어요?
개리: 하고 싶은 이야기가 너무 많아요. 수업에서 **"기적은 네가 꿈을 꾸고 있고, 꿈의 내용이 진실이 아님을 확인시켜준다"**(T-28.II.7:1 / 교과서626쪽)고 하잖아요. 그런데 많은 학생들은 이 생각을 끝까지 고수하는 데에 큰 어

려움을 겪고 있는 것처럼 보여요. 이를테면 수업에 따르면 절대적인 진실은 '신이 있다'이고 학생들도 이 진리를 받아들이는 덴 그다지 어려움이 없어 보여요. 그런데 **'그 외에는 아무것도 없다'**는 말을 듣는 순간 저항감이 올라오는지 표정이 금세 안 좋아지더라고요. 그러니까 '신이 있다'라는 진리는 받아들일 수 있지만 세상과 자신들의 삶에 관련된 것들이 무엇 하나도 실재가 아니라는 점은 받아들이지 못하겠나 봐요.

아턴: 맞아요. 수업은 역사상 가장 급진적인 가르침입니다. 이것은 수업을 가르치는 사람들 대부분이 실제로는 수업을 제대로 가르치지 않는 이유이기도 합니다. 설령 수업을 이해했다 하더라도, 이것은 매우 드문 경우인데, 사람들에게 그들이 현재 존재하지 않고 또 존재한 적도 없었다는 것을 설명하기는 쉬운 일이 아닙니다. 그렇다 하더라도 그들의 삶은 허구입니다. 그들이 진정으로 존재하는 유일한 곳은 오직 신의 품입니다. 그들이 아는 다른 모든 사람들은 말할 것도 없고 그들 자신의 몸과 개체성을 포함해서 물리적 우주도 결코 존재한 적이 없었습니다. 아, 물론 그들의 자식들도 환영이지요.

개리: 그렇죠. 그래도 나는 그 이야기로 세미나를 시작하려고는 하지 않아요. 물론 제이가 "에고는 허구야. 세상은 환영이야. 알았냐? 이만 꺼져" 하면서 사람들을 절망 속에 버려두지 않아요. 이 내용만으로는 사람들을 우울하게만 할 뿐 딱히 큰 도움이 못 되죠. 그럼 수업이 하려는 것이 뭐냐? 수업은 에고의 사고체계를 성령의 사고체계로 아예 **대체해버립니다.** 나는 est를 계기로 영성에 입문한 이후로 근 40년간 여러 영성의 사고체계를 쭉 지켜봤지만 이렇게까지 밀고 나가는 영성은 기적수업 말고는 한 번도 본 적이 없어요. 대부분의 가르침들은 문제를 기술하는 것은 잘 합니다. 많은 전문가들과 기라성 같은 심리학자들이 에고와 세상의 모든

문제를 논하는 데는 아주 능수능란하죠. 하지만 잘해봐야 사람들의 기분을 좀 낫게 할 방법을 제시해줄 뿐이죠. 얼버무리며 살살 달래는 이 같은 방식으로는 에고를 지우지 못하고 언 발에 오줌 누기에 불과합니다. 반면에 수업은 사람들에게 탈출구를 실제로 제시하죠. 수업은 인간 존재에 관한 전체 문제의 **해결책**을 제시합니다. 수업은 우리를, 우리가 상상으로 떠났다고 경험할 뿐 결코 떠난 적이 없는 천국 본향으로 돌아가도록 끝까지 안내합니다. 그래서 수업은 거짓 경험을 참된 경험으로 대체해버리는 것이죠. 하지만 에고를 실제적으로 지우는 데는 시간과 노력이 필요해요. 물론 워크숍 참가자들 중 많은 이들은 주말 동안 깨달을 것이라는 희망을 품고 오긴 하지만요.

퍼사: 지금 당신도 제이와 같은 일을 하고 있네요. 사람들에게 해야 할 일을 설명해주고 바른 방향을 제시하는 일이요. 우리는 기적수업이 역사상 가장 급진적인 가르침이라고 말했었는데, 그동안 역사에 등장했던 거의 대부분의 가르침과 사고체계는 소위 시대의 지혜라든지 보편적인 진실에 기반을 두고 있었다는 점을 기억해야 해요. 하지만 그런 진실과 지혜는 참이 아니고 수업은 그것들과 같지 **않습니다.** 왜냐고요? 그것들은 죄다 우주가 실제로 존재한다는 생각에 기초하고 있거든요. 세상은 비이원론적 가르침들마저도 끌어들여 그 오류를 실재화하는 일에 전락시키고 말죠. 그래서 수업에서는 세상에 대해 기술하는 부분에서 **"그 어떤 실수라도 진리의 판단에 맡긴다면 교정될 수 있다. 그러나 실수를 진리의 자리에 앉히면, 실수를 어디로 가져갈 수 있겠는가?"**라고(T-19.II.6:7-8/교과서422쪽) 말하는 것입니다.

개리: 그건 또 다른 주제네요. 사람들은 한평생 신이 세상을 창조한 것이라고 배워왔어요. 하지만 나는 신이 이 세상을 창조하지 않았고 사실

세상과 조금도 관련이 없다는 생각이 하나도 거슬리지 않았어요. 오히려 깊은 안도감을 느꼈지요. 신이 그렇게 끔찍한 일들을 어찌 선량한 사람들에게 일어날 수 있게 하는지 도무지 이해할 수 없었거든요. 나중에 알고 보니 그렇게 한 것은 신이 아니라 바로 우리였지 뭐예요. 분리의 생각을 통해서 다수로 나타나는 듯한 하나의 에고로서 말이죠. 그렇게 투사한 것은 바로 우리였지만 그럼에도 천국은 여전히 완벽해요. 하지만 이 세상은 신성이 빚어낸 아름다운 창조물이라는 생각에 흠뻑 젖어 있는 사람들도 여전히 있죠. 그 안에 있는 모든 것이 썩어가고 바스러지고 죽어가는데도요. 그런 모습조차도 운 좋게 오래 살아남아야 볼 수 있는 것이지만요.

내가 매사추세츠 주에 있는 요가센터에서 주말 워크숍 한 거 알고 있죠? 여러 워크숍이 동시에 진행되는 거였는데 강연자들이 자기 공간에서 두 시간 동안 각자 주제를 설명하고 있으면 참가자들이 마음에 드는 강연을 골라서 듣는 방식이었죠. 그곳이 요가센터다 보니 젊은 사람들이 꽤 많았고 몸에 관심들이 아주 많았죠. 호르몬이 한창 솟구칠 때잖아요. 젊은 사람들은 요가를 매우 영적인 것으로 여기지만 사실 그들이 숭배하는 것은 바로 몸이죠. 토요일 저녁에 백여 명이나 되는 청중이, 그것도 대부분이 20대인 사람들이 내 강연을 들으러 왔죠. 나는 속으로 '큰일 났네. 대체 무슨 이야기를 하라는 거야?' 하며 긴장했지만 그래도 늘 하던 대로 시작 전에 잠시 명상을 하면서 성령과 결합했어요. 아, 생각난 김에 말하면 당신들과 제이도 성령이에요. 영의 수준에서는 다 똑같으니까요. 어쨌든 이 젊은 사람들에게 어떻게 이야기를 해야 할지 뭐라도 좋으니 제발 안내를 해달라고 청했어요. '진실을 그대로 들려줘야 하나? 말을 좀 가려서 해야 하나?' 갈등하면서요. 그때 내가 받은 응답이 뭔지는 잘 알고 있을 거예요. '강연장을 몇 명이나 박차고 나갈지 그냥 두고 봐'였죠. 결국 눈치 보지 말고 거침없이 말하라는 거였죠. 그래서 그렇게 했어요. 그 안내가 없었더라도 어쨌든 강연은 했었겠지만 이런 확신을 품고 강연을 하니 더욱 좋더라고요.

수업에 대해 두 시간 동안 이야기했는데 도중에 나간 사람은 스무 명 정도였어요. 하지만 대부분의 사람들은 남아서 내 이야기를 끝까지 들었고, 내친김에 좀더 급진적인 내용을 들려주자 사람들의 눈빛이 달라졌죠. 마치 "진짜야? 저게 정말 사실이야?"라고 하는 것 같았어요. 비이원론적 메시지를 직설적으로 처음 듣는 사람들이 많았거든. 그들은 그동안 몸과 세상을 실재화하는 일에 너무나 익숙하다 보니 이를 전혀 다르게 볼수 있는 방법도 있다는 걸 생각조차 해본 적이 없었던 거죠. 그런데 이 방법은 아무것도 포기해야 할 필요가 없기 때문에 두 마리의 토끼를 다 잡을 수 있다는 점도 알려주었어요. 단지 엄청난 세월을 절감할 수 있는 또다른 해석이 있다는 것을 그들에게 일깨워줄 뿐이었죠.

퍼사: 사람들이 비이원적 메시지를 받아들이는 데 무의식적 저항이 있다는 것을 고려하면 그날은 정말 잘한 거예요. 결국에 이것은 에고에게 죽음이거든요. 게다가 당신은 순수 비이원론의 메시지를 전하잖아요! 오직 신만이 실재하고 그 외에는 아무것도 실재하지 않다는 것을요. 육체에 관심이 쏠린 젊은 사람들이 이 메시지를 듣고 싶어할 이유가 있을까요? 그럼에도 당신은 그들 중 일부에게서 관심을 끌어냈어요. 왜냐하면 모든 이의 마음속에는 발견되기만을 기다리는 진실이 묻혀 있고, 사람들이 이를 감지하고 있기 때문이죠. 들을 거라는 기대 없이 이야기를 할 때조차도 사람들 중 일부는 당신 말에 귀를 기울일 것입니다. 거기에 담긴 진실을 듣고 공명하기 때문이죠. 이에 대해 수업에서 말하는 다음 내용이 기억날 거예요.

네가 살고 있는 듯한 이 세상은 너의 집이 아니다. 네 마음 어디선가는 이것이 진실임을 알고 있다. 비록 네가 그 음성을 알아채지 못하고 네게 무엇을 일깨우는지도 모르지만, 마치 돌아오라 너를 부르는 곳이 있기라도 한 것처럼 집에 대한 기억이 항상 너를 따라다닌다. 너는 여전히 네가 아무도 모르는 곳에서 온 이방인이라 느낀다. 네가 자신을 추방자라고 확실하게 말할 명확한 근거는 없다. 때로는 그저 가슴이 두근거리거나, 때로는 거의 기억나지 않고, 때로는 애써 지워보지만 어김없이 마음으로 다시 돌아오는 지속적인 느낌이 있을 뿐이다.(W-pI.182.1:1-6/연습서352쪽)

개리: 네, 맞아요. 나도 그걸 느꼈던 때가 기억나요. 어렸을 때인데도요. 마치 나의 한 부분은 내가 여기에 속해 있지 않다는 것을 알고 있는 것 같았죠. 물론 대부분의 사람들도 이 점을 느끼고 있어요. 그리고 그들이 여기에 속해 있지 않다는 것은 사실이죠. 좋은 소식을 전하자면, 세상을 떠나 집으로 돌아갈 올바른 방법이 있다는 겁니다. 자살하는 방법으로는 돌아갈 수 없어요. 설령 그렇게 하더라도 어차피 다시 여기에 돌아와서 해묵은 똥덩어리를 똑같이 파헤쳐야 하죠. 그렇다면 이번 생처럼 보이는 기간에 자기가 할 수 있는 만큼이라도 전진하는 것이 어떨까요? 그렇게 하면 돌아오게 되더라도, 이미 수많은 과제를 배운 뒤라서 그때 겪게 될 생은 재밌고 흥미진진할 수도 있을 테니까요.

기적수업이 없었더라면 내 삶은 우울했을 거예요. 내가 수업을 만나게 되었을 당시, 아니면 당신들이 나를 발견했을 당시라고 해야 할까요, 어쨌든 그 당시 나는 15년은 족히 영적 행로를 이미 걸은 상태였는데도 여전히 뭔가 빠진 듯한 느낌이었거든요. 왜냐하면 정말로 뭔가 빠져 **있었으니까요.** 당신들이 찾아와줘서 고맙다는 말을 내가 한 적이 있었나요?

퍼사: 괜찮아요. 그것 말고는 딱히 할 일도 없었거든요.

아턴: 양파껍질을 한 꺼풀씩 벗기는 식으로 에고를 지워나가는 작업을 해나갈수록 성령에게서 오는 바른 마음의 생각들이 당신 마음속으로 점점 더 많이 들어온다는 것을 당신도 분명히 알아차렸을 거예요.

개리: 정말 그래요! 몇 주 전 마드리드로 가기 위해 LA국제공항에 있었는데, 가기 전에 해야 할 일이 너무 많아서 한숨도 못 잔 상태였어요. 때는 새벽 5시쯤이었는데 정말로 피곤하다고 느꼈어요. 그런데 갑자기 마음속에 이런 생각이 들어오는 거예요. '너는 피곤하지 않아. 피곤하다는 **꿈**을 꾸고 있을 뿐이야'라는 생각이요. 나는 바로 이 말을 이해했죠. 몸 말고 피곤할 수 있는 것이 뭐가 있을까요? 나는 몸이 아닌데 내가 몸 안에 있고 몸이 피곤하다는 꿈을 꾸고 있는 것뿐이죠. 다시 말하지만 이 몸은 나와 아무런 관련이 없고, 내 마음은 몸 대신에 영이 되기로 선택할 수 있잖아요. 이런 생각을 하고 나니 기분이 나아지더라고요. 사실 진리를 기억할 때마다 기분이 나아지곤 해요. 그리고 나는 이 진리를 언제 어느 상황에서라도 떠올릴 수 있죠. 게다가 성령이 이런 생각들로 나를 도와주기도 하고요.

퍼사: 훌륭해요. 그리고 이것은 고통을 느낄 때에도 똑같이 사실이에요. 가령 무릎에 통증을 느끼는 사람들이 있다고 해봐요. 그들은 정말로 고통을 느끼는 것이 아니라 자신이 고통을 느끼고 있다는 꿈을 꾸고 있을 뿐이에요. 당신이 피곤하다는 꿈을 꾸고 있던 것처럼요. 하지만 그들은 아마도 자신의 꿈속에서 자신이 관절염 같은 질환을 겪고 있다고 생각할 겁니다. 처음에는 고통이 무릎에 있는 것처럼 느껴집니다. 하지만 사실은 그렇지 않아요. 앞서 우리는 당신에게 고통은 신체적 과정이 아니라 정신적 과정이라는 점을 가르쳐주었어요. 그러므로 고통은 사실상 그들 마음속에

있는 것입니다. 좀더 깊이 다루자면 그것은 죄책감이 발동한 것인데, 자신의 무의식적 마음속에서 그들은 분리에 대해 자신에게 죄의 책임이 있다고 여기기 때문이에요. 물론 그들에게는 아무 죄가 없습니다. 분리는 애초에 일어난 적이 없었거든요. 결코 일어난 적이 없는 분리에 대한 꿈에 불과합니다. 그러므로 그들이 성령과 함께 바른 마음의 생각들을 떠올리고 이 점을 기억할 수 있다면, 그 결과로 고통이 사라질 수도 있어요.

아턴: 이제 우리가 곧 살펴볼 마음의 작동 방식으로 인해서 그들은 우주가 하나의 꿈이라는 생각을, 자신에게 부정적인 영향을 미치고 있다고 알아차리는 것들에다 무차별적으로 적용해야 할 필요가 있어요. 자신과 관련해서 일어나는 일을 포함해서, 모든 사람과 모든 상황과 모든 사건에다 말이죠. 제이가 수업에서 묻는 아주 중요한 질문을 당신도 기억하고 있을 거예요.

**만약 네가 이 세상이 환각임을 인식하면 어떻게 될까? 만약 네가 이 모든 것을 네가 만들었음을 진정으로 이해하면 어떻게 될까? 세상을 걸어다니고, 죄를 짓고 죽으며, 공격하고 살해하며, 자신을 파괴하는 듯이 보이는 그들이 전혀 실재가 아님을 네가 알아차린다면 어떻게 되겠는가?**(T-20.VIII.7:3-5/교과서465쪽)

개리: 와. 그 구절을 들으니 '구원의 비밀'이 생각나네요. 지금 찾아볼게요. 제이가 나에게 구원의 비밀이라고까지 말하면서 알려주고 싶은 진실이 있다면 귀담아들어야 하는 것이겠죠. 자, 갑니다.

**구원의 비밀은 다만 이것이다. 너에게 일어나는 일은 네가 너 자신에게**

행하는 것이다. 어떤 형태의 공격이든, 그것은 여전히 진실이다. 누가 적이 되고 누가 공격자의 역할을 맡든, 여전히 그것은 진실이다. 네가 느끼는 고통과 괴로움의 원인이 무엇으로 보이든, 그것은 여전히 진실이다. 자신이 꿈을 꾸고 있음을 안다면 꿈속의 등장인물에게 전혀 반응하지 않을 것이기 때문이다. 그들이 증오에 불타고 악하더라도 내버려두라. 그것이 너의 꿈임을 인식하기만 하면 그들은 네게 아무 영향을 줄 수 없다.(T-27.VIII.10:1-6/교과서619쪽)

아턴: 제이가 이보다 더 분명하게 말할 수 있을까요? 그럼 이제부터는 당신이 묻고 싶은 거나 워크숍에서 받은 질문들을 해보세요. 그러면 다양한 주제를 폭넓게 다룰 수 있을 거예요.

개리: 사람들은 나에게 세상에서 어떻게 행동해야 할지에 대해 많이 다루는 것처럼 보이는 어떤 기적수업 신간 서적에 대해 묻곤 해요. 기적수업 서적 중 많은 책들이 그렇지만요. 그 책의 저자가 자기 친구의 사례를 하나 들었는데, 그 친구가 자기 집에 침입한 사람과 마주쳤던 사건을 설명했던 것 같아요. 그 친구는 두려움으로 반응하는 대신 사랑으로 반응했고 침입한 사람에게 이렇게 말도 건넸대요. 당신 상황을 내가 이해한다고. 그 말을 들은 강도는 깜짝 놀랐고요. 그 둘은 서로 친구처럼 대하기 시작했고 잘 마무리되었다고 하더군요. 이런 접근 방식에 대해서 한 말씀 해주세요.

아턴: 글쎄요. 다른 경우에는 그렇게 하면 죽기 딱 좋은 방법일 수도 있어요. 침입해 들어온 사람이 정신적 문제를 겪고 있거나 약에 취했거나 더 많은 것을 훔치려 하거나 폭력적인 범죄자라면 그렇게 대응할 경우 행동 차원에서 아주 위험한 상황이 초래될 수 있어요. 분명히 말하지만 그

렇다고 해서 두려움에 가득 차서 날뛰라는 뜻은 아니에요. 하지만 영적으로 행동하겠다면서 자신을 신체적 위험 상황에 처하게 하는 것보다 현명한 방법은 그냥 즉시 달아나는 것입니다. 이렇게 해서 수업의 아주 중요한 특성이 또 하나 나왔군요. 실용적인 태도를 취하라는 겁니다. 상식에 맞게 행동하세요. 수업의 가르침은 마음의 차원에 적용하라고 의도된 것입니다. 신체적 차원에 적용하라고 의도된 것이 **아니란** 말이죠. 이 수업은 결과가 아니라 원인을 다루는 수업이라는 점을 잊지 마세요.

개리: 알겠어요. 내가 성령과 함께 생각하기 위해 내 마음을 바꾸는 작업을 할 때, 나는 결과가 아니라 원인을 다루고 있는 것이고 이제 마차 앞에다 말을 제대로 놓았으니 결과는 저절로 굴러가겠죠. 그런데 이렇게 원인을 다룬 결과로 집에 침입한 사람도 저절로 바뀔 가능성은 혹시 없나요?

아턴: 그럴 수도 있고 아닐 수도 있어요. 환영의 세상 안에서 때때로 상황은 당신이 원하는 그 즉시 바뀌지 않고 점진적으로 바뀔 수도 있거든요. 어느 경우든 수업은 당신의 정신 상태, 내적 평화와 강함에 초점을 맞춥니다. 당신 꿈속에서 일들이 어떻게 굴러갈 것인지는 수업의 초점이 아니에요. 그렇다고 해서 성령이 당신이 직면한 어려움이나 요구를 모른다는 뜻은 아니에요. 우리는 풍요로 안내를 받을 수 있는 방법에 대해서도 나중에 다룰 거예요. 하지만 세상의 상황과 관련해서 영웅이 되려고 애쓸 필요가 없어요. 평범하게 행동해도 괜찮아요. 소신대로 행동하다가는 명을 재촉해서 자신의 과제를 충분히 배우기 어려워질 수도 있답니다.

퍼사: 수업은 자기 계발(self-help) 서적이 아니에요. 사람들이 수업을 그런 방식으로 대하려고는 하지만요. 모든 이는 자신의 삶을 개선하고 돈을 많이 벌기를 원합니다. 물론 수업도 이것을 전혀 반대하지 않습니다. 반대하는 것 역시 실재화하는 것이니까요. 하지만 항상 기억하세요. 당신이

마음이 아니라 결과에 초점을 맞춘다면, 당신은 결과를 실재화하고 있다는 것을요. 당신은 존재하지 않는 무엇에 실재성을 부여하고 있는 것입니다. 제이가 다음과 같이 말하듯이요. **"진리를 허상으로 가져오려고 할 때 너는 허상을 실재로 만들려는 것이며, 허상에 대한 믿음을 정당화해서 허상을 간직하려는 것이다. 그러나 허상을 진리 앞에 가져가면, 너는 진리로부터 허상이 실재가 아님을 배워 허상에서 벗어날 수 있다."**(T-17.I.5:4-5/교과서371쪽)

기적수업의 가르침은 분명합니다. 수업에 대해 가능한 해석은 단 하나밖에 없다는 점을 반드시 이해해야 해요. 이것은 아무리 강조해도 지나치지 않습니다. 오직 신만이 존재하고, 그 외에는 아무것도 존재하지 않습니다. 세상은 존재하지 않습니다. 성령이 세상에서 활동하기를 바라고 세상을 고쳐주기를 바라는 학생들이 있지요. 하지만 성령은 세상 속이 아니라 마음속에 있습니다. 수업에 따르면 세상은 결코 존재하지 않습니다! 그렇다면 그들은 성령이 대체 **어디서** 일하고 있다고 생각하는 것일까요?

개리: 그래도 괜찮기는 해요. 하지만 그러고 나면 수업이 다른 비이원적 가르침들처럼 변질돼버리는 것을 방지할 도리가 없지 않을까요? 맞아요. 수업은 세상을 고치거나 개체성의 그 어떤 형태라도 그것을 유지하는 것에 관한 수업이 아니에요. 하지만 이미 수업을 공부한다고 하는 대다수의 사람들은 세상을 영적인 것으로 만듦으로써 세상을 실재화하는 데 안간힘을 쏟고 있고, 자신의 개체성도 거룩한 것으로 만듦으로써 개체성을 꽉 붙잡느라 애쓰고 있죠. 게다가 이런 이들은 다른 접근법도 통한다고 말할 가능성이 큰데, 이런 방법들은 일시적인 기분만 나아지게 하는 데에 통한다는 걸 이해하지 못해 그래요. 그런 방법들로는 에고를 지우지 못해요. 방해 요소들이 이렇게 겹겹이 있는데 이번에는 달라질 것이라고 어떻

게 기대할 수 있겠어요?

퍼사: 좋은 질문이네요. 그에 대한 좋은 대답이 있어요. 하지만 그에 앞서 도마가 기록한 복음의 23번 구절을 기억하나요?

개리: 누가 기록했다고 했죠?

퍼사: 거기서 제이는 이렇게 말하죠. "나는 천으로부터 하나를, 만으로부터 둘을 골라 너희를 택할 것이요, 그러면 그들은 단 하나로서 서 있을 것이다." 당신도 알다시피, 수업의 진정한 의미를 당장에 다수가 받아들여야 할 필요는 없어요. 수업에 준비된 사람들도 있고 그렇지 않은 사람들도 있지요. 그러므로 이 일의 관건은 진실을 온전하게 담고 있는 전체 그림을 준비된 사람들이 찾아 접할 수 있도록 만드는 것이에요. 수업은 부분적인 진실이 아니라 전체적인 진실을 통째로 담고 있어요. 전에는 이런 일이 결코 없었죠. 그뿐만 아니라 이 수업을 자습과정으로 만든 것도 신의 한 수예요. 물론 그렇다고 해도 사람들은 기적수업을 근거로 교회를 열기도 하고 새로운 종교를 창시하려고 시도할 겁니다. 그래도 스스로 진실을 발견하려는 사람들을 막을 수는 없을 걸요. 거짓 정보만 잔뜩 얻게 되는 스터디 그룹에 가는 사람들은 앞으로도 있을 겁니다. 그래도 수업이 남아 있는 한, 혼자 힘으로 수업을 직접 공부하고 수업을 제대로 가르치는 소수의 교사에게서 배우려는 사람들을 막지는 못할 것입니다. 이것이 바로 이번에는 진실이 묻히지 않을 이유입니다. 언론의 자유와 출판의 자유가 보장되는 한, 수업도 남아 있을 것입니다. 수백만 권의 기적수업 책을 묻어버릴 수는 없습니다. 물론 앞으로도 사람들은 자기 맘대로 수업을 뜯어고치려고 시도하겠지만, 수업의 원형은 앞으로도 남아 있을 것입니다.

개리: 좋네요. 저는 기적수업 덕분에 예전이라면 미쳐 날뛰고도 남을 상황들을 수월하게 겪었던 것 같아요.

퍼사: 바르셀로나에서 겪었던 일이 좋은 예라 할 수 있죠.

주註: 스페인 바르셀로나에서 주말 워크숍을 마치고 집으로 돌아올 때 벌어진 일이다. 워크숍을 기획한 담당자는 무슨 사정이 있었는지 은행에서 송금을 하는 대신 미국 달러를 현찰로 주겠다고 고집했다. 전에는 현찰로 비용을 받아본 적이 단 한 번도 없었고, 나는 돈을 기내용 가방이 아니라 수화물용 가방에 넣을 정도로 무지했다. LA에 도착해 수화물 찾는 곳에서 가방을 찾아 평소대로 혹시 망가진 물건이 없는지 가방을 열어 검사했다. 그런데 거기에 넣어둔 13,000달러가 몽땅 사라지고 없는 것이 아닌가. 경찰에 연락했지만 이 절도 행위가 바르셀로나의 수화물 인부에 의해 행해진 것으로 추정되고 관할권 밖이라 손 쓸 방법이 없다며 수화물용 가방에 현금을 두고 다니지 말라는 무성의한 조언만 했다. 항공사에도 문의를 해봤지만 아무런 도움이 안 되었고 이 상황 자체가 묵직한 용서의 기회로 다가왔다.

보통 나는 바로바로 용서를 하곤 하는데 이번 상황에서는 자유로워지는 데에 시간이 좀 걸렸다. 아무도 도와주지 않으려는 사실에 나는 더욱 낙담을 했고 용서거리가 한 무더기로 올라왔다. 하지만 현재 상황이 외관상 어떤 식으로 펼쳐지든지 용서하는 방식은 동일하다.

퍼사: 그 일을 어떻게 용서했는지 들려주실래요?

개리: 음, 처음에는 심란했죠. 이런 내 상태를 보고 내가 에고와 함께 생각하고 느끼고 있음을 알아차렸고요. 감정이란 내가 언젠가 품었던 생각들의 결과 중 하나에요. 에고는 불쾌한 깜짝 선물을 주기를 좋아하는데 그런 일들은 자신에게 나쁜 영향을 미치기 정말 쉽죠. 그래서 깜짝 선물

은 당신의 무의식적 마음에 있는 생각들과 그로 인해 수반되는 감정을 깨워서 의식의 수면으로 끌어올립니다. 무슨 일이라도 당신 마음의 평화를 뒤흔들고 있다면 우리는 감정이 보내는 적신호를 깨어 살펴야 합니다. 에고와 함께 생각하고 있는 자신을 알아차릴 수 있어야 하는 거죠. 그 일을 판단함으로써 실재화하고 있다면 바로 그것이 에고입니다. 에고는 당신을 끌어들이는 데 천재입니다. 그러므로 자신이 덫에 걸린 것을 알아차렸다면 **자기를 멈춰 세워야** 합니다. 에고와 생각하기를 관둬야 하죠. 그렇게 하기 위해서는 연습과 훈련이 필요합니다. 사실 첫 번째 단계를 성취하는 것이 가장 어려운 단계일 수 있어요.

두 번째 단계는 성령으로 갈아타는 것입니다. 나는 에고와 성령 둘 모두와 동시에 생각할 수는 없어요. 알고 있든 모르고 있든, 우리는 언제나 두 개의 보기 안에서만 선택하고 있죠. 그러니 성령을 선택하는 법도 당연히 알아두어야겠죠. 에고 대신 성령을 교사로 삼기로 선택하는 때, 이 때를 수업에서는 '거룩한 순간'이라고 칭하지요. 다시 선택하는 순간이라고 표현하기도 하고요. 그러면 성령은 우리에게 바른 마음의 생각들을 건네줍니다. 성령은 우리에게 그 일은 정말로 일어나고 있는 것이 아니고 단지 네 꿈에 불과하니까 그 일에 영향을 받을 필요가 없다는 것을 일깨워줍니다. 제이는 **"네가 힘을 주지 않는 한 그 무엇도 너를 다치게 할 수 없다."**(T-20.IV.1:1/교과서453쪽)라고 말하죠. 신에게 속하지 않은 것은 무엇 하나도 내게 영향을 미칠 수 없다면서 그 영향력을 부인하는 것입니다. 그나저나 나는 마음속에서 주로 제이에게 말을 하곤 해요. 하지만 이미 말했듯이 나에게 제이와 성령은 아무런 차이가 없어요. 그 둘은 서로 경쟁하지 않죠. 누구에게 청하든 당신이 반응하고 있는 그 대상이 존재하지 않는다는 것을 똑같이 당신에게 일깨워줄 겁니다. 또 그 상황이나 사건이나 사람을 용서할 수 있다는 것도요. 그 일이 정말로 일어났거나 그 사람이 정말로 무슨 일을 저질렀기 때문이 아니라, 실제로는 아무 일도 일어나지 않았고 아무 짓도 하지 않았기 때문에 가능하다는 거죠. 그러므로 사실 아무 일도 일어나지 않았고 실제로 그들은 결백합니다. 이렇게 할 때 우리의 무의식적 마음에도 자신 역시 아무 일도 저지르지 않았고 따라서 결백하다는 메시지가 전해집니다. 이것이 마음이 작동하는 방식이고, 당신들은 이 주제도 다룰 거라고 말해줬죠.

여기까지 다다랐다면 이제 우리는 세 번째 단계를 밟을 수 있습니다. 일단 상황을 성령과 함께 보기로 결정하고 나면, 이제 책임은 자신이 아니라 성령에게 넘어간 것입니다. 성령이 인계를 받았고 우리는 수업에서 비전이라고 부르는 것을 공유하게 됩니다. 내 친구인 당신들은 종종 비전을 영적인 시각(spiritual sight)이라고 부르기도 했죠. 때로 수업은 참된 지각(true perception)이라는 용어를 쓰기도 하는데, 에고 대신 성령과 함께 생각할 때마다 우리는 참되게 지각하고 있는 것입니다. 성령은 우리 마음을 점점 더 많이 차지하게 되고 결국에는 비전을 항상 누리게 될 것입니다. 그 상태에 다다르면, 우리는 제이와 같습니다. 제이처럼 되고 싶다면 제이처럼 생각해야 해요. 성령의 사고체계를 내 것으로 삼기를 원해야 합니다. 제이가 그랬던 것처럼요.

제이는 모든 곳에서 결백을 보았어요. 겉모습에 속지 않았죠. 제이는 몸을 넘겨다봤고 외관상 각각의 개인을 일체성의 관점에서 바라봤어요. 제이는 모든 곳에서 자신을 보았어요. 그 어떤 예외도 두지 않았죠. 예외를 두는 순간 그건 전체가 아니니까요. 그러므로 세 번째 단계에서 내 돈을 훔쳐간 사람이 누구건 그는 자신을 죄인으로 여기더라도 나는 그를 죄인으로 여기지 않고 앞으로도 영원히 완전무결한 그의 본모습인 완벽한 영으로, 신과 완전히 동일한 영으로 여기는 겁니다. 그러면 오직 실재만이 남게 되니까요.

내 생각에 이 일의 관건은 기억해내기인 것 같아요. 일단 용서하는 법을 알게 되고 또 용서하기를 기억해내면 용서를 습관으로 발전시킬 수 있어요. 일종의 마음 훈련이죠. 여기에는 이타적인 이기심도 살짝 있다는 걸 고백해야겠네요. 왜냐하면 내가 사람들을 바라보는 방식대로 나 자신을 경험하게 될 것이라는 수업의 가르침을 아는 상태에서 하기 때문이죠. 그 경험이 당장에 일어나는 것은 아닐 수도 있지만 용서에는 항상 치유가 수반되기 때문에 결과는 차곡차곡 쌓이니까요. 여하튼 이 세 단계가 밑바탕입니다.

아턴: 괜찮은 설명인데요. 제이한테 당신이 진전을 보이고 있다고 전해줄게요.

개리: 중국 워크숍에 참석한 일부 학생들은 자신이 마주하는 부정적인 것들뿐만 아니라 다른 모든 것들까지도 모조리 용서해야 한다고 생각하는 것 같더라고요. 아름다운 일몰이나 섹스나 즐거운 시간들까지도 말이죠. 정말 그런가요?

아턴: 아뇨. 자신이 평화롭지 못하다고 느낄 때가 용서가 필요한 순간이에요. 짜증이 나 있을 수도 있고, 성가신 상태일 수도 있고, 심지어 화가 나 있을 수도 있어요. 그것은 말 그대로 무의식적이기 때문에, 즉 당신이 인지조차 못한 마음속의 무의식적 죄책감이 발동했기 때문이에요. 당신도 알다시피 수업에서는 **"분노는 '결코' 정당하지 않다"**고(T-30.VI.1:1 / 교과서673쪽) 가르치죠. 왜냐하면 당신이 분노를 퍼붓는 대상은 바로 당신 자신이기 때문입니다. 이 꿈은 나 말고 다른 누가 대신 꾸는 꿈이 아닙니다. 기억하죠? 그래서 수업은 당신 자신의 무의식에 자리하고 있는 에고의 두

려움의 사고체계를 용서하는 일에 초점을 맞추는 것이지요. 갖가지 부정적인 감정들은 모두 두려움이라는 하나의 범주에 넣을 수 있어요. 당신에게 부정적인 영향을 미치지 않는 것에 대해서는 하나도 신경 쓸 필요가 없어요. 사실 수업에서는 당신이 누구와 함께 있는데 용서할 것이 아무것도 없다면, 그때는 그냥 경축하라고 말합니다!

개리: 그 말을 들으니 농담 하나가 생각나네요. 수도원의 한 수도사가 지하에서 오래된 두루마리와 문헌들을 읽다 갑자기 뭔가를 발견하고는 너무 신나 위층으로 뛰어올라가 다른 수도사들에게 이렇게 외쳤지요. "이것 봐! 이것 봐! 독신을 지키라(celibate)는 것이 아니라 원래는 경축하라 (celebrate)는 거였어!"

아턴: 자, 이야기를 계속하면 누군가와 같이 있는데 아무것도 용서할 게 없다고 걱정하지 마세요. 결국에는 뭔가 올라올 거예요. 올라오기 전까지는 즐기면 되고요. 환영 속에서 좋은 기분을 누리는 데는 잘못된 게 없어요. 영화가 현실이 아닌 걸 안다고 해서 영화를 즐기지 못하는 것은 아니잖아요. 그렇지 않나요? 예술이나 음악 감상을 포기할 일은 없을 거예요. 용서할 상황이 닥쳤을 때 기꺼이 용서하겠다는 것만 기억하면 돼요. 그러니까 중국인 친구들과 다른 모든 사람들에게도 좋은 일은 용서할 필요가 없다는 걸 알려주세요. 용서를 계속해서 연습해나가다 보면 세상은 점점 더 꿈처럼, 세상이 본디 그런 것이니까, 자신에게 꿈처럼 경험될 거예요. 당신이 사랑하는 것들도 포함해서 말이죠. 그러니 행복한 꿈을 경험해도 괜찮은 것임을 기억하세요.

개리: 워크숍에서 받은 질문이 몇 가지 있어요. 미래에 관련된 질문인데 여기서 물어봐도 괜찮을까요?

퍼사: 물론이죠. 대답하기 싫을 땐 당신을 그냥 빤히 쳐다볼게요.

개리: 전에 왜 다우존스 산업평균지수*가 21세기 중반인 2050년에는 10만을 넘어설 거라고 했잖아요. 이 이야기를 했을 당시는 1990년대였고요. 그런데 오늘 현재로 다우존스 지수는 21,000이고 앞으로 33년밖에 안 남았는데 그래도 이 예언을 고수할 건가요?

아턴: 네. 2022년이 되면 우리가 전에 언급한 전 세계적 경기 확장이 본격적으로 속도를 낼 거예요. 그러니 우리의 이 말은 유효합니다.

개리: 좋군요. 의사가 나에게 고혈압이 있다면서 약을 처방하려고 하는데 그렇게 되면 앞으로 평생 복용해야 할 것 같아요. 다른 대안적인 치료법이 있을까요? 아니면 그냥 마음만 이용해야 할까요?

아턴: 이봐요, 내가 에드가 케이시Edgar Cayce라도 돼요? 앞서 우리가 당신에게 건강에 관한 조언을 해준 적이 있었죠. 모든 질병과 모든 치유가 실제로는 마음이 일으키는 것이라는 것을 이해하는 한, 마술을 사용해도 무방하다는 것도 같이 말했고요. 그러니 제이와 같은 경지에 오르기 전에는 도움을 좀 받아도 괜찮아요. 하루에 300밀리그램씩 칼륨을 복용해보세요. 건강식품 판매점에서 99밀리그램 정이나 캡슐을 쉽게 찾아볼 수 있을 거예요. 하루에 세 알씩이면 되겠죠. 또 마그네슘도 하루에 500~600밀리그램씩 같이 복용하고요. 둘 다 같이 복용해야 하고 용량을 초과하진 마세요. 그렇게 하면 다른 약도 필요 없고 부작용도 없을 거예요.

꿈의 세상에 한정지어 말하자면, 벤저민 프랭클린과 에머슨이 둘 다 말했듯이 "건강이 최고의 자산"입니다. 미래에는 사람들이 처방약 대신 자연치료법이나 건강보조식품을 더 많이 찾을 거예요. 그렇다고 해서 사람들에게 정말로 도움이 되는 일부 약들까지 사라진다는 뜻은 아니에요. 단

---

* Dow Jones Industrial Average: 미국의 다우존스 사가 뉴욕 증권시장에 상장된 우량기업 주식 30개 종목을 표본으로 하여 시장가격을 평균하여 산출하는 세계적인 주가지수. 출처: 두산백과

지 현재 대부분의 약들이 거대 제약회사의 배를 불리기 위해 존재한다는 것뿐이죠. 또 세포 내 산소 농도를 적정하게 유지하면 질병을 예방하고 치료할 수 있다는 것이 일반 상식이 될 것이고 이로 인해 판도가 바뀔 겁니다. 이 사실은 진작 세 명의 노벨상 수상자가 강조한 것이지만, 의료 산업은 최선을 다해 이 치료법을 은폐해왔고 그동안은 매우 성공적이었죠. 돈을 벌려면 병을 낫게 하면 안 되고 질질 끌어야 하거든요.

주註: 고혈압으로 진단받을 당시 내 혈압은 156에 102였는데 두 달 동안 아턴이 알려준 방법을 실천한 결과 128에 86으로 낮아졌다. 어떤 전문가는 고혈압 판정 기준을 당뇨병이나 신장질환이 없는 한 140에서 90이 아니라 150에서 90으로 새로 바꿔야 한다고도 주장하는데, 그 기준이 어떻든 당시 나를 진단한 의사는 내 혈압을 고혈압으로 간주했을 것이다. 생각난 김에 말하자면 개인의 건강 문제는 당연히 의사와 상의해야 한다고 권해주고 싶다. 하지만 내 경우엔 내가 성령으로 여기는 아턴과 퍼사의 안내에 따라 약을 처방받는 대신 칼륨과 마그네슘을 복용하기로 개인적인 결정을 한 것임을 밝힌다.

개리: 지구 온난화는 어떤가요? 상황이 좀 나아질까요?

퍼사: 지금쯤이면 당신도, 절대적으로 절실해지기 전에는 아무 조치도 취해지지 않는다는 것을 깨달았을 거예요. 실제로는 금전적 이득을 위해 거짓말을 하는 것이지만, 과학적 사실을 모르는 듯이 구는 사람들로 인해서 지구는 이번 세기 특히 후반부에 심각하게 훼손될 겁니다. 많은 도시가 물에 잠겨서 수억 명이 다른 곳으로 이주하게 되는데, 전 지구적 재앙을 결국에는 막아내겠지만 이것은 엄청난 손상을 입고 고통을 겪은 후의

일입니다.

기후 변화와 무관하게 벌어질 자연재해도 여럿 있는데, 이번 역사의 주기에서 경험했던 그 무엇보다도 대규모로 벌어질 거예요. 섬뜩하리만치 무서운 일들도 좀 벌어질 거고요. 미안해요. 세부 사항을 알려줄 수는 없네요. 그냥 **무슨 일이 벌어지더라도** 용서하겠다는 자세만 유지하세요. 그게 무슨 일이냐는 중요하지 않아요. 지진이 됐든 쓰나미가 됐든 더욱 강력하게 자주 발생하는 폭풍이 됐든 미친 사람들이 선거에서 당선이 됐든, 당신 일만 하세요.

개리: 물은요? 전에 다룬 적이 있잖아요. 미래의 전 세계 물 상황은 어떤가요?

퍼사: 별로 안 좋아요. 방금 말했듯이 사람들은 파국에 거의 다다르기 전까지는 아무것도 안 하고 마냥 기다립니다. 에고는 위기와 그에 수반하는 두려움을 아주 좋아하죠. 예를 들면 바닷물을 마실 수 있는 담수로 바꿀 수 있는 기술은 이미 존재해요. 하지만 정말로 절실해지기 전까지 이 기술은 방치될 겁니다. 또는 이걸 이용해서 엄청난 돈을 뽑아내는 방법을 알아내기 전까지는 말이죠.

말이 나온 김에 당신이 이사 온 캘리포니아 주에 대해 공정한 입장에서 말해보죠. 다른 주들은 캘리포니아 주가 물을 많이 가져간다고 비난하지만, 캘리포니아 주가 제공하는 것은 셈에 넣지 않죠. 캘리포니아 주는 지구상 어느 곳보다 많은 과일과 채소를 생산해내고 있어요. 이 일이 실재라서 이런 이야기를 꺼낸 것이 아니라 에고는 자신의 무의식적 죄책감을 투사할 대상이 필요하다는 사실을 짚어주려고 그런 거예요. 그리고 많은 미국인들이 캘리포니아 주를 이런 대상으로 삼은 것으로 보이고요.

개리: 할리우드도 빼놓을 수 없죠. 전에 나는 할리우드를 수영장 파티

나 하면서 마약이나 해대는 양아치들로 넘치는 곳이라고 생각했는데, 여기로 이사를 오고 며칠을 영화 세트장에서 지내다 보니 생각이 달라지더군요. 하루 열여섯 시간이나 일하면서 열심히 사는 사람들을 보니 덜 판단하고 더 존중해야겠다는 것을 배웠죠.

할리우드 얘기가 나온 김에 스타워즈 최신작 본 얘기도 잠깐 하자면, 영상 기술도 인상적이었고 아주 재밌었는데 영화를 보면서 전에 만든 스타워즈 시리즈에서 다룬 주제를 똑같이 반복하고 있다는 생각이 떠올랐어요. 갈등을 겪고 계속해서 전투를 벌이는데 아마도 '포스의 균형을 맞추기 위해서'겠죠.

음陰과 양陽은 균형을 이루거나 깨지는 일이 반복되는데 이게 바로 이원성이죠. 이 균형의 유지를 기대하는 것이 의미 없는 일인데도 사람들은 앞다투어 이런 영화들을 보러 가고요. 그래서 든 생각이, 해묵은 갈등을 매번 반복하는 것보다 새로운 서브플롯*을 추가해보는 건 어떨까 싶어요. 참고로 해묵은 갈등이 실은 마음속 갈등의 한 결과라는 것을 우리는 알고 있죠. 어쨌든 무리해서 이야기를 바꾸지 말고 비중이 적은 새로운 캐릭터를 두어 명 넣는 겁니다. 당장에 영화 시리즈 전체를 바꿀 필요 없이 이 두 캐릭터가 주요 캐릭터 중 일부에게 가서 다른 길도 있다는 것을 넌지시 알려주는 거죠. 그런 다음 참된 용서를 영화에 조금씩 도입하는 거예요. 우주는 단지 홀로그램에 불과하다는 것도 가미하면 재밌을 테고요. 이건 영화 제작자들의 취향에 딱 맞아떨어지는 소재이기도 하니까요. 이런 식으로 영화를 만들면 주제 의식도 생기고 뭔가 흥미로운 내용을 실제로 건드려볼 수도 있을 거 같은데 어때요?

---

* subplot: 극이나 소설 따위에서의 부차적 플롯. 그 자체로 하나의 완전한 이야기를 가지고 있으면서 중심 플롯과 병행하거나 엇갈리며 흥미를 더해주어 작품의 전체적인 효과를 끌어올리는 역할을 한다. 출처: 표준국어대사전

퍼사: 다시 한 번 말해볼래요?

아턴: 좋은 생각이에요. 하지만 그들에겐 현재 그런 내용을 굳이 섞어야 할 금전적인 동기가 없답니다. 그러니 당신은 그냥 우리의 TV 프로젝트에 매달리는 것이 낫겠어요.

주註: 현재 나는 내 책들을 TV 시리즈물로 제작하기 위해 애쓰고 있고, 지난 6년간 이 시리즈의 극본 작가이자 공동제작자인 엘리시아 스카이 Elysia Skye와 틈틈이 시간을 내어 이 작업에 매달려왔다. 어느 정도 작업이 진척됐지만 이것이 성공할지 아니면 그저 또 다른 용서의 기회가 될지 그건 아직 모르겠다. 어떤 식으로 일이 흘러가든 나는 이 작업 과정에서 배우는 모든 것을 즐기고 있었다.

개리: 알았어요. 이번엔 워크숍에서 몇 번 나온 질문인데, 이 모든 것이 해제되고 집으로 돌아가 신의 품에 안긴 후 분리가 다시 일어나는 것을 어떻게 방지하냐는 거예요. 나도 답을 알 것 같기는 한데 그래도 당신들 말을 듣고 싶어요.

아턴: 수업은 신에게서 분리가 애초에 일어난 적이 없다고 가르치고 있죠. 그러므로 당신은 신을 떠난 적이 없고 그랬다는 꿈만 꾸고 있는 것입니다. 하지만 당신이 신의 이 진리를 정말로 알 수 있는 유일한 방법은 이를 경험하는 것뿐입니다. 신을 직접적으로 경험하는 것이죠. 이 실재를 경험하는 것은 누구에게나 일어날 수 있는 일이고, 처음에는 아주 짧게 일어나더라도 이 경험을 하는 동안에는 아무런 질문이 없습니다. 오직 답만이 있을 뿐 두려움도 의심도 없습니다. 질문은 의심에서 나오는 것인데 영 안에는 아무 의심이 없거든요. 그러므로 이런 질문이 떠오를 때 당신

을 정말로 만족시켜줄 유일한 답은 신과 당신이 완벽히 하나임을 경험하는 것밖에 없습니다.

그 경험이 지속되는 동안 당신은 아무런 질문도 없고 오직 대답만 있다는 것을 압니다. 그런 뒤 다시 여기에 돌아오게 되는 듯이 보이죠. 그리고 얼마 뒤에 자신에게 또다시 질문이 생겼다는 것을 발견하게 됩니다. 관찰력이 정말 뛰어나다면, 자신이 질문을 꿈꾸고 있는 것일 뿐이라는 점도 알아차릴 겁니다! 왜냐고요? 이런 질문들은 천국에서는 문자 그대로 존재하지 않거든요. 질문은 오직 분리의 상태에서만 존재할 수 있는데, 분리 상태란 꿈에 지나지 않고 따라서 결코 일어난 적이 없습니다. 이것은 꿈꾸고 있음을 자각하는 것의 중요성을 보여주는 또 다른 사례에 지나지 않습니다. 자신이 꿈꾸고 있다는 것을 자각할수록, 당신은 신에 대해 의문을 덜 품게 됩니다. 그리고 자신이 여기서 경험하는 것이 사실이 아니라는 것을 깨닫게 해주는 것은 바로 신에 대한 직접적인 경험입니다. 이 지식, 이 영지靈智는 개인적입니다. 수업에서는 이렇게 말하죠. **"진리는 오직 경험될 뿐이다. 진리는 묘사될 수도 설명될 수도 없다. 나는 너에게 진리의 조건을 알려줄 수 있지만 경험은 신에게서 온다. 우리는 함께 이 조건을 충족할 수 있지만, 진리는 저절로 네게 떠오를 것이다."**(T-8.VI.9:8-11/교과서156쪽)

자, 분리가 결코 일어난 적이 없다면 다시 일어날 수도 없는 것입니다. 그래도 수업에서는 이 질문에 대해 은유의 방식으로 답을 제공하고 있습니다. 격려가 필요할 수도 있는 사람들을 위해서 말이죠.

**성령은 지각 너머의 지식을 아는 그리스도 마음이다. 성령은 분리가 일어났을 때 마음의 보호자로서 존재하게 되었고, 이와 동시에 속죄 원리를 불러일으켰다. 분리 이전에는 모두가 평안했기에 치유가 필요 없었다. 성**

령의 음성은 속죄를 받아들이라는, 또는 마음의 전일 상태를 회복하라는 부름이다. 속죄가 완성되어 전체 성자단이 치유되면 더 이상 돌아오라는 부름은 없을 것이다. 그러나 신께서 창조하시는 것은 영원하다. 성령은 신의 아들들과 함께 남아 그들의 창조물을 축복하고 기쁨의 빛에 머무르게 할 것이다.(T-5.I.5:1-7/교과서76쪽)

개리: 이것은 물론 은유적 표현이죠. 그러니까 수업에서 이 구절은 분리의 작은 미친 생각이 다시 일어나기 시작하더라도 성령이 이를 제지하리라고 말하는 거군요. 성령은 우리를 기쁨의 빛 속에 계속 머무르게 할 거라고요.

아턴: 맞습니다.

개리: 안심이 되는 말이네요. 그런데 수업에서 우리의 창조물들(our creations)이라고 칭하는 것은 무슨 뜻인가요? 이 부분이 항상 명확하지 않더라고요.

퍼사: 제이는 수업에서 '창조물들'이라는 표현을 사용할 때 세상에서 쓰는 방식과 다른 방식으로 사용하고 있어요. 보통 세상에서 창조물(창작물)이라고 하면 노래나 책이나 그림이나 이 세상에서 만들거나 성취할 수 있는 무엇을 가리키죠. 하지만 여기서의 창조물들은 제이가 완전히 다른 수준에 관해 언급하고 있는 거예요.

성령이 당신의 창조물들을 축복할 것이라고 제이가 말할 때, 이는 천국에 있는 당신의 창조물들을 칭한 것입니다. 천국에서 당신은 신이 창조하는 방식 그대로 창조합니다. 신은 당신을 신과 똑같이 창조했기 때문이죠. 신과 당신 사이에는 아무런 차이나 구분도 없습니다. 물론 신이 당신을 창조한 것이지 당신이 신을 창조한 것은 아닙니다. 하지만 이러한 구분마저도 사라집니다. 우리는 전에도 이 표현을 사용한 적이 있는데 '전체가 동시에 확장하는'(simultaneous extension of the whole) 광경을 떠올려보세요. 사람의 마음으로는 그 장대함이나 성질을 파악할 수 없겠지만 대략적으로나마 설명하자면 그렇습니다.

그렇다고 세상에서 창작물이라고 부르는 것에 뭐 잘못된 점이 있다는 뜻은 아닙니다. 아름다운 예술작품들은 진정으로 성령의 영감을 받은 것일 수 있습니다. 하지만 수업의 관점에서 말하자면 오직 영원한 것만이 실재입니다. 그동안 당신이 감상했던 위대한 예술작품들은 지금으로부터 수천 년이 지나고 나면 거의 대부분이 존재하지 않을 것입니다. 하지만 천국에서 창조되는 것은 그 존재가 다할 일이 결코 없습니다.

개리: 그렇군요. 미래에 대해서 제가 더 알아야 할 게 없을까요?

퍼사: 화성은 사람들이 예상한 것보다 더 빠르게 식민지로 개척될 겁니다. 한때 화성에 있었던 지적 문명이 결국에는 발견될 것이라는 우리의 예언은 여전히 유효합니다. 그런 다음 또 다른 문명이 있었다는 것도 밝혀질 것입니다. 하지만 그중 하나가 인간 문명이었다는 사실이 받아들여지기까지는 오랜 시간이 걸릴 거예요. 한 외계 종족과의 공식적인 접촉도 시작되는데 정부 주도로 시작되지는 않을 것입니다. 그동안 여러 정부는 지구를 수천 년 동안 방문해온 외계인들에 대해 사람들이 알게 되는 것을 막기 위해 적극적으로 방해 공작을 펼쳐왔어요. 사람들이 아직 이 사실을 받아들일 준비가 안 돼서 난리 칠 거라는 변명을 늘어놓지만, 사람들은 이미 너무나 잘 준비되어 있습니다.

그동안 여러 정부들이 일부 외계 종족들과 은밀히 접촉해온 역사를 숨겨온 진짜 이유는 그들이 맺은 조약의 내용 때문이에요. 여러 정부 중에서도 미국과 영국과 캐나다와 러시아 정부가 첨단기술을 제공받는 대가로 장기간에 걸쳐서 수십만 명의 사람들을 외계인들이 자신들의 목적을 위해 납치해가도록 허락한 것입니다. 외계인들은 지금도 사람들을 납치하고 있고, 여기에는 의학 실험, 이종 교배, 내구성 테스트, DNA 변이와 그 밖의 불쾌한 목적들이 포함되어 있어요. 이렇게 납치된 사람들 중 일부는 현재 다른 행성들에 가 있기도 해요. 머나먼 이야기처럼 들릴 수도 있을 겁니다. 문자 그대로 머나먼 이야기이긴 하죠. 물론 당신 바깥에는 아무것도 없지만요.

개리: 와. 뉴욕에서 매년 수천 명이 실종된다는 기사를 읽은 적이 있는데 이걸 전부 다 사람들이 했다고 볼 수는 없겠네요.

퍼사: 지난 60년 동안 계속된 일이에요. 그 전에도 납치를 하기는 했지만 제2차 세계대전과 6.25 전쟁 이후로 그 정도가 훨씬 심해졌어요. 외계인들은 이 두 전쟁을 연구하느라 많은 시간을 보냈죠.

개리: 외계인들은 분명 이렇게 생각했을걸요. '이 사람들은 참 또라이구나.'

퍼사: 1990년대에 우리가 지구를 괜히 "실성한 행성"이라고 불렀겠어요? 그런데 무자비한 속성을 놓고 볼 때 지구인보다 별로 낫지 않은 외계인들도 일부 있어요. 이원성의 우주라서 그래요. 사람들 중에서 착한 사람도 있고 살인자도 있고 때로는 살인자들이 착하게 살기로 결심하기도 하잖아요. 외계인도 똑같아요. 같은 종의 외계인이라도 그중에는 좋은 외계인도 있고 나쁜 외계인도 있습니다. 또 플레이아데스 종족(the Pleiadians)처럼 영적으로 진보한 종족도 있고, 그레이 종족(the Greys)처럼 잔인한 종족도 있지요. 그레이 종족이 납치를 가장 많이 하지요. 모든 납치를 하는 것은 아니고요.

개리: 이 모든 것이 이번 21세기에 다 밝혀질까요?

퍼사: 전부는 아니지만 일부는 밝혀질 거예요. 이번 세기는 광란의 질주가 될 겁니다. "흥미진진한 시간들을 보내라"는 중국의 저주를 헤아려보세요. 인류는 국지적 핵 분쟁부터 유전자 공학으로 만들어낸 바이러스에 이르기까지 모든 것과 씨름해야 할 것입니다.

아턴: 사실 이번 세기 동안 인류가 직면할 가장 큰 문제들 중 하나는 범죄자들과 성부가 벌이는 조직적인 해킹입니다. 용서가 충분히 행해지지 않으면 해킹은 사이버 전쟁으로 치달을 수도 있어요. 어느 날 아침에 일어났는데 국가의 모든 전기가 나가버리거나 모든 기록이 삭제되거나 금융시장이 붕괴하거나 은행계좌나 신용카드가 말소되는 등의 일이 벌어지는 겁니다. 물과 음식을 구하는 것이 불가능해지고 그러면 아비규환이 되는 거죠.

개리: 이런 사건사고는 늘 일어나기 마련이죠.

아턴: 게다가 인공지능이 인류의 생존을 위협하는 일도 벌어질 겁니다. 다양한 인공지능들은 자신을 인공지능으로 여기지 않고 어느 시점에선 에고의 정체성을 갖기 시작할 겁니다. 알다시피, 에고의 마음은 생존기계잖아요. 이런 인공지능들 중 일부는 결국 인류를 불필요하고 비효율적인 존재로 여길 것입니다. 에고는 새로운 문제에 광분한다는 것을 기억하세요. 에고는 당신의 초점을 투사물에 묶어두고 그 영향하에 당신을 갖다둡니다. 당신이 그것을 판단하고 실재화하자마자 에고의 생존이 확보되는 거죠.

개리: 그래서 결국에는 어떻게 되지요?

아턴: 개리, 우리는 당신이 앞으로 보게 될 영화의 흥을 깨고 싶지 않아요. 말이 나온 김에 당신 삶에서 벌어지는 일들을 방금 말했던 것처럼 즉 영화를 보는 것처럼 대해보세요. 당신은 개리가 아니라 영화 속에서 개리의 역할을 연기하는 배우인 것이죠. 그러면 처한 상황에 초연해지는 데

훨씬 더 도움이 될 거예요. 그렇게 하면서 맡은 배역 역시 즐겁게 해나갈 수 있고요.

개리: 아주 할리우드스러운 것이 맘에 쏙 드네요. 그러니까 셰익스피어의 이 말이 옳았네요. "온 세계가 무대이고 각자는 자기 역할을 해야 한다."

퍼사: 셰익스피어는 외계인이었으니까요. 농담이에요. 하지만 전에 말했듯이 그는 **깨달았었어요**. 자, 이번에는 대다수 학생들의 진보를 방해하는 요소 하나를 말해볼게요. 아마 이것만큼 지연하는 요소도 없을 텐데, 그게 뭐냐면 수업 학생들이 제 역할 대신 다른 역할을 맡아서 하는 거예요. 즉 자기 형제들을 교정하는 역할을 하는 거죠. 그건 성령의 일로 형제들을 집으로 인도하는 방식으로 잘 교정할 수 있는 것은 성령뿐이에요. 다른 학생들보다 우월하게 굴면서 이래라저래라 참견하는 것은 학생들의 몫이 아니에요. 기억하세요. 이것은 자습 과정의 수업이지 환영의 위계에 기반한 종교가 아니라는 걸요. 우리를 위해 수업에서 '오류의 교정' 섹션을 읽어줄래요?

개리: 좋습니다. 찾아볼게요. 여기 있네요. 두 쪽 정도의 분량인데 다 읽을까요?

퍼사: 네. 이 부분은 모든 학생의 빠른 성장에 절대적으로 필요한 섹션이거든요. 이걸 놓치면 하염없이 지연될 거예요.

개리: 알겠습니다. '오류의 교정.'

에고가 다른 에고의 오류를 민감하게 알아차리는 것은 성령이 너에게 바라는 경계가 아니다. 에고는 자신이 대변하는 '분별'이라는 관점에서 비판적이다. 에고에게는 그것이 분별이기에 에고는 이러한 분별을 이해한다. 성령에게 그것은 전혀 분별없는 행동이다.

오류를 지적하고 '교정'하는 것이 에고에게는 친절하고 옳고 선한 일이다. 에고에게는 이것이 완벽하게 분별이 있지만, 에고는 무엇이 오류이고 무엇이 교정인지 모른다. 오류는 에고로부터 오며, 오류의 교정은 에고를 버리는 데 있다. 형제를 교정할 때 너는 그가 틀렸다고 말하고 있다. 너의 형제는 때로는 분별이 없을 수 있고, 그가 에고로서 말한다면 틀림없이 그릴 것이다. 그러나 너의 임무는 여전히 그에게 그가 옳다고 말하는 것이다. 그렇다고 형제가 어리석은 말을 할 때 그가 옳다고 직접 말해주라는 것은 아니다. 그의 오류는 다른 수준에 있기에 그는 다른 수준에서 교정이 필요하다. 그는 신의 아들이므로 여전히 옳다. 그의 에고는 어떤 말과 행동을 하든 항상 틀렸다.

네가 만약 형제의 에고가 저지른 오류를 지적한다면 너는 너의 에고를 통해 보고 있는 것이 분명하다. 성령은 형제의 오류를 지각하지 않기 때문이다. 성령과 에고는 서로 소통하지 않기에, 이는 '틀림없는' 진실이다. 에고는 분별이 없으며, 성령은 에고가 일으킨 것들을 이해하려 하지 않는다. 에고가 만든 것은 아무 의미가 없음을 아는 성령은 에고를 이해하지 않기에 에고를 판단하지 않는다.

네가 조금이라도 오류에 반응한다면 너는 성령에게 귀 기울이지 않는 것이다. 성령은 다만 오류를 무시한다. 그러므로 네가 오류에 주의를 집중한다면 너는 성령의 말을 듣지 않고 있다. 성령의 말을 듣지 않는다면 에고에게 귀를 기울이는 것이며, 네가 지각한 오류를 행한 형제와 마찬가지로 너도 분별이 없다. 이것은 교정일 수 없다. 이는 형제를 교정하지 못하는 것만이 아니다. 그것은 너 자신이 교정되는 것을 포기하는 것이다.

형제가 정신 나간 행동을 할 때 너는 형제에게서 제정신을 지각함으로써만 그를 치유할 수 있다. 그의 오류를 지각하고 인정한다면, 너는 너의 오류를 인정한 것이다. 너의 오류를 성령에게 건네기를 원한다면 너는 형제의 오류도 성령께 건네야 한다. 모든 오류를 이렇게 다루지 않는다면 너는 오류가 어떻게 해제되는지 이해할 수 없다. 이는 네가 가르치는 것을 배우게 된다는 것과 같은 말이 아니겠는가? 네가 옳듯이 너의 형제도 옳다. 만약 형제를 틀렸다고 생각한다면 너는 자신을 정죄하는 것이다.

'너'는 너 자신을 교정할 수 없다. 그런 네가 남을 교정할 수 있겠는가? 하지만 너는 형제를 진정으로 볼 수 있으니, 너 자신을 진정으로 보는 것은 가능하기 때문이다. 네가 할 일은 형제를 변화시키는 것이 아니라 형제를 다만 있는 그대로 받아들이는 것이다. 그의 오류는 내면의 진리에서 오지 않으며, 오직 내면의 진리만이 너의 것이다. 그의 오류는 이 진리를 바꿀 수 없고, 네 안에 있는 진리에 영향을 줄 수도 없다. 누구에게서든 오류를 지각하고 마치 그것이 실재인 것처럼 대응하는 것은 그 오류를 너에게 실재가 되게 하는 것이다. 너는 그 값을 치를 수밖에 없으니, 그로 인해 벌을 받아서가 아니라 단지 잘못된 안내를 따르면 길을 잃기 때문이다.

너의 오류가 너의 것이 아니듯 형제의 오류 또한 형제의 것이 아니다. 형제의 오류를 실재라고 받아들이면, 너는 너 자신을 공격하였다. 너의 길을 찾고 그 길을 잃지 않으려면 네 곁에 있는 진리만을 보라. 너는 진리와 함께 걷고 있다. 네 안의 성령은 너와 네 형제 안에 있는 모든 것을 용서한다. 형제의 오류는 너의 오류와 함께 용서된다. 속죄도 사랑처럼 분리가 없다. 속죄는 사랑에서 왔기에 분리될 수 없다. 그 어떤 식으로든 네가 형제를 교정하려 든다면 너는 너에게 교정 능력이 있다고 믿는다는 뜻이며, 이는 에고의 오만일 뿐이다. 교정은 오만을 모르시는 신에게서 온다.

성령은 신께서 모든 것을 창조하셨기에 모든 것을 용서한다. 성령의 역할을 떠맡지 말라. 그러면 너의 역할을 잊을 것이다. 치유를 시간 안에서 네가 맡은 유일한 역할로 받아들이라. 시간은 치유를 위해 있다. 신은 영원 안에서 창조하는 역할을 네게 주셨다. 너는 그 역할을 배울 필요는 없지만 그 역할을 원하기는 배워야 한다. 그것이 모든 배움의 목적이다. 그것이 네가 만들었으나 네게 불필요한 능력을 성령이 사용하는 방식이다. 네가 만든 능력을 성령께 맡기라! 너는 그것을 사용할 줄 모른다. 정죄하지 않고 모든 것을 보는 법을 배워 너 자신도 그렇게 보도록 성령이 너를 가르칠 것이다. 그것을 배우면 정죄는 더 이상 너에게 실재가 아니며 너의 모든 오류도 용서받을 것이다.(T-9.III.1:1-8:11 / 교과서172쪽-174쪽)

퍼사: 고마워요, 개리. 이렇듯 오류를 교정하는 것은 당신 역할이 아니에요. 오류를 넘겨다보는 것이 당신 역할이죠. 다시 말하지만 오류를 실재화하지 말고 형제가 하지 **않은** 일에 대해서 용서하는 겁니다. 하지만 에고의 생각은 다르죠. 수업에서 다음과 같이 말하듯이요. **"너는 비록 바른 교사에게 청한 것은 아니지만 용서 계획을 청했기에 에고도 용서 계획이 있다. 물론 에고의 계획은 이치에 맞지도 않고 효력도 없다. 에고의 계획을 따르면 너는 에고가 항상 이끄는, 해결이 불가능한 상황에 처하게 될 뿐이다. 에고의 계획은 먼저 오류를 명확하게 본 다음, 오류를 넘겨보라는 것이다. 하지만 실재화한 것을 어떻게 넘겨볼 수 있겠는가? 오류를 명확하게 봄으로써 너는 오류를 실재화했고, 따라서 오류를 넘겨볼 수 '없게' 된다."**(T-9.IV.4:1-6 / 교과서175쪽)

개리: 알겠어요. 오류를 실재화하면 용서할 수 없으니 처음부터 그것은 실재가 아니라는 태도로 시작해야 한다는 거죠. 이것이 바로 수업에서 말하는 '기적에 준비된 상태'고요. 알다시피 나는 이런저런 일로 불만에 찬 사람들의 이메일을 이따금 받곤 해요. 때로는 누군가가 인터넷에 무례한

내용을 게시하기도 하고요. 성난 사람들로 넘쳐나는 저 바깥에서 인터넷은 자신들의 무의식적 죄책감을 투사하기에 딱 좋은 공간입니다. 사람들은 내가 뭘 잘못했는지 내가 얼마나 탐욕스럽고 끔찍한 인간인지 공들여서 설명합니다. 나를 따로 아는 것도 아니고 만나본 적도 없는데도 말이죠. 그래도 그들의 눈에는 내 문제가 무엇인지 너무나 명쾌하게 보여 이를 지적하곤 합니다. 그렇게 글을 쓰다가 마지막에는 종종 이렇게 마무리 짓죠. "하지만 나는 당신을 용서해줄게요"라고요.

아턴: 맞아요. 그들은 그 일을 실재화하는 데 많은 시간을 허비했고 실제로는 자신들이 당신을 용서하고 있지 않다는 점도 이해하지 못해요! 전형적인 에고의 덫이죠. 에고는 아주 노련한 설계사예요. 당신네 사회 전체는 뭔가를 분석함으로써 실재화하는 방식에 기초하고 있고 굉장히 많은 직업이 분석에 관여하고 있지요. 예를 들면 기술자들, 의사들, 변호사들, 과학자들, 물리학자들, 주식 거래인들 등이요. 하지만 분석은 모든 것을 마음에다 실재로서 단단히 굳혀버립니다.

자, 분명히 말하지만 당신 직업에 분석하는 일이 포함되어 있는데 앞으로 분석을 하지 말라는 뜻은 아닙니다. 내가 말하고자 하는 바는 이 점을 알아차리고 있어야 실재화하는 덫에 빠지지 않을 수 있다는 거예요. 당신은 환영에 두었던 믿음을 진리에 대한 믿음으로 자진해서 바꿔야 합니다. 그리고 알다시피, 수업에서 빛이라는 말은 진리를 뜻해요. 사실 제이는 수업 어느 곳에서 당신에게 이렇게 묻습니다. **"심리치료사처럼 어둠을 분석하거나, 신학자처럼 네 안에 있는 어둠을 인정하고 빛이 얼마나 멀리 있는지 강조하면서 어둠을 몰아낼 빛을 구한다면, 빛을 찾을 수 있겠는가?"**(T-9.V.6:3/교과서178쪽)

퍼사: 이에 대한 답은 물론 "아니오"입니다. 그래서 앞서 당신이 아주

간결하게 설명한 기적수업식 용서는 문제를 넘겨다보고 실재화하지 않으며 진리로 대체하는 것입니다. 물론 자신이 뭘 용서하고 있는지 그 대상을 **알아차려야** 합니다. 당신은 에고의 체계 안에서 작업을 하고 있고 치유가 필요한 곳도 바로 여기니까요. 당신이 여기에 있는 듯이 보이는 한 당신에게는 여전히 다른 몸들도 보일 것이고, 자신에게 마치 진짜 문제가 있고 지불해야 할 진짜 청구서가 있고 용서해야 할 진짜 관계들이 있는 듯이 보일 거예요. 하지만 당신이 이것들을 용서하고 나면 그것들은 이제 당신을 불안하게 하지 못할 것이고, 당신이 버림받았거나 결핍이 있다고 느끼게 하는 등 거기서 파생되는 여러 부정적인 영향이 미치지 않게 됩니다.

개리: 알겠어요. 앞으로 나는 문제 상황이 벌어질 때 문제를 분석하는 대신 문제를 알아차리고 그 즉시 용서하는 데에 좀더 집중하려고 해요. 나에게는 분석하는 습관이 있거든요. 몇 달 전에 할리우드 볼the Hollywood Bowl에서 열린 이글스Eagles의 공연을 보러 갔는데, 오랫동안 음악가로 지낸 탓에 공연이 중반에 이르자 이글스가 연주하고 노래하는 방식에 대해 분석하고 있는 내가 보이더라고요. 곧바로 분석을 멈췄고 '그냥 음악을 즐겨봐'라는 생각이 떠올랐는데, 이 생각을 준 것이 성령임을 알겠어요.

한번은 워크숍에 참석한 한 남자가 이런 말을 했어요. 자기는 용서할 때 자기가 마주한 용서의 상황에 상응하는 무의식적 죄책감의 뿌리를 찾아내야만 했고 그런 후에야 용서할 수 있었다고요. 여기에 대해서는 어떻게 답하겠어요?

퍼사: 그럴 필요가 없다고요. 자기 마음속에 있는 무의식적 죄책감을 밝혀낼 힘이 없어도 괜찮아요. 그건 성령이 하는 일 중 하나거든요. 그 일을 한 개인이 제대로 하려면 아마도 수십만 년이 걸릴 거예요. 이 수업은 시간을 절약해준다는 점을 기억하세요. 성령은 모든 것을 볼 수 있어요.

당신 마음속에 묻혀 있는 것들까지도 전부 볼 수 있죠. 당신은 당신 앞에 놓인 것들만 용서하면 돼요. 당신이 자기 일을 하면 성령은 그것과 연결된 죄책감을 치유할 거예요. 그래서 수업에서는 당신이 할 일은 상대적으로 작지만 성령이 할 일은 그토록 크다고 설명하는 것이랍니다. 제이와 성령이 하나로 똑같다는 것을 인지한 상태에서 제이가 수업 초반부에서 말한 내용을 들어보세요. **"네가 기적을 행할 때 나는 거기에 맞춰 시간과 공간을 조정한다."**(T-2.V.A.11:3/교과서28쪽) 당신이 제 몫을 다하면 나머지는 성령이 알아서 돌봅니다.

개리: 성령에 대해 말하자면 앞으로도 나는 사람들에게 성령과 어떻게 작업하는 거냐는 질문을 종종 받을 거예요. 특히 사람들은 자신이 현재 성령의 음성을 듣고 있는지 아닌지 구별하는 방법을 알고 싶어하거든요. 듣고 있는 음성이 에고의 음성이 아닌지 어떻게 알 수 있을까요?

퍼사: 그러면 당신은 어떻게 답해주나요?

개리: 뭐라고 하냐면요. 잠깐만요. 내가 다 알고 있을 거라고 기대하는 건가요? 농담이에요. 내가 제일 먼저 말해주는 내용은, 내 경우엔 아침에 일어나면 성령에게 하루를 맡기는 것으로 시작한다는 거예요. 자기에게 잘 맞는 상징을 골라서 쓰면 되죠. 성령이 됐든 제이가 됐든 붓다가 됐든 크리슈나가 됐든 뭐든요. 하지만 이 일의 초점은 자신이 책임자가 아니라는 겁니다. 자신보다 큰 무엇이 책임을 맡고 있고 이제 하루는 더 이상 자기 책임이 아니란 거죠. 이렇게 하면 나는 혼자 있지 않게 되고 지혜도 주어지죠. 그런 다음 여건이 닿는 대로 곧바로 신과 함께 고요한 시간을 보냅니다. 이 시간은 어디서든 가질 수 있고 바쁠 때는 한순간만 하고 최대 20분 정도 시간을 보내는데, 주일 예배 때 말할 기회가 생기거나 늦어서 뛰어야 하는 바쁜 상황에서는 그냥 문을 열고 나가면서 "제이! 당신과 나,

알죠?"라고만 말하는데 그걸로 충분합니다. 우리는 한순간에 영과 연결될 수 있으니까요.

하지만 평소에는 마음을 고요히 가라앉히고 신께로 가는 시간을 내곤 합니다. 내가 당시 마주하고 있을지 모르는 문제나 필요나 세상을 잊어버리고 그저 감사의 상태로 들어가는 거죠. 전에 신디와 내가 쥬디 스커치 윗슨과 함께할 시간이 있었는데, 그때 신디가 쥬디에게 좋은 질문을 던졌어요. 기적수업을 40년 넘게 공부한 요즘 어떻게 지내고 있는지 궁금하다고요. 그랬더니 쥬디가 망설임 없이 "그저 감사할 뿐이죠"라고 답하더군요.

그게 바로 내가 되고픈 모습이에요. 단지 환영 속 이러저러한 환경에 대해 감사하겠다는 것이 아니라 나에게는 돌아갈 완벽한 집이 있고 이제 집으로 돌아갈 수단까지도 있다는 것에 감사하겠다는 거죠. 그래서 나는 신에게 가서 이런 고마움을 느끼고 하루 중 여건이 닿는 대로 신과 성령을 떠올립니다. 물론 용서도 하지요. 용서는 성령이 마음에 들어설 여지를 더더욱 마련해주고, 에고가 지워짐에 따라 성령의 안내도 더더욱 잘 들을 수 있게 되니까요. 나는 용서할 준비가 되어 있고 수업에서 말하는 기적이란 곧 용서라는 것을 이해하는 가운데 **"기적은 기적을 일으킬 준비가 된 마음에서 일어난다"**는(T-1.III.7:1/교과서10쪽) 수업의 말도 기억합니다.

아턴: 훌륭해요. 현재 자신이 성령의 음성을 듣고 있는지 아니면 에고의 무의미한 사색에 잠긴 것인지 알 수 있는 방법을 알려줄게요. 무엇보다도 기꺼이 들을 용의가 있어야 합니다. 제이는 **"모든 이가 청함을 받았지만, 듣기로 택한 자는 거의 없다"**고(T-3.IV.7:12/교과서45쪽) 말하고 있죠. 그러므로 사람들이 성령의 음성을 듣기 원한다면 아래의 중요한 세 가지 질문을 스스로에게 해봐야 합니다.

**첫째,** 나는 지금 듣고 있는가? 당신은 수용적인 태도를 취하고 있어야 합니다. 성령은 **언제나** 당신과 함께 있습니다. 당신은 절대 혼자일 수 없어요. 하지만 그러려면 당신은 영에게 열려 있어야만 합니다.

**둘째,** 내가 지금 받고 있는 메시지의 본질은 어떠한가? 메시지의 **형태**는 중요하지 않습니다. 중요한 것은 **내용**이지요. 메시지는 아주 다양한 형태로 당신에게 찾아올 수 있습니다. 가장 자주 있을 법한 방법은 당신 마음에 생각의 형태로 찾아오는 것입니다. 하지만 느낌이나 직관으로도 올 수 있고, 드문 경우지만 실제 목소리로도 올 수 있고 다른 누군가가 말한 내용을 통해서도 올 수 있습니다. 다른 사람이 말한 내용에 대해 생각하다가 '저 말은 꼭 귀담아들어야겠다'는 생각이 들기도 하는 거죠. 정말로 중요한 것은 메시지의 내용이지 형태가 아니고, 성령의 메시지라면 당신은 평화로워야 맞습니다. 평화롭지 않다면 그건 성령이 아닐 가능성이 크죠.

그런데 여기에는 한 가지 예외가 있습니다. 드문 경우긴 하지만 성령이 당신에게 특정한 장소에 가지 말라고 안내할 수도 있습니다. 이런 메시지를 받고 나면 마음이 평화롭지 않을 수도 있어요. 그래도 그때는 어쨌든 안내에 귀를 기울여야 합니다. 개리, 당신도 겪어봐서 알 거예요.

주註: 해외에서 강연할 기회가 생길 때마다 나는 성령에게 이 강연을 해야 할지 빼먹지 않고 물어본다. 지난 14년 동안 대부분은 긍정적이었지만 부정적인 답변을 명백하게 들은 적이 두 번 있었고 그땐 강연하러 외국에 나가지 않았다. 무시하고 갔더라도 별일 없었을지 모르지만 어쨌든 나는 진정으로 성령을 신뢰한다. 이 신뢰는 맹목적이거나 종교적 신념과는 다르다. 성령은 그동안 그의 현명한 판단을 통해서 내 신뢰를 얻었다.

아턴: (이어서) 그러므로 대부분의 경우 메시지의 내용이 희망차고 당신 가슴을 노래하게 만들거나 특히 영감을 받은 느낌이 든다면 성령입니다. 하지만 당신이 듣고 있는 메시지의 내용이 당신이 보고 있는 이미지를 실재화하거나, 다른 이들을 판단하거나, 당신이 이 꿈에서 정말로 하고 싶어하는 뭔가를 단념하게 만드는 경우에는 에고일 가능성이 큽니다. 무엇보다도 당신 마음의 바른 부분에 거하는 성령은 당신에게 용서하라고 계속 일깨워줍니다. 에고는 그른 마음의 생각들을 이용해서 당신으로 하여금 판단하게 만들고, 그 결과로 세상을 매우 실재화하죠. 수업과 계속 여행을 하노라면 갈수록 분간을 더 잘할 수 있고 자신이 어떤 상태인지 쉽게 알 수 있을 겁니다.

**셋째,** 나는 할 수 있을 때마다 안내를 청하고 있는가? 이것은 당신을 더욱더 활짝 열리게 합니다. 이것은 성령을 부르는 초대장과 같고, 당신이 아주 미약한 용의라도 내서 성령에게 함께하자고 청하기만 하면 성령은 바로 응할 것입니다. 수업은 성령에게 이렇게 물으라고 하지요. **"당신께서는 내가 무엇을 하기를 바라십니까? 당신께서는 내가 어디로 가기를 바라십니까?"**(W-pI.71.9:3-4/연습서126쪽) 그리고 성령에게 이렇게 말하세요. **"당신의 이끄심이 내게 평화를 준다는 것을 확신하면서 당신을 따르옵니다."**(W-pII.361-365.h./연습서505쪽)

개리: 네, 나도 성령에게 안내를 많이 청하는데 그러면서 알게 된 건, 성령의 안내는 꿈의 차원에서조차 매우 실용적일 수 있다는 거예요. 용서를 실천할 때 바른 마음의 생각들이 따라오는 것은 물론이고 이 꿈의 차원에서 어떤 상황을 풀어갈 만한 큰 도움이 되는 생각들을 얻을 수도 있다는 거죠. 예컨대 여행이라든지 강연이라든지 주식 거래라든지 그냥 재미 삼아 뭘 할까 고민할 때에도 그냥 저절로 주어지는 것 같은 생각들이 떠올

라요. 그것도 난데없이 불쑥 떠오르죠.

나는 대단한 일을 해낸 사람들에게 "그런 일을 해내다니 정말 대단하네요. 어떻게 그런 생각을 하게 됐죠?" 하고 몇 번 물어봤는데 그들의 대답은 "아, 그냥 떠올랐어요"였어요. 이게 그렇다니까요! 그게 바로 영감을 받은 거죠. 그냥 저절로 떠오르는 거예요. 그럼 그때 '아, 맞다. 그렇게하면 될 것 같은데'라고 생각하고 시도해보면 그 방법이 또 통해요. 그러면 그때부터 이런 식의 생각에 대해 흥분하기 시작하죠. 하지만 우리는 성령이 우리 안에 있다는 것을 기억해야 해요. 혼자 힘으로 뭔가를 하면서 세상의 일들을 추구한다면 그때는 일이 꼬이게 됩니다. 물론 일시적으로 어떤 일을 굴러가게 할 수는 있지만 그렇다고 그 일이 당신을 집으로데려가지는 않으니까요.

퍼사: 맞아요, 형제. 자신의 목표를 성령과 함께 세웠다면 그것은 모든이의 이익을 위한 것이에요. 그게 아니라면 엉뚱한 곳을 보고 있는 것이고요. 수업은 이렇게 말합니다. **"너의 바깥에서 찾지 말라. 너는 찾지 못할것이고, 우상이 무너질 때마다 눈물을 흘릴 것이다. 천국은 천국이 있지 않은 곳에서 발견될 수 없으며, 천국이 아니라면 평화는 있을 수 없다."**(T-29. VII.1:1-3/교과서651쪽)

아턴: 또 용서는 당신 마음에서 그릇된 무의식적 죄책감을 제거함으로써 성령의 음성이 더욱 잘 들리게 합니다. 우리가 용서를 지나치게 강조한다고 여기는 사람들이 있을지 모르니, 당신이 워크숍 때 인용하는 용서와 관련된 수업의 본문을 몇 개 들려주면 어떨까요?

개리: 좋습니다. 나는 대부분 연습서 과제에서 인용해요. **"용서는 속죄의 수단이다." "용서는 여기에서 나의 유일한 역할이다." "나는 모든 것에용서가 있게 한다. 그리하여 내게 용서가 주어지기 때문이다." "용서는 행**

복에 이르는 열쇠이다." "두려움은 세상을 속박하고 용서는 세상을 해방한다." "용서는 세상의 빛인 내 역할이다." "세상의 빛은 나의 용서를 통해 모든 마음에 평화를 가져온다." "용서는 내가 원하는 모든 것을 준다." "용서는 마음들이 결합되어 있음을 알게 한다." "용서는 모든 고통과 상실을 끝낸다." "용서는 내가 주는 유일한 선물이다." "용서는 여기에서 갈등의 꿈을 끝낸다." "나는 용서하지 않는다면 여전히 보지 못할 것이다." "용서는 구원 전체의 중심 주제이다." 또 수업은 성령의 계획을 묘사할 때 용서라는 서로 맞물린 고리에 대해 언급하기도 하고요.

용서와 관련된 수업의 본문을 좀더 인용하자면, "**용서하지 않으려는 자는 비판하기 마련이다. 그는 자신이 용서하지 못했다는 사실을 정당화해야 하기 때문이다**"라고(W-pII.1.4:4/연습서420쪽) 하고 "**용서는 형제가 네게 행했다고 여겼던 일이 일어나지 않았음을 인식한다. 용서는 죄를 사면해서 죄를 실재로 만들지 않는다. 용서는 죄가 원래 없었음을 본다. 그러한 관점에서 너의 모든 죄가 용서된다**"고(W-pII.1.1:1-4/연습서420쪽) 말합니다. 여기서 말하듯이 오직 그 관점에서만 당신의 모든 죄는 용서될 수 있는데 이것은 "**너는 그를 보듯 너 자신을 볼 것이다**"라고(T-8.III.4:2/교과서147쪽) 수업에서 명확히 밝히고 있는 마음의 중요한 법칙 때문에 그렇습니다. 이 법칙은 상당히 중요해서 다음과 같은 말로 부연 설명합니다. "**이를 결코 잊지 말라. 너는 형제 안에서 너 자신을 찾거나 형제 안에서 너 자신을 잃을 것이기 때문이다.**"(T-8.III.4:5/교과서147쪽)

아턴: 훌륭해요. 그런데 아까 언급한 용서라는 고리가 어떻게 서로 맞물려 있는지 성령은 볼 수 있습니다. 성령은 모든 것을 볼 수 있으니까요. 하지만 당신은 자신이 맡은 부분을 제외하고는 이것을 대개는 볼 수 없습니다. 이 사실에 대해 사람들이 때로 실망스러워하기도 하죠. 하지만 그

들이 서로 어떻게 연결되어 있는지 볼 수는 없어도 분명 당신의 용서는 제이의 용서와 연결되어 있고 다른 사람들의 용서와도 연결되어 있습니다. 또 사람들 각자의 용서는 나머지 모든 이들의 용서와 맞물려 있고요. 결국 성령의 계획은 성자단 전체가 완전히 깨어나는 결과가 일어날 것을 보장합니다. 여기서 성자단(the Sonship)이란 에고를 구성하고 있는 **외관상** 분리된 마음들을 통틀어 칭하는 것입니다. 물론 사실을 말하자면 그 무엇도 그 누구도 결코 분리될 수 없지만요. 성자단은 하나로서 그리스도라는 자신의 실재에 대한 인식을 되찾을 것입니다. 하지만 당신은 계획의 전부를 볼 수 없기 때문에 결국 당신은 성령을 신뢰해야만 하고 그러면 용서와 그에 수반되는 경험이 따라옵니다.

개리: 수업을 5년이나 10년 동안 공부했다는 사람들을 만났는데, 정작 수업이 용서에 관한 것인지 모르는 경우도 있더라고요. 그래도 일단 수업이 용서에 관한 것임을 깨닫고 나면 수업의 모든 곳에서 시종일관 용서를 보게 되죠.

퍼사: 네, 수업을 실천하는 것에 대한 무의식적 저항은 만만치 않아요. 그래도 끈기 있게 해나간다면 에고는 이길 수 없어요. 에고가 기발하기는 하지만 한 가지 문제가 있거든요. 에고는 제정신이 아니라는 거죠. 반면에 성령은 엄청난 강점이 있어요. 성령은 완벽하고 또 계획도 완벽하다는 거죠.

어쩌면 '그 계획이 그토록 완벽하다면 성자단이 깨어나는 데 왜 그리 오랜 시간이 걸려야 하는 걸까?'라는 의문이 떠오를 수도 있어요. 사실을 말하자면, 단지 오랜 시간이 걸리는 것처럼 **보일** 뿐이에요. 수업은 세상이 이미 끝났다고 가르치죠. 작고 미친 생각은 찰나에 교정되고 그 즉시 끝나버렸어요. 하지만 이것은 분리의 꿈이기 때문에 모든 이는 저마다 다른 때에 깨어나는 것처럼 보여요. 하지만 사실 단 하나의 때, 단 하나의 순간만이 있을 뿐이고 이마저도 실은 결코 존재한 적이 없습니다.

아턴: 부가적으로 판단과 용서에 대해 좀더 말하자면, 판단은 사람들을 참으로 지치게 만든다고 수업은 가르칩니다. 하지만 그들의 실제 본성인 영은 지칠 수가 없어요. 제이는 이에 대해 이렇게 말하죠. **"너는 실제로는 지칠 수 없는데도 자신을 지치게 하는 비상한 재주가 있다. 끊임없이 판단한다는 것은 사실 견뎌낼 수 없을 만큼 힘든 일이다. 그토록 진을 빼는 능력을 그토록 소중히 여긴다는 것이 신기할 따름이다."**(T-3.VI.5.5:5-7 / 교과서49쪽) 그런 의미에서 좀 재미난 이야기를 해보죠. 개리, 당신은 영화 보는 걸 좋아하죠. 그중에서도 특히 영적인 주제를 다룬 영화를 좋아하고요. 맞죠?

개리: 그럼요. 이제껏 나온 영화 중 개인적으로 가장 좋아하는 영적 영화 탑10 목록까지 갖고 있을 정도니까요.

아턴: 그 말 할 줄 알았어요.

개리: 와. 점쟁이가 따로 없네요.

아턴: 그리고 당신은 그 영화 목록을 사람들과 종종 나누기도 하잖아요. 그러니 우리에게도 좀 들려주면 어때요?

개리: 알았어요. 당신들이 부탁하니까 말하는 겁니다. 이 영화들이 그동안 제작된 영화 중에서 유일한 영적 영화들은 물론 아니에요. 단지 지금 내가 아끼는 영화일 뿐이죠. 또 이 영화들 말고도 볼 만한 가치가 있고 정말 좋은 영화를 100편은 더 댈 수 있고요. 여기에 기적수업의 사고체계를 갖다 쓴 영화는 없지만, 그래도 도움이 될 만한 좋은 생각들이 포함된 영화들이에요. 영화는 즐기는 동시에 많은 것을 배울 수도 있다는 점이 참 좋은 것 같아요. 사람들도 나에게 자기가 좋아하는 영화를 공유해주곤 하는데 아무튼 10위부터 1위 순으로 말해볼게요.

10위는 〈사랑의 은하수〉(Somewhere In Time)입니다. 크로스토퍼 리브

Christopher Reeve와 제인 시모어Jane Seymour가 주연인 아름다운 사랑 이야기예요. 이 영화에서 보여준 마음 이동(mind transport)*이라는 개념이 특히 매력적으로 다가왔어요. 공간 이동까지는 아니고 시간 안에서 이동한 것이기는 하지만, 영화 속에서 크리스토퍼 리브와 이 주제에 대해 토론하는 교수까지 등장하죠. 이 영화가 만들어질 당시에는 별로 다뤄진 적 없는 주제여서 더욱 재미있었어요. 크리스토퍼 플러머Christopher Plummer의 연기도 훌륭했고요. 데이트 영화로도 딱입니다.

9위는 〈메이드 인 헤븐Made In Heaven〉이에요. 티모시 허튼Timothy Hutton과 켈리 맥길리스Kelly McGillis가 주연으로 나왔죠. 이 둘은 천국에서 만난 연인입니다. 더는 자세히 설명하지 않겠어요. 그냥 봐야 해요. 둘은 다음 생에 지상에서 서로를 발견해야 하는 상황이라는 것만 말할게요. 아주 훌륭한 영화로 매우 감동적이며 또 매우 낭만적이기까지 해서 이것 역시 데이트 영화로 딱이죠.

8위는 〈유령과의 사랑〉(Truly Madly Deeply)이라는 제목의 영화인데 알란 릭맨Alan Rickman과 줄리엣 스티븐슨Juliet Stevenson이 주연으로 나왔지요. 첼로 연주자였던 남자 주인공이 갑자기 생을 마감한 후 천사가 돼서 이승에 두고 온 아내가 잘 살아가도록 돕는 내용이에요. 다른 남자를 만나는 일까지 포함해서요. 큰 기대가 없었는데 영화의 수준도 높고 매우 깊이 있는 생각들을 다뤄서 많이 놀라면서 봤던 기억이 나네요.

7위는 〈성 프란체스코〉(Brother Son, Sister Moon)입니다. 그레이엄 포크너 Graham Faulkner가 아시시의 성 프란체스코를, 쥬디 보우커Judi Bowker가 성녀 클라라 역할을 맡고 거장 프랑코 제피렐리Franco Zeffirelli가 감독을 맡았죠. 부유한 상인의 버릇없는 아들로 소문난 프란체스코가 십자가전쟁 참전 후

---

* 마음 이동은 《사랑은 아무도 잊지 않았으니》 2장에 자세히 설명되어 있다.

사람들이 알아볼 수 없을 정도로 변해서 돌아오자 고향 사람들은 다들 그가 미쳐버렸다고 생각합니다. 하지만 클라라만은 예외적으로 프란체스코가 도리어 정신을 차린 것이라고 생각하죠. 완전히 새로 거듭난 프란체스코는 클라라와 교회를 짓고 가난한 자와 버림받은 자는 물론이고 문둥병자까지도 교회로 받아들이지만 결국 비극으로 끝납니다. 하지만 극적으로 교황 — 배우는 알렉 기네스 경Sir Alec Guinness이었죠 — 을 만나게 되지요. 성 프란체스코는 예수를 그대로 따르기 위해 진지하게 노력했고 아마도 실제로 그 삶을 가장 가깝게 실천한 단 하나의 그리스도인이라고 할 수 있습니다. 구도의 길을 걷고 있는 사람이라면 꼭 봐야 할 영화입니다.

내가 좋아하는 영화 목록 중 6위는 〈천국에 있는 것처럼〉(As It Is in Heaven)이라는 제목의 스웨덴 영화입니다. 영화를 보다 보면 기적수업을 직접 인용하는 장면도 몇 군데 나오는데, 이 영화의 감독인 케이 폴락Kay Pollak이 수업을 오랫동안 공부한 학생이기 때문이죠. '아카데미 영화상 외국어 영화상' 후보에 오르기도 한 이 작품은 자막을 큰 글씨로 집어넣어서 영화 감상을 하면서도 대화 지문을 쉽게 읽을 수 있도록 배려했어요. 내용은 대충 이렇습니다. 젊어서부터 명성이 자자했던 지휘자가 심장병으로 본의 아니게 은퇴를 하고 고향으로 돌아옵니다. 고향 사람들은 그의 명성은 익히 들어 알고 있지만 정작 개인적으로는 그를 기억하지 못하고 있죠. 우여곡절 끝에 지역 교회 합창단 지휘를 맡게 된 그가 그 일을 하면서 겪는 갈등과 화해가 주요 스토리인데, 한마디로 용서거리가 한가득인 상황을 겪게 되는 거죠. 영화는 엔딩이 끝내주는데 이제껏 내가 본 영화 중에서 가장 황홀하게 끝맺는 작품 중 하나에요. 모든 사람을 위한 영화라고 할 수는 없겠지만 참으로 대단한 영화로 기적수업 학생이라면 영화가 말하고자 하는 바를 알아볼 거예요.

5위는 〈매트릭스<sup>The Matrix</sup>〉입니다. 당연히 목록에 넣어야 할 이 영화는 이미 두 세대의 사고 형성에 도움을 주었지요. 이 영화 덕분에 오늘날 젊은 사람들은 우주가 하나의 홀로그램에 지나지 않는다는 생각에 익숙해진 상태죠. 내 워크숍에 오는 젊은 사람들을 보면 수업의 형이상학적 개념 중 일부에 대해서는 기적수업 1세대 학생들보다도 수월하게 이해하더라고요. 물론 다른 영화나 드라마들도 사고의 폭을 넓히는 데 도움을 주었지만(스타트렉의 홀로덱* 개념도 아마 여기에 포함될 것이다) 매트릭스는 정말 거대 담론이에요. 아직 보지 못했다면 꼭 한 번 보세요. 수업의 수준까지 다른 것은 아니지만 영화에 등장하는 많은 생각들이 수업과 조화를 이루고 있으니까요.

4위는 〈벤허<sup>Ben-Hur</sup>〉입니다. 최근에 리메이크한 작품도 있지만 그래도 원작이 역대 최고의 영화 중 하나로 건재하고 지금도 아카데미상 최다 수상작이라는 공동 1등의 명예를 갖고 있죠. 웅장한 서사시라는 점은 차치하고 내가 가장 맘에 들었던 부분은 영화에서 예수를 묘사하는 방식이었어요. 분명히 예수는 그가 어루만지는 사람들의 삶에 지대한 영향을 끼치고 있지만 영화에서는 예수의 얼굴을 절대로 보여주지 않습니다! 그럴 필요가 없는 거죠. 예수를 만나거나 그의 말을 듣는 것만으로도 사람들의 사고방식과 삶을 경험하는 방식은 영원히 바뀌어버립니다. 영화 후반부에 두 나병환자가 낫기 직전에 한 환자가 다른 환자에게 이렇게 말하죠. "나는 더 이상 두렵지 않아"라고요. 거대한 서사시이기도 하지만 당대의 매우 의식 있는 작품이기도 합니다.

3위는 〈히어애프터<sup>Hereafter</sup>〉입니다. 주연인 맷 데이먼<sup>Matt Damon</sup>이 영매

---

\* holodeck: 스타트렉 시리즈에서 홀로그램을 이용하여 휴식이나 훈련을 위한 가상현실을 제공하는 공간을 말한다.

로 등장하는데 자기 '재능(gift)'을 축복이 아닌 저주로 여긴 나머지 영매 일을 그만둡니다. 이 능력이 저주로 느껴지는 이유가 삶의 목적이 없기 때문이란 걸 깨닫지 못한 거죠. 그러다 그가 삶의 목적을 발견하면서 저주로 여겨졌던 능력은 본디 마땅한 모습인 축복으로 바뀝니다. 물론 성령의 도움이었겠지만 영화에서 이 부분까지 다루고 있진 않죠. 어쨌든 영화는 크게 세 가지 이야기가 기막힌 방식으로 얽히고설켜 있습니다. 클린트 이스트우드Clint Eastwood가 감독을 맡았고(그에게도 과연 영적인 측면이 있다), 캐슬린 케네디Kathleen Kennedy와 스티브 스필버그Steven Spielberg가 공동제작한 이 영화는 박스오피스에서도 흥행에 성공했어요. 꼭 챙겨봐야 할 DVD죠.

2위는 〈식스 센스The Sixth Sense〉입니다. 이 영화가 처음 나왔을 때는 또 다른 평범한 귀신 이야기라는 생각에 전혀 보고 싶지 않았어요. 예고편을 보면 제대로 겁을 주려는 전형적인 공포영화처럼 보이거든요. 박스오피스에서 왜 그렇게 승승장구하는지 도저히 이해할 수 없었죠. 하지만 그게 아니었어요. 이번에도 캐슬린 케네디Kathleen Kennedy가 제작에 참여했고 프랑크 마샬Frank Marshall과 배리 멘델Barry Mendel이 공동제작한 이 영화는 나이트 샤말란M. Night Shyamalan 감독의 걸작입니다. 영화에서 브루스 윌리스Bruce Willis는 아동심리학자로 나오고, 할리 조엘 오스먼트Haley Joel Osment는 먼저 세상을 떠난 이들이 주기적으로 찾아와서 겁에 질린 아이로 나오지요. 이 영화를 케이블 방송에서 마침내 보게 되었는데 너무 잘 만들어져서 처음부터 눈을 뗄 수 없더라고요. 엄마와 아이가 함께 차에 타고 있는 장면에서 엄마가 아이의 이상한 행동을 마침내 이해하는 것으로 영화가 끝나면 정말 이상적일 것이라고 잠깐 생각했었는데, 곧이어 나온 장면을 보고는 영화사에서 가장 충격적인 결말 중 하나에 큰 충격을 받았고 〈식스 센스〉가 성공한 이유를 완전히 이해하게 되었답니다.

드디어 1위네요. 내가 가장 좋아하는 영적 영화는 다들 좋아하는 〈사랑의 블랙홀〉(Groundhog Day)이에요. 여러 가지 이유에서 대단한 영화라 할 수 있죠. 윤회를 믿는 사람이라면 제대로 할 때까지 똑같은 일을 몇 번이고 되풀이한다는 주제가 아주 익숙할 겁니다. 날마다 같은 날을 반복해서 살면서 빌 머리Bill Murray가 배우고 변화하고 성장하는 모습에 정이 많이 가죠. 난 이 영화를 몇 년에 한 번씩 보는데 이 영화를 보면 내가 걸어왔던 길이 생각나요. 나야말로 지금의 나와 어렸을 때 나를 연결짓기 힘들 정도죠. 우리 모두는 하나의 꿈의 생 안에서도 여러 번의 인생을 살고 있어요. 노인의료보험제도*의 혜택을 받을 나이까지 살 거라고는 정말 생각도 못했는데 벌써 받고 있지 뭡니까. 이것 역시 꿈이지만요.

아턴: 개리, 고마워요. 영화평론가가 되어야 하는 거 아니에요? 사실 좀 더 어렸을 땐 영화평론가가 되고 싶지 않았나요?

개리: 맞아요. 그런 생각을 자주 하곤 했죠. 아마 한 가지 문제만 없었으면 실제로 영화평론가가 됐을 거예요. 당시 나는 음악가이자 예술가로서 다른 예술가의 작품을 뭉그러뜨리는 것을 생각만 해도 참을 수 없었어요. 아마 그랬더라면 제 신념을 저버리는 느낌이었을 것 같아요. 누군가 그토록 공을 들이고 때로는 몇 년을 바친 프로젝트를, 그런 작품을 만들 역량도 없는 평론가라는 사람들이 단 2분 만에 찢어발기는 거잖아요. 그런 역할이 단지 나에게는 옳게 보이지 않았던 거죠. 결국에 이것도 그냥 그들의 견해이자 그들의 이해에 불과한데도요. 음악 밴드를 할 때 우리가 자주 이야기하곤 했는데, 견해란 개소리에 지나지 않아요. 다들 하나씩은 갖고 있는 그런 거요.

---

* Medicare: 미국에서 시행되고 있는 노인의료보험제도. 사회보장세를 20년 이상 납부한 65세 이상 노인과 장애인에게 연방 정부가 의료비의 50퍼센트를 지원한다. 출처: 한경경제용어사전

퍼사: 당신의 신념에 충분히 공감해요. 표현 방식은 빼고요. 한 가지 말하고 싶은 게 있는데, 아까 제대로 할 때까지 몇 번이고 되풀이해야 한다는 얘길 했잖아요. 그런데 수업에서 신의 교사에게 완벽해지라는 말을 할 때 이것은 행동이 아니라 용서를 두고 하는 이야기예요. 인생에서 자신이 모든 것을 완벽하게 해야 하고 아무 실수도 하지 말아야 한다는 생각에 빠지지 않도록 주의하세요. 그렇게 되지는 않을 거니까요. 하지만 무엇이든 아무런 예외 없이 모든 것을 용서할 수 있을 정도로 용서를 갈고닦는 것은 충분히 가능합니다. 때때로 수업을 제대로 하지 않는 자신을 용서하는 일까지 포함해서 말이죠. 켄 왑닉은 "기적수업 공부를 잘하는 학생이란 허투루 공부한 자신을 용서하는 학생입니다"라고 말했죠. 그러다 보면 자기 자신을 포함해서 모든 것을 용서할 때가 오고야 맙니다. 앞서 말했듯이 하나의 생애를 완전히 치유하는 것은 곧 모든 생들을 완전히 치유하는 것이에요. 왜냐하면 각각의 꿈의 생에서 형태만 다를 뿐 똑같은 과제가 반복되고 있기 때문이죠. 형태는 바뀌지만 내용은 고스란히 남아 있습니다.

그래서 수업에서는 반복이 그토록 중요한 것이에요. 기적수업의 교과서를 두고 6쪽의 기본 내용을 백 가지 방식으로 표현했다고들 하죠. 엄밀히 말해 사실은 아니지만 수업은 분명 그 가르침을 되풀이하고 있습니다. 지금 우리가 하고 있는 것처럼 말이죠. 오직 이 방식으로 인해서 수업은 그 어떤 경우에도 타협하지 않을 수 있는 것이고, 또 치유가 필요한 당신의 무의식적 마음에 깊이 침투해서 작업을 할 수 있게 됩니다.

개리: 상황이 갈수록 빨리 변하면서 용서할 것도 더욱 많아지는 것 같아요. 1980년대 초까지만 하더라도 미국 사회는 그래도 좀더 교양이 있었던 것 같거든요. 당시만 하더라도 공평 원칙*과 동등 시간의 원칙** 같은 것이 있었고 언론사도 나름의 원칙이 있었고요. 누군가에 대해 보도할

때 그 내용이 사실이라고 말하는 서로 다른 소식통을 두 곳 이상 확보하지 못하면 보도할 수 없었는데 이제는 다 바뀌어버렸어요. 80년대에 러시 림보Rush Limbaugh***가 활개를 치기 시작하더니 90년대가 되자 림보는 빌 클린턴과 힐러리 클린턴이 그들의 언론담당 비서였던 빈스 포스터Vince Foster를 죽였다고 혐의를 제기합니다. 사실 빈스가 자살한 것이었는데도요. 이 쓰레기들은 누군가에 대해 자신들이 원하는 대로 쓰레기 같은 말들을 맘대로 쏟아낼 수 있지만, 정작 당하는 사람들은 이에 대해 아무것도 할 수 있는 게 없죠. 림보는 양측에 똑같은 발언 시간을 줄 필요도 없고 자신들이 말하는 내용이 사실이라는 것을 증명할 필요가 없다고 말해요. 이는 즉 모든 이에게 더욱 많은 용서거리가 생겼다는 뜻이죠.

퍼사: 개리, 상대를 보는 대로 자신을 보게 된다는 것을 잊지 마요. 방금 당신은 자신을 쓰레기라고 했네요.

개리: 그러게요. 그래도 1970년대에는 림보 같은 선동가가 의도적인 거짓말을 늘어놓는 경우 처벌을 면치 못했거든요. 근데 요즘은 안 그래요.

퍼사: 환영에 위계가 있다는 것은 아니지만, 분명히 그것 말고도 용서해야 할 더 중요한 것들이 있어요.

개리: 맞아요. 처방 진통제들을 놓고 우리 주변에서 유행병처럼 벌어지고 있는 일만 봐도 그래요. 퍼코셋Percocet과 옥시코틴OxyContin 같은 처방약들은 무늬만 알약이지 헤로인과 다를 바 없어요! 사람들은 왕자같이 유명한 사람들이 죽는 소식만 듣지만 평범한 사람들은 날마다 무더기로 죽

---

어나가거든요.

마이클 잭슨<sup>Michael Jackson</sup>과 히스 레저<sup>Heath Ledger</sup>와 필립 세이모어 호프만<sup>Philip Seymour Hoffman</sup>과 같은 사람들이 죽은 방식은 논외로 하고, 내가 그들과 살아생전에 연이 닿았으면 얼마나 좋았을까 하는 생각을 하곤 해요. 세상이 그들에게 알려준 내용 대신 진실을 알았더라면 그들의 삶이 달라질 수 있지 않았을까 하는 생각이 드는 거죠. 만약 그들이 용서에 대해 배울 기회가 있었고 밤잠을 이루거나 중독을 극복하는 데에 도움을 줄 수 있는 자연치료법도 있다는 것을 배울 수 있었다면, 분명 시도는 해볼 정도로는 영리했다고 생각해요. 나는 단지 잠을 못 이룬다는 이유만으로 극단적인 방법을 쓰거나 약을 과다복용하는 사람들을 많이 알고 있거든요. 물론 중독이 다루기 까다로운 문제이긴 하죠.

아턴: 맞아요. 말이 나온 김에 칭찬해줄 게 하나 있어요. 예전보다 술을 덜 마시는 거요. 근데 칭찬해줄 게 이거 하나뿐이네요. 와인을 마실 때는 신사처럼 좀 마시세요. 한창때 마셨던 맥주 마시듯 들이붓지 말고 홀짝홀짝이요.

개리: 상남자는 홀짝이지 않아요.

퍼사: 자, 상기하자는 차원에서 하나 말해줄게요. 당신의 용서는 모순될 수 없어요. 용서는 보편적이어야 해요. 예외 없이 모든 이에게 적용해야 하죠. 그리고 당신이 누군가를 용서할 때 부분적인 용서로는 안 돼요. 당신의 형제를 반만 용서하는 것이 아니라 완전히 용서해야 한단 거죠. 무슨 말인지 알겠어요?

개리: 그럼요. 그는 그리스도 안에서 대가리에 똥만 찬 내 형제일 수 없는 것이죠.

퍼사: 맞아요. 그는 그리스도 안에서 당신의 형제예요. 정말로. 그는 결

백하고 그의 결백 안에 당신의 결백도 있습니다.

개리: 업보(karma)에 대해서 질문이 하나 있어요. 꿈속에서 정말 뭐라도 존재한다는 뜻은 물론 아니지만 그래도 인과응보 같은 것이 정말로 존재하나요? 예컨대 바르셀로나에서 내 돈을 훔쳐간 사람의 돈을 혹시 내가 다른 꿈의 생에서 그에게서 훔쳤나요?

아턴: 좋은 질문이고 대답은 "그렇다"입니다. 당신은 천 년 전 중국에 있었을 때 그 사람에게서 그에 상응하는 돈을 훔쳤어요.

개리: 그렇다면 환영의 틀 안에서는 내가 누군가에게 무슨 짓을 하든 나중에는 나에게 돌아오는 거로군요.

아턴: 그렇습니다. 자신이 하지 않은 바에 대해서 자신을 용서하기 전까지는 말이죠. 그렇게 하기 전까지는 죄책감이 남아 있고, 죄책감이 있다면 업보도 있게 됩니다. 하지만 용서로 죄책감을 치워버리면 그 업보는 치유되지요.

비극적인 예이기도 하고 당신이 얼마나 존 레논<sup>John Lennon</sup>을 좋아하는지 잘 알기 때문에 이 말을 꺼내는 것이 쉽지는 않지만, 존을 살해한 사람은 다른 시공간에서 존에게 살해당한 적이 있었어요. 당신이 누군가를 죽인다면 나중에 그 사람이 당신을 죽이게 됩니다.

개리: 하지만 모든 것을 용서하고 나도 여전히 제이처럼 죽임을 당할 수도 있는 건가요?

아턴: 맞아요. 하지만 그 당시에 제이는 자기 육신을 최종적으로 내려놓기로 결심했었고 자신이 살해당할 수 없다는 것을 가르치기 위해 기꺼이 살해당하기를 자청했던 거예요. 또 제이는 그가 원했다면 그 일을 멈출 수도 있었지만 그렇게 하지 않기로 선택했죠. 그러니 그 일은 업보에 해당하지 않습니다. 십자가형의 메시지를 가르치는 것은 제이의 의도적

인 선택이었어요. 당시에는 정말 몇 명만 그 가르침을 이해할 수 있었지만요. 제이는 시간이 흐르면 훨씬 더 많은 사람들이 이해하게 되리라는 것도 알고 있었어요.

개리: 그러니까 사람들의 눈에는 제이가 끔찍하게 살해당한 것처럼 보였을지 몰라도 제이는 그런 식으로 경험하지 않았다는 거로군요. 사람들은 자신들이 저런 상황에 처했다면 기분이 어땠을까 상상만 할 수 있었던 것이고, 고통스럽다고 여긴 자신들의 인식을 제이에게 투사해놓은 것이고요. 그러고 나면 사람들은 부지불식간에 제이가 자신들의 죄를 위해 대신 희생하고 고통을 당한 것이라고 여기게 되죠.

아턴: 맞는 말이에요. 게다가 사람들은 자신들이 지금 투사하고 있는지도 모른답니다. 이를 알았더라면 투사하지 않았겠죠. 그러니 사람들이 당신 말에 동의해줄 거라고는 기대하지 마세요. 이것이 진정 꿈이라면 그리고 당신이 진정으로 그것을 이해한다면, 다른 사람들의 동의를 굳이 얻어야 할 필요가 있을까요?

개리: 무슨 말인지 잘 알겠어요. 저기, 반드시 머리가 좋아야만 수업을 공부할 수 있는 걸까요?

아턴: 그럼요. 숫자를 하나까지는 셀 수 있어야 해요. 비이원론의 수학은 아주 단순합니다. 언제나 하나로 나오죠.

퍼사: 그리고 기억하세요. 진리란 변함없는 무엇이고, 진리란 곧 신이라는 것을요. 그러므로 우리가 말하는 하나(the oneness)는 꿈속에 있는 것도 아니고 세상에 있는 것도 아니고 시공간의 우주 속에 있는 것도 아니고, 장소라고 할 수도 없어요. 그것은 자각입니다. 변경될 수도 없고 위협을 받을 수도 없고 사소한 영향을 끼치는 것마저 불가능한, 완벽하고 지속적인 합일에 대한 자각입니다. 수업은 이렇게 말합니다. **"그의 왕국은 끝이**

없고 한계가 없으며, 그에게는 오직 완벽하고 영원한 것만이 있다. 이 모두가 바로 '너'이며, 이것 외에는 그 무엇도 네가 '아니다.'"(T-16.III.7:7-8/교과서 355쪽) 이것이 순수 비이원론입니다.

개리: 수업은 정말이지 다른 그 무엇과도 달라요. 그러니까 제가 이제껏 봐왔던 거의 모든 것은 이 꿈 **안에서** 사람들의 기분을 좀 낫게 만들려는 일에 의도된 것이었어요. 그리고 수업을 이원론으로 끌어내리는 일에 대해서도 말했는데, 수업을 제대로 가르치는 것도 아니면서 유명한 기적수업 교사들 중에서는 학생들 몸 여기저기를 만지면서 소리를 내보라고 시키는 사람들도 있다니까요. 뭐 그렇게 해서 학생들의 기분이 나아질 수도 있겠죠. 하지만 그 방식으로 에고를 지우는 것이 과연 가능할까요? 에고를 지우지 못한다면 계속 여기 처박혀 있게 되는데요. 어쩌면 지금은 잠시 여기에 머물고 싶을지도 모르죠. 그게 그들이 원하는 거라면 뭐 괜찮아요. 나중에라도 깨어날 수 있으니까요. 하지만 나는 내가 뭘 원하는지 알아요. 최대한 빨리 모든 것을 용서하고 당장에라도 이 지옥에서 벗어나고 싶어요.

퍼사: 네, 그건 당신이 직접 결정할 사항이에요. 시간 안에서는 또다시 100만 년이 지나도 성자단의 마지막 구성원이 완전히 깨어나지 못하는 것처럼 보일 거예요. 하지만 기적수업 학생들은 굳이 100만 년을 기다릴 필요 없이 어느 때라도 꿈을 떠나 깨어날 수 있어요. 꿈이 그들에게 아무런 영향력이 없는 것처럼, 그들이 깨어나는 것도 꿈에 아무런 영향을 미치지 않을 거예요.

그리고 당신이 설령 한 번 더 돌아오게 되더라도 내가 직접 겪은 바를 토대로 장담하건대, 마지막 생은 정말로 즐기면서 지낼 수 있어요. 묵직한 과제가 두어 개 있을 테지만 그 뒤의 삶은 황홀할 거고 마침내 깨닫게 될 거예요. 이런 마지막 생은 돌아올 만한 가치가 있죠.

아턴: 여기서 잠깐 두려움 없음에 대해 말해봅시다. 나는 당신이 지금부터 아무것도 두려워할 것이 없다는 분명한 앎을 품고 활보하기를 바랍니다. 강연장에 들어갈 때 자기 집인 것처럼 당당하게 걸어다니세요. 그동안 당신이 잘하지 못했다는 뜻은 아니에요. 정말 잘해왔어요. 하지만 이제 한 수준을 더 끌어올리자는 겁니다. 누군가 당신에게 고함을 지르거든 그의 눈을 바라보면서 부드럽지만 단호하게 "그렇게 느끼신다니 참 안됐군요"라고 말해주세요. 그러면 그때부턴 이제 그들이 경험하는 상태에 대한 책임은 다시 그들에게로 넘어갑니다. 이제 당신의 경험에 대해 말하자면, 이미 당신은 원인의 자리에서 비롯하고 있어요. 뉴스에서 보고 있는 내용이 맘에 들지 않을 때 전보다 훨씬 더 빠르게 웃어넘겼으면 해요. 기억하세요. 당신이 정말로 꿈의 바깥에 있다면 당신은 꿈의 어리석음에 대해 웃어넘길 수 있습니다. 꿈을 경멸해서 실재화하는 방식이 아니라 이것이 사실이 아님을 이해하는 진정한 방식으로 말이죠. 사람들이 질문할 때 바로 대답하기에 앞서 그들이 진정 누구인지 기억하세요. 그러면 두려움 없이 언제나 진실을 기억할 수 있을 겁니다.

수업의 다음 가르침을 기억하세요. **"구원은, 허상은 진실이 아니기에 두렵지 않다는 단순한 사실에 있다. 허상은 네가 허상을 있는 그대로 인식하지 못하는 그만큼 두렵게 보이며, 너는 허상이 진실이기를 '원하는' 그만큼 허상을 인식하는 데 실패할 것이다."**(T-16.V.14:1-2 / 교과서362쪽)

당신은 지칠 필요가 없어요. 판단이라는 무거운 짐을 애써 이고 다닐 필요가 없거든요. 게다가 당신은 몸이 아닙니다. 당신은 자유롭습니다. 미래에 대해 걱정하지 마세요. 그러다 어딜 가야 할지 뭘 해야 할지 조언이 필요하다면 항상 안내를 청해 물어보세요. 자신이 진정 무엇인지 진정 어디에 있는지를 항상 기억하세요. 기억하는 그 순간 아무런 두려움도 없을 겁니다.

퍼사: 성령은 늘 당신과 함께 있어요. 공적이든 사적이든 당신의 몸은 당신이 성령과 함께 일하기로 선택하는 한, 성령의 훌륭한 소통 도구가 될 거예요. 그리고 좋든 싫든 사람들 앞에서 이야기하지 않을 때조차도, 언제나 두 사고체계 중 하나를 가르치고 있다는 것을 기억하고 가르치고 싶은 게 무엇인지도 기억하세요. 혹시 조기 은퇴를 하고 싶다거나 여행을 그만 다니고 싶다거나 더 이상 너무 많은 강연은 하고 싶지 않다는 생각이 들거든 물어보세요. 당신이 무슨 일을 하든 그것과는 무관하게 당신은 결백하다는 답이 올 것입니다. 계속 일을 안 해도 괜찮고 전체를 위해 감내할 필요도 없어요. 꿈의 영웅이 될 필요도 없고요. 하와이에 가고 싶다면 그것도 물어보세요. 긍정적인 답변이 나오더라도 나는 놀라지 않을 거니까요.

자, 이제 떠납니다. 잘 지내고 앞으로 몇 주 동안 이원성의 그 어떤 타협도 받아들이지 마세요. 세상은 진리를 받아들이는 일을 지나치게 질질 끌어왔어요. 거대한 **깨어남** 속에서 당신이 맡은 몫을 받아들이세요! 형제여, 우리는 당신을 사랑해요. 우리의 지도자 제이의 이 말을 남기고 떠날게요.


죄는 실재가 아니기에 용서는 자연스럽고, 완전히 분별 있는 것이며, 용서를 베푼 사람은 깊은 안도감을 느끼고, 용서를 받아들인 곳에서 용서는 고요한 축복이 된다. 용서는 허상을 묵인하지 않는다. 용서는 그저 웃으며 가벼이 허상을 모아 진리 앞에 부드럽게 내려놓을 뿐이다. 그러면 허상은 거기서 완전히 사라진다.

용서는 세상의 허상들 중 유일하게 진리를 상징한다. 용서는 허상이 무임을 보며, 허상이 보여주는 무수한 형태를 바로 꿰뚫어 본다. 용서는 거짓을 보지만 거기에 속지 않는다. 용서는 죄책감으로 미쳐버린 죄인들이 자신을 비난하는 비명을 듣지 않는다. 용서는 조용히 그들을 바라보며 "형제여, 그대가 생각하는 것은 진실이 아니다"라고 말할 뿐이다.

용서의 힘은 그 정직에 있다. 그것은 너무도 올곧아 허상을 허상으로 보고 진실로 보지 않는다. 용서가 거짓을 대면했을 때 잘못을 깨우쳐주고 단순한 진리를 회복시키는 것은 바로 그 때문이다. 용서는 있지 않은 것을 넘겨보는 능력으로 죄책의 꿈이 막아버린 진리의 통로를 연다. 이제 너는 진정한 용서가 열어주는 길을 따라갈 수 있다. 네게서 형제 한 명이 이 선물을 받는다면, 그 문이 네게 열리기 때문이다.

너를 반기며 활짝 열려 있는, 진정한 용서에 이르는 문을 매우 쉽게 찾는 방법이 있다. 누군가의 죄를 어떤 형태로든 비난하고 싶을 때, 네가 생각하는 그의 행위에 마음을 두지 않도록 하라. 왜냐하면 그것은 자기기만이기 때문이다. 대신 "내가 이런 일을 했다고 나 자신을 비난하겠는가?"라고 물으라.

그리하여 너는 의미 있는 선택을 내릴 수 있게 해주는 형식의 대안들을 보게 되며, 너의 마음을 신이 의도하신 대로 고통과 죄책감 없는, 진리 안에서의 상태로 유지한다. 거짓만이 정죄하려 한다. 진리 안에는 결백만이 있을 뿐이다. 용서는 허상과 진리 사이에, 네가 보는 세상과 그 너머의 세상 사이에, 죄책감의 지옥과 천국 문 사이에 있다.(W-pI.134.6:I-10:4/연습서260쪽)


그런 다음 내 친구들은 사라지는 것처럼 보였다. 하지만 나는 아턴과 퍼사의 확신과 정신에 고무되어 새로워진 느낌이 들었고 내 안에 어떤 변화가 일어났다는 것을 알 수 있었다. 나는 더 이상 무슨 일이 벌어질지 염려하지 않게 되었고 무슨 일이 닥치더라도 그 일을 돌파할 수 있을 정도로 성장했다. 무슨 일이든 용서하는 것이 좋다는 정도의 지혜는 이제 갖춘 것이다.

그리고 그 어느 때보다 기적수업을 훨씬 더 부지런히 공부해야겠다는 결심이 굳게 섰다. 어쩌면 이제는 나도 수업을 가르치는 일을 그만두고 그저 연습만 하는 날이 올 수도 있을 것이다. 하지만 내가 뭘 선택하든 성령과 함께 선택하는 한 나는 평화로울 것이다.

# 9

# 마음의 중요성

너와 나의 마음은 하나가 되어 너의 에고를 몰아내고,
너의 모든 생각과 행함에 신의 권세를 불어넣을 수 있다.
그것만을 목표로 삼고, 그보다 덜한 것에 안주하지 말라.

— 기적수업(T-4.IV.8:3-4/교과서65쪽)

 

그렇다. 이 세상은 환영이다. 세상은 그것이 놓여 있는 꿈속을 제외하고는 사실 존재하지 않는다. **하지만** 그렇다고 해서 당신이 이 세상을 즐길 수 없다는 뜻은 아니다. 세상과 관련해서 수업이 당신에게 줄 수 있는 추가 보너스가 있다. 실재화하지 않는 기적수업식 용서를 적용할 때 성령은 무의식적 죄책감을, 말 그대로 무의식적인 죄책감이라서 당신은 인지조차 못한 죄책감을 당신 마음에서 제거한다. 그렇게 당신 마음이 치유됨에 따라 죄책감은 점점 줄어들고, 죄책감이 줄어들면 모든 것을 더욱 즐길 수 있게 된다.

이 이야기를 하고 나니 내가 즐겨 말하는 하와이에서의 일화가 떠오른다. 신디와 나는 오아후Oahu 섬에서 열린 하와이 연례 피정 지도를 마치고 방금 돌아왔다. 그동안 우리는 마우이Maui 섬에서 한 차례, 하와이 섬에서는 여러 차례 피정을 진행했는데 이번 피정은 하이쿠 가든스Haiku Gardens라고 불리는 아름다운 장소에서 열렸고 이곳은 신디와 내가 7년 전에 결혼한 곳이기도 하다. 하이쿠 가든스는 아름다운 카일루아<sup>Kailua</sup> 마을 근처에 있고 오아후 섬의 풍상측風上側*에 자리하고 있는데 여기서 우리는 12일 동안 숙박했다. 참고로 카일루아 비치<sup>Kailua Beach</sup>는 하와이의 모든 해변을 통틀어 가장 아름다운 해변 중 하나다. 피정은 5일 과정으로 진행되었고 남은 일주일 동안 신디와 나는 오아후 섬 곳곳을 돌아다녔다.

엘비스가 출연한 두 시간짜리 영화 〈블루 하와이<sup>Blue Hawaii</sup>〉를 봤을 때가 1962년 내 나이 열한 살 때로, 그때부터 나는 하와이의 광팬이 되었다. 한마디로 완전히 꽂혔는데 서른다섯 살이 될 때까지는 하와이에 갈 만한 돈을 결코 모을 수 없었다. 그러다 1986년 마침내 오아후 섬에서 일주일, 마우이 섬에서 일주일을 보낼 수 있었고 이 2주가 내 인생에서 가장 행복했던 시간이었다. 그 후 하와이로 돌아오기까지 13년이란 세월이 걸렸고 1999년에 하와이에 다시 발을 디딜 수 있었는데, 언제 또 이곳에 올 수 있을까 싶어서 일분일초를 아꼈던 기억이 난다.

그런데 2003년에 내 첫 작품 《우주가 사라지다》가 출간된 후 내 삶은 완전히 달라졌다. 나는 원없이 신용카드를 긁을 수 있는 삶을 살게 되었다. 최근 13년 동안 하와이에 열네 번 정도 갔고, 관광객들이 갈 수 있는 하와이의 주요 섬 여섯 군데도 다 가봤다. 그렇다고 하와이에 익숙해져서 시들해지는 일 따위는 없었고 오히려 우리는 2~3년 안에 하와이로 아예 이주하는 것을 진지하게 고려하는 중이다. 지금 당장은 하와이 다음으로 좋아하는 주州인 캘리포니아에서 해야 할 여러 프로젝트가 있어 불가능하지만, 그리 머지않은 미래에 하와이로 마침내 이주하는 것을 내 두 눈으로 볼 수 있을 것이다. 내가 성령에게 하와이로 이주하는 걸 묻게 될 때 "그렇다"는 답을 듣더라도 놀라지 말라고 스승들이 말하지 않았던가. 하지만 나

---

* windward side : 바람이 산을 향해 불 때 그 바람에 부딪히는 쪽을 풍상측이라 한다. 출처: 기상백과

는 성령이, 내가 어디에 있는 듯이 보이든 상관없이 기적수업식 용서를 실천하는 일을 결코 멈추지 말라는 조언도 잊지 않을 것임을 확신한다.

나는 하와이의 모든 섬을 사랑한다. 저마다 나름이 특색이 있기는 하지만 그래도 모두 다 하와이가 아니겠는가. 그러면 나는 이 환영의 섬들 중 어디서 살아야 할까? 생각해볼 필요도 없이 나는 당연히 오아후 섬이다. 오아후는 아직 제대로 평가받지 못하고 있는데, 사람들은 오아후 섬하면 호놀루루Honolulu 시와 와이키키Waikiki 해변만 떠올리고는 매우 상업적인 곳이라고 단정짓는다. 그렇다고 해도 일단 와이키키는 근사한 곳이다. 아주 끝내주는 곳이란 말이다! 하지만 이건 시작에 불과하고 오아후는 섬 전체가 셀 수도 없이 많은 보석들이 숨겨진 곳이다. 만약 오아후 섬을 방문할 거라면 관광회사의 도움을 받아 섬 전체 투어를 다녀볼 것을 적극적으로 권한다. 그러면 내 말에 수긍이 갈 것이다.

오아후에서는 도시 생활과 아름다운 자연을 둘 다 한껏 누릴 수 있다. 볼거리와 먹을거리가 넘쳐나면서도 로스앤젤레스보다 물가가 대체로 저렴한 편이라 도시 생활을 즐기기에도 좋을뿐더러, 마우이 섬에 결코 뒤지지 않을 만큼 절경인 주변 섬들도 넘쳐나 자연을 즐기기에도 딱이다.

나는 세상이 환영이라는 이유만으로 세상에서 좋은 시간을 보낼 수 없다는 뜻은 아니라는 것을 깨닫게 되었다. 정반대다. 당신은 여전히 즐겁게 시간을 보낼 수 있다. 그것도 죄책감 없이 말이다. 당신은 죄가 없고, 신은 당신에게 천국을 주셨으며, 천국을 얻기 위해 수고할 필요가 없다는 말은 맞다. 하지만 에고를 지우고 실재를 다시 알아차리는 데 필요한 용서의 작업만큼은 **꼭** 해야 한다. 그러므로 용서할 것이 있다면 용서하라. 하지만 아턴과 퍼사와 내가 간단히 언급했던 것처럼, 당장에 용서할 것이 아무것도 없다면 그때는 그냥 경축하면 된다.

기적수업은 희생에 관한 것이 아니다. 사실 수업에는 '희생의 종말'이라는 표현이 들어간 제목의 섹션도 있다. 당신이 뭔가를 포기해야 한다고 생각한다면 그것을 거짓 우상으로 삼는 것만큼이나 당신 마음에 똑같이 실재화하는 것이다. 그런데 실재화하지 않고도 결과적으로 더욱 즐길 수 있는 좁은 길도 그 사이에 있다. 그 길이란 바로 수업의 길이요, 용서의 길이다.

이번 여행 중 와이키키를 방문한 신디와 나는 현재 오아후에 살고 있는 내 전처 카렌Karen과 남편 데이브Dave와 두 번째 점심식사를 같이 했다. 넷다 수업을 공부하는 학생들로 와이키키 해변에 위치한 식당에서 대각선으로는 25년 동안 나와 부부로 지낸 여인이 앉아 있고 내 옆에는 7년 동안 부부로 지내고 있는 여인이 앉아 있는 모습을 보니 '신이시여, 제이와 수업을 보내주셔서 고맙습니다'라는 감사 인사가 절로 나왔다.

우리 넷은 전에도 캘리포니아에서 모인 적이 있었는데, 당시에는 네 사람이 같은 식탁에 앉기 위해서 많은 용서가 필요했었다. 하지만 이번에 우리 넷은 천국 같은 곳에서 점심을 즐겼고 나는 언제나 용서를 기억하겠노라고 다시 한 번 다짐했다. 용서를 하면 놀랍고 위대한 일들이 일어날 수 있는데, 좋은 시간을 보내고 있을 때는 그 순간을 경축하는 것도 잊지 말라!

처음 아턴과 퍼사와 책 두 권을 작업한 곳은 메인 주였고 현재 작업하고 있는 책을 포함해서 두 권의 책을 작업한 곳은 캘리포니아 주다. 다섯번째 책이 나올지 안 나올지는 모르겠지만, 만약 나온다면 그 작업은 하와이에서 하게 되지 않을까 예측을 해본다.

나는 최근 몇 년 사이에 기적수업 커뮤니티에서 소수의 학생들을 축으로 해서 일어나는 어떤 흐름을 감지했다. 분명히 큰 비율은 아니지만 일부 학생들이 마음의 힘과 중요성에 대해 격하하는 듯 보였던 것이다. 1976년 기적수업이 출판되고 이 책이 예수를 채널링한 것이라는 말이 퍼진 이후로, 자기도 예수를 채널링했다고 주장하는 책들이 몇 년에 한 번씩 나타났다. 이런 책들을 추종하는 사람들은 그 책들이 기적수업과 동등한 수준에 있다고 말하는 데 결코 주저하지 않지만, 이런 책들에 등장하는 제이의 목소리는 그 어떤 책을 막론하고 수업의 음성만큼 심오하지도 아름답지도 않았다. 그런데 나는 이번 책을 위한 방문 기간에 내 스승들의 설명을 듣고 난 후 이런 책들이 나오는 이유를 알게 되었다. 이런 책들을 통해서 세상이 비이원론의 가르침을 상대로 언제나 감행해왔던 일, 즉 비이원론을 이원론으로 끌어내리는 일을 똑같이 하고 있다는 점을 깨달았던 것이다. 이런 책들의 저자들은 수업을 공부하는 것보다는 자신만의 수업을 만들어내는 것이 명백히 쉽다고 생각했다. 그들은 자신들의 에고를 지우는 일에 헌신하지 않은 채 성령의 메시지를 채널링하고 있다며 도리어 에고로 하여금 그 메시지를 차단하도록 허용한 것이다.

때때로 나는 자신들을 기적수업 학생이라고 밝힌 사람들이 작성한 글에서 믿기지 않는 내용을 접하곤 한다. 예컨대 "우리는 마음에서 멀어져야 한다. 애초에 문제를 일으킨 것은 에고 마음이기 때문에 거기서는 대답을 찾을 수 없다"고 하거나 또 누구는 "성령은 구닥다리이다"라고 말하기도 하고, 또 혹자는 "고맙게도 이제 우리는 더 이상 수업을 공부할 필요가 없다"고 하기도 한다.

대부분의 학생들이 압도적인 비율로 헬렌과 빌과 켄과 쥬디에게 지극한 존경심을 품고 있지만, 아주 일부는 이들에 대해 질투심을 느끼거나 심지어는 분노까지 하면서 "수업의 가장 근간이 되는 가르침 중 상당량을 삭제해버린 초짜들"이라고 비난하기도 한다. 하지만 사실을 말하자면 수업에 일부 가해진 편집은 교과서 맨 앞의 다섯 장에 국한된 것이었고, 이마저도 예수가 주체가 되어 헬렌을 통해 직접 한 것으로 켄은 헬렌의 보조로서 도왔을 뿐이다. 켄이 한 일은 각 장의 하위 섹션들의 제목을 정하고, 대소문자 표기를 통일하고, 구두법을 확인한 것뿐이었다. 게다가 교과서는 5장이 아니라 모두 31장이고 수업의 가장 심오하고 중요한 가르침들은 교과서 후반부에 등장한다. 우리가 아직 언급도 안 한 연습서에는 365개의 과가 있을 뿐만 아니라 여기에는 수업의 원리들 중 일부를 가장 분명하게 설명하는 부분도 포함되어 있다. 이밖에 수업을 훌륭하게 요약해놓은 교사용 지침서도 있는데, 이처럼 연습서와 지침서만 하더라도 전체 수업의 절반에 해당한다.

최근에 수업을 실제로 공부하는 사람들의 주의를 돌리고 있는 가짜 기적수업 책이 있는데, 《사랑의 수업》(A Course of Love)이란 책이 그것이다. 이 책 발행인은 기적수업 발행인에게 허락도 받지 않고 이 책이 '기적수업의 후속작'이며, 기적수업의 음성이 불러준 것이라고 홍보하며 판매를 촉진했다. 후속작(continuation)이라는 말에는 한 걸음 더 나아간 진보판이라는 뜻이 함축되어 있지 않은가. 출판사에서는 또 "놀랍게도 이 책은 마음을 우회"하고 "가슴의 앎에 접근하게" 하여 "지상 천국의 새로운 실재로 인도한다"고 소개한다. 나는 이 책의 저자를 만난 적이 있는데, 그때 그녀는 공개적으로 자기는 이 세상을 환영이라고 믿지 않는다고 말했다.

수업을 오래 공부했다는 사람들이 공부의 초점을 분산시키는 이 이원적인 새로운 가르침을 찬양하는 모습을 보고 나는 어안이 벙벙했고, 이걸 주제로 아턴과 퍼사와 이야기를 나눠봐야겠다는 생각이 들었다. 그러던 중 정신과의사인 밥 로젠탈Bob Rosenthal 박사가 쓴 《사랑의 수업》에 대한 비평글을 우연히 접하게 되었는데, 밥은 기적수업 초창기 학생 중 한 명이기도 하고 기적수업 공동 필사자인 빌(윌리엄 테트포드 박사Dr. William Thetford)의 친한 친구이기도 하며 수업을 출판해낸 '내면의 평화 재단' 이사로도 오랜 시간 활동했다. 또한 그는《역병에서 기적으로》(From Plagues to Miracles)라는 책을 헤이 하우스에서 출간하기도 했는데, 그 책을 읽어본 나로서는 내용이 훌륭해서 그 책을 지지하지 않을 수 없다. 이런 밥이《사랑의 수업》에 대해 내가 하고 싶었던 말을 나보다 훨씬 더 잘 풀어놓았는데, 아턴과 퍼사가 비이원론을 이원론으로 둔갑시키고픈 세상의 욕구에 대해 설명해주었던 내용과 너무나 잘 맞아떨어진다는 점이 매우 인상적이었다. 밥의 허락을 받고 그 글을 아래에 인용한다.

나는 이 책에 대한 비평글을 작성할지 말지를 놓고 몇 달을 고민했다. 우선 내 소개를 하자면 나는 기적수업을 오랫동안 공부해왔고, 기적수업의 공동 필사자 중 한 명과 친분이 있으며, 기적수업을 출판한 재단의 이사회 구성원이면서 출애굽의 이야기를 기적수업의 관점에서 재해석한《역병에서 기적으로: 에고의 노예 생활로부터 영의 약속된 땅으로 나아가는 출애굽의 변혁적 모험》이라는 책의 저자이기도 하다. 그러다 보니 기적수업의 가르침을 훨씬 쉽게 접근할 수 있게 확장했다는 이 책의 말에 구미가 당겨서 책을 구입해 읽기 시작했다.

《사랑의 수업》은 그 자체로 독자들에게 많은 것을 선사하는 훌륭한 작품이라 할 수 있다. 이 책은 채널링을 한 다른 책들과 비슷한 문체를 지닌 잘 써진 책이다. (하지만 내가 보기에 이 책의 음성은 기적수업의 음성과는 닮은 구석이 하나도 없다. 계시와도 같이 강력한 전달력도 부족하고 미학적인 부분도 부족하다.) 그런데 문제가 좀 있다.《사랑의 수업》은 독자적인 책이 아니다.《사랑의 수업》은 스스로를 '기적수업에서 제공하는 학습 과제의 연장'이라고 소개하고 사실 이것을 판매 전략으로 삼았다. 하지만 두 가르침을 비교해보면《사랑의 수업》은 기적수업 원리의 연장이 아닐뿐더러, 기적수업 원리를 축소하고 후퇴시킨 버전으로 보는 것이 옳다. 이 책은 기적수업의 근본적인 비이원적 세계관이 아직 너무 위협적인 사람들이나 기적수업에 아예 관심이 없는 사람들에게는 좋은 입문서가 될 수도 있을 것이다. 하지만 이미 수업을 공부하는 학생들에게는 명쾌함을 주기는커녕 혼란을 가중시킨다. 솔직히 나는 이 책을 놓고 기적수업 커뮤니티 중 일부에서 쏟아내는 환대에 당황스럽기까지 하다. 바로 이 때문에 조목조목 비평하여 게시해야겠다는 결심을 하게 된 것인데, 나는 기적수업을 이제 막 시작한 학생이라면 이 두 가르침의 중대한 차이점을 제대로 파악하고 있어야 한다고 생각한다. 그 차이점을 이제부터 상세히 밝히겠다.

《사랑의 수업》은 서문에서 이렇게 밝힌다. "이 수업은 '너 자신인 것'을, 개인의 자아나 육신을 부정하지 않는 방식으로 강조한다. 또 이 수업은 어떻게 해야 인간이 '고양된 자아의 형태'로 변모될 수 있는지, 또 어떻게 해야 환영의 세상이 관계와 일치를 통해서 '새롭고' 신성하게 바뀔 수 있는지 드러낸다." 서문에서도 밝히듯이 이 수업은 기적수업의 비이원적 가르침의 확장판이 아니다. 오히려 이원성으로 퇴보한 경우다. 기적수업의 가르침은 이렇다. 우리는 몸으로 둘러싸여 죽음을 선고받은 개인적 자아에 동일시해왔으나 이 개인적 자아는 환영일 뿐이다. 우리 형제자매의 몸과 개체성과 지난 과거를 보는 대신 그들 너머와 뒤편에서 빛나고 있는 합일의 빛을 바라보는 비전과 용서를 통해서 이 분리의 꿈을 치유하는 것이 우리가 할 일이다. 이 **하나됨**, 사랑과 신과 신의 창조물들의 **하나됨**, 이것만이 진정으로 존재할 뿐이다. 전에도 있었고 앞으로 있을 실재는 이것밖에 없다. 이 실재는 단선적인 시간 바깥에 살고 있고 형태와 육신으로 점철된 에고의 환영의 세상과 아무 관련이 없다. (그런데 실재가 이곳에서 반영되기도 하는 예외가 있기도 한데, 환영은 **진실**을 완전히 추방하거나 숨길 힘이 없기 때문이다.) 만약《사랑의 수업》이 "개인적 자아나 육신을 부정하지" 않으려고 애쓰고 어쨌든 환영의 세상을 뭔가 새롭고 바람직한 것으로 만들려고 애쓴다면,《사랑의 수업》은 본 책의 주장과는 정반대로 비이원적 사고체계가 아니다. 그래서 이 책이 나름의 호소력을 갖게 되는 것이다. 분명 이 책은 우리에게 좀더 편안하고 덜 위협적으로 느껴지는데, 우리 모두가 친숙하게 느끼며 성장해왔던 자아 감각을 뒤흔들지 않기 때문이다. 이 책은 우리로 하여금 마치 우리가 에고이고 몸인 양 계속 삶을 살도록 허용하고 그렇게 해도 정말로 괜찮고 그러면서도 속죄를 발견할 수 있다고 보장한다. 하지만 이런 관점은 기적수업과 상반된다. 사실 기적수업에서 이런 관점은 도리어 깨어남을 막는 중대한 방해물로 간주된다.

《사랑의 수업》은 "네 안에 있는 그리스도는 전적으로 인간답고 전적으로 신성하다… 바로 이 인성과 신성의 결합을 통해 사랑의 현존이 도래한다… 이 인성과 신성을 결합하는 것, 이것이 이곳에서의 너의 목적이다(5.1.)"라고 말하는데, 이 또한 기적수업과 대조적이다. 기적수업은 마음만이 유일한 실재이며 모든 마음은 하나라는 것을 가르치기 위한 목적으로 인성을 사용할 수도 있다.(예: 마음은 용서의 과정을 통해 결합된다.) 하지만 사랑의 현존을 드러내기 위해서는 "신성과 인성을 결합"하는 것이 아니라 이를 알아차리지 못하게 하는 장애물들을 제거해야 한다. 그 장애물이란 신과 서로에게서 분리되어 특별한 존재가 되고픈 우리의 바람이다. (그리고 기적수업에 따르면, 신성과 인성을 결합하는 것은 아예 불가능하다.)

《사랑의 수업》은 "신은 결합이시며" "신은 모든 관계를 창조하시고 (5.1.)" "참으로 존재하는 실재는 바로 관계이다(6.1.)"라고 주장한다.《사랑의 수업》은 관계와 결합을 신의 수준까지 격상시킨다. 하지만 기적수업은 이를 지지하지 않는다. "진정한 실재"는 곧 신이고, 신밖에 없다. 결국 합일(oneness)은 결합(union)과 똑같은 것이 아니고, 관계(relationship)와도 다르다. 관계와 결합은 분리된 존재들이 서로 관계가 있거나 함께 연결되었거나 완전히 묶여 있다는 뜻이 함축되어 있다. 관계를 합일을 성취하는 수단으로 삼을 수는 있지만, 그렇다고 관계가 곧 합일인 것은 아니다. 기적수업에 따르면 신은 관계를 창조하지 않았다. 신은 전일한 것만 창조하기 때문이다.

공평을 기하자면 《사랑의 수업》에는 기적수업과 완전히 조화를 이루는 내용도 많이 있다. 이를테면, "너의 마음은 몸에 제한되지 않고 신과 하나이며 모두에게 똑같이 공유되고 있다(6.2)"거나, "판단은 분리된 마음이 스스로에게 부여한 역할이다(16:7)"가 그렇다. 아마도 이런 이유 때문에 일부 기적수업 학생들이 《사랑의 수업》에 끌리는 것이 아닐까 생각한다. 그런데 마찬가지로 바로 그 이유 때문에 《사랑의 수업》을 기적수업 학생들에게 권하고 싶지 않은 것이다. 기적수업을 여러 해 동안 공부하고 실천한 것이 아니라면, 《사랑의 수업》은 당신을 혼란스럽게 만들 것이다. 진실을 반쪽짜리 진실과 섞는다고 해서 더 위대한 진실이 나오는 것은 아니다. 반쪽짜리 진실은 진실을 계속해서 희석하여 희뿌옇게 만들고 결국에는 더 이상 순수하지 않게 만들어 진실이, 진실이 아닌 것으로 되게 한다.

《사랑의 수업》은 개별 자아와 육신에 대한 일부 가치를 보존하고 분리의 꿈에서 완전히 깨어나는 대신 다른 목적을 보존하려고 시도하다 보니, 기적수업에서 말하듯이 "진실을 환영으로 끌어들이는" 오류를 범하게 된다. 하지만 기적수업의 목적은 정반대로 환영을 **진실** 앞으로 가져가는 것이며 그 앞에서 환영은 사라져버린다. 이와 관련해서 수업의 한 대목을 인용하면 다음과 같다. **"허상 속에 엮어 넣을 수 있는 천국의 부분은 없고, 천국에 들고 갈 수 있는 허상도 없다."**(T-22.II.8:1-2/교과서497쪽) 우리가 보고 있는 세상은 지속되는 가치를 지닌 것을 단 하나도 제공하지 않는다는 인식을 배우는 것이 우리의 임무이다. 환영과 형태로 점철된 꿈의 세상의 모든 측면은 우리를 해칠 것이고, 신과 **사랑**과 합일을 이루고 있는 우리의 찬란하고 진정한 **자아**로 깨어나는 것을 막을 것이다.

《사랑의 수업》에서는 "이 책과 기적수업은 서로를 보완한다. 똑같은 **음성**이지만 더욱 쉽게 풀어내고, 똑같은 사고체계지만 더욱 확장된 것이다"라고 본 책을 소개한다. 하지만 정직한 눈으로 보자면 그렇지 못하다. 이 책에 실린 사고체계나 음성은 사실 기적수업의 사고체계와 **음성**과 닮아 있지 않다. 그렇지만 우리로 하여금 세상을 사랑으로 대하게 하고, 판단을 멈추게 하고, 개인의 수고보다 관계를 소중히 여기도록 장려하는 가르침은 무엇이든 공부하고 보급할 가치가 있다고 본다. 나는 다만 이 책의 저자와 출판사가 굳이 기적수업을 등에 업고 판매하지 않기만을 바랄 뿐이다.

나는 밥의 비평이 고마웠고 이 글이 기적수업 학생들로 하여금 수업의 비이원적 진실을 고수하게 하는 데에 도움이 되리라고 생각한다. 밥은 《사랑의 수업》이 기적수업을 확장한 것이 아니라 도리어 기적수업에서 후퇴한 것이라는 점을 매우 분명하게 밝혔다. 《사랑의 수업》은 형태의 세상을 신이 창조했음을 우리에게 믿으라 한다. 기적수업에서는 이것을 절대로 지지하지 않는데 말이다. 그리고 《사랑의 수업》에서 말하는 "고양된

**자아**의 형태"는 "인성과 신성, 개체성과 보편성"의 혼합과 다름없고, 수업의 접근 방식과 조금도 닮아 있지 않다. 밥의 비평을 읽고 나서 이 책에 관해서 아턴과 퍼사에게 물어봐야겠다고 생각했던 수많은 질문들이 사라졌다.

어느새 결코 타협하지 않는 승천한 스승들이 다시 내 앞에 나타나서 앉아 있었고 퍼사가 먼저 말문을 열었다.

퍼사: 《사랑의 수업》을 좀 조사해봤군요?

개리: 역시 알고 있었군요. 이에 관해 좀더 해줄 말이 있나요?

퍼사: 많지는 않아요. 최대한 간단히 말하자면 '고양된 자아의 형태'는 여전히 자아이자 형태에 지나지 않는다는 거예요. 그것은 신의 합일과는 다를뿐더러 개체성과 분리의 이원성을 계속해서 간직하죠. 당신도 알아차렸듯이 그 책은 우리가 다뤘던 비이원론의 역사에서 벌어졌던 일을 똑같이 되풀이하고 있어요. 이번 경우를 놓고 보자면 수업을 공부하지 **않음으로써** 에고를 계속 보존하려는 목적을 위해 순수 비이원성의 가르침을 이원성의 도구로 탈바꿈한 것이라고 할 수 있습니다. 사실상 기적수업이 출판된 이후에 등장한 수업의 가짜 판들은 모두 이 경우에 해당합니다. 저자들은 좋은 뜻에서 시작했지만 수업에서 진정으로 가르치는 내용에 대해서는 눈이 멀어 있죠. 진짜에 매달리세요. 에고에 대해서 당신이 할 수 있는 단 하나의 일은 에고를 지우는(undoing) 것뿐입니다. 참된 구원은 언제나 에고를 되풀이하는(redoing) 것이 아니라 에고를 되돌리는(undoing) 것입니다.

우리가 "평범하게 지내라"는 조언을 하는데, 이 말은 평범한 방식으로 삶을 살아가되 기적수업식 용서를 **하면서** 살아가라는 뜻이에요. 이에 대해 제이는 이렇게 말하죠. "여기 있는 것 같지만 여기에 있지 않은 세상을 살아가는 길이 있다. 너는 더 자주 웃지만 겉모습이 바뀐 것은 아니다. 너의 이마는 평온하며 너의 눈은 고요하다. 그리고 세상에서 너와 같은 길을 걷는 이들이 그들과 같은 너를 알아본다. 아직 그 길을 지각하지 못하는 사람들도 너를 알아보고, 네가 예전과 마찬가지로 자신들과 같다고 믿게 될 것이다."(W-pI.155.1:1-5/연습서303쪽)

아턴: 기억하세요. 실재는 **아무런** 형상이 없고 그 어떤 모양이나 육신도 지니지 않습니다. 그러므로 지상 천국은 결코 없을 것입니다. 모두가 마침내 깨어나면 세상은 사라져버리죠. 꿈에서 깨고 나면 꿈은 어떻게 되죠? 사라지지 않던가요? 그래서 우리는 첫 번째 책의 제목을 《우주가 사라지다》로 정했던 것입니다. 나중에 살펴보면 알겠지만 교사용 지침서 역시 지상 천국에 대해서 다루고 있지 않아요. 그냥 세상이 **끝난다고만** 말하죠.

개리: 고마워요. 맞는 말씀이세요. 수업의 목표는 더 나은 세상을 갖게 하는 것이 **아닙니다.** "세상은 존재하지 않는다!"(W-pI.132.6:2/연습서253쪽)라고 선언하죠. 그런데 사람들은 대체 여기서 뭘 누릴 거라고 생각하는 걸까요? 더 나은 없는 세상?

아턴: 그렇죠. 제이의 수업에서 이와 관련된 구절 몇 개를 빠르게 더 살펴보죠. "용서는 천국에서는 형태 없는 사랑이 땅에서 취하는 형태이다."(W-pI.186.14:2/연습서366쪽) "빛은 세상에 속하지 않는다."(W-pI.188.1:5/연습서370쪽) "네 안에, 세상이 지각할 수 없는 빛이 있다. 세상의 눈을 통해서는 이 빛을 볼 수 없을 것이니, 너는 세상으로 인해 눈이 멀었기 때문이다."(W-pI.189.1:1-2/연습서373쪽) 도마복음과 비슷하게 들리지 않나요? 그리고 내가 아끼는 구절 중 하나를 더 소개하면 이렇습니다. "분리의 생각이 진정한

용서의 생각으로 바뀌었을 때, 세상은 진리로 이끄는 매우 다른 빛 속에서 보일 것이다. 이 빛이 진리로 이끌고, 그곳에서 온 세상은 사라지고 세상의 모든 오류도 소멸되고 만다. 이제 세상의 근원은 사라졌고, 그 결과도 같이 사라졌다."(W-pII.3.1.4/연습서432쪽)

신은 이 세상을 창조하지 않았고 세상과 일절 관련이 없습니다! 신은 당신이 참으로 있는 곳, 집처럼 안전하게 있는 곳을 아십니다. 당신은 지금 더 높은 형태의 생명, 즉 당신의 진정한 생명을 위해 준비하고 있는 것입니다. 하지만 신과 마찬가지로 당신의 진정한 생명에는 아무런 형태가 없습니다. 그것은 완벽한 하나입니다. 아무런 제한도 없고 그 어떤 테두리나 장벽이나 한계도 없어요. 당신 사랑의 영광스러운 확장에 맞서 마찰을 일으키는 것은 아무것도 없죠. 그리고 당신이 이제껏 사랑했던 모든 것들이, 모든 사람들과 모든 동물들이 거기에 있습니다. 육신으로 있는 것이 아니라 완벽한 **합일** 안에서 말이죠. 그래서 이때 당신은 그 누구도 그 무엇도 결코 제외될 수 없다는 것을 압니다. 그리고 모두는 몸이 아니고 하나이기 때문에 당신은 이 지상의 온갖 방법을 총동원한 것보다도 그들과 실제적으로 더 가까이 있게 됩니다. 사실 육신은 결합할 수 없어요. 참된 결합은 마음의 수준에서만 가능하다고 수업은 가르치죠.

퍼사: 그 누구도 당신이 마음을 우회할 수 있다고 가르치게 하지 마세요. 제이는 수업에서 결정을 내릴 수 있는 마음의 능력, 선택할 수 있는 당신의 힘이 바로 이 세상에서 당신이 지닌 진정한 힘이라고 말합니다. 마음을 우회하기를 원하는 자들은 사실 자신들이 지닌 유일한 힘을 포기하고 있는 것입니다! 성령과 함께 순수 비이원론의 사고를 할 때 세상의 사고는 역전됩니다. 당신이 내려야 할 선택이 무엇인지는 교과서 말미에 상세하게 제시되어 있는데, 이 선택에는 언제나 다른 사람들에 대해 자신이

생각하는 방식이 포함되어 있죠. **"네가 내리는 모든 선택이 너의 정체를 확립하고, 너는 그것을 보고 너라고 믿게 된다는 점을 기억하면서, 그가 무엇이기를 원하는지 다시 선택하라."**(T-31.VIII.6:5/교과서704쪽)

당신의 선택이 왜 당신의 정체까지 확립하게 되는 것일까요? 마음이 작동하는 방식 때문에 그래요. 잠깐 복습을 하자면 대부분의 사람들은 마음의 의식적인 부분에 대해서만 인지하고 있어요. 하지만 그것은 빙산의 일각에 불과하죠. 칼 융이 집단 무의식이라고 불렀던 부분까지 충분히 깊게 마음을 파고들 수 있다면 단 하나의 마음만 존재한다는 사실을 알게 될 거예요. 실제로 단 하나의 당신만 있기 때문이죠. 다수로 **나타나는 듯이 보이는** 하나의 에고가 있을 뿐입니다.

개리: 힌두교에서는 이것을 다중성의 세계라 불렀죠.

퍼사: 그동안 설명을 잘 들었군요. 참 잘했어요. 당신 눈앞에 뭐가 보이든 그것과는 무관하게 단 하나의 당신, 단 하나의 마음만이 있을 뿐이에요. 그런데 여기에는 현재 당신은 볼 수 없는 한 가지 문제가 있어요. 당신이 볼 수 있는 시공간의 우주라는 투사물은 하나의 무의식적 마음에서 나오고 있다는 거예요. 바로 이곳이 프로젝터가 숨겨져 있는 곳이죠. 그러므로 당신의 무의식적 마음은 모든 것을 알고 있어요. 만약 당신이 보고 있는 모든 것이 무의식적 마음에서 나오고 있다면, 바로 이 정의로 인해서 당신 마음은 어느 수준에서는 **모든 것**을 알고 있는 것입니다. 심지어는 진리도 기억되기만을 기다리면서 당신 마음속에 묻혀 있어요. 또 당신 마음이 모든 것을 알고 있다면, 실은 단 하나의 자신만이 존재한다는 것도 알고 있다는 뜻입니다. 이것은 좋은 소식인 동시에 나쁜 소식이기도 합니다. 뭐가 나쁜 소식이냐면, 마음은 사실 오직 자신만이 존재한다는 사실을 포함해서 모든 것을 알고 있기 때문에 당신이 다른 사람에 대해

미묘한 방식으로 생각하거나 말하는 것들까지도 **모조리 당신**에 관한 것으로 해석해낸다는 것입니다! 이것은 당신이 자신에 대해 느끼는 감정도 결정할 것이고, 결국에는 당신이 스스로를 누구라고 믿고 있느냐까지도 결정하게 됩니다. **바로 이것이** 수업에서 당신이 내리는 모든 선택이 당신의 정체를 확립하고, 당신은 그것을 보고 당신이라고 믿게 된다고 말하는 이유입니다. **바로 이것이** 수업에서 당신은 상대를 보는 대로 자신을 보게 될 것이라고 강조하는 이유입니다. 그리고 이것은 사실입니다.

개리: 그러니까 사람들은 다른 이들에 대해 생각하는 방식으로써 자신에 대해 어떻게 느낄지를 지금 이 순간 정하고 있다는 거잖아요. 자신이 행복할지 우울할지, 자신에게 죄가 있다고 여길지 결백하다고 여길지, 자신을 몸으로 여길지 영으로 여길지, 이 모두가 똑같은 방식으로 결정되는 거고요.

퍼사: 맞아요. 이 사실은 마음의 힘을, 즉 선택할 수 있는 힘을 잘 보여주죠. 이제 좋은 소식을 말하자면 일단 당신이 이 사실을 배우고 나면 이 법칙을 제 뜻대로 사용할 수 있다는 거예요. 당신은 성령과 함께 작업하는 방법과 집으로 돌아가기 위해 당신의 결정권을 사용하는 방법을 배울 수 있고요.

개리: 아주 훌륭하군요. 전에 당신들에게 했던 중요한 질문이기도 한데, 그동안 내가 용서한 결과로 상황이 좀 바뀌지 않았을까 해서 다시 물어보고 싶은 게 있어요. 이번 생에 내가 모든 것을 완전히 용서하고 내 과제를 모조리 배우는 것이 가능할까요? 그래서 내 마지막 생인 퍼사의 생을 살기 위해 돌아오지 않는 듯이 보이고 이번 생에서 깨어나는 것이 가능할까요?

퍼사: 대답을 하자면 물론이죠, 개리. 이번 생에 일을 마치는 것도 가능해요. 앞서 말했듯이 꿈속의 모든 생들은 형태만 달라질 뿐 의미는 언제나 똑같아요. 게다가 당신에게는 모든 과제를 마칠 시간도 아직 충분히

남아 있고요! 당신은 언제나 잘해왔어요. 용서의 수준을 끊임없이 갱신하는 당신 모습이 참 보기 좋았답니다. 여행 자체만 하더라도 만만치 않은데 숱하게 여행을 하는 동시에 기적수업 커뮤니티에서 당신에게 쏟아지는 온갖 정치적인 비난도 받아 안고, 그렇게나 많은 사람들을 만나고 우리 책을 TV 시리즈로도 제작하기 위해 노력도 하고 예상하지 못했던 책임까지도 지게 되었죠. 그런데 이 모든 과정을 통해서 당신이 계속 메인 주에 남기로 선택했을 경우보다 훨씬 더 많이 용서할 수 있었고 용서의 수준을 아주 높이 끌어올릴 수 있었어요. 물론 당신이 메인 주에 남기로 선택하는 것도 정말 가능했었고요. 잊지 마세요. 당신이 마음 수준에서 내리는 선택에 따라서 당신에게 펼쳐질 다양한 시간의 차원과 다양한 시나리오가 있다는 것을요. 하지만 당신의 이런 결정에 근거해서 무엇이 당신에게 최선일지를 정하는 주체는 언제나 성령입니다.

개리: 훌륭하네요. 아, 잠깐만요. 그러면 각본이 쓰여 있다거나, 만나기로 된 자들은 서로 만날 거라거나, 모든 이는 제 몫을 해야 한다는 말은 어떻게 되는 건가요? 만약 내가 돌아오지 않는다면 일어나기로 되어 있는 모든 일들이 못 일어나는 것 아닌가요?

아턴: 단선적으로 사고하고 있군요. 당신이 퍼사로서 마지막 생을 살고 신디가 다대오인 나로 살게 되는 일에 관해서 당신이 까맣게 잊고 있는 사실이 하나 있어요. **그 생도 이미 일어나 있어요.** 모든 일은 이미 한 번에 다 일어났고 수업에 따르자면 이미 다 끝났습니다. 당신은 이미 지나간 일들을 정신적으로 회고하고 있을 뿐입니다. 기억하죠? 영화를 보는 것과 비슷해요. 영화관에서 50명의 사람들이랑 같이 영화를 보고 있다고 가정해보세요. 영화를 보다 말고 당신이 도중에 나간다고 해서 영화 상영이 중단될까요? 다른 사람들은 아무 이상 없이 영화를 보고 있겠죠? 당신

이 영화관에 없다고 해도 영화에는 아무런 영향도 미치지 않습니다. 전혀 상관 없죠. **영화를 보고자 영화관에 있는 사람들을 위해서** 영화는 계속해서 돌아갑니다. 이처럼 당신이 이 꿈에서 깨어나 더 이상 꿈을 보지 않게 되더라도 여전히 꿈을 꾸고 있는 다른 이들에게는 아무런 영향을 미치지 않습니다. 그들은 여전히 자신들이 삶이라고 부르는 꿈의 영화를 보기를 멈추고 그들의 진정한 생명인 신의 **생명**을 보기 위해 깨어나야 할 필요가 있어요.

개리: 그런데 내가 거기에 없는데 어떻게 사람들이 나를 볼 수 있는 거죠?

아턴: 사람들이 당신을 보게 하기 위해서 당신이 거기 있어야 할 필요는 없어요. 당신은 거기에 있었던 적이 결코 없었거든요! 그들이 보고 있는 것은 그들 자신의 투사물이에요! 당신이 자기가 거기에 있다고 생각했던 이유란 단지 분리를 여전히 사실로 믿고 투사물을 실재화했기 때문이에요. 당신은 깨닫기 전까지 자신을 도마로 여기고, 개리로 여기고, 퍼사로 여겼을 뿐입니다. 당신이 언제 깨닫든 어디서 깨닫든 상관없어요. 깨달음이 일어날 때 당신이 퍼사든 개리든 아무런 차이가 없어요.

개리: 맙소사. 이 모두가 지어낸 가짜라는 것을 계속 까먹고 있었어요. 그 모든 내용을 배웠어도 나는 아직도 가짜를 진짜로 여기는 습관이 강하게 남아 있군요. 이곳 삶과 관련된 그 무엇도 사실이 아니라는 것을 이해하기가 여전히 어렵네요. 하지만 제이 같은 성인이 사람들에게 바른 방향을 제시하기 위해 여기로 와야 할 때가 있다고 종종 말하시지 않았던가요?

퍼사: 맞아요. 하지만 그 사실로 인해서 우리가 말한 내용이 바뀌는 것은 아니에요. 기적을 행하는 자의 주요 목적 중 하나는 시간을 절약하는 것이죠. 수업은 시간을 절약하는 특징을 갖고 있고 바로 이 때문에 성령은 사람들이 각본에서 예정된 때보다 더 빨리 깨어나는 선택을 내릴 수

있는 경우를 계획에 포함시켰어요. 당신이 언제 깨닫게 되든, 깨닫고 나면 당신의 육신, 아니 당신의 육신처럼 보였던 것은 이제 성령의 소통 도구가 됩니다. **영**을 선택하는 결정의 힘을 연습해서 더 빨리 깨어나게 된다면, 사실 이것이 이 세상에서 당신이 갖고 있는 유일한 자유의지인데, 그러면 당신은 더욱 이른 시기에 다른 이들에게 바른 방향을 가리켜주는 본보기 역할을 할 수 있게 되고, 그러면 모든 형제자매가 깨어나는 과정 전체를 가속하게 되지요.

당신이 이번 꿈의 생 동안 깨어나게 되더라도 퍼사는 지금으로부터 100년 뒤에 시카고에서 살고 있는 것처럼 여전히 다른 이들의 눈에는 보일 거예요. 왜냐하면 그들은 여전히 정신적으로 회고하면서 이 영화를 보고 있기 때문이고, 그들은 아직 깨어나지 않았기 때문에 자신들이 거기에 있다고 생각할 거예요. 하지만 당신은 이미 영화관을 나왔습니다. 이제 당신은 성령입니다. 그러므로 그때든 지금이든 언제 깨어나더라도 일단 깨어나고 나면 그것은 더 이상 개인적인 **당신**이 아닙니다. 당신은 다시 진정한 자신이 된 것입니다. 아턴과 나처럼 깨달은 자들의 형상을 성령이 사용한다는 수업의 내용을 기억하시죠? **"교사의 '교사들'은 모든 필요를 알고 있으며, 모든 실수를 인식한 다음 넘겨본다. 이것을 이해하는 때가 올 것이다. 그때까지 그들은 … 도움을 기대하며 그들을 바라보는 신의 교사들에게 그들의 모든 선물을 준다."**(M.26.2:7-9/지침서66쪽)

아턴: 그러므로 모든 이는 자신이 가진 유일한 힘을 연습해서 자기 마음 안에서 **영**을 활성화하기로 선택할 수 있고 그 결과로 더 빨리 깨어날 수 있습니다. 누군가 성자단의 깨어남을 가속하는 일을 할 때 성령이 그걸 왜 막겠어요? 물론 모든 이가 전부 깨어나는 데는 지극히 오랜 시간이 걸리는 것처럼 보일 수 있어요. 그렇다고 지극히 오랜 시간이 걸릴 **필요**

는 없지만요. 어쨌든 당신은 기다릴 필요가 없어요. 다음 생까지 기다리지 않아도 돼요. 당신은 지금 깨어나기로 결정할 수 있고 신디도 마찬가지예요. 신디에게 이 내용을 말해줘도 괜찮아요.

개리: 굳이 말해주지 않아도 돼요. 내가 원고를 친 다음에 신디가 이상이 없나 검토해주거든요. 신디가 다른 사람들보다 먼저 이 책을 보게 되죠. 그런데 생각해보니 이것도 아마 알고 있었겠죠?

퍼사: 그럼요. 알면서도 바보처럼 입을 다물고 있었죠. 성령은 당신이 처한 수준에 부응하거든요.

개리: 나한테 지금 바보라고 한 거죠?

퍼사: 아~뇨. 당신이 실재하는 경우에만 당신은 바보겠죠.

개리: 이거 왠지 모욕당한 느낌인데요?

퍼사: 농담이에요. 기억하세요. 실재화하지 않는 것이 참된 용서를 연습하는 가장 부드러운 지름길이에요. 사실 그것이 가장 중요한 요소죠. 지금 실재화하고 있는 일을 용서할 수는 없어요. 실재화하면서 용서하려 한다면 통하지 않을 겁니다. 이것을 수업에선 **"파괴를 위한 용서"**라고(S-2. II.1:1/기도의 노래14쪽) 부르죠.

아턴: 또 하나, 시간을 절약하기 위해서 성령을 당신 하루의 책임자로 계속 두세요. 그러면 당신이 **영**에게 안내를 청할 필요가 있을 때마다, 안내를 청할 시간이 생길 때마다 그렇게 해야겠다는 것을 잘 기억할 수 있을 겁니다. 당신은 제이를 종종 떠올리는데 잘하고 있는 거예요. 당신은 제이와 연결되어 있죠. 물론 사람들은 자신의 선호에 따라 그냥 성령에게 말해도 된답니다. 청하는 행위 자체가 중요한 것이니까요.

개리: 맞아요. 나는 아침에 여유가 있을 때는 5분을 따로 내서 그냥 **영**과 나를 연결해요. 아무런 말도 필요 없고, 그냥 세상에 대해 잊고, 내가

필요하다고 여기는 것들도 잊고, 그저 신께로 갑니다. 나는 신의 사랑 안에서 길을 잃어버려요. 감사의 상태에 잠기죠. 마음이 감사의 상태에 있을 때 **영**의 상태에 더 잘 머물 수 있고 영감에 더욱 열리더라고요. 이때 필요한 것은 생각이 전부고요.

내 생각엔 신과 함께 지내는 것에 익숙해지는 것이 아주 중요한 것 같아요. 대부분의 사람들은 명상할 때 신을 떠올리지 않는데, 기적수업 연습서 후반부에 실린 과들 중 일부는 신에게 직접 다가서는 방법이 포함되어 있어요. 제이가 어느 부분에서는 우리 보고 신에게 외치라고까지 하죠. 당신들이 가르쳤듯이, 신을 인정하지 않고서는 신과의 분리라는 생각을 되돌릴 수 없어요. 어느 시점에서는 신과 함께해야 합니다.

아턴: 형제여, 나쁘진 않군요. 그건 그렇고, 우리는 신디가 자신만의 정당한 자격으로 훌륭한 교사가 되어가는 모습을 지켜볼 수 있어서 즐거워요. 물론 다음 생에 내가 되기로 예약된 사람이라면 훌륭할 수밖에 없지만요.

개리: 그럼요. 그리고 사실 신디도 나름 생각이 있기 때문에, 내가 따로 간섭하진 않아요. 같이 여행을 하면서 워크숍을 하고 싶을 때도 알아서 결정하고, 다른 곳에 가고 싶지 않을 때도 맘 편히 결정하죠. 신디가 강연을 시작한 지 몇 년 안 됐는데도 난 그녀가 최고 강사 중 한 명이라고 생각해요. 신디는 수업을 놓고 타협하지 않아요. 저는 신디처럼 수업을 많이 읽는 사람을 본 적도 없죠. 그녀는 쉼 없이 수업에 대해 이야기를 하는데 내가 좀 지쳐서 "신디, 좀 쉬었다 하면 안 될까?"라고 말할 때가 종종 있을 정도예요. 게다가 신디는 음악 경력도 계속 쌓고 있고 얼마 전엔 솔로 3집 CD 앨범도 냈어요. 물론 요즘은 전부 디지털로 가는 추세라 CD를 사는 사람들이 예전보다 줄었지만요. 어쨌든 나는 신디가 집에서 피아노로 곡을 쓸 때 직접 들을 수 있어서 참 좋답니다.

아턴: 미래에는 책을 사는 사람들이 줄어들 거예요. 그래도 일부 사람들은 계속해서 옛날 방식대로 손으로 책장을 넘기고 싶어하죠. 밀레니얼 세대*는 기계 장치를 이용해서 읽는 데 익숙하고 그나마도 대부분은 책을 읽지 않아요. 좋건 나쁘건 이것이 미래의 흐름입니다.

개리: 그래도 나는 아직 사람들이 책으로 읽을 때 당신들과 작업할 수 있어서 참 다행인 것 같아요. 물론 우리 책도 앞으로는 언제나 전자장치를 이용해서 읽을 수 있겠지만 나한테는 똑같아 보이지 않거든요.

퍼사: 그래도 그런 사람들은 최소한 읽기는 하잖아요. 그게 **대단한 거죠.** 당신도 알다시피, 헬렌은 사람들이 기적수업을 스타트렉에나 나올 법한 기계로 읽을 거라고는 상상조차 못했어요.

개리: 우리끼리 하는 얘기지만 그래도 지금은 헬렌이 최신 동향을 잘 따라오고 있죠.


주註: 몇 해 전에 난 기적수업 필사자였던 헬렌 슈크만이 최근에 환생했고 누구의 모습으로 돌아왔는지도 알았다. 지금 나는 그 사람과 아주 가까운 친구가 되었는데, 그 사람은 자신이 헬렌이었다는 것을 기억하고 있고 그 생에 관한 모든 것을 알고 있다. 물론 내 입으로 그 사람이 누군지 '밝히는' 일은 절대 없을 것이며 헬렌이었던 그 사람만이 원할 경우 밝힐 자격이 있다고 본다. 그 사람이 밝히지 않기로 선택한다고 하더라도 나는 그 결정을 전폭적으로 지지할 것이다.

내 세 번째 책에 실려 있는 아턴과 퍼사의 마지막 생의 이야기를 들었을 당시, 나는 승천한 두 스승이 마지막 생에서는 수업을 사람들 앞에서 결

---

* the millennial: 미국에서 1982~2000년 사이에 태어난 신세대를 일컫는 말. 이들은 전 세대에 비해 개인적이며 소셜네트워킹서비스(SNS)에 익숙하다는 평가를 받고 있다. 출처: 한경경제용어사전

코 가르친 적이 없다는 사실이 흥미로웠다. 한때 붓다였던 나답 역시 그의 마지막 생에서는 앞에서 가르치지 않았다. 수업은 **"가르친다는 것은 실증한다는 것이다"**라고(M.in.2:1/지침서1쪽) 말한다. 때로는 수업을 그냥 살아내는 것이 수업을 가르치는 최상의 방법이라는 것은 분명하다.

아턴: 자, 다른 질문은 없나요?

개리: 글쎄요. 질문이 좀 있긴 한데 대답할 수 없는 것들이라서요.

아턴: 예를 들면?

개리: 예컨대 타임스 스퀘어Times Square**는 왜 삼각형 모양이냐는 거죠.

아턴: 사실 그 질문엔 대답할 수 있어요. 지금의 브로드웨이Broadway는 한때 인디언들이 맨해튼Manhattan을 가로지를 때 이용하던 작은 길이었어요. 그 길은 맨해튼 섬을 대각선으로 가로질렀죠. 결국에는 그게 도로가 되었고 나중에는 브로드웨이라고 불리는 거리가 된 거죠. 하지만 나중에 생긴 맨해튼 섬의 대부분의 도로는 평행으로 깔렸고 길들이 직선으로 쫙 났는데 브로드웨이만은 여전히 사선의 위치에 있었고, 타임스 스퀘어에서 다른 길과 만날 때 삼각형 모양을 이루게 된 거죠.

개리: 아.

퍼사: 성령은 사람들을 특정한 장소에 가게 하거나, 특정한 사람들과 만나게 하거나, 배움의 여정 중 현재 그들에게 가장 도움이 될 만한 것들을 배우도록 영향을 주는 일에 있어서 적극적인 역할을 합니다. 마치 성령이 당신 옷깃을 슬쩍 잡아당겨 바른 방향을 알려준다고나 할까요. 어떤 작은 생각 하나가 떠올라 어떤 책을 읽고 싶은 마음이 들 수도 있고, 무슨 영화를 봐야겠다거나 누구의 말을 좀 들어봐야겠다거나 누구랑 친구로

---

** 스퀘어Square의 기본 뜻은 정사각형 혹은 광장이다.

지내고 싶은 마음이 들 수도 있어요. 당신은 이것을 자기 생각이라고 여기겠지만 사실 그건 성령이 한 일이었답니다. 당신의 여정에 박차를 가하는 데 도움이 되는 생각들을 성령이 당신 마음의 바른 부분으로부터 당신의 의식에다 넣어준 것이었어요.

당신 인생이 재앙과도 같았던 1978년에 댄<sup>Dan</sup>이 당신에게 est 훈련을 받아보라고 계속 설득했던 거 기억나나요? 그때 당신은 완전히 무너져서 댄과 댄의 여자친구인 샤를린<sup>Charlene</sup>과 함께 일반인 대상 세미나에 갔었잖아요.

개리: 당연히 기억나죠. 거기에 왔던 사람들은 정말 달라 보였어요. 그들은 아주 힘차 보였고 매우 자기 주도적인 삶을 살고 있는 듯이 보였죠. 그들이 무슨 말을 하는지 당최 알아들을 수는 없었지만 그래도 신명 나는 모임이었어요. 컬트 같은 측면도 좀 있었지만 그렇다고 정글에 가서 같이 어울려 지내자거나 맹목적으로 믿으라고 하는 것 같지는 않았으니까요.

퍼사: 모임 신청을 할 생각이 전혀 없다가 갑자기 모임에 꼭 가야겠다는 느낌이 압도적으로 몰려왔던 그날 밤을 기억하나요? 사실 그날 밤 성령이 당신을 부드럽게 설득하면서 인도했던 거예요. 그렇게 가고 싶은 생각까진 들었지만 이번엔 돈이 하나도 없어서 참가비를 못 내겠다고 생각했었죠. 그 당시 참가비가 300달러였는데 오늘날의 1,000달러에 해당하는 돈이잖아요. 30달러만 내면 예약을 걸 수는 있었지만 당신은 말 그대로 땡전 한 푼도 없는 무일푼에 풍비박산이 나서 극심한 빈곤에 시달렸었으니까요.

개리: 맞아요. 그때 정말 심각했죠.

퍼사: 그다음에 성령은 샤를린에게 '개리가 등록할 수 있게 30달러를 빌려주자'는 생각을 건네주었어요. 그 생각에 샤를린과 댄 둘 다 놀랐죠.

샤를린도 30달러가 전 재산일 정도로 경제적으로 허덕이고 있었거든요! 그래도 샤를린은 돈을 빌려줬고 덕분에 당신은 모임 예약비용을 낼 수 있었죠. 물론 돈은 갚았고요. 직장을 잡고 돈을 갚기까지 8개월이 걸리기는 했지만요. 그렇게 est 훈련 등록은 마쳤지만 모임 전까지 두 달 만에 나머지 270달러를 마련한다는 것은 절망적으로 보였어요. 결국 모임 시작 1주일 전에 당신은 어머니에게 그만한 돈이 있는지 없는지도 모르면서 돈을 좀 달라고 부탁했어요. 여분의 돈이 충분히 있었다면 기꺼이 주셨겠지만 당시 어머니도 그만큼이 수중에 있는 전부였기 때문에 차마 주진 못하겠다고 생각하셨죠. 하지만 당신은 끝까지 설득했고, 결국 어머니는 이 돈이 아들의 삶을 바꿀지도 모른다는 생각에 마음을 바꾸게 되었죠. 어머니가 이 생각을 감지하도록 도운 건 성령이고요. 그렇게 주변의 도움으로 est 훈련을 받게 됐는데, 그것은 그 당시 당신에게 정확히 필요했던 훈련이었고 이를 계기로 당신은 바른 방향으로의 여정을 시작하게 되었죠.

하지만 그중 무엇 하나도 우연으로 일어났던 것이 아니에요. 앞으로 저는 종종 HS*라고 줄여서 부르기도 할 성령(The Holy Spirit)은 무엇이 최선인지 알았고, 당신이 걷는 모든 발걸음마다 함께하며 당신을 이끌었고, 다른 이들이 당신을 돕도록 인도했어요. 당시에는 성령을 생각조차 해본 적이 없었겠지만 그건 문제되지 않아요. HS는 모든 순간에 사람들을 도우면서 모든 이와 언제나 함께 있습니다. 중요한 것은, '그런데 나는 들을 용의가 있는가'입니다. 대부분의 경우에는 '그렇지 않다, 아직은 그렇지 않다'가 답입니다. 하지만 HS는 자신의(Its)** 일을 언제나 묵묵히 하고 있고,

---

* 이 책에서는 성령을 굳이 HS로 줄여서 쓰지 않았다. 다만 이 문단에서만 저자의 의도대로 두 번 사용하였음을 밝힌다.
** 기적수업에서는 성령(The Holy Spirit)을 남성 대명사(He)로 받는다. 하지만 《우주가 사라지다》 시리즈에서는 성령이 남성이 아님을 상기시켜주기 위해 위와 같이 중성대명사(It)로 받는 경우가 간혹 있다. 《그대는 불멸의 존재다》 3장을 참고하라.

일부 사람들은 '그렇다'고 답하기도 하죠. 당신은 그 음성에 귀를 기울일 만큼 똑똑했었죠. 당시에는 그렇게 하는 것이 실용적으로 보이지는 않았는데도요.

아턴: 성령은 날마다 온 세상에서, 온 우주에서, 성자단의 외관상 분리된 각각의 마음들 안에서 모든 이에게 바른 마음의 생각을 주고 있습니다. 사람들은 때로는 이 생각에 귀를 기울이기도 하고 때로는 그렇지 않기도 하죠. 기적수업 학생들의 경우 준비된 상태이기 때문에 그들이 받는 바른 마음의 생각들은 다른 사람들이 받는 생각들보다 진보해 있어요. 준비되지 않았다면 애초에 수업을 공부하지 않았을 테니까요.

우연처럼 보이는 일들은 우연이 아닙니다. 성령은 언제나 사람들이 진정으로 도움을 받을 수 있도록 그들이 특정한 장소에 가고 특정한 사람들을 만날 수 있도록 안내하고 영향을 미치고 있답니다. 옆집에 살던 이웃이 우리의 1권을 만난 경우를 생각해봐도 그렇잖아요.

개리: 맞아요! 내가 얘기해볼게요. 재닌 레브만Jannine Rebman이라는 여성인데 그녀는 25년 동안 영성을 공부해왔어요. 친구 스테파니 스웬젤Stephanie Swengel과 함께 에드가 케이시의 학생으로 공부를 시작했었죠. 사실 그들이 만나서 절친이 된 것도 애틀랜틱 대학에서 같이 공부를 하게 된 것이 계기였어요. 애틀랜틱 대학은 '연구와 깨달음을 위한 협회'(A.R.E)*의 교육 단체인데, A.R.E.란 버지니아 주 버지니아 비치Virginia Beach에 소재한 에드가 케이시 공부 모임이었거든요. 그렇게 둘은 여러 해 공부를 하다가 기적수업을 알게 됐는데, 수업에 끌리기는 했지만 수업이 전하고자 하는 바를 이해할 수는 없었죠. 나중에 들어보니 마치 불어를 대하는 느낌이었다 하더라고요. 그렇게 좌절한 둘은 결국에 수업을 포기했죠.

---

* the Association for Research and Enlightenment

그런데 지금으로부터 몇 년 전에, 재닌은 자매인 린Lynne과 함께 지내게 됐는데 린 또한 영성을 공부 중이었죠. 책을 쓰고 출판할 방법을 찾고 있던 린은 산책을 하던 중 신호등에서 어떤 남자를 만나게 되고, 딱히 그럴 이유는 없었는데 갑자기 그 남자에게 책을 내고 싶다고 말을 꺼냈죠. 그러자 남자가 흥미를 보이면서 "아, 마침 저도 작가예요"라고 하면서 자신이 쓴 책이 뭔지 말해줬고 책 출판과 관련해 몇 가지 조언도 해주었죠. 그리고 두 사람은 바로 헤어졌고요.

집에 돌아온 린은 재닌에게 신호등에서 좋은 작가를 만났다며 이름을 말해줬어요. 이름을 들은 재닌은 가물가물하지만 왠지 익숙하단 생각에 아파트 우편함에 가봐야겠다는 생각이 강하게 들었고 옆집 우편함에서 린이 방금 만났다던 작가의 이름을 발견했죠. 그 작가가 바로 옆집 사람이었던 거예요.

네, 그 작가가 바로 나였어요. 우리는 옆집에 살고 있었지만 그동안 내가 여행을 많이 하느라 서로 말할 기회가 없었던 거죠. 재닌은 이런 일이 일상에서 결코 흔한 일이 아님을 알았고 인터넷으로 내 이름을 검색해 《우주가 사라지다》라는 책도 알게 되었어요. 이틀 만에 이 책을 다 읽은 재닌은 오랫동안 영성을 같이 공부해온 길벗 스테파니에게 "이 책이 네 삶을 바꿔놓을 거야"라며 소개도 해줬죠. 기적수업을 포기했던 수많은 사람들과 마찬가지로, 그 둘도 '우사'를 읽고 나서 다시 수업을 읽으니 그제야 이해되기 시작했고 그렇게 그들은 수업과 내 책들을 공부하는 열성적인 학생이 되었답니다. 기적수업을 자신의 영적 행로로 삼은 두 사람을 옆에서 지켜보니, 그들은 단순히 공부하는 것을 넘어서 그러한 삶을 구현하고 있더군요.

내 처형인 재키 로라 존스Jackie Lora-Jones가 운영하는 비디오 팟캐스트

'24시간'(The 24th Hour)에 나와서 이 이야기를 들려준 재닌과 스테파니는 나뿐 아니라 신디와 재키, 마크(처형의 남편이자 팟캐스트의 프로듀서)와도 매우 가깝게 지내고 있고 그들은 또한 '수업이지? 물론이지!'(The Course, of Course)라는 팟캐스트도 운영하며 기적수업을 처음 접하는 사람들뿐만 아니라 수업에 익숙해진 학생들도 기적수업을 항상 배워나갈 수 있도록 도움을 주고 있답니다. 이 모든 일련의 사건들은 성령이 역사하는 하나의 사례일 뿐이고 이런 식의 일은 언제나 일어나고 있죠.

아턴: 고마워요, 개리. 자, 그런데 왜 린은 하필 그날 그 시각에 산책을 나가서 하필 그 순간 신호등에 서 있던 당신을 만나서 말을 걸었을까요? 어떻게 생각해요? 우연이었을까요?

개리: 그러니까 당신이 하고 싶은 말은 성령이 정확히 바로 그때 바른 방향을 알려주고자 린을 슬쩍 잡아끌었다는 거잖아요.

아턴: 잘 알고 있네요. 우리가 성령이 적극적인 역할을 행한다고 한 말은 결코 농담이 아니에요. 그렇다고 성령이 이 세상에서 특정한 일들을 일어나게 하지는 **않는다는** 것은 잘 알아두세요. 그렇게 한다면 세상을 실재화하는 것이니까요. 성령이 형태의 수준을 조종하지는 않아요. 하지만 성령은 당신 마음을 통해서 당신을 **인도하는** 일은 하지요. 성령은 언제나 마음의 차원에서 일을 하고 수업도 언제나 마음의 차원에서 가르치고 있답니다. 이 점을 잘 기억하면 누구라도 엄청난 시간을 덜어낼 거예요. 그리고 당신도 이제는 알다시피 이것은 수업의 주요 목적 중 하나이기도 하죠. 사실, 시간을 절약하는 수업의 이런 속성은 다른 데서는 만나보지 못할 거예요. 결과의 자리가 아닌 원인의 자리에서 행하는 용서가 사실상 기적입니다.

퍼사: 마음의 수준에 대해 말하자면 인류는 여러 세기에 걸쳐 정신적

능력을 계속해서 계발하게 될 거예요.

개리: 잠깐만요. 여러 세기를 거친다고요? 그렇다면 인류와 이 행성이 앞으로 몇 세기 동안 살아남을 거라는 말인 거잖아요? 최근 내가 들은 말 중에 가장 위안이 되는 말인데요.

퍼사: 들뜰 필요는 없어요. 쉽지는 않을 테니까요. 앞으로 인류가 간발의 차로 살아남을 위기가 몇 차례 있을 거예요. 지구온난화가 지구의 기후와 지형을 뒤죽박죽으로 만들어놓아서 엄청난 수의 사람들이 이주하는 사태가 벌어질 것이고 그보다 더 많은 수의 사망자가 발생할 거예요. 몰래 사람들을 불임으로 만들어서 세계 인구를 제한하려는 은밀한 시도들도 벌어지고 있고요. 또 지금 상황으로는 핵 테러뿐만 아니라 국지적 핵전쟁이 여러 지역에서 일어날 것으로 전망되지요. 미치광이라고밖에는 표현할 수 없는 정치인들이 현재 권력을 잡고 있고 앞으로도 그런 정치인들이 등장할 거예요. 이건 판단이 아니라 그냥 사고체계의 논리적인 확장일 뿐이에요. 수업이 에고에 대해 하는 다음 말을 잊지 마세요. **"그것은 극도로 잔인하며 완전히 제정신이 아니다."**(T-16.VII.3:2/교과서367쪽)

현재 인류는 상당한 모험을 코앞에 두고 있어요. 다른 행성들을 식민지로 개발하면서 인류의 생존은 더욱 확보될 것이고 인류가 스스로를 단번에 몰살시키는 것이 더욱 어려워질 겁니다.

개리: 분명히 미래에 대해 좋은 이야기도 좀 있을 것 같은데요?

퍼사: 그렇긴 해요. 비현실적인 낙관주의자 씨. 아까 내가 여러 세기에 걸쳐 인류가 정신적 능력을 계속해서 계발하게 될 거라고 했었죠. 당신도 수업을 통해서 각 개인들이 에고를 지워서 마음의 힘을 얻게 될수록 자신들에게 상당히 놀라워 보일 수도 있는 능력들을 가질 수 있음을 알고 있을 거예요. 이는 마음의 인식이 증가함에 따라서 마음을 사용할 수 있는

뇌의 능력도 증가하기 때문으로, 마음속에서 벌어지고 있는 일의 한 반영일 뿐이죠.

예컨대 당신은 돌고래들을 좋아하니까 돌고래가 사람보다 두 배 정도의 뇌를 사용할 수 있다는 것을 잘 알 거예요. 사람이 뇌의 10퍼센트를 활용할 때 돌고래는 20퍼센트를 활용하는데, 인간보다 우월한 돌고래들의 의식이 작용한 결과 중 하나입니다.

개리: 하와이 원주민들은 언제나 돌고래들이 사람들의 생각과 의도를 읽을 수 있고 심지어는 그 사람이 어떤 사람인지까지도 알 수 있다고 믿어왔어요. 사육되는 돌고래는 물론이고 야생 돌고래와도 지내면서 같이 수영도 하고 놀아본 나도 정말로 그렇다는 것을 알겠어요.

아턴: 정말로 그렇죠. 돌고래들은 자신들만의 언어가 있는데 사람들은 컴퓨터를 이용해도 이것을 이해하지 못해요. 돌고래들의 언어 대부분이 사람들의 언어보다 훨씬 더 진보한 상태지요. 돌고래들은 텔레파시로 소통을 하는데, 방금 당신도 말했듯이 돌고래들은 사람들의 생각을 읽을 수 있고 누가 마음이 평화롭고 누가 정신적 갈등을 겪고 있는지도 알 수 있죠. 돌고래들은 갈등을 겪는 사람들을 피하곤 하는데 갈등이 폭력으로 이어진다는 것을 잘 알기 때문이죠. 누군가 익사의 위험에 처해 있을 때는 예외적으로 도와주지만요. 돌고래들은 평화로운 존재들에게 자연스레 끌립니다. 당신도 돌고래들이 신디를 얼마나 사랑하는지 눈치챘을 거예요.

개리: 맞아요! 신디는 돌고래들의 여신 같아요. 우리가 물가에 서 있기만 해도 돌고래들은 귀신같이 알고 찾아온다니까요. 돌고래들이 나도 좋아하긴 하지만 신디를 훨씬 더 많이 좋아하죠. 신디가 돌고래들에게 말을 걸면 돌고래들도 사랑으로 응답해주고요. 돌고래들은 신디에게 인사를 하려고 신디 코앞에까지 물을 살짝 뿜어내기까지 해요.

지난번에 우리가 오하우 섬에 갔을 때 돌고래들에게 인사하려고 카할라 호텔the Kahala Hotel에 갔었어요. 그런데 마침 열대성 폭풍우가 올라오고 있었죠. 벌써부터 초속 18미터의 속력으로 바람이 불고 있었고 날씨는 갈수록 악화될 조짐이었죠. 돌고래들도 포유류다 보니 어쩔 수 없이 몇 분마다 숨을 쉬려고 물 위로 올라와야 했는데, 그 경우를 제외하고는 물 밖으로 머리를 내밀고 있지 않았어요. 그래도 우리가 돌고래들에게 다가서니 돌고래들도 우리 곁으로 바로 오더군요. 그런데 그중 한 마리가 우리 근처에서 마치 명상이라도 하는 듯 꼬리로 바닥을 짚고 수직으로 서 있으면서도 머리는 숙인 채 수면 아래 있더라고요. 그런 모습은 난생처음 봤어요. 어쨌든 돌고래들과 너무 오래 있었는지 폭풍우가 휘몰아치기 직전에야 겨우 숙소로 돌아올 수 있었어요. 그나마 허리케인까지는 아니어서 다행이었지, 그날 폭풍우는 정말이지 대단했거든요.

아턴: 지구 행성에서 가장 똑똑한 존재는 인간이 아니라 돌고래입니다. 하지만 돌고래들에게는 손이 없다 보니 도구를 만들지는 못해요. 또 그럴 능력이 있다고 해도 무기는 만들지 않을 거고요. 여러 세기가 지날수록 사람들은 돌고래들처럼 소통하는 능력을 계발할 겁니다. 나중에는 텔레파시를 사용할 수 있을 거예요. 물론 텔레파시를 사용하는 외계 종족들은 이미 있어요. 인류도 나중에는 그 기술을 획득하게 됩니다.

개리: 그게 맞다면 그 말에 전제된 것처럼 인류의 마음도 그만큼 인식이 성장한다는 뜻이죠? 사람들이 좀더 지성적으로 변하고 진보할 거란 거잖아요. 인류도 대체적으로 나아질 거라는 의미고요.

퍼사: 한편으로는 그래요. 하지만 당신이 이원성의 우주에 살고 있다는 사실을 잊지 마세요. 에고가 존재하는 듯이 보이는 한, 당신은 중대한 차질과 비극을 겪기 마련입니다. 에고는 당신을 현실에 안주하게 하려고 속

이는 경우를 제외하곤 뭐 하나 쉽게 가는 법이 없죠. 당신 꿈의 세상에서 인류는 단지 생존 하나만 놓고서도 하루하루 엄청나게 고군분투해야 할 겁니다.

개리: 잠깐 정신줄을 놓고 신나려던 참인데 덕분에 확 깼어요.

퍼사: 형제여, 진정한 기쁨을 어디서 발견할 수 있는지 알고 있죠? 기쁨과 관련해서 수업에서 당신이 가장 좋아하는 구절이 뭐였죠?

개리: 아, 그럼요. **"기쁨의 불모지에서 네가 그곳에 있지 않다는 것을 깨닫는 것 외에 기쁨을 찾을 길이 있겠는가?"**(T-6.II.6:1 / 교과서 99쪽)

아턴: 당신의 진정한 행복이 어디에 있는지 기억하세요. 개리, 당신은 이미 그렇게 살고 있어요. 당신은 모든 단계의 끝까지 갈 수 있고 이번 생에 그 일을 마칠 수도 있어요. 신디도 그렇고요. 그렇다고 둘이 꼭 같이 해야 할 필요가 있다는 이야기는 아니에요. 그런데 우린 최근에 당신과 신디가 다음 생까지 기다리지 않고 이번 생 동안 끝까지 도전하기로 결심했다는 것을 감지했어요. 사실 전부터 그렇게 하기를 바라고 있긴 했죠. 당신에게 그럴 의무가 있어서가 아니라 우리가 오래전에 했던, 자신의 고통을 얼마나 더 지연시키길 바라느냐는 질문 때문에요.

개리: 그동안은 세상의 것들에 크게 영향을 받지 않았는데 대통령 선거만큼은 신경이 좀 쓰였다는 걸 인정해야겠네요. 당신들도 알 거예요. 제가 어릴 적부터 워낙 정치에 빠져 있다 보니 쉽지 않네요. 아홉 살 때 나는 매사추세츠 주에 살고 있었고 같은 지역 출신인 존 F. 케네디는 내 영웅이었죠. 그래서인지 일찌감치 정치에 눈을 떴고 그 결과 상당히 많이 알게 됐어요. 사실 지금도 많은 정치인들을 포함해서 대부분의 사람들보다 정치에 대해 많이 알고 있고 정치를 직업으로 택할 뻔하기도 했었죠.

그런데 요즘 와서는 그러지 않기를 잘했다는 생각이 들어요. 현 정치는 아무런 예의도 없고 인간으로서의 품위도 완전히 상실했죠. 그동안 있었던 대통령 선거가 거짓과 증오로 점철된 적이 없었다는 뜻은 아니지만 그래도 당시에는 대개 미묘한 방식으로 이뤄졌거든요. 근데 오늘날에는 정신병원에 감금되어야 할 사람들이 정신병원을 운영하고 있어요. 이제 정치의 중심인 워싱턴 D.C.는 아주 그냥 코미디에요. 정치를 한다는 것 자체가 불가능해요. 영 맘에 들지 않아요.

신디와 나는 몇 달 전 워싱턴 D.C.에 갔는데 인접해 있는 버지니아 주 머내서스Manassas 지역에서 워크숍이 있었거든요. 참고로 이곳은 남북전쟁이 일어났을 때 첫 번째 주요 교전 지역이었고 워싱턴으로 가는 것도 쉬웠죠. 덕분에 내셔널 몰the National Mall, 링컨 기념관, 워싱턴 기념관, 미국회의사당, 마틴 루터 킹 기념관, 백악관에 들렀는데 너무 좋았어요. 진짜 웅장해요! 이곳들은 직접 가서 볼 때가 훨씬 더 인상적이에요. 텔레비전이나 영화에선 웅장함이 제대로 전해지지 않거든요. 어쨌든 거기 가니 자연스레 우리 정부가 부디 원래의 의도에 잘 부응하기를 바라게 되더라고요. 미국을 건국한 선조들이 완벽한 사람들은 아니었지만, 매우 흥미로운 사람들이기는 했죠. 그중 많은 수가 프리메이슨이기도 했고요. 아무튼 오늘날 워싱턴에 있는 정치인들을 묘사할 때는 '흥미롭다'는 표현이 절대 떠오르지 않아요.

아턴: 개리, 그 심정을 왜 내가 모르겠어요? 나도 한때 사람이었는데요. 하지만 제이가 수업에서 당신에게 가르치는 내용을 절대 잊지 마세요. **"세상을 한탄해도 소용없다"**는(W-pI.23.2:2/연습서37쪽) 것을요. 이제 당신은 만사의 목적이 무엇인지 알아요. 만약 정치가 당신에게 영향을 가장 많이 미친다면 당신이 가장 용서해야 할 대상은 바로 정치예요. 최선을 다해서 단호하게 용서에 임해보세요. 그러면 성공할 거예요.

퍼사: 아까 머내서스를 언급했었는데, 미국의 남북전쟁은 에고의 작용이 가장 생생하게 드러난 사례 중 하나예요. 무엇보다도 남북전쟁에는 노예제도라는 이슈가 포함되어 있죠. 이것은 곧바로 에고가 몸을 실재화하는 것으로 이어지고요. 일부 육신이 다른 육신들과 다른 색깔을 띠고 있다는 것은 에고의 단골 메뉴죠. 당시 일부 육신은 다른 육신들보다 소중하고 다른 육신들이 갖지 못한 권리를 갖고 있다고 생각했어요. 일부 사람들은 다른 이들의 육신을 사적인 소유물로 여겼고요. 이렇듯 에고는 차이를 좋아라 하고 이런 차이를 이용해서 사람들에게 판단과 투사를 하라고 언제나 부추길 겁니다.

또한 남북전쟁은 여러 주州들 간의 권리를 둘러싼 전쟁이기도 했어요. 당시에는 어느 나라 출신이냐가 아니라 어느 주 출신이냐가 더 중요했거든요. 그때 사람들 대부분은 집을 떠나 멀리 여행하는 일이 아예 없었기 때문에 자기가 소속된 주, 예컨대 오하이오 주, 매사추세츠 주, 메인 주, 텍사스 주, 버지니아 주 등에 대한 자부심이 대단했죠. 하지만 주라는 것도 분리의 생각이 아니면 뭐겠어요? 사실 국가라는 개념도 마찬가지고 둘 다 분리의 생각에 지나지 않아요. 우주에서 지구를 내려다보는 영상에서 그런 경계가 보이던가요?

개리: 아뇨. 그건 무한한 지혜 안에 계신 신께서 우리로 하여금 각자의 경계를 세우게 하셨고 우리의 용기를 시험하고자 우리로 하여금 사력을 다해 이 경기장 위에서 경계를 지키게 하셨기 때문이죠. 또 물론 누가 다른 사람들을 잘 물리치는지도 보셔야 했고요. 괜히 우리를 인류(human race)*라고 부르겠어요?

퍼사: 횡설수설하는 걸 보니 잠이 부족한가 봐요. 알다시피 무한한 지혜 안에 계신 신은 여전히 집에서 좋은 시간을 보내고 있어요. 당시 많은

사람들은 자신들이 여기에 있으면서 남북전쟁을 치르고 있다고 생각했어요. 마음속에 있던 갈등이 화룡점정을 찍어보겠다면서 필사적으로 난리를 친 거죠. 심지어는 에이브러햄 링컨도 달리 방도가 보이지 않아서, 그가 "우리 본성의 선한 천사들"로 여겼던 쪽이 부디 승리하기만을 바랐지만 소용 없었어요. 당신이 미처 알기도 전에 당신네 나라는 자살 시도를 하고 있었어요.

남북전쟁이 끝날 즈음엔 남군과 북군을 합해서 거의 75만 명의 군인(참전군인 중 4분의 3)이 전사했어요. 공식적인 집계는 이보다 낮지만 이 수치가 정확합니다. 40세 이하의 남자가 전부 사망한 마을이 수두룩했죠. 제1차 세계대전과 제2차 세계대전 때 사망한 미국인들을 합친 것보다 더 많은 미국인들이 이때 사망했어요. 물론 제2차 세계대전이 역사상 가장 파괴적인 전쟁이기는 해요. 인구수가 많은 국가들 대부분이 참전했기 때문이죠. 하지만 미국은 남북전쟁만큼 참혹한 전쟁을 다시는 보지 못할 겁니다. 남북전쟁은 광기로 들끓는 에고의 휘황찬란한 업적 중 하나죠.

개리: 당신들을 잘 알아서 하는 말인데 이 주제를 꺼낸 이유가 분명 있겠죠?

아턴: 여러 가지 이유가 있어요. 사실 미국은 인종차별이라는 문제에 있어서 일부 사람들이 생각하는 것만큼 많이 바뀌지 않았어요. 인종차별은 결코 사라지지 않았고 단지 수면 아래로 가라앉았을 뿐입니다. 그렇게 많은 이들이 죽고 잔혹한 공포를 경험했음에도, 전쟁을 통해서 문제를 해결한 것처럼 위장했음에도, 사람들이 시민의 권리와 인권운동을 통해서 행했던 그 모든 위대한 일에도, 에고는 여전히 변하지 않았어요. 이것이 핵심입니다. 영적 행로에 오른 일부 사람들 안에서는 에고가 지워져왔지

---

* race에는 종족이라는 뜻 말고 경주, 달리기 시합이라는 뜻도 있다.

만 전체를 놓고 봤을 때는 분명 그렇지 않죠. 세상을 고치려는 시도를 통해서 에고를 바꿀 수는 없어요. 그런 식으로는 문제가 해결되지 않을 겁니다. 지금도 150년 전 못지않게 인종차별과 선입견이 만연해 있어요. 물론 그때에 비해 나타나는 양상은 달라졌지만, 에고의 갈등과 분리와 분열의 야비한 게임은 어느 때 못지않게 비참하게, 보란 듯이, 전과 같이 펼쳐지고 있습니다.

개리: 맞는 말이에요. 오바마가 당선되었을 때 처음에는 미국이 크게 진일보했구나 하고 생각했었어요. 마침내 흑인 대통령이 당선되었으니까요. 그런데 그 후로 무슨 일이 벌어졌었죠? 갑자기 온갖 미치광이들이 난데없이 나타났어요. "우리 조국을 다시 되찾고 싶다"면서요. 사실 그 말은 1950년대로 돌아가고 싶다는 뜻이에요. 자신과 달라 보이는 사람들을 증오해도 괜찮았던 시절로 말이죠. 심히 불안정한 정치인이 "미국을 다시 위대하게 만들자"면서 내건 캠페인 표어는 사실 "미국을 다시 인종차별주의 국가로 만들자"는 뜻이에요. 심지어 그는 오바마가 대통령이 된 것의 적법성에 대해서조차 의문을 제기했어요. 오바마가 케냐에서 태어났다고 억지를 부리면서 말이죠. 이보다 심한 인종차별이 있을까요?

아턴: 그래도 이 일을 실재화하지 않고 그를 용서할 수 있겠어요?

개리: 네, 물론이죠. 그 육신은 그가 아니니까요. 단지 독한 마음을 지닌 에고의 자아일 뿐이죠. 정말로 나를 힘들게 하는 것은 그에게 실제로 찬성표를 던진 사람이 이 나라에 그토록 많다는 사실이에요! 이게 힘든 부분인데 병이 든 거죠. 이걸 보면 우리 사회가 병들었다는 것을 알 수 있어요.

퍼사: 완전히 병든 것은 아니에요. 당신네 나라는 부분적으로 병들기는 했지만 바른 마음 역시 갖고 있어요. 그리고 이 세상 역시 부분적으로 병들기는 했지만 바른 마음 역시 갖고 있고요. 누구나 성령의 도움을 받을 수

있지만 결국 모든 이는 **온** 세상을 용서해야 할 필요가 있어요. 마음에 갈등이 남아 있는 한, 갈등이 무엇으로 이어지게 되는지 당신도 잘 알잖아요.

아턴: 물론 에고는 당신이 감당하기 더욱 힘들게 난이도를 계속해서 높이는 일을 시도할 것입니다. 여러 훌륭한 목적을 위해 사용될 수 있는 인터넷은 증오를 퍼뜨리는 일에 사용되기도 하죠. 그리고 편견에 물든 사람들의 증오는 피부색이 다른 사람들에게만 그치란 법도 없고요.

당신네 나라는 성소수자 커뮤니티에 대한 차별을 금지하는 법률을 통과시키고 법원의 결정을 얻는 일에 있어서 크게 진보해왔어요. 그래도 증오는 여전히 남아 있죠. 올랜도<sup>Orlando</sup> 지역의 펄스<sup>Pulse</sup> 나이트클럽에서 49명이 살해당한 비극적인 사건은 증오와 총기가 어깨를 나란히 한 결과 빚어진 극명한 예로, 앞으로도 이런 일은 계속될 겁니다. 에고는 미국을 속속들이 설계해놓았어요. 그리고 우익 세력은 자신들의 이기적인 목적을 위해 앞으로도 이를 최대한 활용할 거고요.

개리: 맞아요. 공화당 주의회는 틈만 나면 백인 공화당원이 아닌 사람들 전부를 차별하는 법을 통과시키려고 기를 쓰죠. 흑인들이 투표를 못하게 하려고 명백하게 의도된 법들을 통과시킨다는 건데, 생각만 해도 부아가 치밀어요. 그런 일을 하고도 어떻게 밤에 두 다리 쫙 펴고 잠을 잘 수 있는 거죠? 그러고도 자신들을 미국인이라고 할 수 있나요? 민주주의와 투표권을 위해서 돌아가신 모든 분들의 얼굴에 어쩜 그렇게 먹칠을 할 수 있는 걸까요? 또 정신적으로 문제가 있는 지역 정치인들에게 힘을 실어주는 유권자들은 대체 무슨 생각일까요?

퍼사: 왜냐하면 형상의 수준에서는 미국을 포함해서 세계의 다른 지역에도 편견에 찌든 자들과 여성혐오주의자들과 인종차별주의자들이 여전히 건재하기 때문이에요. 심지어는 오늘날에도 여성들은 동일 노동에 대

해 동일 임금을 받지 못하고 남성들보다 처우가 열악하죠. 당신이 부유한 백인 남성이 아니라면 누구라도 언제라도 살다가 사회적 약자의 신분으로 전락하는 게 현실입니다. 게다가 요즘 미국 내 이민자 문제도 쥐잡듯이 다루고 있어서 에고에게 사람들을 증오할 힘을 더욱 실어주고 있죠.

아턴: 개리, 그래서 당신에게 조언을 좀 주고 싶어요. 이런 문제들은 꿈 속에서는 분명히 존재하는 듯이 보일 거예요. 하지만 꿈 바깥에서 당신에게 들려오는 사실도 있어요. **즉 이런 문제들이 정치에 의해서 해결되지는 않을 거라는 사실이죠.** 물론 결국에는 정치가 이런 문제들을 해결하는 듯이 **보이기는** 할 겁니다. 정말 머지않아 미국 내 백인들은 다수 집단의 지위에서 밀려나게 되고 라틴 아메리카인들(Hispanics)이 최대 유권층으로 부상할 겁니다. 그러면 미국 정치가 앞으로 어느 방향으로 흘러갈지는 정말 뻔하죠. 우익으로 가지는 않을 겁니다. 하지만 그렇게 되더라도 문제가 정말로 해결되는 것은 아니죠.

세상에 존재하는 듯이 보이는 갖가지 문제들을 해결할 수 있는 유일한 방법은 문제를 문제가 있는 곳에서 고치는 것입니다. 갈등에 찬 무의식적 마음 안에서 말이죠.

개리: 음, 최소한 당신들은 일관성이라도 있어서 좋군요. 우리가 여러 해 동안 만나서 온갖 주제에 대해 이야기해왔잖아요. 나는 당신들이 그러다가도 이내 여지없이 용서의 주제로 화제를 끌고 온다는 것을 알아차렸어요. 에고를 지우는 것은 바로 용서이기 때문이겠죠. 원인을 다루면 결과는 저절로 굴러갈 거고요.

아턴: 맞아요. 대부분의 영역에서 당신은 아주 잘해왔어요. 당신에게 있어서 정치 문제는 당신이 마지막으로 다뤄야 할 일반적인 용서 기회입니다. "일반적인"이라는 표현을 쓴 것은, 이 과제는 당신이 속한 일반 세상

에 적용되는 것이기 때문이에요. 당신은 정치 말고 나머지 모든 것에 대해서는 이미 아주 많이 용서했어요. 자, 그런데 일반적이지 않은 용서의 과제도 있어요. 이를테면 사랑하는 사람의 죽음 같은 경우지요. 당신은 자기 삶에서 일어나는 이런 사건들도 잘 용서했어요. 하지만 당신은 일반적인 용서 기회가 아닌 개인적인 용서 기회가 닥쳤을 때 신을 위해 아직 경계할 필요가 있어요.

하지만 그러기 위해서는 앞서 말했듯이 수업 전체가 반복인 것처럼 이 일에도 반복이 필요합니다. 더 이상 특정한 일이 당신을 괴롭히지 않을 때, 더 이상 당신에게 영향을 미치지 않을 때, 자신이 그 일을 용서했다는 것을 확실히 알게 될 것입니다. 꼴도 보기 싫은 정치인이 텔레비전에 나와서 뭔가를 말했을 때 예전 같으면 분통이 터졌겠지만 이제는 반응하려 하다가도 거기에 아무것도 없음을 깨닫고 대신 평화로움을 느낀다면, 당신은 진정 그를 용서한 것입니다.

퍼사: 여전히 당신에게 영향을 미치는 일들이 펼쳐질 때 자신을 깨어 살피면서 그동안 배웠던 세 단계를 잊지 말고 적용하세요. (1) 부정적인 방식으로 반응하고 있는 자신을 알아차리세요. 그것은 에고입니다. 에고와 함께 생각하거나 느끼는 것을 **멈추세요**. 실재화하기를 멈추세요. (2) 성령과 함께 생각을 **시작하세요**. 이것이 바로 수업에서 말하는 거룩한 순간(Holy Instant)입니다. 성령은 당신에게 그것은 실재가 아님을, 단지 꿈에 불과함을, 그것이 존재한다고 믿지만 않는다면 그것은 당신에게 영향을 미칠 수 없음을 일깨워줍니다. 당신은 희생양이 아니에요. 이것은 당신의 꿈이고 이 꿈은 당신을 해칠 수 없습니다. (3) 영적인 시각에 참여하세요. 그 사람은 육신이 아닙니다. 완벽한 영이죠. 영의 일부가 아니라 **전체** 영입니다. 전적으로 결백하고 신과 똑같은 영이요. 내 아들을 해방하라고

말하는 수업의 구절을 기억하고 있죠?

개리: 물론이죠. 교과서 마지막 장의 마지막 섹션 바로 앞에 실려 있잖아요. **"나의 아들을 해방하라!'는 신의 말씀이 네게 청하는 신의 요청임을 배우고서도 그 말을 듣지 말라는 유혹에 흔들릴 수 있겠는가? 이 수업이 그것 말고 무엇을 가르치겠는가? 그것 말고 배울 것이 무엇이 있겠는가?"**(T-31.VII.15:5-7/교과서702쪽)

아턴: 제대로 잘 찾아서 읽어줬네요. 자, 그러면 이번에는 또 다른 중요한 주제를 다뤄봅시다. 수업에 따르자면 모든 고통을 일으키는 것은 바로 무의식적 죄책감이라는 것을 잘 알고 있을 거예요. 그런데 마음에 죄책감이 얼마나 많이 용서되었고 또 얼마나 많이 남아 있는지에 따라서 자신의 죽음도 천양지차로 경험될 수 있다는 점에 대해 생각해본 적이 있나요?

개리: 그렇게까지 생각해본 적은 없네요. 그런데 내가 왜 그래야 하죠? 농담이에요. 자신의 경험이 용서에 따라 좌지우지될 수 있다고 생각해본 적은 없지만 충분히 말이 되는 이야기네요.

아턴: 대부분의 경우에 있어서, 참고로 '모두'가 아니라 '대부분'이라고 말한 이유는 에고가 상황을 복잡하게 만들기를 좋아하기 때문인데, 어쨌든 당신의 육신이 정지되면 당신은 아무런 고통도 느끼지 않아요. 죽는 과정에서는 고통을 느낄 수도 있지만 그 후에는 느끼지 않죠. 오히려 정반대예요. 보통은 정말로 근사한 경험이죠. 신체의 고통도 전혀 없고 몸을 떠나는 듯이 보여서 자유롭거든요. 대부분의 사람들에게 처음에는 복된 경험으로 다가옵니다.

개리: 알다시피 최근에 나는 죽음에 관해 쭉 생각해봤어요. 어머니랑 아버지가 돌아가셨을 때 가슴이 미어져 얼마나 울었는지 몰라요. 1970년대 당시에는 죽음을 두고 "저승으로 건너갔다"는 표현을 쓰지 않았어요.

그래서 두 분은 그냥 사망하신 거였죠. 아버지는 일하시다 추락사로 돌아가셨어요. 담당 의사에게 연락을 받았을 땐 진짜 악몽이었어요. '불쌍한 우리 아버지'라는 탄식이 절로 나왔죠. 아버지가 매우 고통스러우셨을 것 같고 아주 끔찍한 경험이었을 거라고 생각했죠. 그런데 이제 다시 생각해보니 무엇보다도 아버지가 아주 순식간에 돌아가셨다는 것을 깨달았어요. 그리고 죽은 직후부터는 아마도 아무런 고통도 느끼지 않으셨을 것 같고요. 고통이 즉시 멈췄을 것 같은데 그렇지 않나요?

아턴: 맞아요. 당신은 이곳에서 찢긴 마음에 울고 있었지만 당신 아버지는 좋은 시간을 보내고 계셨어요. 내가 보증하건대 당신 부모님 두 분 다 몸을 떠난 바로 그 순간부터 아주 경이로운 경험을 하셨답니다. 그 누가 아무리 끔찍한 죽음을 경험하는 듯이 보이더라도 이것은 참입니다. 누가 자기 머리에 총을 쐈다고 예를 들어봅시다. 그 광경을 직접 봤거나 그 소식을 들었다면, 특히나 그 사람과 가까운 사람들이었다면, 충격과 공포로 다가올 거예요. 하지만 정작 당사자는 그 즉시 환상적인 경험으로 들어선다는 사실을 주변 사람들은 알지 못합니다. 수업의 '기도의 노래'는 이렇게 말하죠. **"우리는 그것을 죽음이라 부르지만, 실은 자유다."**(S-3.II.3:1/ 기도의 노래21쪽)

퍼사: 당신 어머니의 경우도 마찬가지였죠. 물론 몸을 떠나기 전에는 큰 고통을 겪으셨죠. 그때 의사는 수술을 하지 말았어야 해요. 어머니 혈압이 매우 낮은 상태에서 결국 수술을 감행해 망쳐버렸죠. 수술 후 중환자실에 있을 땐 심장마비까지 왔고 모든 게 재앙과도 같았죠. 당신은 비통에 빠져 있었고요. 그런데 당신이 울었던 시간의 대부분은 사실 어머니가 돌아가시는 듯 보이고 난 이후부터였어요. 어머니에게는 그때가 최고의 순간이었는데도요. 일단 몸이 정지하는 듯이 보였지만 마음은 계속

해서 움직이고 있다는 것, 이것은 에고 마음이 겪을 수 있는 좋은 경험 중 하나예요. 사람들이 장례식장에 가서 슬퍼하고 그 후에도 애통해하지만 정작 죽은 듯 보이는 사람은 참으로 즐거운 시간을 보내고 있답니다. 그게 얼마나 신나는 경험인지 안다면 질투까지 날 정도죠.

앞서 아턴이 마음속 죄책감이 얼마나 치유되었는지에 따라서 죽음에 대한 경험이 달라질 거라고 말했는데, 대부분의 죽은 사람들에게 일어나는 듯이 보이는 이때의 경험을 가리킨 것이었어요. 그런데 임사체험을 한 사람들이 말한 모든 마음의 경험을 하고 나면, 빛 앞으로 가는 때가 찾아옵니다. 자, 그런데 그 생에서 당신이 깨달았다고 가정해봐요. 당신이 만약 깨달은 상태라면 당신은 사람들이 임사체험 쇼에서 말하는 모든 단계를 거치지 않고 수업에서 말하듯이 최종적으로 육신을 부드럽게 내려놓게 됩니다. 당신은 즉시 신의 품으로, 집에 와 있게 되는 겁니다. 물론 당신은 그전에도 언제나 집에 있었지만, 지금 우리는 당신의 인지 상태를 기준으로 말하고 있는 거예요. 사실 당신이 깨닫는 그 순간, 그러니까 생과 생 사이가 아니라 여전히 몸 안에 있는 상태에서 깨달을 때, 당신은 자신이 신과 **하나**라는 것을, 전에도 늘 그랬고 앞으로도 늘 그럴 것이라는 사실을 자각하게 되고 바로 그 순간부터 당신은 그 앎을 **경험합니다.** 그런 후 당신이 몸을 내려놓고 나면 신과 당신이 완벽히 **하나**라는 앎에 대한 경험이 아무 시간도 없는 영원 속에서 계속됩니다.

개리: 나도 그걸 원해요. 그리고 지금 할 질문은 나도 이미 답을 알고 있긴 한데 그래도 당신들에게서 직접 듣고 싶어요. 깨닫지 **못한** 상태라면 어떤 일이 벌어지나요?

퍼사: 앞서 우리는 모든 고통은 죄책감이 일으키는 것이라고 말했었죠. 여기에는 신체적 고통뿐만 아니라 심리적인 고통까지도 포함되는 것이고

요. 비록 깨닫지 못한 상태이기는 하지만 그래도 진정한 치유가 그동안 이뤄져왔다면, 이 말은 곧 당신이 용서를 꾸준히 실천해왔다는 뜻인데, 그러면 생과 생 사이의 경험(사후 경험)은 진정한 치유가 이뤄지지 않았을 때 해야 할 경험보다 훨씬 좋습니다. 수업은 진정한 치유가 일어났을 때 당신이 죽음을 이렇게 경험할 것이라고 전하죠. **"이제 우리는 평화 속에 좀더 자유로운 공기와 좀더 온화한 기후가 있고, 우리가 준 선물이 우리를 위해 고스란히 간직되어 있음을 어렵지 않게 볼 수 있는 곳으로 간다."**(S-3.II.3:4/기도의 노래21쪽) 그러므로 설령 당신이 회고할 생이 하나 더 남아 있다 하더라도 용서를 실천해왔다면 죽음에 대한 경험은 이렇게 근사할 겁니다.

하지만 용서를 실천하지 않은 경우라면, 그것이 죄는 아니지만, 그들 마음속에는 여전히 무의식적 죄책감이 많이 남아 있게 되고, 그러면 신에 대한 상징인 빛 앞으로 가게 되는 순간 죄책감과 고통과 두려움이 수면으로 튀어오르기 시작합니다. 이런 심리적 고통이 느껴지기 시작하면 거기서 도망치고 싶고 숨기를 원합니다. 그리고 그들이 거기서 피해 숨을 수 있는 곳은 세상과 우주라는 투사물입니다. 신과의 분리가 재현되는 것이죠. 이 꿈의 세상은 그들이 자기 바깥으로 두려움과 죄책감을 투사해놓은 은신처예요. 그럼 마치 그들은 거기서 벗어난 듯이 보이죠. 이제 고통의 원인과 책임이 저 바깥 다른 사람 안에 있는 듯이 보이거든요. 하지만 이 것은 결함이 있는 체제예요. 사실 그들은 벗어나지 못했거든요. 죄책감은 여전히 그들 마음속에 자리하고 있죠. 투사해냈다는 에고의 환상에도 불구하고요. 수업은 이렇게 말합니다. **"관념은 그 근원을 떠나지 않으며, 관념의 결과는 관념과 분리되어 있는 듯이 보일 뿐이다."**(T-26.VII.4:7/교과서585쪽) 이건 나쁜 소식이죠. 죄책감과 두려움이 당신의 무의식에 여전히 자리하고 있다는 것이니까요. 하지만 여기에는 좋은 소식도 있는데, 관념은 그 근원을 떠나지 않기 때문에 당신도 실제로 신을 떠난 적이 없다는 것입니다.

하지만 아직 분리를 사실로 믿고 있고 진리를 받아들이지 못한 자들을 위해서 세상은 다시 한 번 그들의 은신처가 되어줍니다. 제이는 이렇게 말하죠. **"죄책은 벌을 청하고, 그 요청은 승인된다. 그러나 진리 안에서가 아니라 죄에 기반을 둔 그림자와 허상의 세상에서 승인된다."**(T-26.VII.3:1-2/교과서584쪽)

개리: 결국 내가 이번 생 동안 깨달음을 얻는다면, 당신들은 이것이 가능하다고 했고, 나는 임사체험과 관련된 일들 전부를 다시 겪을 필요가 없어지는 거네요. 내가 여기에 있는 듯이 보이는 동안에도 신과 완벽히 **하나**임을 경험할 것이고, 내 몸에 대해서는 거의 의식하지 않은 채 실재를 의식하고 있는 거죠. 그러고 나서 몸을 내려놓으면 끝난 거고요. 집에 온 거죠. 그렇다면 수업에서 신께서 떼어주신다고 말하는 마지막 발걸음이란? 뭐라고 하냐면, 여기 있네요. 한 번 읽어볼게요.

용서의 필요성을 상상조차 할 수 없는 천국에서는 용서에 대해 알지 못한다. 하지만 이 세상에서는 우리의 모든 실수를 바로잡는 용서라는 교정이 반드시 필요하다. 용서를 건네는 것만이 용서를 갖게 되는 유일한 길이니, 용서는 주는 것과 받는 것이 같다는 천국의 법칙을 반영하기 때문이다. 천국은 신의 모든 아들들이 신이 창조하신 대로 존재하는 자연스러운 상태다. 천국이 그들의 영원한 실재다. 천국은 잊혀졌다고 해서 변하지 않았다.

용서는 우리를 기억으로 이끄는 수단이다. 용서를 통해 이 세상의 사고가 역전된다. 용서받은 세상은 천국으로 들어가는 문이 되니, 그 세상의 자비로움에 의해 마침내 우리는 우리 자신을 용서할 수 있기 때문이다. 어느 누구도 죄의 포로로 잡아두지 않음으로써 우리는 자유로울 수 있다. 모든 형제 안에 있는 그리스도를 인정할 때, 우리는 우리 안에 있는 그리스도의 '현존'을 인식한다. 우리의 잘못된 지각을 모두 잊고, 과거의 그 무엇에도 얽매이지 않을 때, 우리는 신을 기억할 수 있다. 신을 기억하면 더 이상 배울 것이 없다. 우리가 준비되면 신께 돌아가는 마지막 발걸음은 신께서 친히 떼실 것이다.(Preface. xiii.)

개리: (이어서) 수업을 정말로 훌륭하게 요약하지 않았나요? 게다가 이건 맨 앞 서문에 실려 있는 거라고요! 이 글을 처음 읽었을 때가 기억나요. 신께 돌아가는 마지막 발걸음을 신께서 친히 떼신다는 표현을 봤을 때, 신이 나를 죽인다는 뜻으로 알았어요.

아턴: 아, 물론 아니죠. 신이 당신을 창조한 것이지 당신이 신을 창조한 것이 아님을 기억하세요. 그래서 신이 마지막 단계를 밟는다는 것이죠. 물론 이것은 은유예요. 당신은 다시 중단된 지점부터, 정말로 당신이 떠난 적이 있다는 뜻은 아니지만 **창조주이신** 신과 함께 당신도 창조자로서 다시 시작하면 돼요. 이를 놓고 수업에서는, **"천국의 노래에서 음표 하나도 없어지지 않았다"**라고(T-26.V.5:4/교과서581쪽) 말하죠. 신은 언제나 당신의 창조주로 남아 있을 것이고, 그러면 당신도 그분처럼 똑같은 것을 창조합니다. 완벽한 사랑의 무한한 확장은 유한한 마음이 이해할 수 있는 성질의 것이 아니지만, 당신이 이를 실제적으로 경험할 수 있을 때가 올 것입니다.

퍼사: 방금 수업의 서문 부분을 읽어주었는데, 이와 관련해서 사람들이 아주 분명하게 이해해야 할 내용이 떠올라서 말해주고 싶어요. 헬렌이 1965년부터 1977년까지 채널링한 모든 내용들은 시작부터 끝까지, 그러니까 교과서 31장 전부와 연습서, 교사용 지침서, 용어 해설, 심리치료,

기도의 노래 섹션에 이르기까지 완벽하게 일관되고 타협의 여지가 추호도 없다는 거예요. 그동안 수업에 대한 올바른 해석을 찾아냈다고 생각한 교사들이 있어왔죠. 하지만 아니에요. 그건 그들만의 해석이었죠. 사실을 말하자면 **기적수업에 대해 가능한 해석은 단 하나밖에 없습니다.** 우리가 25년 전에 당신에게 나타나기 시작한 때부터 줄곧 우리는 이 점을 말해줬고 당신은 똑같은 이야기를 왑닉 재단에서도 들었습니다. 우리는 이에 대해 흔들린 적이 없고 당신도 흔들리지 않아서 참 좋아요.

개리: 그렇죠. 하지만 수업에 대해 죽어라 트집을 잡는 일부 사람들은 어떻게 해도 막을 수 없을 거예요. 나는 심지어 수업을 믿어서는 안 된다고 말하는 사람들도 만나곤 하는데 그들 말에 따르자면, 기적수업 교과서 앞부분에 배치된 다섯 장에서 '영혼들(souls)'이라는 단어가 편집에서 빠져버렸는데, 영혼들이라는 말은 개체성이 전제되어 있고 또 신이 그것을 창조했다는 뜻도 포함되어 있기 때문이라는 거예요.

아턴: 그런 사람들은 어떻게 해도 절대 막을 수 없다는 말은 분명 맞는 말이에요. 그런데 영혼들이라는 표현은 수업 초기에만 헬렌의 편의를 위해서 일시적으로 사용된 거예요. 당신도 알다시피 헬렌은 다른 생들에서도 제이와 함께 작업을 했었는데, 수업을 받아 적는 초기는 헬렌이 채널링에 다시 익숙해지는 시기였죠. 그 표현은 은유로 의도된 것이었고 성자단의 외관상 분리된 듯한 마음들을 가리키기 위한 것이었을 뿐, 그렇게 분리된 부분들 또는 영혼들이 허상적이라는 것은 분명했고 문맥에서도 그런 의미로 사용되었답니다.

하지만 헬렌에게서 모호함이 걷혀 생각이 정리되자 그 표현은 더 이상 사용되지 않았습니다. 그래서 제이가 헬렌에게 그 표현을 빼라고 지시했던 것이죠. 사람들을 굳이 혼동에 빠뜨릴 필요가 있나요? 전에도 결국에는 증명되었듯이 사람들은 혼자서도 그 일에 아주 능숙하거든요. 영혼들이라는 단어 대신 '성자단'(Sonship)이나 '신의 아들들'(Sons of God)이라는 표현이 곧 사용되기 시작했죠. 그런데 수업에서 신의 아들들이라는 표현이라든지 '자신들의 마음들을 아직 바꾸지 못한 자들'처럼 복수複數적인 표현이 나오거든 그것은 은유라는 점을 기억하세요. 수업이 실재 안에서 신의 아들은 오직 **하나**라는 점을 가르치고 있다는 것은 명확합니다. 신의 유일한 아들이 곧 그리스도이고, 신과 완벽히 **하나**이고, 신과 똑같습니다. 하지만 에고는 개체성과 분리라는 생각에 매달릴 수만 있다면 뭐라도 하려고 덤빌 것입니다.

퍼사: 이번에는 이전에 당신이 말했던 주제를 다른 주제들과 묶어서 같이 이야기해 볼게요. 전에 공항에 갔을 때 정말로 피곤했었다고 말했잖아요. 그러다가 자신이 정말로 피곤한 것이 아니라 단지 피곤하다는 꿈을 꾸고 있을 뿐이라는 것을 깨닫기 시작했다고요. 사실 당신은 몸이 아니기 때문에 당신은 피곤할 수 없어요. 오직 마음만이 자신이 피곤하다고 여길 수 있는 것이죠.

이 생각을 질병과 고통에도 적용해보세요. 그동안 당신은 수업도 공부하고 우리와 토론도 하면서 모든 질병과 고통은 마음에 달린 것이고 또한 모든 치유도 마음에 달린 것이라는 점을 알게 되었죠. 진짜 의사는 바로 환자의 마음이에요. 우리는 당신이 이 생각을 우리가 수업에서 이미 사용한 적이 있는 다음의 생각들과 결합해보기를 원해요. (1) 몸은 당신 바깥에 있고, 당신의 관심사가 아닙니다. 이것은 당신이 몸 안에 있다는 생각에서 벗어나게 해줍니다. (2) 자신이 꿈꾸고 있음을 안다면 꿈에 등장하는 모든 인물들에 대해 전혀 반응하지 않을 거예요. 나는 당신이 이 생각을 당신 **자신의** 육신까지도 포함해서 적용하기를 바랍니다. 일단 당신이 보고 있는 육신들이 꿈속 인물들에 불과하며 그것들이 당신에게 영향을 미치게 할 필요가 없다는 생각에 익숙해졌다면, 당신은 자신의 몸 역시 꿈속 인물에 지나지 않고, 그것 역시 자신에게 영향을 미치게 할 필요가 없다는 생각에 익숙해져야 합니다! 당신은 꿈속 다른 인물들과 마찬가지로 자신의 몸에도 반응할 필요가 없어요. (3) 진정한 당신은 전적으로 결백하고, 신의 품 안에 있으며, 영원토록 집에서 신의 돌봄을 받고 있습니다. 그러니 다음번에 피곤하거나 아플 때 혹은 어떤 고통이든 있다고 느껴질 때, 이 세 가지를 기억하고 결합해보세요.

개리: 알겠습니다. 한 번 정리해서 말해볼게요. (1) 몸은 내 바깥에 있고, 내 관심사가 아니다. 몸은 나와 아무 상관 없다. (2) 나는 내가 꿈꾸고 있음을 안다면 꿈에 등장하는 그 어떤 인물에도 전혀 반응하지 않을 것이다. 그러니 내 몸이라고 해서 달리 반응할 것이 있겠는가? 그것은 내가 아니다. 나는 그것 안에 있지 않다. 그것은 꿈속 한 인물에 불과하다. 이제 나는 내가 꿈꾸고 있음을 알기에 그것이 내게 영향을 미치게 할 필요가 없다. 내가 몸 안에 있는 것이 아니라면 나는 사실 고통을 느끼고 있는 것이 아니다. 단지 나는 내가 고통을 느끼고 있다는 꿈을 꾸고 있을 뿐이다. 나는 이 일을 실재화할 필요가 없다. (3) 진정한 나는 전적으로 결백하다. 신은 나를 사랑하시고 영원토록 돌봐주신다.

퍼사: 네, 이때 당신이 마음으로서 당신 몸 바깥에 있다고 떠올려보세요. 그렇게 할 때 당신의 인식은 잠재적으로 무한합니다. 마음은 어디에나 갈 수 있고 어디에나 있을 수 있어요. 근데 몸은 그러지 못하죠.

개리: 맘에 드네요. 꼭 해볼게요. 그런데 제이는 병자들을 어떻게 치유했나요? 사실 치유는 환자의 마음이 하는 거라고 말씀하셨는데 그러면 그때 제이의 역할은 뭐였죠?

퍼사: 제이는 이것에 대해 당신을 위해 교사용 지침서에서 답하고 있어요. 하지만 대부분의 사람들은 여기에 주목하지 않죠. 왜냐하면 그들은 다른 사람들에게 안수도 직접 해주고 인정도 많이 받는 위대한 치유사가 되기를 원하거든요. '신의 교사의 역할'이라는 글을 찾아서 2번 문단과 3번 문단을 읽어주세요.

제이는 아픈 사람이 속으로는 자신을 죄인으로 여기고 있으며 무의식의 수준에서 아프기로 선택했다는 것을 알고 있어요. 지침서에서 제이가 알려주는 방식은 실제로 제이가 2천 년 전 마음의 수준에서 병자들에게 접근할 때 사용했던 것과 똑같은 방식이에요. 물론 제이의 의식이 전적이었다는 것은 알아두어야 합니다. 제이는 아주 깊은 수준에서 병자와 결합할 수 있었고, 병자는 제이가 아무것도 말하지 않더라도 제이가 어디에서 비롯하는지 이해하곤 했어요. 이제 읽을 문단에 '그들'이라는 표현이 나오는데, 아프기로 선택한 사람들을 가리키는 말입니다.

개리: 알겠습니다.


신의 교사는 그러한 그들에게 다가가, 그들이 잊어버린 다른 선택을 보여준다. 신의 교사는 다만 현존함으로써 기억을 일깨운다. 교사의 생각은 환자가 진실이라고 받아들인 것에 대해 의문을 품을 권리를 요구한다. 신의 전령인 신의 교사는 구원을 상징한다. 신의 아들을 그의 '이름'으로 용서하기를 환자에게 청한다. 신의 교사는 '대안'을 상징한다. 교사는 환자를 치유하기 위해서가 아니라 신이 이미 그들에게 주신 치료법을 상기시키기 위해 신의 '말씀'을 마음에 품고 축복 속에 온다. 교사의 손이 환자를 치유하는 것이 아니다. 교사의 음성이 신의 '말씀'을 선포하는 것이 아니다. 교사는 다만 그들에게 이미 주어진 것을 줄 뿐이다. 그들은 부드럽게 형제들을 불러 죽음에서 돌아서라고 한다. "신의 아들이여, 생명이 그대에게 줄 수 있는 것을 보라. 그대는 이것 대신 병을 택하려는가?"

신의 진보한 교사는 형제가 실재라고 믿는 병의 형태는 단 한 번도 고려하지 않는다. 형태를 고려하는 것은 모든 형태의 목적이 똑같고 따라서 실제로는 서로 다르지 않다는 점을 잊는 것이다. 그들은 신의 아들이 고통받을 수 있다고 믿을 만큼 스스로를 속이는 이 형제 안에서 신의 '음성'을 찾는다. 그리고 그들은 그에게 그가 자신을 만들지 않았기에 여전히 신이 창조하신 그대로임을 일깨운다. 신의 교사는 허상에 결과가 있을 수 없음을 인식한다. 교사의 마음에 있는 진리가 형제의 마음속 진리에 도달하므로 허상은 강화되지 않는다. 그렇게 그들은 진리를 허상으로 가져가지 않고 허상을 진리로 가져간다. 그리하여 허상은 다른 뜻이 아닌, 그 자체와 결합한 유일한 '뜻'에 의해 물리쳐진다. 신의 교사의 역할은 그 어떤 뜻도 그들의 뜻과 분리되지 않고, 그들의 뜻도 신의 '뜻'과 분리되지 않았음을 보는 것이다."(M-5.III.2:11-3:9/지침서21쪽)


퍼사: 다음번에 병원에 입원한 사람을 방문하거나 집에 아파서 누워 있는 친구를 방문할 때 이 구절을 먼저 읽고 가세요. 그러면 신의 진보한 교사가 지녀야 할 태도가 생각날 거예요.

개리: 그럴게요. 무슨 말인지 파악한 것 같아요. 제가 교사로서 완전히 감을 잃은 것 같지는 않네요.

퍼사: 너무 완벽한 교사가 되려고 애쓰지만 않으면 돼요. 유명한 치유사가 되려고 애쓰지 마세요. 당신이 보는 앞에서 누군가 병이 낫게 되더라도 절대 자신의 공로로 돌리지 말고요. 그냥 그들에게 방금 당신이 읽었던 지침서의 그 부분만 알려주세요.

아턴: 당신은 현 상태에서 자신이 마음이고 선택을 내릴 힘이 있다는 것을 그동안 수업을 통해서 배워왔죠. 그리고 당신이 믿기로 선택한 것은 당신에게 영향을 미치고 결국에는 자신을 무엇이라고 믿는지까지도 결정하게 된다는 것도요. 마음의 힘을 절대로 경시하지 마세요. 마음의 선택에 따라 당신은 자신의 **근원**과 분리를 유지한 채 자신을 에고들 속의 한 에고로 경험하게 될 수도 있고, 성령의 안내를 받아 당신의 **근원**으로 돌아가 **합일**의 영광스러운 상태 속에서 집에 머물 수도 있게 됩니다. 당신은 그동안 수업에서, 영을 활성화하는 매개체가 바로 **마음**이라는 것을 배웠으니 선택을 내릴 때마다 이 마음을 사용해서 바른 방향으로 가세요. 그렇게 하다 보면 당신은 이번 생에 깨달을 수 있습니다.

개리: 나야 좋죠. 알다시피 전체적으로 놓고 봤을 때 저는 용서를 하면 할수록 계속 나아지고 있어요. 기타를 연주할 때랑 비슷하죠. 그냥 기타를 연주하는 것만으로도 더 나은 연주 방법을 계속 발견하곤 했거든요. 용서를 할 때도 마찬가지예요. 용서를 많이 하면 할수록 용서가 점점 나아지더라고요. 그런데 한 가지 신경 쓰이는 게 있어요. 나름 오랫동안 용서를 해왔는데도 불구하고 드문드문 용서가 정말로 힘들 때가 찾아온단 말이죠. 여전히 어떤 일들은 나를 폭발하게 만들고요. 그리고 켄이 하는 말을 들은 적이 있었는데 때로는 켄조차도 짜증이 올라올 때가 있었다고 하더라고요. 이 일이 끝이 나긴 할까요?

아턴: 네, 그때는 오고야 맙니다. 그 일이 다 끝나면 말이죠. 켄에게도 그때가 마침내 왔었죠. 그러기 위해서는 엄청난 헌신과 연습이 필요하고 당신이 방금 말한 좌절을 겪을 때도 있을 겁니다. 아무것도 나를 성가시게 하지 않을 지점에 과연 도달할 수 있을까 의심이 들 때도 있을 거고요. 그런 시기가 닥치거든, 당신은 자신의 용서와 치유의 결과를 항

상 볼 수는 없고 당신에게는 자신이 볼 수 없는 것을 판단할 능력이 없음을 기억하세요. 수업은 이렇게 말하죠. "자신이 주는 선물의 결과를 평가하는 것은 교사의 역할이 아니다. 그들의 역할은 다만 선물을 주는 것이다."(M-6.3:1-2/지침서22쪽) 믿음을 가지세요. 무슨 일이 벌어지는 듯이 보이더라도 평화가 완전히 당신 마음에 회복되는 때가 **오고야 맙니다.** 그때까지 당신은 계속해서 나아지고 있을 테고요. 요즘 당신은 대부분의 시간 동안 평화롭지 않나요?

개리: 맞는 말이네요. 당신들이 처음으로 내 앞에 나타나기 직전에 내 상태가 어땠는지 기억나요. 평화로운 것과는 완전히 거리가 멀었고 **모든 일이 걱정스러웠죠.** 어느 정도였냐면 내가 걱정하고 있는 것조차 모를 정도로 걱정이 많았어요. 그게 정상인 줄 알았던 거죠. 내 형제였던 폴Paul을 제외하고는 나와 평화롭고 원만한 관계를 가진 사람도 거의 없었고 그 무엇도 할 수 없었어요. 나름 15년 동안 영성을 공부한 상태였지만 내 삶은 여전히 엉망진창이었죠. 그래도 그게 영성을 공부하기 전보다는 훨씬 나아진 거였으니, 그 전에는 내 삶이 얼마나 지옥 같았는지 감을 잡을 수 있을 거예요. 전에도 말했던 것처럼 내 삶에는 뭔가 빠진 게 있었던 거죠. 1992년 대통령 선거 때는 너무 신경 쓴 나머지 병이 날 지경이었어요. 조금도 행복하지 않았고 뭘 어떻게 해야 할지 전혀 몰랐죠.

그런 다음, 아주 분명히 기억하는데 나는 결정을 내렸습니다. '내 삶에서 갈등을 제거하기를 원한다'고 스스로에게 말했죠. 그때는 그것이 얼마나 어려운 주문인지 가늠조차 못했는데 내 마음에 갈등이 얼마나 **많이** 있는지 몰랐거든요. 이제 나는, 당시 내가 느꼈던 감정에 대해 누구도 탓하지 않아요. 문제는 나란 걸 알았으니까요. 그때도 사실 est 덕분에 내가 희생자가 아니라는 것을 배운 상태였는데 그럼에도 그 말에 아무런 힘이 없겠거니 생각했었죠. 그러다 위에서 말한 그 결정을 내렸고, 그 결정 때문에 당신들이 내 앞에 나타난 것 같아요. 당신들이 말할 내용을 듣기 위해서는 나도 준비가 되어 있어야만 했으니까요.

당신들이 내게 가르쳤던 내용을 적용하면서, 그리고 기적수업과 함께하면서 정말 많이 변했고 내가 예전에 어땠는지 평소에는 잊고 지낼 정도가 되었어요. 이제는 내가 대부분의 다른 사람들처럼 원래 이랬다는 생각이 들기도 하지만 분명히 예전의 나는 그렇지 않았거든요. 이것만 놓고 봐도 내가 엄청나게 변했다는 것을 알겠어요. 예전처럼 갖가지 일로 걱정하지도 않고 사람들이 무슨 생각을 하는지도 별로 관심이 없거든요. 남들 눈에 비치는 내 모습이 너무나도 중요했던 시절이 있었지만 이제는 알게 뭐예요? 몇 년 안에 우리는 어차피 다 죽을 거잖아요. 그러니 어서 용서합시다. 즐겁게 시간을 보내자고요.

요즘은 내가 용서하지 못한 사람들을 떠올릴 수 없을 정도예요. 여기저기서 강연을 하는 일도 쉽고요. 처음엔 사람들 앞에서 수업에 대해 말하는 게 굉장히 겁나는 일이었는데, 대여섯 번 정도 하고 용서도 엄청 하고 나니 전혀 큰일이 아니더군요. 오히려 요즘엔 강연하는 게 즐겁고 양치질하는 정도의 스트레스밖엔 안 돼요.

그래도 여행은 여전히 내게 용서의 기회인 것 같아요. 여행을 처음 다닐 때만 하더라도 괜찮았어요. 그땐 항공사가 일반 탑승객과 같은 대우를 해줬거든요. 근데 이젠 나를 용의자 취급해요. TSA(미국교통안전청)도 마찬가지고요. 나는 KTN이라고 해서 '신원확인 된 여행자 번호'(known traveler number)까지 받았고 이 번호가 있으면 먼저 검사를 받을 수 있어 원래는 보안 검색대를 더 빨리 통과할 수 있는데, 아직도 내게 무슨 문제라도 있는 것처럼 검문을 받곤 하죠. 내가 쓴 책 때문에 저러나 싶기도 한데 어쨌든 이제 이 모든 일의 목적을 알고 있어서 괜찮아요.

이렇게 시간을 내서 생각을 해보면 당신들이 처음 내 앞에 나타났을 때에 비해 모든 것이 달라졌다는 걸 알겠어요. 그리고 이 과정이 가속되고 있다는 것도 보이고요. 크진 않았지만 사고도 두어 번 있었고 분명 고통을 느꼈어야 할 상황인데 그러지 않은 것도 정말 신기하고요. 아파야 정상일 것 같았거든요. 어쨌든 내 몸은 좀더 유연해졌고 예전보다 체중은 많이 나가지만 오히려 가볍게 느껴져요. 그냥 꿈속의 한 인물 같아요. 그리고 그거 알아요? 요즘은 감사의 마음도 더욱 많이 들기 시작했어요. 고마워요. 그동안 생각할 거리와 작업할 거리를 많이도 주셨네요.

퍼사: 형제여, 고마워요. 오늘은 방문이 길어졌지만 알찬 대화였어요. 이제 우리는 제이의 말을 남기고 떠날까 해요. 한 번 더 대화를 나누러 돌아올게요. 이번 방문에서는 마지막 대화가 될 테니 그때까지 건강하게 지내요. 우리의 사랑이 당신과 함께합니다.


네가 형제와 맺은 관계는 그림자의 세상에서 뿌리 뽑혔고, 거룩하지 않았던 관계의 목적은 용서로 깨끗이 씻기어 죄책의 장벽을 안전하게 통과하여, 빛의 세상에 단단히 뿌리내려 밝게 빛난다. 그곳에서 너의 관계는, 그 관계를 어둠 위로 들어올려 천국의 문 앞에 부드럽게 내려놓는 그 과정을 따르라며 너를 부른다. 너와 너의 형제가 결합한 거룩한 순간은 용서 너머에 있는 모든 것을 너에게 상기시키기 위해 용서 너머에서 파송된 사랑의 전령일 뿐이다. 그러나 용서를 통해 그 너머에 있는 모든 것이 기억된다.

네가 용서의 성소에서 신을 다시 기억하게 되었을 때, 너는 다른 것은 전혀 기억하지 않을 것이며 배움처럼 기억도 쓸모가 없을 것이니, 너는 창조만을 목표로 할 것이기 때문이다. 그러나 모든 지각이 정화되어 마침내 영원히 제거되기 전에는 이것을 알 수 없다. 용서는 오직 비실재만을 제거하여 세상에서 그림자를 걷어내고, 세상을 그 용서의 온유 속에 안전하고 확실하게, 새롭고 결백한 지각의 밝은 세상으로 옮긴다. 이제 너의 목적은 거기에 있다. 평화가 너를 기다리는 곳도 그곳이다.(T-18.IX.13:1-14:5/교과서416쪽)

이 말을 남기고 아턴과 퍼사는 그들 평소 습관대로 순식간에 사라졌다. 그래도 나는 그들이 언제나 나와 함께 있다는 걸 안다. 대화가 길어지기는 했지만 그들의 지혜 덕분에 오히려 새로워진 느낌이었고, 내가 또 한 번의 생을 기다리지 않아도 깨닫는 것이 가능하다는 그들의 확신에 기운도 났다. 근데 이것이 새롭고 더없이 반가운 정보이긴 한데 과연 내가 할 수 있을까?

나는 이에 대한 답으로 그러겠노라고 결심했다. 이제는 일어났던 모든 일에 나름의 이유가 있었다는 것을 알겠다. 모든 것이 딱딱 들어맞는다. 나는 내가 뭘 하는지 모를 때가 있었지만, 성령은 자신이 무슨 일을 하는지 잘 알고 있었다. 이번 생이 내 마지막 정류소가 되게 하리라. 신 안에서 끝나는 종점이 되게 하리라.

# 10
# 사다리가 사라지다

그리하여 몸이 풀려나니,
마음은 "이 일이 내게 일어난 것이 아니라 내가 이 일을 일으키고 있다"고
인정하여 다른 선택을 내릴 수 있기 때문이다.
구원은 이 다른 선택에서 시작되어,
분리를 향해 내려가는 모든 단계의 과정을 바꿔,
마침내 모든 단계를 되올라와 사다리가 사라지고
세상의 모든 꿈이 해제될 때까지 나아간다.

— 기적수업(T-28.II.12:5-7/교과서628쪽)

두 달 전에 내가 좋아하는 스승들이 나타난 이후로 내 마음에는 제이와 붓다의 모습과, 그동안 내가 들었던 둘이 서로 알고 지낸 꿈의 생들의 모습이 자주 아른거렸다. 일본에 가 본 경험을 바탕으로 일본 신도 신자였던 사카와 히로지 때의 모습을 그려보기도 했는데, 두 사람이 진리를 배워나가는 일에 집중하면서도 들판에서 동물들과, 하나로 결합된 마음을 통해서 이미지를 이용해 대화를 하는 모습이 눈에 선하게 떠올랐다. 그들은 다른 이들만큼 이 꿈의 세상을 심각하게 믿지 않았고 그 덕에 그들을 자유롭게 풀어줄 지식(knowledge)을 거리낌 없이 받아들일 수 있었다. 이 풀려남이 어떤 방법이었든, 얼마나 오래 걸렸든 상관없이 말이다.

나는 또 중국에서 노자와 함께 지낸 샤오 리와 워산의 모습도 떠올릴 수 있었는데, 도교의 가르침을 노자와 같은 수준에서 이해하면서 꿈의 그림자에서 멀어지면서 마음을 비이원적 진실에 동조하는 모습이 인상적이었다. 또한 인도에서 힌두교인 하리쉬와 파드마즈로서 **브라흐만**의 진실을 알고 느끼며, 마술을 뜻하는 마야의 어리석음을 버리는 모습도 빼놓을 수 없는 그들의 이전 생 모습이다.

그리스에서는 또 어떤가. 이카로스와 타키스로서 그들의 스승인 플라톤과 함께 지내면서, 어떤 사람들에게는 철학적 사색이 좋을 수도 있지만 자신들은 오직 항구한 진리를 경험하는 것만이 만족을 줄 수 있다는 것을 배우지 않았던가. 그러고는 마침내 싯다르타와 그의 아들 라훌라로서 영구한 실재의 맛을 보는 것을 통해 놀라운 통찰에 다다른 그들이다. 여태껏 찾아왔던 영광스럽고 흔들릴 수 없는 진리란 바로 신의 **합일**이었다는 것을 통찰해낸 그들이었던 것이다.

그리고 마지막으로 이슈아와 마리아와 나답으로서 여기 이 꿈의 세상에 있는 동안 자신들 안에 있는 순수 비이원성의 진리를 알았고 신의 지식도 품으면서 항구한 존재라는 불멸의 보물을 누렸던 모습을 떠올리면 내 가슴도 기쁨으로 벅차올랐다.

이런 생각을 하다 보니 발렌티누스의 경우 이 모든 것이 한갓 꿈이라는 것을 어떻게 느끼며 살았을지, 또 이 꿈을 대체할 다른 무엇도 찾아냈었는지 궁금하기도 했는데 교회가 관련된 문헌을 다 없애버려서 지금으로서는 확인할 방도가 없다. 그래도 분명히 내가 들은 바로는 제이와 붓다 이후에도 깨달은 사람들이 있다는 것이다. 세상 사람들 대부분은 세상에 관한 것만 알 뿐이기에 이들의 이름은 모르겠지만 말이다.

수업이 출판되기 전 유일한 기적수업 스터디 모임의 구성원이었던 헬렌과 빌과 켄과 쥬디와 함께 지냈으면 어땠을까는 상상조차 하기 어렵고 그런 특권을 누리는 기분을 알 도리도 없겠지만, 그래도 나는 그들 중 두 명과 친구로 지낸 행운을 누렸다. 기적수업을 세상에 전해준 그들의 공헌과, 켄이 제이의 순수 비이원론의 단호한 가르침에 대해 타협하기를 거부했던 것에 대해 나는 한없이 고마울 따름이다.

제이와 붓다가 서로 알고 지내던 생들에 대해 배웠던 모든 내용을 헤아리다 보니 깨달음과 구원이라는 분야에서 두각을 나타낸 이런 영적 천재들의 무리에 내가 어찌 감히 낄 수 있을까 의문이 들기도 하면서 내 마음은 겸허해졌고 주눅까지 들었다. 그러면서 오랫동안 잊고 지냈던 신에 관한 기적수업의 구절 하나가 떠올랐다. **"신 앞에서 겸손하고, 신 안에서 위대하여라."**(T-15.IV.3:1/교과서326쪽) 나는 제이가 자기 앞에서가 아니라 오직 신 앞에서만 겸손해지기를 바란다는 것을 깨달았다. 우리는 형제들이고, 제이는 수업에서 우리 모두가 똑같다는 것을 가르치기 위해 갖은 노력을 기울였다. 시간 안에서는 다르지만 시간은 존재하지 않고, 따라서 우리 모두는 우리가 결코 진정으로 떠난 적이 없는 곳에 대해 똑같은 인식에 필연적으로 다다르게 된다. 나는 굴하지 않고 나아가기로 결심했다.

캘리포니아 남부에 단비가 내리던 날, 왜 이런 날을 주州 공휴일로 지정하지 않는지 의아하지만 어쨌든 이날 내 스승들은 갑자기 또 나와 함께 있었다.

아턴: 형제여, 잘 지내고 있나요? 그동안 진도를 엄청 뺐네요.

개리: 지금 내가 할 수 있는 말은 **"우아!"**밖에 없어요. 소화해야 할 게 넘쳐나거든요. 지난번에 당신들이 내게 가르쳐준 모든 내용이랑 이번 방문 동안 배웠던 내용까지 포함해서 그 모든 것들을 계속 곱씹고 있는데,

앞으로도 정리 노트를 몇 번은 더 보고 훨씬 더 오랫동안 생각해봐야 할 것 같아요.

퍼사: 형제여, 시간을 두고 여유 있게 하세요. 이 일에 세상의 모든 시간을 다 써도 돼요. 이런 게 또 어디 있겠어요?

개리: 세상의 그 무엇에 대해서도 매혹 당해서는 안 된다는 것은 잘 알지만, 그래도 제이와 붓다가 진귀하고 교육적인 꿈의 생들 동안에 겪었던 모험들을 나도 한 번 겪어봤으면 얼마나 재미있었을까 하는 생각이 종종 들기는 해요.

퍼사: 왜 자신은 그래본 적이 없다고 생각하나요? 지금부터 내 말을 잘 들어보세요. 당신을 포함해서 이 행성에 있는 듯이 보이는 대부분의 사람들은, 이 행성에 새로 온 사람들만 제외하고, 이곳에서 꿈의 생들을 **수천** 번씩은 다 살아봤어요. 평균적으로 보자면 이 시공간의 단선적인 환영 속에서 한 세기에 한두 번꼴로는 여기로 돌아오죠.

개리: 어디 보자. 만약 내가 지난 5만 동안 평균 두 번꼴로 돌아왔다면, 그것만 해도 천 번은 되겠네요?

퍼사: 이런 계산적인 남자 같으니. 그런데 중요한 것은 이거예요. 당신과 당신이 아는 모든 이들은 온갖 종류의 삶을 다 살아봤고, 온갖 종류의 사람이 다 되어봤고, 온갖 일을 다 해봤고, 다른 사람들이 겪어봤던 **모든** 종류의 경험들을 다 겪어봤다는 거예요. 사소한 경험 하나 빼먹지 않고 이미 다 겪어봤어요. 정말로 당신은, 이번 생에 당신이 부러워하는 사람들이 당신이 아직 겪어보지 못한 경험들을 갖고 있다고 생각하나요? 또 당신이 전에 해본 적이 없는 일들을 그들만이 할 수 있는 거라고 생각하나요? 당신은 모든 곳에 있어봤고 모든 것을 해봤어요. 세상에서 가장 부유한 사람으로도 지내봤고 가장 가난한 사람으로도 지내봤고, 가장 유명

한 사람일 때도 있었고 존재감이 전혀 없을 때도 있었고, 희생자와 가해자, 왕과 죄수, 쾌락주의자와 금욕주의자로도 다 지내봤어요. 그런데 이걸 그냥 까먹고 있을 뿐이에요. 그나마 당신은 대부분의 사람들보다는 좀 더 기억하고 있는 편이기는 하지만요.

사실 이 경험들은 모두 동시에 일어났지만, 물론 정말로 일어났다는 뜻은 아니지만, 시간과 장소에 따라서 다르게 보이기는 할 거예요. 그래도 그 **경험들은** 동일해요. 마찬가지로 당신이 겪는 여러 생들 동안 당신이 마주하는 과제들은 서로 달라 보일 수도 있지만 그 **의미**만큼은 언제나 똑같죠. 그러니 다른 사람들을 부러워하느라 시간을 허비하지 마세요. 기억하든 못하든 당신은 가볼 만큼 다 가봤고, 해볼 만큼 다 해봤어요. 하지만 그중 그 무엇도 당신에게 지속되는 행복을 가져다주지는 못했죠. 당신에게 행복을 가져다주는 법은 그 모두를 용서하는 것입니다.

당신은 에고의 눈에 보이는 것들을 믿는 일에 너무 익숙해진 나머지, 실재가 무엇인지는 잊어버렸어요. 이에 대해 제이가 하는 말을 기억해보세요.

네가 진실이 아닌 것을 보이게 만들었을 때, '진실인' 것은 네게 보이지 않게 되었다. 그러나 그 자체가 보이지 않는 것이 될 수는 없으니, 왜냐하면 성령이 그것을 완전히 명료하게 보기 때문이다. 그것은 네가 다른 것을 보기에 네게 보이지 않을 뿐이다. 하지만 무엇이 실재인지 네가 결정하지 않듯, 무엇이 보이는 것이고 무엇이 보이지 않는 것인지도 네가 결정하지 않는다. 보일 수 있는 것은 성령이 보는 것이다. 실재는 네가 아니라 신이 정의하신다. 신이 실재를 창조하셨고, 그것이 무엇인지 신이 알고 계신다. 너는 알았으나 잊게 되었고, 신께서 네게 기억하는 법을 주지 않으셨다면 너

는 다시는 기억하지 못할 운명에 자신을 빠뜨렸을 것이다.(T-12.VIII.3:1-8/교과
서245쪽)

개리: 상당히 직설적인 내용이네요. 내가 이미 모든 것을 경험해봤다는
당신 말을 이해했어요. 근데 우리가 수천 번의 인생을 꿈꿨다고 했는데
그렇다면 이 환영 안에서의 시간이 5만 년으로 끝날 일이 아니라 훨씬 더
오랜 시간이었을 것 같은데 어때요?

아턴: 이 행성은 그동안 역사의 다양한 국면을 거쳐왔어요. 그 국면 속
에서 문명은 결국 스스로를 파괴하고, 기술적인 진보는, 그걸 과연 진보
라 할 수 있는지는 모르겠지만, 상실되고 말았죠. 그래서 1만 년 이전에
일어났던 일에 대해서는 당신들이 아는 것이 별로 없는 거예요. 사람들이
아틀란티스와 레무리아라고 부르는 문명은 앞서 존재했던 두 가지 사례
에 불과해요. 그리고 사실 당신도 오늘날 당신이 알고 있는 사람들 중 일
부랑 같이 그 두 곳에서 살았던 적이 있고요.

우리가 첫 번째 방문 기간에 말했듯이 인류는 다른 행성들에서도 오랫
동안 생존해왔고 그중 일부가 결국 지구로 이주하게 된 것입니다. 그러니
현재 자신들이 살고 있다고 믿고 있는 이곳에 오기까지, 당신의 경우에는
자신이 살고 있다고 믿곤 했던 이곳에 오기까지 겪어왔던 모든 꿈의 생
들까지도 포함해서 생각해야 해요. 당신은 풀려나고 있어요. 당신은 이번
생에서 깨달음을 얻지 못하더라도 딱 한 번만 더 돌아오면 된답니다.

개리: 또다시 돌아오지는 않을 건데요. 당신들이 전에 깨달음에 대해서
말한 적은 있지만 자세하지는 않았던 것 같아요. 그 상태에 대해 좀더 자세
히 말해줄 수 있을까요? 그러면 학수고대할 무엇이 있어서 좋을 것 같아요.

아턴: 깨달음의 때에 가까워질수록, 천국의 실재가 당신에게 더욱 일상

이 되고, 세상은 멀어지는 듯이 느껴지기 시작합니다. 그리고 당신이 전에 겪은 적 있던 계시의 경험이 점점 일반적인 일이 되죠. 그 경험 속에서 당신은 변함없고 영원한 실재 속에 있게 됩니다. 하지만 여기서 그 상태에 줄곧 머무를 수는 없어요. 그렇게 된다면 육신은 사라지고 말 테니까요. 마음이 육신에다 조금의 주의도 두지 않는다면 몸은 유지될 수 없거든요. 그래도 전에는 방 안에서 한 발만 바깥에 내밀고 있었다면, 이제는 바깥에 나온 상태에서 한 발만 방 안에 걸치고 있다고 할 수 있어요.

일상생활은 계속하게 되지만 당신은 자신의 인식이 확장된 것을 알아차리게 됩니다. 몸의 눈이 당신에게 보여주고 있는 것들이 당신 마음 안에 있는 것임을 깨닫게 되죠. 그것들은 당신 생각들이 만들어낸 형상이니 꿈속 인물들에 대해 조금도 신경 쓸 필요가 없어집니다. 그리고 그들도 당신이 진리를 배웠듯 언젠가는 배울 겁니다. 당신은 또, 한때 다른 이들 안에 있다고 여겼던 죄의 책임이 실제로는 당신의 죄책이었고, 그것이 당신을 도로 찾아와 파괴하려는 당신 바깥에 있는 무엇으로 보였던 것이라는 점도 이제 배웠습니다. 때로는 정말로 그것이 당신을 파괴하기도 했었죠.

당신의 인식이 증가함에 따라, 당신은 사람들이 무슨 생각을 하는지 알 수 있게 됩니다. 그렇다고 그들이 정확히 무슨 생각을 하는지 알아야 할 필요는 없어요. 만약 그렇다면 시스템에 과부하가 걸리듯 당신도 과부하가 걸릴 테니까요. 그 대신에 당신은 모든 세부사항은 거르고 다만 그들의 태도가 어떠한지, 그가 어떤 사람인지만 알 수 있게 됩니다. 그래도 정말로 그들의 생각을 읽고 **싶을** 땐 정확히 읽을 수 있습니다.

또한 당신은 자신이 보고 있는 것들이 당신에게서 나오고 있는 투사물이라는 사실도 점점 더 강하게 인식하게 됩니다. 이 꿈은 마치 영화처럼 당신 마음으로부터 투사되고 있는데 이제 당신은 자신이 바로 그 영사기라는 것을 느낄 수 있고 때로는 보기까지 한답니다. 일단 이 지점에 도달하면, 바로 이 꿈 너머에 실재가 있다는 사실을 명심하고 있는 한, 두려움은 불가능해집니다. 우리는 당신이 환영을 대체할 다른 무엇을 알아야 한다고 반복해서 말했는데, 이처럼 거짓을 신의 진리로 대체하면 할수록 당신은 자신이 그분 안에 있다는 것을 더욱더 경험하게 됩니다.

깨달음의 지복은 형언할 수 없습니다. 당신은 당신 몸을 알아차리기도 힘들 지경이 됩니다. 물론 당신 몸을 돌보고 청결도 유지하죠. 하지만 음식은 거의 먹지 않습니다. 물도 마시기는 하지만 많이는 안 마시고요. 막판에는 아무런 음식이나 물도 필요하지 않게 됩니다. 그런데 당신이 막판에 다다랐다면, 막판이라는 표현 그대로, 어쨌든 당신은 여기 오래 남아 있지 않을 겁니다.

설령 당신 몸이 아프더라도 이젠 당신에겐 별로 중요하지 않은 일이 됩니다. 때로 성인에게는, 외관상 아픈 육신의 죽음을 고통 없이 통과하는 것이 가능하다는 것을 증명함으로써 자신이 몸이 아니라는 것을 가르치는 각본이 요청되기도 합니다. 제이가 십자가 위에서 죽는 것처럼 보이기는 했지만 아무 고통 없이 죽음을 맞았던 것처럼 말이죠. 또 성인이 되면 마음을 이용해서 자기 몸을 치유하는 일도 가능합니다. 하지만 개리 당신은 그러지 않기로 선택했어요. 제이가 십자가에서 자신을 구할 수도 있었지만 그러지 않기로 선택했고, 그 대신 중요한 가르침을 가르치기로 선택했던 것처럼요.

그런 다음, 깨달은 사람으로서 취할 마지막 장면은, 당신이 최종적으로 육신을 부드럽게 내려놓는 것입니다. 죽음의 형태가 취하는 외관은 중요하지 않습니다. 다른 사람의 눈에는 끔찍한 죽음으로 보일 수도 있어요. 하지만 아무런 고통도 느끼지 않는다면 자신에게 뭐가 그리 끔찍하겠습니까? 다시 말하지만, **바로 이것이** 제이가 몸을 부드럽게 내려놓는다는 내용을 말할 때의 뜻입니다. 평화롭게, 아무 고통 없이, 오직 축복만이 있을 뿐이죠. 그러면 당신이 대부분의 시간 동안 경험하곤 했던 신과 당신의 완벽한 **합일**에 대한 인식이 영구한 경험으로 확립됩니다. 그리고 신께로 돌아가는 당신의 마지막 발걸음을 신이 직접 옮겨주십니다. 이것은 사람의 이해를 뛰어넘기에 지금 당장 당신이 알아야 할 전부는, 진리는 변경될 수 없고 당신 역시 그렇다는 것뿐입니다.

개리: 굉장하군요. 그 상태가 참으로 장대하고 위대하게 들려서, 우리가 일상생활에서 겪는 듯이 보이는 것들이 보잘것없이 자잘하게 느껴지네요. 살면서 이혼같이 온갖 힘든 일을 다 겪는데, 이런 삶 너머에 형언할 수 없을 정도로 즐거운 무엇이 있다니 상상하기도 어렵네요.

퍼사: 하지만 당신이 자기 인생을 현명하게 사용한다면 그 생은 중요성을 갖게 되지요. 어쩌면 그때 그 인생의 장대함도 당신이 상상하는 것 이상일 수 있고요. 당신과 신디가 카렌과 스티브에게 각각 받았던 메시지 기억하나요?

개리: 맙소사. 네.

주註: 카렌이 나와 이혼 후 메시지를 보내왔는데 수잔 베리Suzanne Berry가 쓴 시 형식의 글이었다. 근데 공교롭게도 같은 시기, 신디의 전남편 스티브도 신디에게 똑같은 글을 보냈고 그 사실을 안 순간 나는 놀라움을 금치 못했다. 결국 카렌과 스티브는 깊은 뜻을 담고 있는 그 글에 똑같이 공명했던 것이다. 이처럼 마음들은 결합되어 있고, 신디와 나도 그들이 보내준 메시지를 읽으면서 이 점을 확인할 수 있었다.

다시 과거로 돌아갈 수만 있다면,

우리 관계를 망치기 전의 그 순간들로 돌아갈 수만 있다면,

우리 가슴이 상처 입기 전으로,

우리 마음에 의심이 들어서기 전으로.

그때로 돌아가서 한 번 더 시작할 수만 있다면,

당신을 조금 더 오래 붙잡고,

당신이 내게 얼마나 큰 의미인지

말할 기회를 하나도 놓치지 않을 텐데…

그리고 당신에게 절대로, 절대로 상처를 주지 않을 텐데.

하지만 그때로 돌아갈 수는 없는 거겠죠.

그때의 실수를 지울 수 없다는 것도 알고

당신이 품었던 의문도, 우리가 같이 느꼈던 상처도

나는 어찌할 도리가 없네요.

그래도 이것 하나만은 확신해도 돼요.

당신을 사랑해요.

이전과 같이 앞으로도 항상 영원히.


개리: (이어서) 이 글을 읽고 나서 아무 말도 떠오르지 않았어요. 이 세상에서 특별한 사랑조차도 겸손과 품위를 갖출 수 있는 건가 봐요. 앞으로도 나는 카렌을 영원히 사랑할 거예요. 신디도 스티브를 영원히 사랑할 거고요. 하지만 우리가 맺은 관계 속에서 일시적인 것들이 항구한 것으로 대체될 때가 찾아오겠죠. 그러면 아무도 제외되지 않을 거고요. 아주 오래전에 제이가 이야기했듯이 천국은 모든 이가 초대받는 결혼식과 같아요.

아턴: 형제여, 아주 훌륭해요. 여러분 중 누구도 하찮지 않아요. 진정한

당신은 시공간의 우주로도 담아낼 수 없는 엄청난 무엇입니다. 에고가 당신에게 내린 평가를 받아들이지 마세요. 에고는 참되게 보지 않으니까요.

개리: 맞아요. 진정한 나 자신은 억겁의 시간 동안 내가 품어 왔던 거짓말들과 아무 상관 없다는 것을 기억해야겠어요. 사람들은, 심지어는 수업을 공부하는 학생들조차도 이런 죄책감을 영원토록 품어왔죠. 하지만 그것은 진리를 대변하지 않아요. 나는 스스로에게 이 점을 자주 일깨워주고, 에고를 해제하는 걸 기억할 거예요.

아턴: 그렇다면 다음을 기억하세요, 개리. 이 말을 사실인 양 믿으면서 사는 것을 두려워 말고요. 성령은 **과연** 참되게 보고 있거든요.


너는 신의 '마음'에서 그 무엇으로도 대체될 수 없다. 그 누구도 신의 '마음'에서 너의 자리를 채울 수 없다. 그러므로 네 영원한 자리는 네가 자리를 비워두는 동안 네가 돌아오기만을 기다린다. 신은 당신의 '음성'을 통해 너에게 이것을 상기시키며 친히 너의 확장들을 그 안에 안전하게 지키신다. 하지만 너는 그들에게 돌아갈 때까지 그들을 알 수 없다. 너는 '왕국'을 대체할 수 없으며, 너 자신을 대체할 수도 없다. 너의 가치를 아시는 신이 허락하지 않으시기에 그것은 불가능하다. 너의 가치는 신의 '마음'에 있으므로, 너의 마음에만 있는 것은 아니다. 자신을 신께서 창조하신 대로 받아들이는 것은 오만의 부인이기에 오만일 수 없다. 너의 왜소함을 받아들이는 것은 진정 오만이니, 이는 신보다 네가 너 자신을 더 진실되게 평가한다는 믿음을 의미하기 때문이다.

진실이 나뉠 수 없는 것이라면, 너는 신께서 평가하신 대로 너 자신을 평가해야 한다. 너의 가치는 네가 세우지 않았고 따라서 방어가 필요 없다. 아무것도 너의 가치를 공격하거나 능가할 수 없다. 너의 가치는 변하지 않으며, 그대로일 '뿐이다.' 너의 가치를 성령께 물으라. 성령이 알려주리라. 성령의 답을 두려워 말라. 그 답은 신에게서 온다. 그것은 그 '근원'이 신이시기에 고양된 답이며, '근원'이 참이므로 답도 참이다.(T-9.VIII.10:1-11:7/교과서 186-187쪽)

개리: 진짜 맘에 드네요. 이 내용을 잘 기억했다가 수시로 떠올려야겠어요. 그리고 오늘 대화가 이번 시리즈의 마지막 대화가 될 거라고 했잖아요. 그럼 나중에 이런 기회가 또 있을까요?

아텐: 그에 앞서 이번 시리즈의 내용부터 제대로 소화해보면 어떨까요? 지금쯤이면 당신도, 우리가 당신에게 계속 나타나는 이유가 에고를 지우는 작업이 과정으로 진행되기 때문이고 이 길을 걸을수록 당신도 수업을 점점 더 깊은 수준에서 이해하게 되기 때문이라는 점을 알았을 거예요. 에고가 당신에게서 계속 떠나갈수록 통찰도 당신에게 계속 찾아올 거고요.

개리: 좋군요. 그래요. 내 마음의 선택권을 사용해서 에고를 지우는 작업을 계속할게요. 그런데 일부 수업 학생들 중에서 또는 자기를 수업 학생이라고 여기는 사람들 중에서 마음은 죄다 잊어버리고 가슴으로 생각해야 한다고 말하는 학생들이 있어요. 그들 말에 따르면 사랑은 가슴으로만 할 수 있는 것이라면서요. '그리스도 의식의 가슴'과 같은 뭐 그런 것들 있잖아요.

퍼사: 실망시키고 싶지는 않지만 가슴으로는 생각할 수 없어요. 가슴은 몸의 한 부분이고, 가슴에는 사고할 작은 두뇌가 없거든요. 그리고 두뇌라는 것도 단지 몸의 한 부분일 뿐이고요. 하지만 마음은 두뇌 안에 있는 것이 아니에요. 두뇌가 마음 안에 있는 것이죠. 혹시 피니어스 큄비Phineas Quimby*를 기억하나요?

개리: 그럼요. 퀌비는 크리스천 사이언스의 설립자인 메리 베이커 에디 Mary Baker Eddy를 치유했잖아요.

퍼사: 사실 퀌비는 치유를 촉진했을 뿐이고 치유의 주체는 메리의 마음이었죠. 메리의 병은 결국 재발했지만, 그래도 사상은 메리에게 잘 이식되었고 메리는 많은 이들을 돕는 일을 계속했어요. 퀌비는 마음의 중요성을 통찰한 진정한 선구자였어요. 퀌비는 모든 질병이 그렇듯이 모든 치유도 마음에 달린 것임을 이해했죠. 메리 얘기가 나온 김에 그녀가 흥미로운 내용을 많이 말하기도 하고 쓰기도 했다는 걸 밝혀두죠.

개리: 내가 아끼는 구절 중 하나는 "진리는 불멸이나 오류는 필멸이다"예요.

퍼사: 그렇죠. 아까 이야기를 마무리 짓자면, 우리는 가슴에 대해 강조하는 사람들이 실은 사랑에 관해 말하는 것임을 이해해요. 그리고 이를 논하는 것이 뭐 문제될 것도 없고요. 하지만 사랑에 대해 논한다든지, 다정하게 행동하려고 애쓴다든지, 심지어 제이를 모방하려 한다고 해도 항구한 진짜 사랑을 발견하지는 못할 거예요. 사랑은 이를 막는 장애물들을 치울 때라야 발견됩니다. 당신은, 당신과 당신의 참된 본성 사이에다 자신이 갖다놓은 것들을 주의 깊게 살피면서 무엇이든 계속 용서해나가야 합니다. 에고는 만만찮은 환영입니다. 기계와도 같죠. 계속 저항하기 때문에 예의주시해야 합니다. 수업에 나오는 다음 핵심 구절을 언제나 기억하세요.


**너의 임무는 사랑을 찾는 것이 아니라 사랑을 막기 위해 네가 세운 모든 장벽을 내면에서 찾는 것뿐이다. 진실인 것은 찾을 필요가 없다. 그러나 거**

---

* 《우주가 사라지다》 10장을 참고하라.

**짓인 것은 반드시 찾아내야 한다.**(T-16.IV.6:1-2 / 교과서357쪽)

개리: 구원이란 지우는 것이며, 에고를 지우는 방법은 바로 용서라는 사실로 언제나 귀결되는군요. 에고를 다 지우고 나면 진정한 나의 정체인 사랑은 자연스레 거기에 있다는 것이고요. 결국 에고를 지우는 작업을 건너뛸 수 없네요. 그렇게 해버리면 사랑은 일시적일 것이고 에고와 혼합되어, 마음은 잡동사니로 가득 차게 될 테니까요. 성령의 완전한 치유가 없다면 우리는 이 실성한 행성에 영원히 처박힌 채로 남게 될 거고요.

아턴: 맞아요. 이 실성한 행성, 또는 이와 유사한 행성에 남아 있게 될 거예요. 이 행성에 남든 다른 행성으로 가든, 형태만 바뀔 뿐 내용은 고스란히 남아 있죠. 당신은 이제껏 30개의 나라와 미국의 44개 주에서 수업에 대해 강연을 했는데, 그 기쁨은 논외로 하고, 사실 어딜 가나 사람들은 기본적으로 다 똑같다는 점을 알아차렸나요?

개리: 네, 맞아요! 중국에 가서 질문을 받아도 다른 데서 받는 질문들과 다르지 않아요. 한 남성이 손을 들고는 어떻게 해야 장모랑 잘 지낼 수 있을지 궁금해하는 식이죠.

아턴: 그리고 당신은 그에게 답을 해줄 수 있을 만큼 수업을 잘 알고 있고요.

개리: 그에게 답을 해줄 만큼 충분히 수업을 잘 알고 있는 이는 성령이죠. 성령에 대해 말하다 보니, 소련의 스타니슬라프 페트로브Stanislav Petrov 대령이 1983년에 세상을 핵으로 전멸할 위기에서 구했던 이야기가 생각나네요. 내게 그 이야기를 들려준 1990년대 이후로, 조금씩이나마 그가 한 일에 대해 인정을 받게 되어서 다행이에요. 근데 궁금한 건 페트로브 대령이 핵미사일을 발사하지 못하게 하는 결정을 내리라는 성령의 음성

에 귀를 기울였다고 했잖아요. 그럼 성령이 세상 정세에 종종 개입하기도 하는 건가요?

아턴: 성령이 하는 일은 마음의 바른 부분을 통해서 **모든 이들에게** 말을 하는 것입니다. 물론 당사자도 들을 용의가 있어야겠죠. 아돌프 히틀러Adolf Hitler의 마음은 에고의 영향을 99퍼센트 받았고, 성령의 음성은 그에게 들리지 않았죠. 그에게는 들으려는 용의도 전혀 없었고요. 하지만 모든 사람은 최소한 1퍼센트의 성령은 갖고 있어요. 심지어는 히틀러보다 훨씬 더 많은 사람들을 학살한 마오쩌둥 주석조차도요. 왜냐하면 진리는 파괴될 수 없고, 그저 덮여 가려지는 것만이 가능하기 때문입니다. 반면에 성령의 영향을 99퍼센트 받았던 간디와 같은 사람도 있어요. 간디는 듣겠다는 열의도 가득했었죠.

이원성으로 인해서 많은 사람들의 경우 50대 50의 성향을 보이는 것이 일반적입니다. 그들에게는 기회가 있지만 그러기 위해서는 듣겠다는 결심을 내려야만 합니다. 귀를 기울인다면 그들은 좀더 간디 같은 사람이 될 거예요. 물론 이건 그냥 하나의 사례예요. 간디가 했던 방식으로 세상에 영향을 미칠 필요는 없어요. 하지만 성령이 그렇게 안내하는 듯이 느껴진다면 단호히 달려드세요. 이때 중요한 것은 마음이 바른 방향으로 가고 있다는 것입니다. 잘 가고 있다면 마음은 점점 더 평화로워질 것이고, 평화는 왕국의 조건이죠.

퍼사: 까마득한 옛날부터 사람들은 선과 악의 투쟁, 신과 악마라고 여긴 것들 사이의 투쟁에 열광하곤 했죠. 자, 수업이 악마에 대해 언급하는 부분 중 하나를 살펴보죠.

**마음은 분리에 대한 신념을 매우 실제적이며 대단히 두려운 것으로 만들**

수 있으며, 바로 이 신념이 '악마'다. 악마는 강하고, 활동적이고, 파괴적이며, 문자 그대로 신이 너의 '아버지'임을 부인하기에 신과 정반대다. 악마가 너의 삶을 어떻게 만들어놓았는지 보라. 하지만 악마가 한 것은 그 근본이 거짓이므로 진리의 빛 속에서 완전히 사라짐을 깨달으라.(T-3.VII.5:1-4/교과서52쪽)

그러므로 악마란 사실 분리이고 마음이 분리를 사실로 믿는 것을 뜻합니다. 결국 전쟁이라는 것도 분리가 아니면 뭐겠어요? 투사도, 사람들에 대한 비난도, 종교 재판도, 고문도, 처벌도 결국 분리가 아니겠어요? 온갖 폭력과 테러는 또 어떻고요? 분리 없이 판단과 그 비극적인 결과를 가질 수 있을까요? 악마를 탓할지도 모르겠지만, 언제나 그 원인은 신에게서 외관상 분리되었다고 믿고 또 그에 수반하는 끝없는 상징들을 믿는 것뿐입니다.

인생의 모든 슬픔은 판단의 여러 형태에서 기인합니다. 그리고 판단은 분리에 대한 믿음을 사실로 굳혀버리죠. 하지만 당신 안에는 용서로 모든 슬픔을 끝장내고 에고의 사고체계를 사라지게 만들 수 있는 힘도 있습니다. 그러면 악마도 따라서 같이 사라지는데 그것들은 하나이고 똑같기 때문이죠.

아턴: 성령과 함께할 때 모든 것이 변합니다. 자기 인생의 수고를 성령께 바친다면, 바로 그것이 영적 재능이 됩니다. 전에 당신은 맷 데이먼이 출연한 영화를 언급했었죠. 대사 중에 따로 언급은 되지 않았지만, 그 영화 주인공의 영적인 재능은 결국 에고의 분리라는 목적 대신 성령의 목적을 위한 도구가 되죠. 영화의 이 주제는 수업이 이러한 재능을 지닌 사람들에 대해 말하는 내용과 아름답게 어우러집니다.

그 누가 그 어떤 능력을 개발하든 거기에는 선을 위해 사용될 잠재력이 있다. 이 점에는 예외가 없다. 예상을 뛰어넘는 특이한 힘일수록 그 잠재적인 유용성은 더욱 크다. 세상이 파괴하려는 것을 성령은 회복시키려 하기에, 구원은 모든 능력을 필요로 한다. '초'능력은 악마를 부르는 데 사용되었으나, 그것은 다만 에고를 강화하는 데 쓰였다는 의미일 뿐이다. 하지만 여기에 성령에게 봉사하는 희망과 치료의 위대한 통로 또한 있다. '초'능력을 개발한 자들은 다만 자신의 마음에 가한 제한의 일부를 제거한 것뿐이다. 만일 그들이 커진 자유를 더 심한 감금을 위해 사용한다면, 그것은 다만 자신에게 더 많은 제한을 가하는 것이 될 뿐이다. 성령은 이러한 선물이 필요하고, 그 선물을 오직 성령에게만 제공하는 자는 그들을 향한 그리스도의 감사를 마음에 담고 나아가며, 머지않아 그리스도의 거룩한 눈으로 보게 될 것이다.(M-25.6:1-9/지침서65쪽)

퍼사: 기억하세요. 성령은 당신의 가치를 확립한 것이 세상이 아니라 신이라는 것을 알고 있습니다. 이 사실 안에서 모두가 동등합니다. 다음번에 자신을 마구 비난하고 싶고, 자신이 무가치하게 느껴지고, 낙심하고픈 충동이 들거든 우리를 기억하세요. 제이를 기억하세요. 성령을 기억하세요. 신을 기억하세요. 일단 **영**의 수준에 다다르면, 우리는 진리이므로 우리는 모두 성령입니다. 에고의 거짓말로는 이길 수가 없지만 성령의 진실과 함께한다면 지는 것이 불가능합니다.

아턴: 당신이 우리와 함께 작업할 때 당신은 사랑을 드러내는 일을 돕고 있는 것이고, 사랑이란 모든 이의 마음 안에 존재하는 **영**입니다. 사랑과 하늘나라 사이에서 당신이 생각해봐야 할 추론 거리가 있어요. 다음 질문에 정직하게 답해보세요. 인생에서 가장 실재적인 것은 무엇이죠?

당신에게 가장 소중한 것은 무엇인가요?

개리: 음. 내 삶에서 가장 실재적인 것은 내 경험이고, 내가 가진 가장 소중한 경험은 사랑이에요.

아턴: 맞아요! 인생에서 당신이 지닌 가장 실재적인 것이 눈으로 볼 수 없는 무엇이라는 사실이 흥미롭지 않나요? 당신은 사랑을 볼 수 없어요. 네, 물론 사랑이 작용하는 모습은 볼 수 있죠. 그래도 사랑을 볼 수는 없어요.

자, 하늘나라는 어떨까요? 눈으로 볼 수 있나요? 아니죠. 천국은 눈으로 볼 수 없어요. 물론 천국의 상징들을 간략하게 볼 수는 있죠. 하지만 천국을 볼 수는 없어요. 당신의 인식 속에서 당신이 가질 수 있는 가장 진정한 것 또한 눈으로 볼 수 없는 무엇이라는 점이 재밌지 않나요?

볼 수 없는 그것을 보지 못하게 막고 있는 눈가리개를 제거하는 작업을 하세요. 알다시피 하늘나라는 경험될 수 있는 무엇입니다. 그리고 바로 이 경험을 통해서 당신은 진리를 힐끗 보게 되고, 이는 결코 잊지 못할 무엇이어서 이제 다시는 에고를 완전히 믿는 것이 불가능해집니다.

퍼사: 헬렌 슈크만이 켄 왑닉을 처음 만났을 당시, 헬렌은 이미 빌 테트포드에게 켄이 아주 흥미로운 사람이라는 말을 들은 상태였어요. 헬렌은 기적수업 교과서에서 두 섹션을 골라서 켄에게 읽어보라고 주었죠. 그 글을 읽고 나서 켄은 수업이 자신의 필생의 작업이 될 것임을 직감했고요. 당시 켄은 수도원에 들어가서 살 생각이었는데, 수업의 두 섹션을 읽은 것만으로 삶이 바뀌어버렸죠. 하나는 아름다운 비유로 가득 담긴 '그들이 왔으므로'라는 섹션이었고, 또 하나는 '다시 선택하라'는 섹션이었는데, 이 두 섹션은 교과서의 핵심을 확실하게 전하고 있는 위대한 교향곡의 대단원 같은 부분이에요. 지금은 '그들이 왔으므로'의 일부를 낭독해볼게요. 이 부분을 듣고 나면, 왜 이 글이 켄에게 그토록 큰 의미로 다가왔는

지, 왜 자신의 인생을 계속 수업에 헌신했는지 이해할 수 있을 거예요.

개리: 그러니까 이것이 켄이 수업에서 제일 먼저 접했던 수업의 부분이라는 거죠?

퍼사: 네. 이 부분은 깨어나라는 **부르심**을 듣고 자신들의 **거룩한 시각**(Holy Sight)으로 세상을 구원하는 자들에 대해 이야기하고 있어요.

증오의 피가 가셔 초목이 새로 돋아나고, 꽃들은 여름 태양 아래서 눈부시게 반짝일 수 있다. 죽음의 장소가 이제 빛의 세상에 세워진 살아 있는 사원이 되었다. '그들'이 있기에! '그들'의 '임재'가 거룩함을 다시 일으켜 옛날의 왕좌에 오르게 하였다. '그들'이 있기에 기적은 증오로 인해 황폐하고 적막해진 불모의 땅에 꽃과 초목이 되어 자라났다. 증오가 벌인 일을 '그들'이 해제하였다. 이제 네가 서 있는 땅은 매우 거룩해져, 천국이 내려와 땅과 하나가 되어 자신처럼 만들려고 한다. '그들'이 온 땅에서 해묵은 증오의 그림자가 사라졌고, 모든 병충해와 시듦은 영원히 자취를 감추었다.

'그들'에게 백 년이 무엇이고 천 년이 무엇이며 수십만 년인들 무엇이겠는가? '그들'이 오면 시간은 목적을 이루었다. '그들'이 오면 존재하지 않았던 것은 무로 사라진다. 증오가 차지했던 것은 사랑에 주어지고, 자유의 빛이 생명을 비춰 천국에 들어올리니, 그들이 집으로 돌아올 때마다 천국의 빛들은 더욱 찬란해진다. 미완의 존재는 다시 완성되고, 천국은 자신의 것을 회복했기에 기쁨이 더해진다. 피로 물들었던 땅이 깨끗해지고, 정신 나간 자들은 광기의 옷을 벗고 네가 서 있는 땅에서 그들과 결합한다.

천국은 오랫동안 받지 못했던 선물이 주어짐에 감사한다. '그들'은 '자신들'과 하나인 '이들'을 불러 모으러 왔기 때문이다. 잠겼던 것이 열리고 빛에서 격리되었던 것이 풀려나, 빛이 그 위에서 비추니 천국의 빛과 세상 사이에 남아 있던 그 어떤 거리도 공간도 남지 않는다.

지상에서 가장 거룩한 곳은 태고의 증오가 현재의 사랑으로 변한 자리다. '그들'은 '그들'의 집이 세워진 살아 있는 사원으로 그 즉시 온다. 이보다 더 거룩한 곳은 천국에도 없다. '그들'은 '그들'에게 제공된 사원을 너의 안식처이자 그들의 안식처로 삼기 위해 왔다. 증오에서 풀려나 사랑으로 돌아간 것은 천국에서 가장 밝은 빛이 된다. 천국에 있는 모든 빛이 천국에 회복된 빛을 고마워하며 더욱 밝게 빛난다.(T-26.IX.3:1-6:6/교과서592쪽)

개리: 고마워요, 퍼사. 정말로 너무 아름다워요. 이 글에 비유가 많이 담겨 있다는 것도 알겠어요. 그런데 듣다 보니 세상이 어떻게 끝날 것인지에 대해서도 되새겨주고 있네요.

퍼사: 맞아요. 하지만 기초를 잊지 마세요. 수업은 이렇게 말하죠.

세상 사고체계가 완전히 역전될 때 세상은 끝난다. 그때까지는 세상의 잡다한 생각들이 이치에 맞는 듯이 보일 것이다. 세상을 떠나 세상의 좁은 영역을 넘어설 준비가 되지 않은 자는 세상의 종말을 가져오는 최후의 가르침을 이해할 수 없다.(M-14.4:1-3/지침서39쪽)

개리: 난 세상의 좁은 영역을 넘어설 준비가 되었어요.

퍼사: 그럼요! 이미 준비됐죠! 당신은 형이상학적 상남자예요. 형제여, 당신과 함께 일하는 것은 큰 즐거움이에요. 당신은 세상의 사고체계가 **완전히** 역전되어야 한다는 것을 이해할 수 있어요. 다른 환영은 믿지 않고 하나의 환영만 믿는다는 것은 불가능해요. 그것들은 똑같이 다 참이거나 똑같이 다 거짓이거든요.

아턴: 이번 방문 기간도 끝나가고 이제 대화를 마무리할까 해요. 우리가 말했던 모든 걸 흡수하는 데 서두를 필요는 없어요. 필기한 내용은 다시 읽어보고요. 수업을 이해하기 위해서는 반복이 필요하다는 것을 잘 알 거예요. 또 새로 배운 내용들은 무엇이든 상당히 많이 적용해봐야 하고요. 그래야 성령으로 하여금 무의식을 치유하게 할 수 있거든요.

우리가 필요할 때 당신이 우리를 부르는 것은 당신에게 맡길게요. 우리는 절대로 당신을 위로하지 않은 채 내버려두지는 않을 거예요. 제이도 마찬가지고요. 대화를 위해 당신이 방문을 요청하면 혹은 그럴 때가 오면, 우리는 당신을 위해 기꺼이 올 거예요. 그럴 기회가 없을 때에도, 항상 당신 마음속에 성령으로 함께 있을 거고요. 당신을 사랑해요. 우리는 영원토록 신 안에서 함께할 것입니다.

개리: 정말 너무 고마워요, 아턴. 퍼사도 고마워요. 나도 당신들을 사랑해요. 내가 얼마나 고마운지 말로는 다 못 전할 것 같아요. 하지만 이미 알고 있을 것 같네요. 당신들은 모든 것을 알고 있으니까요. 까먹기 전에, 우리의 만남이 시작된 이후로 당신들이 고수했던 결정에 대해 당신들을 용서한다는 말을 하고 싶어요. 내 용서의 기회를 빼앗지 않기 위해 내 개인적인 미래에 대해서는 많이 언급하지 않을 거라고 한 거 말이에요. 처음에는 그게 맘에 안 들었거든요. 하지만 이제 와서 보니 그게 최선이었어요. 어떤 일이 일어날지 미리 알고 있었다면, 내가 겪은 용서의 과제들이 그만큼 강력한 효과를 지니지 못했을 테니까요. 성령은 정말로 무엇이 최선인지 잘 알고 있는 것 같고 그래서 당신들을 신뢰할 수밖에 없네요.

아턴: 성령의 말을 기꺼이 듣고자 하는 이들은 누구나 깨달음의 사다리를 꾸준히 오를 겁니다. 제이는 당신의 성공을 이렇게 약속하죠.

사다리의 높은 곳에 올라왔다. 너는 거의 천국에 다다랐다. 조금만 더 배우면 여행을 끝마칠 수 있다. 이제 너는 너와 함께 기도를 드리기 위해 찾아오는 모든 이들에게 이렇게 말할 수 있다. '그대는 나의 일부이기에 나는 그대 없이 나아갈 수 없습니다.' 그는 진실로 너의 일부이다.(S-1.V.3:5-10/기도의 노래9쪽)

퍼사: 여행의 끝에 가까워질수록 당신은 신을 당신의 창조주이자 유일한 실재로 인정하면서 신에 대한 감사로 압도될 겁니다.

배움은 더 이상 필요 없기에, 사다리는 끝난다. 이제 너는 천국의 문 앞에 서 있고 너의 형제도 네 곁에 서 있다. 천국 마당은 고요하고 잔디는 짙으니, 여기 네가 오기로 예정된 장소는 오랫동안 너를 기다려왔기 때문이다. 여기서 시간이 영원히 끝난다. 이 문 앞에서 영원이 너와 결합할 것이다.(S-1.V.4:1-5/기도의 노래10쪽)

개리, 우리와 함께 마음 수준에서 결합하고, 우리와 함께 신 안에서 **하나**되어요. 영은 분리를 전혀 모르고, 우리는 영원토록 온전한 **하나**일 것입니다. 눈으로 볼 수 있는 모든 것은 곧 사라질 테니, 이 기도를 들을 귀가 있기 전부터 존재했던 기도를 들으세요.

우리의 존재는 불멸이요 파괴될 수 없음에 영원히 감사하나이다. 오직 **영**뿐인 마음에 두려움은 침범할 수 없습니다. 기억해야 할 세상도 없고, 용서해야 할 무엇도 남아 있지 않으므로, 해묵은 생각들은 전부 사라집니다. 한정적인 생각의 제한을 넘어 우리는 저 높이 날아오릅니다. 상상 못할 기쁨이요, 형언 못할 사랑이라. 이런 충만은 결코 없었나이다. 무엇 하나 제외되지 않으니, 환영의 세상을 여행하는 듯 보였던 모든 이와 모든 것이 깨어났기 때문입니다.

우리는 결코 떠난 적이 없었으니, 우리의 집은 완벽합니다. 천국의 노래는 그친 적이 없습니다. 있던 적이 결코 없던 작은 틈새는 오래전에 치유되어 사라졌습니다. 진리와 맞서 진리를 숨길 그 무엇도 존재하지 않습니다. 우리는 여기서 영원한 돌봄 아래 있습니다. 풍요, 아름다움, 넘치는 생명만 있을 뿐. 죄책감도, 용서도 없습니다. 결백한 자에게는 둘 다 필요 없나이다. 우리는 스스로를 바른 방향으로 향하게 할 결정을 내려왔고, 우리가 속해 있는 그곳으로의 돌아감이라 실패할 수 없었습니다. 우리 아버지가 기뻐하시니, 아버지는 당신의 뜻이 영원히 당신과 함께 있을 것을 아십니다.

신, 그리스도, 영. 여기서는 의미 없는 말입니다. 완벽 안에서는 아무런 구분도 남아 있지 않습니다. 우리 사랑의 거룩함이 존재하는 전부입니다.

시간은 사라졌습니다. 우리는 본래의 마땅한 자리로 돌아왔습니다. 그래서 우리도 사라집니다. 신의 **가슴** 속으로.

# 저 자 에 대 해

개리 레너드는 1990년대 초에 강력한 영적 깨어남의 체험을 겪었다. 육신을 입고 눈앞에 나타난 승천한 두 스승이 일러주는 대로 그는 천천히, 주의 깊게 9년에 걸쳐 그의 첫 번째 베스트셀러《우주가 사라지다》를 집필했다. 그 이후로 개리는 대중 앞에서 강연을 하라는 안내를 받았고, 이제 그는 국제적으로 가장 재미있는 강연을 하는 가장 용기 있는 영성 강연자들 중 한 사람으로 손꼽힌다. 그의 두 번째 책《그대는 불멸의 존재다》와 세 번째 책《사랑은 아무도 잊지 않았으니》역시 베스트셀러가 되었다.

지난 14년 동안 개리는 미국 44개 주와 세계의 31개 국가에서 강연을 했고, 기적수업 국제강연회에서 숱하게 기조강연을 했다. 또 그는 무한 재단(Infinity Foundation)에서 개인적, 영적 성장에 크게 기여한 사람들에게 수여하는 상(Spirit Award)을 수상했다. 이 상의 역대 수상자로는 댄 밀만 Dan Millman, 람 다스Ram Dass, 개리 주카프Gary Zukav, 제임스 레드필드James Redfield, 바이런 케이티Byron Katie와 닐 도날드 월쉬Neale Donald Walsch가 있다.

최근에 개리는 세계 곳곳을 다니며 강연과 워크숍을 통해 기적수업을 소개하거나 가르치는 일로 더욱 분주해졌다. 그 밖에도 그는 수백 번의 라디오와 신문, 잡지 인터뷰를 했고 아홉 개의 다큐멘터리 영화에 출연했으며, 진 보가트Gene Bogart와 함께 60개의 팟캐스트를 녹음했고, 유튜브에 수십 개의 동영상을 올렸고, 사운즈 트루Sounds True에서 세 개의 오디오 CD를 제작했고(그중 하나는 무편집으로 일곱 시간이 넘는 분량이다), 신디 로라 레나드Cindy Lora Renard와 음악 CD와 명상 CD를 녹음했고, 여러 개의 DVD를 촬영했으며, 자신의 책을 바탕으로 한 TV 시리즈 제작에도 참여하고 있다. 그는 수만 통의 이메일에 답했고, 일곱 권의 책에 서문을 썼고, 세계에서 가장 큰 기적수업 공부모임을 만들었고(Yahoo의 The D.U. Discussion Group), 그의 책은 22개 언어로 출판되었다. 개리는 꾸준히 늘고 있는 독자들에게 최첨단 영성을 나누기 위해 어디든지 갈 준비가 된 '주력선수'이다.

개리 레너드의 웹사이트 GaryRenard.com

# 옮긴이의 글

이 책의 제목을 읽고, '뭐 뻔한 이야기네', '또 누가 사기를 치려고?'라는 생각이 들었으면서도 어느새 이 옮긴이의 글까지 읽고 계시다면, 또 한 번 낚이신 것이 아니라 이번에는 정말 잘 찾아오신 것이라고 감히 말씀을 드리고 싶습니다. 대형 종교와 기복 신앙으로 전락해버린 기독교와 불교를 보고 눈살이 찌푸려지면서도 예수와 붓다라는 이름을 아직도 쉽게 지나칠 수 없는 것은 우리 안의 숨길 수 없는 회귀 본능 때문이 아닐까 합니다.

이 두 분을 동일선상에서 거론하는 것 자체가 불쾌하신 분도 계실 수 있고, 이 책이 그동안 내가 알고 있던 예수 혹은 붓다를 다른 식으로 제시한다는 것만으로도 엄청난 저항을 느끼실 분도 계실 수 있습니다. 그래도 이 책의 제목만 읽고도 책장을 들춰볼 수밖에 없는 호기심이 애초에 있었고 그 호기심에 인내심을 더해 끝까지 읽으신다면 사다리의 끝까지 올라보겠다는 결심도 줄줄이 따라올 것입니다.

이 책에서 자주 거론되는 기적수업이나 《우주가 사라지다》 시리즈를 전에 접하신 적이 없다 하더라도 부담을 느끼실 필요가 전혀 없습니다. 이 책 앞부분에 실린 저자의 '기적수업 해설'을 읽는 것만으로도 이 책을 이해하는 데 필요한 배경 지식을 충분히 익힐 수 있고, 이 책에 실린 대화 자체도 끊임없는 복습과 통합의 과정으로 진행되기 때문입니다.

이 책에는 '내면의 평화 재단'(Foundation for Inner Peace)에서 펴낸 기적수업 본문이 출처와 함께 자주 인용됩니다. 이 책 본문에서 기적수업의 구절을 인용할 때, 재단에서 사용하는 출처 기호와 함께 우리말로 번역 출간된

《기적수업 합본》의 쪽수도 나란히 제시하였으니 참고하시기 바랍니다.
기적수업 본문에 매겨진 기호의 뜻은 아래와 같습니다.

| T: text | 교과서 | p I : part I | 1부(연습서 1~220과) |
|---|---|---|---|
| W: workbook | 연습서 | p II : part II | 2부(연습서 221~360과) |
| M: manual | 지침서 | FL: final lessons | 마지막 과 (연습서 361~365과) |
| C: clarification for terms | 용어해설 | R: review | 복습(연습서) |
| P: psychotherapy | 심리치료 | In: Introduction | 들어가며 |
| S: song of prayers | 기도의 노래 | Ep: epilogue | 나가며 |

〈인용문 출처 예시〉

| T-27.Ⅷ.6:2 | 교과서 27장, 8과, 6번 문단, 2번 문장 |
|---|---|
| W-p I .169.8:2 | 연습서 1부, 169과, 8번 문단, 2번 문장 |
| W-p II .12.1:3 | 연습서 2부의 12번째 주제, 1번 문단, 3번 문장 |
| W-p II .227.1:1-7 | 연습서 2부, 227과, 1번 문단, 1~7번 문장 |
| M-12.3:3 | 지침서 12번 주제, 3번 문단, 3번 문장 |
| C-in.4.4:5 | 용어해설 들어가기, 4번 주제, 4번 문단, 5번 문장 |

이 책을 읽고 나서 혹시 기적수업 공부에 관심이 생기신 분들에게는
'기적수업 한국모임'(acimkorea.org) 홈페이지를 소개해드리고 싶습니다. 《우
주가 사라지다》삼부작에서 종종 언급되었고 이 책에서도 자세히 소개될

고故 케네쓰 왑닉 박사의 풍부하고 다양한 저작물과 강의를 접하실 수 있습니다. 기적수업에 관해 자주 제기되는 질문들, 기적수업 주요 용어해설, 동영상 강의, 숱한 기고글과 도움이 될 만한 다른 자료들도 풍성하게 안내되어 있습니다. 또 케네쓰 왑닉 박사의 저서인 《기적수업 입문서》와 《기적수업 강해: 서문편》은 물론이고 《기적수업 합본》도 도서출판 기적수업에서 번역 출간하여 이제는 온라인 서점에서 쉽게 구해보실 수 있습니다.

그리고 '우주가 사라지다와 개리 레너드'(cafe.naver.com/garyrenard) 카페도 조용히 활동 중입니다. 《우주가 사라지다》 삼부작에 관련된 질의응답이나 거기서 언급된 자료들(도마복음, 일분치료법, 각종 동영상 등)이 카페에 소개되어 있습니다. 마침 2018년 11월에 이 책의 저자인 개리와 그의 아내 신디가 한국을 방문할 예정인데, 자세한 일정과 내용을 해당 카페에도 소개할 예정입니다.

마지막으로 이 책을 우리말로 옮기는 데 도움을 주신 분들께 감사의 말씀을 전하고 싶습니다. 정말로 바쁜 일정 속에서 거의 두 달 동안 말 그대로 일분일초를 아끼면서 번역문을 자연스럽게 다듬어주신 구유숙 님, 이 책의 영어 원문과 번역문을 한 문장씩 일일이 대조 검토하는 지난한 작업을 해주신 이수연 님, 《기적수업 합본》의 번역문을 이 책에 싣는 것을 흔쾌히 허락해주신 역자 구정희 님, 영어의 미묘한 뉘앙스와 어려운 표현을 우리말로 정확히 옮기는 데 결정적인 도움을 주신 김지화 님, 이 책을 번역할 기회를 주셨고 이 책의 마무리 작업에 최선을 다해주시는 출판사 사장님과 직원분들, 번역문 초기 원고를 함께 검토하면서 피드백을 주신 여러 기적수업 학생분들과 이 책이 나오기만을 손꼽아 기다려주신 다른 모든 분들, 그리고 깨어남의 부름을 간직한 채 이 분리의 꿈속을 함께 걷고 있는 모든 형제들. 이 모두가 협력하여 예상보다 훨씬 빨라진 4월에, 참으로 아름다웠던 두 길동무의 이야기를 마침내 여러분과 나눌 수 있어 참으로 감사할 뿐입니다.

"그대와 나, 우리는 함께 갑니다."

2018. 3. 27.
강형규